新編諸子集成

荀子集解

上

〔清〕王先謙 撰
沈嘯寰 王星賢 點校

中華書局

圖書在版編目(CIP)數據

荀子集解/(清)王先謙撰;沈嘯寰,王星賢點校. —北京:中華書局,1988.9(2024.5重印)
(新編諸子集成)
ISBN 978-7-101-09002-4

Ⅰ.荀… Ⅱ.①王…②沈…③王… Ⅲ.①儒家②《荀子》-注釋 Ⅳ.B222.62

中國版本圖書館CIP數據核字(2012)第258596號

原版責編:梁運華
新版責編:石 玉
責任印製:管 斌

新編諸子集成
荀子集解
(全二册)
〔清〕王先謙 撰
沈嘯寰 王星賢 點校
*
中華書局出版發行
(北京市豐臺區太平橋西里38號 100073)
http://www.zhbc.com.cn
E-mail:zhbc@zhbc.com.cn
大廠回族自治縣彩虹印刷有限公司印刷
*
850×1168毫米 1/32 · 23⅛印張 · 4插頁 · 500千字
1988年9月第1版 2013年4月第2版
2024年5月第19次印刷
印數:56001-61000册 定價:89.00元

ISBN 978-7-101-09002-4

新編諸子集成出版説明

子書是我國古籍的重要組成部分。最早的一批子書産生在春秋末到戰國時期的百家争鳴中，其中不少是我國古代思想文化的珍貴结晶。秦漢以後，還有不少思想家和學者寫過類似的著作，其中也不乏優秀的作品。

二十世紀五十年代，中華書局修訂重印了由原世界書局出版的諸子集成。這套叢書匯集了清代學者校勘、注釋子書的成果，較爲適合學術研究的需要。但其中未能包括近幾十年特别是一九四九年後一些學者整理子書的新成果，所收的子書種類不够多，斷句、排印尚有不少錯誤，爲此我們從一九八二年開始編輯出版新編諸子集成，至今已出滿四十種。

新編諸子集成所收子書與舊本諸子集成略同，是一般研究者經常要閲讀或查考的書。每一種都選擇到目前爲止較好的注釋本，有的書兼收數種各具優長的注本。出版以來，深受讀者歡迎，還有不少讀者提出意見建議，幫助我們修訂完善這套書，在此謹致謝忱。

本套書目前以平裝本行世，每種單獨定價。近期我們還將出版精裝合訂本，以滿足不同層次讀者的需求。

後續整理的重要子書，將納入新編諸子集成續編陸續刊出，敬請讀者關注。

中華書局編輯部
二〇一〇年一月

荀子集解目録

點校説明

荀子名況，又稱荀卿或孫卿，戰國後期趙人，是我國先秦時期傑出的唯物主義思想家和哲學家。他的生卒年月無考，活動年月約爲公元前二九八年至前二三八年。在這期間，他先後到過齊、秦、趙、楚諸國。齊襄王時，荀子曾在齊國稷下講學，三爲祭酒（學宫之長）。在秦國，曾遊説秦昭王及秦相應侯范睢；至趙國，曾與臨武君議兵於趙孝成王前，但秦、趙二國俱不能用。及遊楚國，楚相春申君黄歇任之爲蘭陵（今山東省棗莊市）令。春申君死，荀子遂廢，因家於蘭陵，著書數萬言而卒，葬于蘭陵。事蹟略見史記孟子荀卿列傳。他的著述，後人名爲荀子。其中有些文字，則是他的弟子所輯録，如大略篇，以及宥坐篇的一部分。

荀子善爲易、詩、禮、春秋。李斯、韓非、浮丘伯等皆曾受業爲弟子，毛詩東門之楊正義亦説：「毛公親事荀卿。」故周、秦之際，荀子名重一時。司馬遷作史記，對於先秦諸子，獨以孟子、荀卿並稱並傳，而田駢、慎到、騶衍、公孫龍、尸佼、墨翟之屬，則僅分别附列於孟、荀之後。荀子書中的某些篇章，頗多被戴德、戴聖録入大戴禮記與小戴禮記；韓嬰説詩，也有不少散見於荀子書中。荀子論著的流傳之廣，其爲儒者所推崇，於此可見一斑。

荀書「以性爲惡，以禮爲僞，非諫諍，傲災祥，尚强伯之道。論學術則以子思、孟軻爲飾邪説，文姦言，與墨翟、惠施同詆」（宋晁公武語）。荀子批判了在他以前的諸子的學説，特别反對孟子。孟子倡言性善，專法先王，崇尚王道，重義輕利；荀子則倡言性惡，兼法後王，王道與霸道並重，義利兼顧。孔、孟之道，自漢以後，被統治階級奉爲儒家正宗。荀子雖亦信崇孔子，但與孟子的學説却扞格不入。這種思想言論，自然要受到統治者的排斥。所以漢代曾將孟子列於學官，設博士傳授，而荀子則否。正由於此，故孟子一書，早在東漢時就有趙岐的章句，其他先秦諸子書，如吕覽有東漢高誘注，莊子則在晉代就有向秀、司馬彪先後作注，如此等等，而荀子書則湮没無聞者垂一千年，直至唐時才有楊倞的注本傳世。

荀子書，漢書藝文志稱爲孫卿子，著録有三十三篇，劉向敍録則題爲「荀卿新書三十二篇」。隋書經籍志及舊唐書經籍志均沿用漢志的舊稱，仍稱爲孫卿子。新唐書藝文志則又稱爲荀卿子，另著録「楊倞注荀子二十卷」，始改用今名。

楊倞，唐弘農（今河南省靈寶縣南）人。父汝士，與元稹、白居易同時，官至東川節度使，終刑部尚書。楊倞本人，舊唐書、新唐書均無傳，新唐書藝文志於「楊倞注荀子二十卷」下，僅題曰：「汝士子，大理評事。」元刻楊注本荀子，則又題爲「唐登仕郎，守大理評事」（見本書攷證）。其生平事蹟已不可詳考。其注荀子，據本書卷首楊倞的荀子序所署，係在唐憲宗元和十三年十二月，當公元八一八年。宋洪邁容齋隨筆續筆所談亦同。現存的楊注本荀子，已由楊氏將劉向敍録所著録的三十二篇分爲二十卷，篇目的先後次第也已經過重新編排，但篇數不變，篇名也與敍録所列相同。這説明，楊注本荀子的面目，還不失漢時之舊。

但楊注瑕瑜互見，尚不無可議之處，而且楊注本荀子流傳下來，輾轉傳寫刊刻，訛誤亦復不少。而宋、明儒者，對荀書又頗多詬病，非十二子及性惡兩篇尤受指摘，故楊倞之後，注荀者後繼無人。降及清中葉以後，荀書才又爲儒者所重，注荀者亦輩出：謝墉、汪中、郝懿行、盧文弨、王念孫、俞樾諸人，都曾對楊注本荀子作過校勘和詮釋，並對楊注的一部分提出不同意見。稍後，光緒年間，王先謙又採集各家之説，編著了這本荀子集解。

王先謙（一八四二——一九一七），字益吾，湖南長沙人，同治進士，官至内閣學士。工古文詞，治經重考證。曾繼阮元之後，輯刊續皇清經解，清代漢學家經師經説多賴之以傳。所著除本書外，另有漢書補注、後漢書集解、莊子集解、十朝東華録、虚受堂詩文集等等。他在本書中，以荀子正文爲單行大字，以楊注及各家之説爲雙行小字，雙行小字中另有夾注，則以更小一號字作雙行小注。每一處楊注之下，均加一圓圈（○），然後列舉衆説，於每一家之説前加「××曰」以醒眉目。最後發揮自己的見解，作出論斷，前冠「先謙案」三字，故脈絡極爲清楚。這是清儒中最精詳、完善的一個注本。

王先謙的這本荀子集解，早在三十年代，就由原世界書局輯入諸子集成（後由中華書局重印），僅正文有斷句，不便閲覽。今特將荀子集解重加點校，以應讀者需要。

王先謙是清末民初人，他的荀子集解成書較晚，只有光緒十七年辛卯（公元一八九一年）所刻的一種本子，别無他本可資選擇。儘管另有諸子集成本及商務印書館的萬有文庫本，但所據都是光緒辛卯刻本，實際上是同一個本子。現在，我們以光緒辛卯的木刻本作底本，而以諸子集成本與萬有文庫本跟底本對校。因爲這三個本子既然只是一本，所以凡遇底本上有明顯的誤字，即依另兩本徑改，不出校記；底本不誤而另兩本有誤的，也不出校記。集解中的引文如有疑問，我們都查對了原書，如底本有訛錯，即據原書改正，作出校記；如遇異文不能斷定孰是孰非的，我們也作成校記，說明某字某書作某。

文字的編排方面，採取了如下幾種處理：一、荀子各篇正文，王氏已依盧文弨校本分段，我們悉仍其舊。二、楊倞的每一處注文之後，原來悉加圓圈，我們也保留原樣。三、王氏所採各家之説，我們於每一家之説之間，均以空格分開，但不用圓圈，以别於楊注。四、荀子的正文，仍用單行大字；楊注及各家之説，改雙行小字爲單行；雙行小字中的雙行小字夾注，亦改爲單行排列，而於前後加（ ）號，以示區别。

在點校過程中，關於荀子正文的標點，參考了上海人民出版社出版的章詩同所注荀子簡注，及中華書局出版的北京大學所注荀子新注；關於集解部分的標點，參考了商務印書館的斷句本（即萬有文庫本）。但先秦諸子的著作，向稱難讀，加之集解所採諸家校釋衆説紛繁，我們限於水平，錯誤和疏漏之處自所難免，希望讀者多加指正。

點校者　一九八四年十月

序

昔唐韓愈氏以荀子書爲「大醇小疵」，逮宋，攻者益衆，推其由，以言性惡故。余謂性惡之説，非荀子本意也。其言曰：「直木不待檃栝而直者，其性直也；枸木必待檃栝、烝、矯然後直者，以其性不直也。今人性惡，必待聖王之治、禮義之化，然後皆出於治、合於善也。」夫使荀子而不知人性有善惡，則不知木性有枸直矣。然而其言如此，豈真不知性邪？余因以悲荀子遭世大亂，民胥泯棼，感激而出此也。荀子論學論治，皆以禮爲宗，反復推詳，務明其指趣，爲千古修道立教所莫能外。其曰「倫類不通，不足謂善學」，又曰「一物失稱，亂之端也」，探聖門一貫之精，洞古今成敗之故，論議不越几席，而思慮浹於無垠；身未嘗一日加民，而行事可信其放推而皆準。而刻覈之徒，詆諆横生，擯之不得與於斯道。余又以悲荀子術不用於當時，而名滅裂於後世流俗人之口爲重屈也！國朝儒學昌明，欽定四庫全書提要首列荀子儒家，斥好惡之詞，通訓詁之誼，定論昭然，學者始知崇尚。顧其書僅有楊倞注，未爲盡善。近世通行嘉善謝氏校本，去取亦時有疏舛。宿儒大師，多所匡益。家居少事，輒旁采諸家之説，爲荀子集解一書，管窺所及，閒亦坿載。不敢謂於荀書精意有所發明，而於析楊、謝之疑辭，酌宋、元之定本，庶幾不無一得。刻成，謹弁言簡端，竝揭荀子箸書之微旨，與後來讀者共證明之云。光緒十七年歲次辛卯夏五月，長沙王先謙謹序。

例略

嘉善謝氏校本，首謝序，見攷證。次楊序及新目録，今照刊。次荀子雠校所據舊本，竝參訂名氏，影鈔大字宋本，元刻纂圖互註本，（此乃當時坊閒所梓，脱誤差舛，不一而足，然正以未經校改之故，其本真翻未盡失，書中頗多採用。）明虞氏、王氏合校刻本，明世德堂本，明鍾人傑本，（有評點，注刪節。）江陰趙曦明敬夫、金壇段玉裁若膺、海寧吴騫槎客、吴縣朱奂文游、江都汪中容夫、餘姚盧文弨紹弓、嘉善謝墉金圃輯校。（輯諸家之説，竝附所見，上皆增一圓圍，以別於楊氏之注。其引用各書，不具列。）末錢大昕跋，見攷證。校勘補遺一卷。案此書盧、謝同校，故郝蘭皋稱謝，王懷祖稱盧。但謝序云：「援引校讎，悉出抱經，參互攷證，遂得蒇事。」是此書元出於盧，參攷刊行迺由謝氏，則稱盧校本者爲是。盧所據大字宋本，爲北宋吕夏卿熙寧中所刊，然未見吕刻本，僅取朱文游所藏影鈔本相校，故閒有爲影鈔譌字所誤者，修身、王霸兩篇注可證也。兹刻仍以盧校爲主，依謝刻於楊注外增一圓圍，全録校注，加「盧文弨曰」四字別之。據謝序、錢跋，校注亦有出謝手者，然無可區別。其補遺一卷，散入注中。盧校不主一本，兹亦仿其例，擇善而從。虞、王合校本，明虞九章、王震亨校，爲盧據舊本之一。其引見書中者，止王霸篇「大有天下，小有一國」注文。兹覆檢元書，尚有可采，爲增入數條。此外正文及注歧異滋繁，當由傳寫致訛，或係以意删節，多與盧氏所云俗閒本相合，既非所取證，不復稱引。宋台州本，宋唐仲友與政刊於台州，卽依吕本重刻，遵義黎庶昌蒓齋於日本得影摹本，重刊爲古逸藂書之一。首楊序及新目録，末劉向上言及王、吕重校銜名，與今本同。熙寧元年國子監劄子官銜，淳熙八年唐序，經籍訪古志二跋，重刊楊跋。俱見攷證。此卽困學紀聞所稱「今監本乃唐與政台州所栞熙寧舊本，亦未爲善」者也。然在今日爲希見之本，兹取以相校，得若干條，列入注文。其與吕本相同，如一卷「取藍」、「干越」之比，竝不復出，以省繁文。至其顯然訛誤，雖與吕歧出，亦無所取。

棲霞郝氏懿行荀子補注上下卷，末坿與王侍郎論孫卿、與李比部論楊倞二書，竝見攷證。兹全採入注。

高郵王氏念孫雜志八校荀子八卷，係據盧本加案語，用宋錢佃江西漕司本、龔士禼荀子句解本、明世德堂本參校。嗣得元和顧千里澗蘋手録吕、錢二本異同，復爲補遺一卷，敍而行之，坿荀子佚文及顧氏考訂各條於末。敍、佚文竝見攷證。其中如劉台拱端臨、汪中容夫、陳奂碩甫諸家之説，蒐討綦詳，而盧校、郝注之精者亦附録焉。兹取王氏各條散入注文，劉、汪、陳、顧諸説仍各冠姓氏於首。德清俞氏樾諸子平議十二之十五荀子平議四卷，全採入注。近儒之説，亦坿著之。

攷證上

除史志外，非關荀子書義及板本考訂者不録。

〔漢書藝文志儒家〕孫卿子三十三篇。名況，趙人，爲齊稷下祭酒，有列傳。師古曰：「本曰荀卿，避宣帝諱，故曰孫。」〔又賦家〕孫卿賦十篇。

〔隋書經籍志子部儒家〕孫卿子十二卷。楚蘭陵令荀況撰。〔又集部别集〕楚蘭陵令荀況集一卷。殘缺，梁二卷。

〔舊唐書經籍志丙部子録儒家類〕孫卿子十二卷。荀況撰。〔又丁部集録别集類〕趙荀況集二卷。

〔唐書藝文志丙部子録儒家類〕荀卿子十二卷。荀況。〔又〕楊倞注荀子二十卷。汝士子，大理評事。〔又丁部集録别集類〕趙荀況集二卷。

〔宋史藝文志子類儒家類〕荀卿子二十卷。戰國趙人荀況書。〔又〕楊保「倞」誤。注荀子二十卷。

〔台州本國子監劄子官銜〕國子監准熙寧元年九月八日中書劄子節文，校定荀、揚書所狀。先准中書劄子，奉聖旨校定荀子、揚子。内揚子一部，先次校畢，已於治平二年十二月丙申納訖。今來再校到荀子一部，計二十卷，裝寫已了，續次申納者申聞事。右奉聖旨：荀子送國子監開版，依揚子並音義例，印造進呈，及宣賜劄付國子監。准此。校勘官將仕郎、前守惠州歸善縣主簿、充直講臣盧侗，校勘官登仕郎、試祕書省校書郎、前守許州司理參軍、充直講臣王汝翼，校勘官將仕郎、試祕書省校書郎、前知婺州永康縣事、充直講臣顔復，校勘官將仕郎、試祕書省校書郎、前知温州樂清縣事、充直講臣焦千之，校勘官登仕郎、試祕書省校書郎、前守相州湯陰縣令、充直講臣梁師孟，校勘官登仕郎、守祕書省著作佐郎、充直講臣董唐臣，校勘官朝奉郎、守尚書都官員外郎、充直講、上騎都尉、賜緋魚袋臣黎錞，朝奉郎、光禄寺丞、監書庫、武騎尉臣韓端彦，朝奉郎、光禄寺丞、管句國子監丞公事、飛騎尉臣程伯孫，管句雕造朝請郎、守祕書丞、充主簿、騎都尉、賜緋魚袋臣畢之翰，朝散大夫、尚書刑部郎中、充天章閣待制、同知諫院、兼同判國子監、輕車都尉、賜紫金魚袋臣吕誨，朝散大夫、行尚書兵部員外郎、知制誥、權判尚書禮部貢院、兼知諫院兼判國子監、上騎都尉、賜紫金魚袋臣錢公輔，朝散大夫、給事中、參知政事、上輕車都尉、北海郡開國公、食邑二千三百户、食實封肆伯户、賜紫金魚袋臣唐介，朝散大夫、右諫議大夫、參知政事、上護軍、天水郡開國侯、食邑一千户、賜紫金魚袋臣趙抃，推忠協謀同德守正亮節佐理功臣、開府儀同三司、行尚書左僕射、兼門下侍郎、同中書門下平章事、集賢殿大學士、上柱國兗國公、食邑一萬一百户、食實封叁阡肆伯户臣曾公亮。

〔又唐仲友序〕荀子二十卷三十二篇，唐楊倞注。初，漢劉向校讎中孫卿書凡三百二十二篇，除複重，定著三十二篇，爲孫卿新書十二卷。至倞，分易卷第，更名荀子。皇朝熙寧初，儒官校上，詔國子監刊印頒行之。中興蒐補遺逸，監書寖具，獨荀子猶闕，學者不見舊書，傳習閩本，文字舛異。仲友於三館睹舊文，大懼湮没，訪得善本，假守餘隙，迺以公帑鋟木，悉視熙寧之故。詩曰：「雖無老成人，尚有典刑。」卿不可作，其書獨非典刑乎？ 向博極羣書，序卿事大氐本司馬遷，於遷書有三不合：春申君死，當齊王建二十八年，距宣王八十七年。向言卿以宣王時來游學，春申君死而卿廢。設以宣王末年游齊，年已百三十七矣。遷書記孟子以惠王三十五年至梁，當齊宣王七年。惠王以叟稱孟子，計亦五十餘。後二十三年，子之亂燕，孟子在齊。若卿來以宣王時，不得如向言後孟子百餘歲。田忌薦孫臏爲軍師，敗魏桂陵，當齊威王二十六年，距趙孝成王七十八年。臨武君與卿議兵於王前，向以爲孫臏，倞以敗魏馬陵疑年，馬陵去桂陵又十三年矣。崇文總目言卿楚人，楚禮爲客卿，與遷書、向序駁，益難信。據遷傳，參卿書，其大略可睹。卿名況，趙人，以齊襄王時游稷下，距孟子至齊五十年矣。於列大夫，三爲祭酒。去之楚，春申君以爲蘭陵令。以讒去之趙，與臨武君議兵。入秦，見應侯、昭王。以聘反乎楚，復爲蘭陵令；既廢，家蘭陵以終。自戰國爭富彊，儒道絀，孟子學孔子，言王可反掌致，卒不見用。卿後孟子，亦尊孔氏。子思作中庸，孟子述之，道性善。至卿，以爲人性惡，故非子思、孟軻。揚雄以爲同門異户。孟子與告子言性，卒絀告子。惜卿不見孟子，不免異説。方説士徼時好，卿獨守儒議，兵以仁義，富以儒術，彊以道德之威，旨意與孟子同。見應侯，病秦無儒。昭王謂儒無益人之國，極明儒效。秦併天下以力，意儒果無用，至於坑焚，滅不旋踵；漢奮布衣，終假儒以定，卿言不用而後驗。自董仲舒、韓愈皆美卿書，言王道雖不及孟子，抑其流亞，廢於衰世，亦命矣夫！學者病卿，以李斯、韓非。卿老師，學者已衆，二子適見世，晝寢餔啜，非師之過。使卿登孔門，去異意，書當與七篇比，此君子所爲太息！大宋淳熙八年歲在辛丑十有一月甲申，朝請郎、權發遣台州軍州事唐仲友後序。

〔晁公武郡齋讀書志子類儒家類〕楊倞注荀子二十卷。右趙荀況撰，漢劉向校定，除其重複，著三十二篇，爲十二卷，題曰新書，稱卿趙人，名況。當齊宣王、威王之時，聚天下賢士稷下，是時荀卿爲秀才，年十五，始來遊學。至齊襄王時，荀卿最爲老師。後適楚，楚相春申君以爲蘭陵令，已而歸趙。按威王死，其子嗣立，是爲宣王。楚考烈王初，黄歇始相。年表自齊宣王元年至楚考烈王元年，凡八十一年，則荀卿去楚時近百歲矣。楊倞唐人，始爲之注，且更新書爲荀子，易其篇第，析爲二十卷。其書以性爲惡，以禮爲僞，非諫争，傲災祥，尚强伯之道。論學術則以子思、孟軻爲飾邪説，文姦言，與墨翟、惠施同詆焉。論人物則以平原、信陵爲輔拂，與伊尹、比干同稱焉。其指往往不能醇粹，故後儒多疵之云。

〔陳振孫直齋書録解題儒家類〕荀子二十卷。楚蘭陵令趙國荀况撰。漢志作孫卿子，云齊稷下祭酒。其曰孫者，避宣帝諱也。至楊倞，始改爲荀卿。〔又〕荀子注二十卷。唐大理評事楊倞注。案劉向序，校中書三百二十二篇，以校除複重二百九十篇，定著三十二篇。隋志爲十二卷。至倞，始分爲二十卷而注釋之。淳熙中，錢佃耕道用元豐監本參校，刊之江西漕司，其同異著之篇末，凡二百二十六條，視他本最爲完善。

〔王應麟漢藝文志攷證〕孫卿子三十三篇。當云三十二篇。劉向校讎書録序云：「所校讎中孫卿書凡三百二十二篇，以相校除複重二百九十篇，定著三十二篇，皆以定殺青簡，書可繕寫。」勸學至賦篇。楊倞分易卷第，更名荀子。韓文公曰：「荀卿之書，語聖人必曰孔子、子弓。子弓之事業不傳，惟太史公書弟子傳有馯臂子弓，子弓受易於商瞿。」論語釋文引王弼注：「朱張字子弓，荀卿以比孔子。」後山陳氏曰：「子弓者，仲弓也。」唐氏曰：「向博極羣書，序卿事大抵本司馬遷，於遷書有三不合：春申君死，當齊王建二十八年，距宣王八十七年。向言卿以宣王時來游學，春申君死而卿廢。設以宣王末年游齊，年已百三十七矣。遷書記孟子以惠王三十五年至梁，當齊宣王七年。惠王以叟稱孟子，計亦五十餘。後二十三年，子之亂燕，孟子在齊。若卿來以宣王時，不得如向言後孟子百餘歲。田忌薦孫臏爲軍師，敗魏桂陵，當齊威王二十六年，距趙孝成王七十八年。臨武君與卿議兵於王前，向以爲孫臏，倞以敗魏馬陵疑年，馬陵去桂陵又十三年矣。」

〔又困學紀聞十〕荀卿非十二子，韓詩外傳四引之，止云十子，而無子思、孟子。愚謂荀卿非子思、孟子，蓋其門人如韓非、李斯之流託其師説以毁聖賢，當以韓詩爲正。〔又〕楚詞漁父：「吾聞之，新沐者必彈冠，新浴者必振衣，安能以身之察察受物之汶汶者乎！」荀子不苟篇。曰：「新浴者振其衣，新沐者彈其冠，人之情也。其誰能以己之僬僬受人之掝掝者哉！」荀卿適楚，在屈原後，豈用楚詞語歟，抑二子皆述古語也?〔又〕勸學篇「青出之藍」作「青取之於藍」,「聖心循焉」作「備焉」,「玉在山而木潤」作「草木潤」,「君子如嚮矣」作「知嚮矣」;賦篇「請占之五泰」作「五帝」。監本未必是,建本未必非。餘不勝紀。原注:「今監本乃唐與政台州所栞熙寧舊本,亦未爲善,當俟詳考。」「五泰」注云:「五帝也。」監本改爲「五帝」而删注文。

〔國朝四庫全書總目子部儒家類〕荀子二十卷。内府藏本。周荀況撰。況趙人,嘗仕楚爲蘭陵令,亦曰荀卿,漢人或稱曰孫卿,則以宣帝諱詢,避嫌名也。漢志儒家載荀卿三十三篇,王應麟考證謂當作三十二篇。劉向校書序録稱孫卿書凡三百二十三篇,以相校除重複二百九十篇,定著三十二篇,爲十二卷,題曰新書。唐楊倞分易舊第,編爲二十卷,復爲之注,更名荀子,卽今本也。考劉向序録,卿以齊宣王時來游稷下,後仕楚,春申君死而卿廢。然史記六國年表載春申君之死上距宣王之末凡八十七年,史記稱卿年五十始游齊,則春申君死之年卿年當一百三十七歲,於理不近。晁公武讀書志謂史記所云「年五十」爲「年十五」之譌,意其或然。宋濂荀子書後又以爲襄王時游稷下,亦未詳所本。總之,戰國時人爾,其生卒年月已不可確考矣。況之著書,主於明周、孔之教,崇禮而勸學。其中最爲口實者,莫過於非十二子及性惡兩篇。王應麟困學紀聞據韓詩外傳所引,卿但非十子,而無子思、孟子,以今本爲其徒李斯等所增，不知子思、孟子後來論定爲聖賢耳。其在當時，固亦卿之曹偶，是猶朱、陸之相非，不足訝也。至其以性爲惡，以善爲僞，誠未免於理未融。然卿恐人恃性善之説，任自然而廢學，因言性不可恃，當勉力於先王之教。故其言曰：「凡性者，天之所就也，不可學，不可事；禮義者，聖人之所生也，人之所學而能、所事而成者也。不可學、不可事而在人者謂之性，可學而能、可事而成之在人者謂之僞。是性、僞之分也。」其辨白「僞」字甚明。楊倞注亦曰：「僞，爲也。凡非天性而人作爲之者，皆謂之僞。故僞字人旁加爲，亦會意字也。」其説亦合卿本意。後人昧於訓詁，誤以爲「真僞」之僞，遂譁然掊擊，謂卿蔑視禮義，如老、莊之所言。是非惟未睹其全書，即性惡一篇，自篇首二句以外，亦未竟讀矣。平心而論，卿之學源出孔門，在諸子之中最爲近正，是其所長；主持太甚，詞義或至於過當，是其所短。韓愈「大醇小疵」之説，要爲定論，餘皆好惡之詞也。楊倞所註，亦頗詳洽。唐書藝文志以倞爲楊汝士子，而宰相世系表則載楊汝士三子：一名知温，一名知遠，一名知至，無名倞者。表、志同出歐陽修手，不知何以互異。意者倞或改名，如温庭筠之一名岐歟？

〔四庫全書簡明目録子部儒家類〕荀子二十卷。周荀況撰，唐楊倞註。況亦孔氏之支流，其書大旨在勸學，而其學主於修禮，徒以恐人恃質而廢學，故激爲性惡之說，受後儒之詬厲。要其宗法聖人，誦說王道，終以韓愈「大醇小疵」之評爲定論也。倞注多明古義，亦異於無稽之言。

〔天禄琳琅書目 一宋版子部〕纂圖互注荀子。一函八册。周荀況撰，三十二篇，唐楊倞注，分二十卷，前載楊序，序後有欹器、大路、龍旗九斿三圖。宋陳振孫書録解題曰：「漢志作孫卿子者，避宣帝諱也。至楊倞，始復改爲荀，分二十卷而注釋之。淳熙中，錢佃耕道用元豐監本參校，刊之江西漕司，其同異著之篇末，凡二百二十六條，視他本最爲完善」云云。據此，則宋時刊刻荀子，已非一本。是書標爲纂圖互註，書中於倞注外，又加重言、重意、互註諸例，與經部宋本毛詩、周禮、春秋經傳集解三書正同，圖樣字體版式亦復相等，蓋當時帖括之書不獨有經也。

〔又元版子部〕纂圖分門類題註荀子。一函十册。周荀況撰，三十二篇，唐楊倞注，分二十卷。前載楊序，並新增麗澤編集荀子事實品題一卷，不著纂人姓氏。又宋陳傅良輯荀子門類題目一卷。此當時帖括之書也。其門類題目一卷，於標題次行刊「永嘉先生陳傅良編」。所分門類，始曰天地，終曰五常，共四十門。末又附拾遺並事要總類二條，皆擇書中之可作題目者分類摘句，以取便於觀覽。卷後别行刊

「麻沙劉通判宅刻梓於仰高堂」十二字。卷一之後亦於別行刊「關中劉旦校正」。所謂劉通判者，當卽是人。第書首標題爲纂圖分門類題注荀子，書前仍當有圖，葢已失之矣。至所載荀子事實品題一卷，觀其識語，稱「舊本荀、揚圖説不過具文，今得麗澤堂編次品題，凡卿、雲事實顛末歷歷可考」云云，則是荀、揚合刊之書，非此本中所應有，乃書賈割取荀子事實以冠於書首耳。且書中自卷九之卷十三，及卷十五，共六卷，標題祇稱荀子，卷十六、卷二十兩卷，標題又稱監本音註荀子，書名既不畫一，板式亦復懸殊，係以三刻湊成一書。其標稱荀子者，槧印甚精，紙墨俱佳，實爲宋槧，餘則元時所刊，遠不相及。然宋本流傳者久少，今尚存吉光片羽於元刻之中，雖出湊合，亦可寶也。

〔錢曾讀書敏求記〕荀子二十卷。楊倞注荀子凡三十二篇，爲二十卷，並劉向篇目。淳熙八年六月，吴郡錢佃得元豐國子監本，並二浙、西蜀諸本參校，刊於江西計臺。其跋云：「耳目所及，此特爲精好。予又藏吕夏卿重校本，從宋本摹寫者，字大悦目，與此可稱雙璧矣。」

〔張金吾愛日精廬藏書志二十一子部儒家類〕荀子二十卷。影寫宋吕夏卿大字本。唐登仕郎、守大理評事楊倞注。後有「將仕郎、守祕書省著作佐郎、充御史臺主簿臣王子韶同校」、「朝奉郎、尚書兵部員外郎知制誥、上騎都尉、賜紫金魚袋臣呂夏卿重校」兩行。案呂夏卿本宋槧尚存。惟是本從宋槧初印本影寫，見存之宋槧則紙質破損，字迹模糊，且爲庸妄子據俗本描補，殊失廬山真面，故宋槧轉不若影宋本之可貴也。金吾聞之黄蕘圃先生云：「楊倞序。元和十三年。顧氏手跋曰：『荀子向唯明世德堂本最行於世，乃其本即從元纂圖互注本出，故重意之删而未盡者猶存兩條於楊注中，一，修身篇「丘山崇成」句下。一，王制篇「何獨後我也」句下。又何怪乎本之不精也。餘姚盧抱經學士彙諸本，參以己意，校定重梓，首列影鈔宋大字本，即今此本，從朱文游家見之也。考困學紀聞所引，如「青取之於藍」、「請占之五帝」諸條。殆監本是已，採用頗多，咸足正世德堂之誤。然如君道篇「狂生者不胥時而樂」，正與爾雅釋詁「暴樂」、桑柔毛傳及鄭箋「爆爍」所用字同，則「樂」不得如世德堂本之改爲「落」明甚，而盧學士略不及此本之有「樂」字。然則此書不幾亡此字乎？他亦每有漏略抵牾，皆當據依以正之。今歸薌巖周君收藏，蕘圃借得，命校一過，兼訪知宋槧印本在東城藏書家，持來擬售，略一寓目。「樂」，宋槧本與鈔同。他日儻竟爲蕘圃所有，當仍假此本一一覆審之云。嘉慶元年八月，書于黄氏之士禮居，澗蘋顧廣圻。』」

〔孫星衍孫氏祠堂書目内編二諸子三〕荀子二十卷。唐楊倞注。一，纂圖互注宋巾箱本。一，宋巾箱别本。一，明世德堂刊本。一，明重刊小字本。一，盧文弨校刊本。一，嚴傑依惠校本。

〔謝墉荀子箋釋序〕荀子生孟子之後，最爲戰國老師。太史公作傳，論次諸子，獨以孟子、荀卿相提竝論，餘若談天、雕龍、炙轂及慎子、公孫子、尸子、墨子之屬，僅附見於孟、荀之下。蓋自周末歷秦、漢以來，孟、荀竝稱久矣。小戴所傳三年問全出禮論篇，樂記、鄉飲酒義所引俱出樂論篇，聘義子貢問貴玉賤珉亦與法行篇〔一〕大同。大戴所傳禮三本篇亦出禮論篇，勸學篇卽荀子首篇，而以宥坐篇末見大水一則附之，哀公問五義出哀公篇之首。則知荀子所著，載在二戴記者尚多，而本書或反缺佚。愚竊嘗讀其全書，而知荀子之學之醇正、文之博達，自四子而下，洵足冠冕羣儒，非一切名、法諸家所可同類共觀也。觀於議兵篇對李斯之問，其言仁義與孔、孟同符，而責李斯以不探其本而索其末，切中暴秦之弊。乃蘇氏譏之，至以爲「其父殺人，其子必且行劫」。然則陳相之從許行，亦陳良之咎歟？此所謂「欲加之罪」也。荀子在戰國時，不爲游説之習，鄙蘇、張之縱横，故國策僅載諫春申事，大旨勸其擇

〔一〕「法行篇」，原本誤爲「德行篇」，據本書法行篇改。

賢而立長，若早見及於李園棘門之禍，而爲「厲人憐王」之詞，則先幾之哲固異於朱英策士之所爲。故不見用於春申，而以蘭陵令終，則其人品之高，豈在孟子下？顧以嫉濁世之政，而有性惡一篇，且詰孟子性善之説而反之，於是宋儒乃交口攻之矣。嘗卽言性者論之：孟子言性善，蓋勉人以爲善而爲此言；荀子言性惡，蓋疾人之爲惡而爲此言。要之，繩以孔子相近之説，則皆爲偏至之論：謂性惡，則無上智也；謂性善，則無下愚也。韓子亦疑於其義，而爲三品之説，上品、下品蓋卽不移之旨，而中品則視習爲轉移，固勝於二子之言性者矣。然孟子偏於善，則據其上游；荀子偏於惡，則趨乎下風，由憤時疾俗之過甚，不覺其言之也偏。然尚論古人，當以孔子爲權衡，過與不及，師、商均不失爲大賢也。此書自來無解詁善本，唐大理評事楊倞所註已爲最古，而亦頗有舛誤。向知同年盧抱經學士勘核極爲精博，因從借觀，校士之暇，輒用披尋，不揆檮昧，閒附管窺，皆正楊氏之誤，抱經不我非也。其援引校讎，悉出抱經，參互考證，往復一終，遂得蕆事。以墉譾陋，誠不足發揮儒術，且不欲攘人之美，而抱經頻致書屬序，因舉其大要，略綴數語於簡端，竝附著書中所未及者二條於左云。乾隆五十一年歲在丙午六月既望，嘉善謝墉東墅甫題於江陰學使官署，時年六十有八。荀卿又稱孫卿，自司馬貞、顏師古以來，相承以爲避漢宣帝諱，故改荀爲孫。考漢宣名詢，漢時尚不諱嫌名，且如後漢李恂與荀淑、荀爽、荀悦、荀彧俱書本字，詎反於周時人名見諸載籍者而改稱之？若然，則左傳自荀息至荀瑶多矣，何不改耶？且卽前漢書任敖、公孫敖俱不避元帝之名驁也。蓋荀音同孫，語遂移易，如荆軻在衞，衞人謂之慶卿，而之燕，燕人謂之荆卿。又如張良爲韓信都，潛夫論云：「信都者，司徒也。」俗音不正，曰信都，或曰申徒，或勝屠，然其本一司徒耳。然則荀之爲孫，正如此比，以爲避宣帝諱，當不其然。漢志孫卿子三十二篇，隋志則稱十二卷。漢志又載孫卿賦十篇。今所存者，僅禮、知、雲、蠶、箴，其末一篇無題。相其文勢，其「小歌曰」以下，皆當爲致春申君書中之語。而國策於「曷惟其同」下尚有「詩曰：『上帝甚神，無自瘵也』」。韓詩外傳亦然。此尤見卓識，今本文脱去，而其謝春申君書亦不載，楊氏注亦未之及。此等似尚未精審也。

〔又錢大昕跋〕荀卿子書，世所傳唯楊倞注本，明人所刊，字句踳譌，讀者病之。少宗伯嘉善謝公視學江蘇，得餘姚盧學士抱經手校本，歎其精審，復與往復討論，正楊注之誤者若干條，付諸剞劂氏，而此書始有善本矣。蓋自仲尼既殁，儒家以孟、荀爲最醇，太史公敍列諸子，獨以孟、荀標目，韓退之於荀氏雖有「大醇小疵」之譏，然其云「吐辭爲經」、「優入聖域」，則與孟氏竝稱，無異詞也。宋儒所訾議者，惟性惡一篇。愚謂孟言性善，欲人之盡性而樂於善；荀言性惡，欲人之化性而勉於善：立言雖殊，其教人以善則一也。宋儒言性，雖主孟氏，然必分義理與氣質而二之，則已兼取孟、荀二義，至其教人以變化氣質爲先，實暗用荀子「化性」之說。然則荀子書詎可以小疵訾之哉？古書「僞」與「爲」通，荀子所云「人之性惡，其善者僞也」，此「僞」字卽「作爲」之爲，非「詐僞」之僞。故又申其義云「不可學、不可事而在人者謂之性；可學而能、可事而成之在人者謂之僞」。堯典「平秩南訛」，史記作「南爲」，漢書王莽傳作「南僞」，此「僞」卽「爲」之證也。因讀公序，輒爲引伸其說，以告將來之讀是書者。丙午閏七月，嘉定錢大昕跋。

〔郝懿行荀子補注與王引之伯申侍郎論孫卿書〕近讀孫卿書而樂之，其學醇乎醇，其文如孟子，明白宣暢，微爲緐富，益令人入而不能出。頗怪韓退之謂爲「大醇小疵」，蒙意未喻，願示其詳。推尋韓意，豈以孟道性善，荀道性惡；孟子尊王賤霸，荀每王、霸竝衡？以是爲疵，非知言也。何以明之？孟遵孔氏之訓，不道桓、文之事；荀矯孟氏之論，欲救時世之急。王霸一篇，剴切鐔于，沁人肌骨，假使六國能用其言，可無暴秦并吞之禍。因時無王，降而思霸。孟、荀之意，其歸一耳。至於性惡、性善，非有異趣。性雖善，不能廢教；性卽惡，必假人爲。「爲」與「僞」古字通，其云「人之性惡，其善者僞也」，「僞」卽「爲」耳。孟、荀之指，本無不合，惟其持論，各執一偏。準以聖言，「性相近」卽兼善惡而言，「習相遠」乃從學染而分。後儒不知此義，妄相毀詆。閣下深於理解，必早見及，願得一言，以祛所蔽。孫卿與孟時勢不同，而願得所藉手，救弊扶衰，其道一也。本圖依託春申，行其所學。迨春申亡而蘭陵歸，知道不行，發憤著書，其指歸意趣，盡在成相一篇，而託之瞽矇之詞以避患也。楊倞注大體不誤，而中多未盡，往往喜加「或曰」云云，知其持擇未精，亦由不知古書假借之義，故動多疐礙。蒙意未安，欲復稍加訂正，以存本來。久疏摳謁，茅塞蓬心，聊述近所省存，用代奉面。道光四年甲申二月。

〔又與李璋煜月汀比部論楊倞書〕來示唐書藝文志以倞爲楊汝士子，而宰相世系表則載汝士三子，無名倞者，意倞或改名。余謂志、表互異，當由史氏未詳，故闕然弗備。若依馬、班史法，於表、志中書本名及改名，如漢劉更生爲劉向之例，斯無不合矣。唐書倞不立傳，當由仕宦未達，無事實可詳，故志、表闕略而僅存其名，然千載下遂不知倞爲何人，要亦史筆之疏耳。汪氏容甫據古刻叢鈔載唐故銀青光祿大夫使持節蔚州諸軍事行蔚州刺史兼御史中丞馬公墓志銘，其文則楊倞所作，題云「朝請大夫、使持節汾州諸軍事、守汾州刺史楊倞撰」，結銜較荀子加詳。汪氏又據志載會昌四年，定爲武宗時人，然則此恐別一楊倞。若藝文志注荀子之人，止題大理評事，而無「朝請大夫」以下銜者，蓋非一人可知矣。汪孟慈深以此說爲不然，因言藝文志但云「汝士子」，安知不有兩汝士也？余無以應之，請質諸月汀。閏七月二十四日。

〔王念孫讀書雜志校荀子後叙〕余昔校荀子，據盧學士校本而加案語，盧學士校本則據宋呂夏卿本而加案語。去年陳碩甫文學以手録宋錢佃校本異同郵寄來都，余據以與盧本相校，已載入荀子雜志中矣。今年顧澗薲文學又以手録呂、錢二本異同見示，余乃知呂本有刻本、影鈔本之不同，錢本亦有二本。不但錢與呂字句多有不同，卽同是呂本、同是錢本，而亦不能盡同，擇善而從，誠不可以已也。時荀子雜志已付梓，不及追改，乃因顧文學所録而前此未見者爲補遺一編，竝以顧文學所考訂及余近日所校諸條載於其中，以質於好古之士云。道光十年五月二十九日高郵王念孫敍，時年八十有七。

〔又荀子佚文〕桃李蒨粲於一時，時至而後殺；至於松柏，經隆冬而不凋，蒙霜雪而不變，可謂得其真矣。右三十四字，見文選左思招隱詩注，又分見於蜀都賦注、上林賦注、歐陽堅石臨終詩注、藝文類聚果部上、木部上、太平御覽木部三。　有人道我善者，是吾賊也；道我惡者，是吾師也。右十八字，見文選曹植與楊德祖書注。天下無二道，聖人無兩心。神人無功，聖人無名。聖人者，天下利器也。右二十六字，見太平御覽人事部四十二，又分見於藝文類聚人部四、初學記人事部上。案「天下無二道」二句，見今本解蔽篇。御覽此下有「神人無功」四句，類聚亦有「神人無功」二句，初學記亦有「聖人者」二句，而今本皆無之。且細繹下文文義，亦不當有此四句，則御覽諸書所引當別是一篇，非解蔽篇文也。何世之無才？何才之無施？良匠提斤斧造山林，梁棟阿衡之才、櫨柱榍椽之朴，森然陳於目前，大夏之器具矣。右四十二字，見太平御覽器物部九，又分見於文選左思詠史詩注。

〔黎庶昌古逸叢書叙目〕影宋台州本荀子二十卷。朱子按唐仲友爲一重大公案。其第四狀云：「仲友以官錢開荀、揚、文中子、韓文四書，貼黃云『仲友所印四子』，曾送一本與臣。臣不合收受，已行估計價值，還納本州軍資庫訖。」此卽四種之一，卷末有劉向敍目，題荀卿新書十二卷三十二篇，又有「王子韶同校、吕夏卿重校」銜名、熙寧元年國子監劄子及校勘官十五人銜名，又有仲友後序。蓋淳熙八年繙雕熙寧官本，板心所題姓名，卽第六狀云「蔣輝供王定等一十八人在局開雕」者是。仲友雖爲朱子所劾，而此書校刻實精，錢遵王稱爲字大悦目，信然。

〔台州本末經籍訪古志二跋〕荀子二十卷。宋槧大字本，求古樓藏。唐楊倞注，首有荀子注序，次新目録，接序後。每卷首題荀子卷第幾，登仕郎、守大理評事楊倞注。卷末有劉向校正目録上言，又有「王子韶同校、吕夏卿重校」銜名及熙寧元年國子監劄子官銜十五名，又有淳熙八年唐仲友後序。每半板八行，每行數不整，注雙行，界長七寸六分，幅五寸七分半，左右雙邊。每卷有金澤文庫印，印文肥寬，異所經見，殆文庫火前物，與惺窩先生題籤，亦希覯之珍云。狩谷望之手跋云：「右宋槧荀子，爲淳熙八年唐仲友所刻，字大如錢，書法全橅歐陽，朱熹按唐仲友狀云『據蔣輝供，元是明州百姓，淳熙四年六月内，因同已斷配人方百二等僞造官會事發，蒙臨安府府院將輝斷配台州牢城，差在都酒務著役月糧，雇本州住人周立代役，每日開書籍供養。去年三月，唐仲友叫上輝，就公使庫開雕揚子、荀子等印板，輝共王定等一十八人在局開雕』者。是本也，板心下方所題皆是剞劂氏之姓名，蔣輝以下都十九名，與朱熹按狀所言『輝共王定以下十八人』之語合。余始讀朱熹集，得詳唐仲友刻荀子事，喜甚，獨怪是不良人爲是好事，謂不可以其罪廢其人也。後讀齊東野語，知其詆排之非至論。今又得四庫全書總目二則，足爲仲友吐氣。今並録以備攷。近來舶來盧文弨校本荀子，云以影宋本校。今以是本比讎之，失校之字不爲不多，則彼所校猶未精歟？將所謂影宋本有落葉歟？然則是本豈不貴而重乎？且世閒北宋刊本傳世無幾，如余所見，不過小字御注孝經、文中子、通典、聖惠方諸書，而是本翻雕熙寧官板者，則其實與北宋本無異，真希世之寶典也！余齋所載南宋本中，當以是爲第一也。吾家子孫宜保護之。文政五年十一月。」按文政五年壬午，當道光二年。

〔又重刊台州本楊守敬跋〕今世中土所傳荀子宋本有二，一爲北宋吕夏卿熙寧本，一爲南宋錢佃江西漕司本，而唐與政所刊于台州，當時爲一重公案者，顧無傳焉。嘉慶閒，盧抱經學士據朱文游所藏影鈔吕夏卿本，合元、明本校刊行世，王懷祖、顧澗薲皆有異議。然吕、錢兩本至今無重刊者。余初來日本時，從書肆購得此書雙鉤本數卷。訪之，迺知爲狩谷望之舊藏台州本，此其所擬重刊未成者。厥後從島田篁村見影摹全部，因告知星使黎公求得之，以付梓人，一仍其舊，踰年乃成。按此本後亦有吕夏卿等銜名，又別有熙寧元年中書劄子曾公亮等銜名，據與政自序「悉視熙寧之故」，則知其略無校改。案王伯厚所舉四條，惟「君子知嚮矣」此本仍作「如響」，不相應，因知伯厚所舉者「嚮」「響」之異，非「知」「如」之異，此自校刊紀聞者之失。何校本仍作「如」。若盧抱經所勘，以此本照之，其遺漏不下數百字，又不第顧澗薲所舉君道篇「狂生者不胥時而樂」之不作「落」也。此閒別有朝鮮古刊本，亦略與此本同。余又合元纂圖本、明世德堂本及王懷祖、劉端臨、郝蘭皋諸先生之説，更參以日本物茂卿、有讀荀子四卷。冢田虎、有荀子斷四卷。久保愛、有荀子增注二十卷。豬飼彦博有荀子補遺一卷。所訂，别爲札記，以未見吕、錢兩原本，將以有待，故未附刊焉。光緒甲申三月，宜都楊守敬。

攷證下

〔汪中荀卿子通論〕荀卿之學，出於孔氏，而尤有功於諸經。經典敍録毛詩：「徐整云：『子夏授高行子，高行子授薛倉子，薛倉子授帛妙子，帛妙子授河間人大毛公，毛公爲詩故訓傳于家，以授趙人小毛公。』一云：『子夏傳曾申，申傳魏人李克，克傳魯人孟仲子，孟仲子傳根牟子，根牟子傳趙人孫卿子，孫卿子傳魯人大毛公。』」由是言之，毛詩，荀卿子之傳也。漢書楚元王交傳：「少時嘗與魯穆生、白生、申公同受詩於浮丘伯。伯者，孫卿門人也。」鹽鐵論云：「包丘子與李斯俱事荀卿。」包丘子卽浮丘伯。劉向敍云：「浮丘伯受業爲名儒。」漢書儒林傳：「申公，魯人也，少與楚元王交俱事齊人浮丘伯，受詩。」又云：「申公卒以詩、春秋授，而瑕丘江公盡能傳之。」由是言之，魯詩，荀卿子之傳也。韓詩之存者，外傳而已，其引荀卿子以説詩者四十有四。由是言之，韓詩，荀卿子之別子也。經典敍録云：「左丘明作傳以授曾申，申傳衞人吴起，起傳其子期，期傳楚人鐸椒，椒傳趙人虞卿，卿傳同郡荀卿，名況，況傳武威「武威」，據史記張丞相傳當作「陽武」。張蒼，蒼傳洛陽賈誼。」由是言之，左氏春秋，荀卿之傳也。儒林傳云：「瑕丘江公受穀梁春秋及詩于魯申公，傳子，至孫爲博士。」由是言之，穀梁春秋，荀卿子之傳也。荀卿所學，本長于禮。儒林傳云：「東海蘭陵孟卿善爲禮、春秋，授后蒼、疏廣。」劉向敍云：「蘭陵多善爲學，蓋以荀卿也。長老至今稱之曰：『蘭陵人喜字爲卿，蓋以法荀卿。』」又二戴禮並傳自孟卿，大戴禮曾子立事篇載修身、大略二篇文，小戴樂記、三年問、鄉飲酒義篇載禮論、樂論篇文。由是言之，曲臺之禮，荀卿之支與餘裔也。蓋自七十子之徒既歿，漢諸儒未興，中更戰國、暴秦之亂，六藝之傳賴以不絕者，荀卿也。周公作之，孔子述之，荀卿子傳之，其揆一也。故其說「霜降逆女」，與毛同義。禮論、大略二篇，穀梁義具在。又解蔽篇說卷耳，儒效篇說風、雅、頌，大略篇說魚麗、國風好色，並先師之逸典。又大略篇「春秋賢穆公」，「善胥命」，則爲公羊春秋之學。楚元王交本學於浮丘伯，故劉向傳魯詩、穀梁春秋，劉歆治毛詩、左氏春秋，董仲舒治公羊春秋，故作書美荀卿，其學皆有所本。劉向又稱荀卿善爲易，其義亦見非相、大略二篇。蓋荀卿於諸經無不通，而古籍闕亡，其授受不可盡知矣。史記載孟子受業於子思之門人，於荀卿則未詳焉。今考其書，始於勸學，終於堯問，劉向所編堯問第三十，其下仍有君子、賦二篇。然堯問末附荀卿弟子之詞，則爲末篇無疑。當以楊倞改訂爲是。篇次實仿論語。六藝論云：「論語，子夏、仲弓合撰。」風俗通云：「穀梁爲子夏門人。」而非相、非十二子、儒效三篇每以仲尼、子弓並稱。子弓之爲仲弓，猶子路之爲季路，知荀卿之學實出於子夏、仲弓也。宥坐、子道、法行、哀公、堯問五篇，雜記孔子及諸弟子言行，蓋據其平日之聞於師友者，亦由淵源所漸、傳習有素而然也。故曰荀卿之學出於孔氏，而尤有功於諸經。韓詩外傳：「客有説春申君者曰：『湯以七十里，文王以百里，皆兼天下。今孫子天下之賢人也，君藉之百里之勢，臣竊以爲不便。于君若何？』春申君曰：『善。』于是使人謝孫子，孫子去而之趙，趙以爲上卿。客又説春申君曰：『昔伊尹去夏之殷，殷王而夏亡；管仲去魯入齊，齊强而魯弱。由是觀之，賢者之所在，其君未嘗不善，其國未嘗不安也。今孫子天下之賢人，何爲辭而去？』春申君又云：『善。』于是使請孫子。孫子僞喜，戰國策作「爲書」。謝之曰：『鄙語曰：「厲憐王。」此不恭之語也。雖然，不可不審也，此爲劫殺死亡之主言也。夫人主年少而放，無術法以知姦，卽大臣以專斷圖私，以禁誅於己也，故舍賢長而立幼弱，廢正適而立不善。故春秋之志曰：「楚王之子圍聘於鄭，未出竟，聞王疾，反問疾，遂以冠纓絞王而殺之，因自立。」「齊崔杼之妻美，莊公通之，崔杼率其羣黨而攻莊公。莊公請與分國，崔杼不許；欲自刃於廟，崔杼又不許。莊公出走，踰于外牆，射中其股，遂殺而立其弟景公。」近代所見，李兑用趙，餓主父于沙丘，百日而殺之；淖齒用齊，擢湣王之筋而懸之於廟梁，宿昔而殺之。夫厲雖癰腫疕瘍，上比遠世，未至絞頸射股也；下比近世，未至擢筋餓死也。由是觀之，厲雖憐王可也。因爲賦曰：「璇玉瑶珠不知佩，雜布與錦不知異，閭娵、子都莫之媒，嫫母、力父是之喜。以盲爲明，以聾爲聰，以是爲非，以吉爲凶。嗚呼上天，曷維其同！」詩曰：「上帝甚慆，無自瘵焉！」』」按春申君請孫子，孫子答書，或去或就，曾不一言，而泛引前世劫殺死亡之事，未知其意何屬。且靈王雖無道，固楚之先君也，豈宜向其臣子斥言其罪？不知何人鑿空爲此，韓嬰誤以説詩。劉向不察，采入國策，其敍荀子新書又載之，斯失之矣。此書自「厲憐王」以下，乃韓非子姦劫弑臣篇文，其言刻覈舞知以禦人，固非之本志。其賦詞乃荀子佹詩之小歌，見於賦篇。由二書雜采成篇，故文義前後不屬，幸本書具在，其妄不難破爾。孫卿自爲蘭陵令，逮春申之死，凡十八年，其閒實未嘗適趙，亦無以荀卿爲上卿之事。本傳稱齊人或讒荀卿，荀卿乃適楚。詩外傳、國策所載或説春申君之詞，即因此以爲緣飾。周、秦閒記載，若是者多矣。至引事説詩，韓嬰書之成例，國策載其文而不去其詩，此故奏之葛龔也。今本荀子二十卷，元時槧本題云「唐大理評事楊倞注」，一本題云「唐登仕郎、守大理評事楊倞」，事實無可考。新唐書藝文志以倞爲楊汝士子，而宰相世系表則載汝士三子：一名知温，一名知遠，一名知至，無名倞者。表、志同出一手，何以互異若此？古刻叢鈔載唐故銀青光禄大夫使持節蔚州諸軍事行蔚州刺史兼御史中丞馬公墓志銘，其文則楊倞所作，題云「朝請大夫、使持節汾州諸軍事、守汾州刺史楊倞撰」，結銜校荀子加詳。其書馬公卒葬年月，云「以會昌四年三月十日卒，以其年七月十日葬」。據此，則楊倞爲唐武宗時人。

荀卿子年表

趙	齊	秦	楚	本書列傳
惠文王元年 以公子勝爲相，封平原君。	湣王二十六年	昭王九年	頃襄王元年	
二年	二十七年	十年	二年	
三年	二十八年	十一年	三年 懷王卒於秦，秦歸其喪。	

四年	五年	六年	七年	八年	九年	十年	十一年	十二年	十三年	十四年	十五年
二十九年	三十年	三十一年	三十二年	三十三年	三十四年	三十五年	三十六年	三十七年	三十八年 滅宋。	三十九年	四十年
十二年	十三年	十四年	十五年	十六年	十七年	十八年	十九年	二十年	二十一年	二十二年	二十三年
四年	五年	六年	七年 迎婦於秦，秦、楚復平。	八年	九年	十年	十一年	十二年	十三年	十四年 與秦昭王好會於宛，結和親。	十五年
									王伯篇：齊湣用强齊，中足以舉宋。		

	十六年	十七年	十八年	十九年	二十年
燕、秦、趙、魏、韓兵破我濟上，王走莒。	襄王元年	二年	三年	四年	五年　田單殺燕騎劫。
	二十四年	二十五年	二十六年	二十七年	二十八年
	十六年　與秦昭王好會於鄢。秋，復會於穰。	十七年	十八年	十九年　秦伐我，割上庸漢北地予秦。	二十年
仲尼篇：湣王毁於五國。王伯篇：燕、趙起而攻之，若振槁然，身死國亡，爲天下大戮。	列傳：齊襄王時，荀卿最爲老師。齊尚修列大夫之缺，而荀卿三爲祭酒焉。				議兵篇：齊之田單，世俗所謂善用兵者。燕

				能并齊而不能凝也，故田單奪之。
二十一年	六年	二十九年	二十一年 秦拔我郢，燒夷陵，王東保於陳。	議兵篇：秦師至而鄢、郢舉，若振槁然。
二十二年	七年	三十年	二十二年	
二十三年	八年	三十一年	二十三年	
二十四年	九年	三十二年	二十四年	
二十五年	十年	三十三年	二十五年	
二十六年	十一年	三十四年	二十六年	
二十七年	十二年	三十五年	二十七年 復與秦平，入太子爲質於秦。	彊國篇：今楚父死焉，至是乃使讎人役也。 仲尼篇：楚六千里而爲讎人役。
二十八年	十三年	三十六年	二十八年	
二十九年	十四年	三十七年	二十九年	
三十年	十五年	三十八年	三十年	

三十一年	十六年	三十九年	三十一年	儒效篇載秦昭王與荀卿答問之語。
三十二年	十七年	四十年	三十二年	
三十三年	十八年	四十一年 拜范睢爲相，封以應，號爲應侯。	三十三年	彊國篇載應侯與荀卿答問之語。
孝成王元年 秦拔趙三城。平原君相。	十九年	四十二年	三十四年	議兵篇：臨武君與孫卿子議兵于趙孝成王前。又秦四世有勝，又李斯問孫卿子曰「秦四世有勝」，皆謂孝公至昭王。
二年	王建元年	四十三年	三十五年	
三年	二年	四十四年	三十六年	
四年	三年	四十五年	考烈王元年 春申君爲相。	
五年	四年	四十六年	二年	

六年	五年	四十七年	三年	
七年	六年	四十八年	四年	
八年	七年	四十九年	五年	
九年　秦圍邯鄲，魏信陵君奪晉鄙兵。平原君求救於楚，楚使春申君與魏救趙，卻秦，存邯鄲。	八年	五十年	六年　楚世家：六年，秦圍邯鄲，趙告急於楚，楚遣將軍景陽救趙。七年，至新中，秦兵去。春申君傳：四年，秦破趙之長平軍四十餘萬。五年，圍邯鄲，邯鄲告急於楚，楚使春申君將兵往救之，秦兵亦去。案六年圍邯鄲，傳作「五年」，誤。	議兵篇：韓之上地方數百里，完全富足而趨趙，趙不能凝也，故秦奪之。臣道篇：平原君之於趙也，可謂輔矣。信陵君之於魏也，可謂弼矣。又争然後善、戾然後功，出死無私、致忠而公者，是之謂通忠之順，信陵君似之矣。
十年　秦兵罷。	九年	五十一年	七年	
十一年	十年	五十二年	八年	

十二年
十三年
十四年
十五年
平原君卒。
十六年
十七年
十八年

十一年
十二年
十三年
十四年
十五年
十六年
十七年

五十三年
五十四年
五十五年
五十六年
孝文王元年
莊襄王元年
秦本紀：五十六年秋，昭襄王卒，子孝文王立，十月己亥即位，三日辛丑卒，子莊襄王立。
二年
三年
始皇元年

以荀卿爲蘭陵令。
九年
十年
徙於鉅陽。
十一年
十二年
十三年
十四年
十五年

列傳：齊人或讒荀卿，荀卿乃適楚，而春申君以爲蘭陵令。

			春申君徙封於吴。	
十九年	十八年	二年	十六年	
				李斯列傳：斯辭荀卿西入秦，會莊襄王卒，乃求爲秦相吕不韋舍人。
二十年	十九年	三年	十七年	
二十一年	二十年	四年	十八年	
悼襄王元年	二十一年	五年	十九年	
二年	二十二年	六年	二十年	
三年	二十三年	七年	二十一年	
四年	二十四年	八年	二十二年	
			王東徙壽春。	
五年	二十五年	九年	二十三年	
六年	二十六年	十年	二十四年	
七年	二十七年	十一年	二十五年	
			李園殺春申君。	列傳：春申君死而荀卿廢，因家蘭陵，列著數萬言，卒葬蘭陵。

謹據本書及史記、劉向敘，攷定其文曰：荀子，趙人，名况，年五十始游學來齊，則當湣王之季，故傳云「田駢之屬皆已死」也。又云「及襄王時而荀卿最爲老師」，葢復國之後，康莊舊人惟卿在也。襄王之十八年，當秦昭王四十一年，秦封范雎爲應侯。儒效、彊國篇有昭王、應侯答問，則自齊襄王十八年以後，荀卿去齊游秦也。其明年，趙孝成王元年，本書荀卿與臨武君議兵趙孝成王前，則荀子入秦不遇復歸趙也。後十一年，當齊王建十年，爲楚考烈王八年，楚相黄歇以荀卿爲蘭陵令。本書云「齊人或讒荀卿，荀卿乃適楚，而春申君以爲蘭陵令」，則當王建初年。荀卿復自趙來齊，故曰「三爲祭酒」。是時春申君封于淮北，蘭陵乃其屬邑，故以卿爲令。後八年，春申君徙封于吴，而荀卿爲令如故。又十二年，考烈王卒，李園殺春申君，盡滅其族。本傳云：「春申君死而荀卿廢，因家蘭陵。列著數萬言而卒，因葬蘭陵。」荀卿之卒，不知何年。堯問篇云：「孫卿迫于亂世，鰌于嚴刑，上無賢主，下遇暴秦。」鹽鐵論毁學篇：「方李斯之相秦也，始皇任之，人臣無二，然而荀卿爲之不食，覩其罹不測之禍也。」據李斯傳，斯之相在秦并天下之後，距春申君之死十八年，距齊湣王之死六十四年，是時荀卿葢百餘歲矣。荀卿生于趙，游于齊，嘗一入秦而仕于楚，卒葬于楚，故以四國爲經，託始于趙惠文王、楚頃襄王之元，終于春申君之死，凡六十年。庶論世之君子得其梗概云爾。劉向敍録：「卿以齊宣王時來游稷下，後仕楚，春申君死而卿廢。」史記六國年表載春申君之死上距宣王之末凡八十七年。晁公武郡齋讀書志謂史記所云「年五十始游齊」，則春申君死之年，卿年當一百三十七矣。然顔之推家訓勉學篇「荀卿五十始來游學」，之推所見史記古本已如此，未可遽以爲譌字也。且漢之張蒼，唐之曹憲，皆百有餘歲，何獨於卿而疑之？荀子歸趙，疑當孝成王九年、十年時，故臣道篇亟稱平原、信陵之功，是時信陵故在趙也。以信陵君之好士，得之於毛公、薛公，而失之于荀卿，惜夫！韓非子難四篇：「燕王噲賢子之而非荀卿，故身死爲僇。」荀子游燕，在游齊之前，事僅見此。本書彊國篇荀子説齊相國曰：「今巨楚縣吾前，大燕鰌吾後，勁魏鉤吾右，西壤之不絶若繩，楚人則乃有襄賁、開陽以臨吾左，是一國作謀，三國必起而乘我。如是，則齊必斷而爲四，三國若假城耳。」其言正當湣王之世。湣王再攻破燕、魏，留楚太子横，以割下東國，故荀卿爲是言。其後五國伐齊，燕入臨菑，楚、魏共取淮北，卒如荀卿言。荀子之爲齊，與樂毅之爲燕謀伐齊，所見正同，豈可謂儒者無益於人國乎？此齊相爲薛公田文，故曰「相國上則得專主，下則得專國」。王伯篇云：「權謀日行而國不免危削，綦之而亡，齊湣、薛公是也。」荀卿之爲是言者，疾田文之不能用士也。

〔胡元儀郇卿别傳〕郇卿名況，趙人也，蓋周郇伯之遺苗。郇伯，公孫之後，或以孫爲氏，故又稱孫卿焉。昔孟子爲卿于齊，郇卿亦爲卿于齊。虞卿爲趙上卿，時人尊之，號曰虞卿，郇卿亦爲趙上卿，故人亦卿之而不名也。卿年十五，有秀才，當齊湣王之末年，游學于齊。初，齊威王之世，淳于髡、鄒衍之屬相次至齊。威王卒，宣王立，喜文學，游説之士來者益衆，居稷下。宣王十八年，尊寵之，如孟子、鄒衍、鄒奭、淳于髡、田駢、接子、慎到、環淵之徒七十六人，皆命曰列大夫，言爵比大夫也。開第康莊之衢，高門大屋，不治政事而議論焉，稷下之盛聞于諸侯。十九年，宣王卒，湣王立，學士更盛，且數萬人。湣王奮二世之餘烈，南舉楚、淮，北并巨宋，苞十二國，西摧三晉，卻彊秦，五國賓從，鄒、魯之君，泗上諸侯，皆入臣。晚年，矜功不休，百姓不堪。諸儒皆諫，湣王不聽，各分散。慎到、接子亡去，田駢如薛。郇卿亦説齊相曰：「處勝人之埶，行勝人之道，天下莫忿，湯、武是也。處勝人之埶，不以勝人之道，厚于有天下之埶，索爲匹夫，不可得也，桀、紂是也。然則得勝人之埶者，其不如勝人之道遠矣。夫主相者，勝人以埶也。是爲是，非爲非，能爲能，不能爲不能，並己之私欲必以道。夫公道通義之可相兼容者，是勝人之道也。今相國上則得專主，下則得專國，相國之于勝人之埶亶有之矣。然則胡不敺此勝人之埶赴勝人之道，求仁厚明通之君子而託王焉，與之參國政，正是非？如是則國孰敢不爲義矣？君臣上下貴賤長少至於庶人，莫不爲義，則天下孰不欲合義矣？賢士願相國之朝，能士願相國之官，好利「利」當作「義」。之民莫不願以齊爲歸，是一天下也。相國舍是而不爲，案直爲世俗之所爲，則女主亂之宮，詐臣亂之朝，貪吏亂之官，衆庶百姓皆以貪利争奪爲俗，曷若是而可以持國乎？今巨楚縣吾前，大燕鰌吾後，勁魏鉤吾右，西壤之不絶若繩，楚人則乃有襄賁、開陽以臨吾左，是一國作謀，則三國必起而乘我。如是，則齊必斷而爲四，三國若假城然耳，必爲天下大笑，曷若兩者孰足爲也？夫桀、紂，聖王之後子孫也，有天下者之世也，埶籍之所存，天下之宗室也。土地之大，封内千里，人之衆，數以億萬；俄而天下倜然舉去桀、紂而犇湯、武，反然舉惡桀、紂而貴湯、武。是何也？夫桀、紂何失而湯、武何得也？曰：是無他故焉，桀、紂者善爲人之所惡，而湯、武者善爲人之所好也。人之所惡何也？曰：汙漫、争奪、貪利是也。人之所好何也？曰：禮義、辭讓、忠信是也。今君人者辟稱比方則欲自竝乎湯、武，若其所以統之則無以異桀、紂，而求有湯、武之功名，可乎？故凡得勝者必與人也，凡得人者必與道也。道者何也？曰：禮讓、忠信是也。故自四五萬而往者彊勝，非衆之力也，隆在信矣。自數百里而往者安固，非人之力也，隆在修政矣。今已有數萬之衆者也，陶誕比周以爭與；已有數百里之國者也，汙漫、突盜以爭地。然則是弃己之所安彊而爭己之所危弱也。損己之所不足以重己之所有餘，若是其悖繆也，而求有湯、武之功名，可乎？辟之猶伏而咶天，救經而引其足也，説必不行矣，愈務而愈遠。爲人臣者不恤己行之不行，苟得利而已矣，是渠衝入穴而求利也，是仁人之所羞而不爲也。故人莫貴乎生，莫樂乎安，所以養生安樂者莫大乎禮義。人知貴生樂安而弃禮義，辟之是猶欲壽而歾頸也，愚莫大焉。故君人者愛民而安，好士而榮，兩者無一焉而亡。詩曰：『价人維藩，大師維垣。』此之謂也。」齊相不能用其言，郇卿乃適楚。于是諸侯合謀，五國伐齊，湣王奔莒。楚使淖齒救齊，因爲齊相。淖齒欲與燕分齊地，乃執湣王，殺之于鼓里。田單起卽墨，卒復齊所失七十餘城，迎湣王子法章于莒而立之，是爲襄王。襄王復國，尚修列大夫之缺，諸儒反稷下。其時田駢之屬已死，惟郇卿最爲老師，于是郇卿三爲祭酒焉。後齊人或讒郇卿，卿乃適楚，楚相春申君相楚之八年，以卿爲蘭陵令。客説春申君曰：「湯以亳，武王以鄗，皆不過百里以有天下。今郇子天下賢人也，君藉以百里之埶，臣竊以爲不便，於君何如？」春申君曰：「善。」于是使人謝郇卿。卿去之趙，趙以爲上卿，與臨武君孫臏議兵於趙孝成王之前，臨武君爲變詐之兵，郇卿以王兵難之，不能對也。語詳郇卿子議兵篇。卒不用於趙，遂應聘于秦。初見應侯范睢，應侯問以入秦何見，郇卿曰：「其固塞險，形埶便，山林川谷美，天材之利多，是形勝也。入境觀其風俗，其百姓樸，其聲樂不流汙，其服不挑，甚畏有司而順，古之民也。及都邑官府，其百吏肅然，莫不恭儉敦敬，忠信而不楛，古之吏也。入其國，觀其士大夫，出于其門，入于公門，出于公門，入于其家，無有私事也，不比周，不朋黨，倜然莫不明通而公也，古之士大夫也。觀其朝廷，其閒聽決，百事不留，恬然如無治者，古之朝也。故四世有勝，非幸也，數也。是所見也。故曰：佚而治，約而詳，不煩而功，治之至也。秦類之矣。雖然，則有其偲矣，兼是數具者而盡有之，然而縣之以王者之功名，則倜倜然其不及遠矣。是何也？則其殆無儒邪！故曰：粹而王，駁而霸，無一焉而亡。此秦之所短也。」秦昭王聞其重儒也，因問曰：「儒無益於人國？」郇卿曰：「儒者法先王，隆禮義，謹乎臣子而致貴乎上者也。人主用之則埶在本朝而宜，不用則退編百姓而愨，必爲順下矣。雖窮困凍餓，必不以邪道爲貪，無置錐之地而明于持社稷之大義，嗚呼而莫之能應，然而通乎財萬物、養百姓之經紀。埶在人上則王公之材也，在人下則社稷之臣、國君之寶也。雖隱于窮閻漏屋，人莫不貴之，道誠存也。仲尼將爲司寇，沈猶氏不敢朝飲其羊，公慎氏出其妻，慎潰氏踰境而徙，魯之粥牛馬者不豫賈，必蚤正以待之也。居于闕里，闕里之子弟罔不分，有親者取多，孝弟以化之也。儒者在本朝則美政，在下位則美俗，儒之爲人下如是矣。」王曰：「然則其爲人上何如？」郇卿曰：「其爲人上也，廣大矣。志意定乎内，禮節修乎朝，法則度量出乎官，忠信愛利形乎下，行一不義、殺一無罪而得天下，不爲也。此君義信乎人矣，通于四海則天下應之如讙。是何也？則貴名白而天下治也。故近者歌謳而樂之，遠者竭蹶而趨之，四海之内若一家，通達之屬莫不服，夫是之謂人師。詩曰：『自西自東，自南自北。』此之謂也。夫其爲人下也如彼，其爲人上也如此，何謂其無益于人之國也？」昭王曰：「善。」然終不能用郇卿也。郇卿在秦，知不見用，無何，由秦反趙。後春申君之客又説春申君曰：「昔伊尹去夏入殷，殷王而夏亡；管仲去魯入齊，魯弱而齊彊。夫賢者所在，君未嘗不尊，國未嘗不榮也。今郇卿天下賢人也，君何辭之？」春申君又曰：「善。」于是使人請郇卿于趙，郇卿遺書謝之曰：「諺云：『癘人憐王。』此不恭之語也。雖然，不可不審察也，此爲劫弑死亡之主言也。夫人主年少而矜材，無法術以知奸，則大臣主斷圖私〔一〕，以禁誅于己也，故弑賢長而立幼弱，廢正嫡而立不義。春秋記之曰：『楚王子圍聘于鄭，未出境，聞王病，反問疾，遂以冠纓絞王殺之，因自立也。』『齊崔杼之妻美，莊公通之，崔杼帥其君黨而攻莊公。莊公請與分國，崔杼不許；欲自刃于廟，崔杼不許。莊公走出，踰于外牆，射中股，遂殺之而立其弟景公。』近代所見，李兑用趙，餓主父于沙丘，百日而殺之；淖齒用齊，擢湣王之筋，縣于廟梁，宿昔而死。夫癘雖癰腫痂疵，上比前世，未至纓絞射股；下比近代，未至擢筋餓死也。夫劫弑死亡之主也，心之憂勞，形之困苦，必甚于癘矣。由此觀之，癘雖憐王可也。」蓋李園之包藏禍心，李園女弟之陰謀，郇卿早知其必發，故以書刺之也。又爲歌賦以遺春申君曰：「天下不治，請陳佹詩：天地易位，四時易鄉。列星殞墜，旦暮晦盲。幽晦登昭，日月下藏。公正無私，反見縱横。志愛公利，重樓疏堂。無私罪人，憼革貳兵，道德純備，讒口將將。仁人絀約，敖暴擅彊。天下幽險，恐失世英，螭龍爲蝘蜓，鴟梟爲鳳凰。比干見刳，孔子拘匡。昭昭乎其知之明也，郁郁乎其遇時之不祥也。拂乎其欲禮義之大行也，闇乎

〔一〕「圖」，原本作「國」，據韓詩外傳四改。

天下之晦盲也。皓天不復，憂無疆也。千歲必反，古之常也。弟子勉學，天不忘也。聖人共手，時幾將矣。與愚以疑，願聞反辭。」其小歌曰：「念彼遠方，何其塞矣。仁人絀約，暴人衍矣。忠臣危殆，讒人服矣。琁玉瑶珠，不知佩也。雜布與錦，不知異也。閭娵、子奢，莫之媒也。嫫母、力父，是之嘉也。以盲爲明，以聾爲聰，以危爲安，以吉爲凶。嗚呼上天，曷維其同！」春申君得書與歌賦，恨之，復固謝郇卿。卿不得已，乃行至楚，復爲蘭陵令。春申相楚之二十五年，楚考烈王卒，春申君果被李園所殺，而郇卿遂廢蘭陵令，因家蘭陵二十餘年。秦始皇三十四年，李斯爲秦相，卿聞之，爲之不食，知其必敗也。後卒，年葢八十餘矣，因葬于蘭陵。

方郇卿至稷下也，諸子咸作書刺世，諸子之事，皆以爲非先王之法也。蘇秦、張儀以邪道説諸侯，以大貴顯。郇卿退而笑曰：「夫不以其道進者，必不以其道亡。」孟子言人之性善，郇卿後孟子百餘年，以爲人之性惡，作性惡一篇。疾濁世之政，亡國亂君相屬，不遂大道而營乎巫祝，信禨祥，鄙儒小拘莊周等又滑稽亂俗，于是推本儒術，闡道德，崇禮勸學，著數萬言，凡三十二篇。又作春秋公子血脈譜。郇卿善爲詩、禮、易、春秋。從根牟子受詩，以傳毛亨，號毛詩；又傳浮丘伯，伯傳申公，號魯詩。從馯臂子弓受易，並傳其學。稱子弓比于孔子。從虞卿受左氏春秋，以傳張蒼，蒼傳賈誼。穀梁俶亦爲經作傳，傳郇卿，卿傳浮丘伯，伯傳申公，申公傳瑕丘江公，世爲博士。郇卿尤精于禮，書闕有閒，受授莫詳。由是漢之治易、詩、春秋者皆源出于郇卿。郇卿弟子今知名者，韓非、李斯、陳囂、毛亨、浮丘伯、張蒼而已，當時甚盛也。至漢時，蘭陵人多善爲學，皆卿之門人也。漢人稱之曰：「蘭陵人喜字爲卿，法郇卿也。」教澤所及，葢亦遠矣。後十一世孫遂，遂生淑，淑生子八人，時號「八龍」。卿之後甚著于東漢，迄魏、晉、六朝，知名之士不絶云。

論曰：劉向言：「漢興，董仲舒亦大儒，作書美郇卿。孟子、董先生皆小五伯，以爲仲尼之門，五尺童子皆羞稱五伯。如人君能用郇卿，庶幾于王，然世莫能用，而六國之君殘滅，秦國大亂，卒以亡。觀郇卿之書，其陳王道甚易行，疾世莫能用，其言悽愴，甚可痛也！嗚呼！使斯人卒終于閭巷而功業不得見於世，哀哉！可爲賈涕。其書可比于傳記，可以爲法。」諒哉斯言！向，故元王交之孫，交，郇卿再傳弟子也，其知之深矣，其哀痛有由矣，然而汙不至阿其所好也。向校讎中秘書，定著郇卿子三十二篇，傳之至今，向亦卿之功臣哉！唐儒楊倞復爲之注，表彰之功，亦向之亞矣。

〔又郇卿別傳攷異二十二事〕林寶元和姓纂：「郇，周文王十七子郇侯之後，以國爲氏。詩「郇伯勞之」，毛傳云：「郇伯，郇侯也。」郇本侯爵，郇侯曾爲二伯，詩舉重者言，故毛傳云然。後去『邑』爲『荀』。晉有荀林父，生庚，裔孫況。況十一代孫遂，遂生淑，生儉、緄、靖、燾、汪、爽、肅、專〔一〕，時人謂之『八龍』。案水經注：涑水逕猗氏故城北，又西逕郇城。郇，伯國也。其地卽今山西蒲州府猗氏縣之境。郇國，晉武公所滅，見竹書紀年。故郇伯之後仕于晉獻公之世，有荀息。魯僖二十七年，荀林父御戎，林父于息屬之親疎未詳。林父子庚，成三年聘魯。庚子偃，成十六年佐上軍。偃子吳，襄二十六年聘魯。吳子寅，昭二十九年與趙鞅城汝濱，定十三年入于朝歌叛魯，哀五年奔齊。由寅至郇卿幾二百年，由哀五年至周赧王十六年，得一百九十四年也。其閒幾世不可詳矣。」林寶所云，皆據郇氏家傳，信而有徵者也。但後漢書荀淑傳稱淑爲荀卿十一世孫，則遂當是十世孫，不知今本元和姓纂誤衍一字歟，抑今本後漢書「十一世」乃「十二世」之誤歟？無明據以證之也。云「後去邑爲荀」，此乃想當然之辭，殊非確論。何也？荀姓乃黃帝之後，國語司空季子言黃帝之子二十五宗，得姓者十二，姬、酉、祈、己、滕、葴、任、荀、僖、姞、儇、依是也。郇國之郇，詩「郇伯勞之」，竹書紀年「晉武公滅郇」，此據漢書地理志臣瓚注所引紀年之文，

〔一〕「專」，原本無，據後漢書荀韓鍾陳列傳補。李賢注：「專，本或作敷。」

今本紀年皆作「荀」，不作「郇」矣。國語訾祐言「范文子受以郇、櫟」，字皆作「郇」，並不作「荀」也。而左傳諸荀之在晉者字皆作「荀」，不復作「郇」。此葢傳寫相承，久而不改，正如許國、許姓之「許」字作「鄦」，凡經典之中竟無「鄦」字，人遂相沿不改，是其證也，並非有故去「邑」爲「荀」明矣。今別傳中皆用「郇」字，以著受姓之源。史記稱荀卿，國策、劉向、漢書藝文志、應劭風俗通皆稱孫卿，司馬貞、顔師古皆以爲避宣帝諱詢，故改稱孫。謝東墅云：「漢不避嫌名，時人荀淑、荀爽俱用本字，左傳荀息至荀瑶亦不改字，何獨于荀卿反改之邪？葢荀、孫二字同音，語遂移易，如荆軻謂之荆卿，又謂之慶卿。又如張良爲韓信都。信都，司徒也，俗音不正，曰信都。」案謝東墅駁郇卿之稱孫卿不因避諱，足破千古之惑；以爲俗音不正，若司徒、信都，則仍非也。郇卿之爲郇伯之後，以國爲氏，無可疑矣。且郇卿趙人，古郇國在今山西猗氏縣境，其地于戰國正屬趙，故爲趙人。又稱孫者，葢郇伯，公孫之後，以孫爲氏也。王符潛夫論志姓氏篇云：「王孫氏、公孫氏，國自有之，孫氏者，或王孫之班，或公孫之班也。」是各國公孫之後皆有孫氏矣。由是言之，郇也、孫也，皆氏也。戰國之末，宗法廢絶，姓氏混一，故人有兩姓並稱者，實皆古之氏也。如陳完奔齊，史記稱田完；陳恆見論語，史記作田常；陳仲子見孟子，郇卿書陳仲、田仲互見；田駢見郇卿書，吕覽作陳駢。陳、田皆氏，故兩稱之。推之荆卿之稱慶卿，亦是類耳。若以俗語不正，二字同音，遂致移易爲言，尚未達其所以然之故也。今别傳不稱孫者，以别族在當時宜稱孫，舉近者言也。孫氏各國皆有，不明所出，後人宜稱郇，以著所出，故郇卿書稱孫子，仍之不改。郇卿，自稱之辭也。自史公稱荀卿，其後裔荀淑等皆曰荀，相沿至今，皆曰郇子，故不復稱孫也。齊宣王尊寵稷下諸子，號曰列大夫，言爵比大夫也。孟子，宣王時在齊居列大夫之中，而孟子書言孟子爲卿于齊，孟子自言「我無官守，我無言責」，與史記田完世家云列大夫「不治而議論」者合。然不稱列大夫而曰爲卿，葢卿卽列大夫之長，所謂郇卿三爲祭酒是也。然則郇卿亦爲卿于齊矣。史記虞卿傳：「虞卿説趙孝成王，再見，爲趙上卿，故號虞卿。」郇卿亦爲趙上卿，又從虞卿受左氏春秋，郇卿之稱卿，葢法虞卿矣。劉向云：「蘭陵人喜字爲卿，以法孫卿也。」然則在齊人、趙人稱郇卿，尊之之辭也；蘭陵弟子稱郇卿，美之之辭也。史記：「荀卿年五十始來遊學于齊。」劉向云：「孫卿有秀才，年五十始來遊學。」應劭風俗通窮通篇云：「孫卿有秀才，年十五始來遊學。」作「年十五」者是也，史記與劉向序皆傳寫誤倒耳。郇卿來齊在何時，史公、劉向、應劭皆未明言。桓寬鹽鐵論論儒篇云：「湣王奮二世之餘烈，南舉楚、淮，北并巨宋，苞十二國，西摧三晉，卻强秦，五國賓從，鄒、魯之君，泗上諸侯，皆入臣。矜功不休，百姓不堪，諸儒諫不從，各分散。慎到、接子亡去，田駢如薛，而孫卿適楚。內無良臣，故諸侯伐之。」是郇卿湣王末年至齊矣。今郇卿書彊國篇有説齊相一章，正諫湣王矜功，五國謀伐齊之事。蓋説之不從，遂之楚，五國旋果伐齊，湣王奔莒被殺。襄王復國，稷下諸子分散者復反稷下，郇卿適楚不久卽反齊。是以史記、劉向、應劭皆云襄王時尚修列大夫之缺，言湣王末列大夫已散，襄王復聚之，尚能修列大夫之缺也。劉向云：「威王、宣王之時，聚天下賢士於稷下，號曰列大夫。是時孫卿有秀才，年五十始來遊學。」應劭亦如此云，惟作「齊威王時」，無「宣王」，「年五十」作「十五」。「年十五」是也，無「宣王」，蓋脱去耳。應劭之文，全本劉向故也，説者遂疑郇卿齊威王時至齊，非也。稷下之士，實威王初年始聚之。淳于髡傳齊威王八年，楚伐齊，髡使趙請兵，是其證也。威王在位三十六年，宣王立。據田完世家，宣十八年，乃尊崇稷下之七十六人，賜列第，爲上大夫，不治而議論，是以稷下之士復盛，且數萬人。宣王在位十九年，十八年始尊崇稷下之士，號曰列大夫，威王時並無列大夫之號也。卽史記所云「是以稷下之士復盛，且數萬人」，皆終言其事，非宣王之世，在湣王之世也。劉向、應劭所云，皆溯稷下聚士之由，故統威王、宣王言之。云「是時孫卿有秀才」，非謂威王、宣王之時，指稷下之盛時，卽湣王之世也。讀者不察，以辭害意，故繆爲之説耳。史記春申君傳：「考烈王元年，以黄歇爲相，封春申君。春申君相楚之八年，以荀卿爲蘭陵令。」然則郇卿被讒去齊入楚，在楚考烈王之八年、齊王建之十年也。客説春申君以「湯、武百里有天下，孫子賢人，藉以百里之勢，不便于君」。審其詞意，必郇卿爲蘭陵令不久之事。春申信客言，卽謝郇卿，卿乃去而之趙，當在考烈王八九年，趙孝成王之十二三年，議兵于趙孝成之前，卽此時矣。劉向云：「孫卿應聘于諸侯，見秦昭王及秦相應侯。」今郇卿書儒效篇有秦昭王問孫子儒無益于人國一章，彊國篇有應侯問孫子入秦何見一章，是其事也。據范雎傳，雎爲相封侯在秦昭王四十一年。五十二年因王稽坐法誅，應侯懼，蔡澤説之，遂罷相。應侯罷相之年，卽楚考烈王八年。郇卿爲蘭陵令時，應侯既罷相矣。劉向稱秦相應侯，約言之，郇卿書直稱應侯，不曰秦相，得其實矣。秦昭王在位盡五十六年。郇卿入趙，當昭王五十二三年，由趙入秦，不出秦昭王五十四至五十六三年中也。卽由秦反趙，亦不出此三年中。客再説春申君，春申君請郇卿于趙，國策不言在何時。考春申君傳：「春申君相楚二十二年，諸侯合從西伐秦，楚爲從長，春申君用事。至函谷關，諸侯兵皆敗走，楚考烈王以咎春申君，春申君以此益疏客。」言春申君以合從伐秦不利，歸咎諸客，疏而遠之，前讒郇卿之客必在所疏之中。于是春申君所聽信者惟觀津人朱英。春申君徙楚都壽春，一切所爲，皆朱英之謀。然則説春申君反郇卿于趙之客，蓋卽朱英歟？由是言之，郇卿復爲蘭陵令，在楚考烈王二十二年之後矣。二十五年，春申被李園所殺，郇卿廢蘭陵令，計前後兩爲蘭陵令，不過三四年耳。桓寬鹽鐵論毁學篇云：「李斯之相秦也，始皇任之，人臣無二。然而郇卿爲之不食，覩其罹不測之禍也。」李斯相秦，據始皇本紀在三十四年，是年郇卿尚存，猶及見之，其卒也，必在是年之後矣。郇卿以湣王末年，年十五來齊。據田完世家，湣王三十八年，伐宋滅之。而郇卿説齊相之辭，但曰「巨楚縣吾前，大燕鰌吾後，勁魏鉤吾右」，不及宋國，時宋已滅明矣。説齊相不從，郇卿乃適楚，必湣王三十九年之事。蓋郇卿之來齊，亦卽在是年歟？雖無明證，試以是年郇卿年十五推之，當生于周赧王十六年，計至始皇三十四年，得八十七年，故别傳云卒年蓋八十餘矣。李斯傳：「斯長男由爲三川守，告歸咸陽，斯置酒于家，百官長皆前爲壽。李斯喟然而歎曰：『嗟乎！吾聞之郇卿曰：「物禁大盛。」斯乃上蔡布衣，今人臣無居臣上者，物極則衰，吾未知所税駕也。』」所謂「郇卿爲之不食」，必有戒斯之詞。「物禁大盛」，其戒斯之詞歟？當由告歸，百官長上壽之時，追念師言，不覺而歎耳。史公紀由告歸在始皇三十五年之後，敘此事畢，接書三十七年事，則由告歸、李斯之歎，在三十六年矣。是年，郇卿之存與卒不得而考，然可爲郇卿爲之不食之明證也。劉向讎校中孫卿書凡三百二十二篇，以相校除複重二百九十篇，定著三十二篇，言中祕所藏孫卿之書共有三百二十二篇，實三十二篇，餘皆重複之篇也。而漢書藝文志云「孫卿子三十三篇」，乃傳刊之誤，當作「三十二篇」，王伯厚漢藝文志攷證已言之矣。然漢志既列孫卿子三十二篇于諸子儒家，又列孫卿賦十篇于詩賦，今郇卿書賦篇僅有賦六篇，讀者莫明其故，蓋卽郇卿書中之賦篇、成相篇也。漢志雜賦十二家，有成相雜辭十一篇。藝文類聚八十九卷引成相篇曰：「莊子貴支離，悲木槿。」注云：「成相出淮南子。」據此，則淮南子亦有成相之篇，今已久佚，漢志亦從本書別出。然則成相雜辭十一篇者，淮南王之所作也。賦者，古詩之流，成相亦賦之流也。今案賦篇禮、知、雲、蠶、箴五賦之外，有佹詩一篇，凡六篇。成相篇自「請成相，世之殃」至「不由者亂，何疑爲」，是第一篇。自「凡成相，辨法方」至「宗其賢良，辨孽殃」，是第二篇。自「請成相，道聖王」至「道古聖賢，基必張」，是第三篇。自「願陳辭」「願陳辭」上脱「請成相」三字。至「託于成相以喻意」，是第四篇。自「請成相，言治方」至「後世法之成律貫」，是第五篇。合之賦六篇，實十有一篇。今漢志云「孫卿賦十篇」者，亦脱「一」

字，當作「十一篇」也。隋書經籍志有楚蘭陵令郇況集一卷，注云：「殘闕，梁二卷。」隋志本之梁阮孝緒七録，蓋七録題二卷者，正謂賦一卷、成相一卷也。修隋志者不知成相亦賦也，徒見郇卿賦篇僅六賦，不可分爲二卷，疑有殘闕，故注其下曰「殘闕，梁二卷」，亦殊疏矣。至舊唐書經籍志有郇況集二卷，新唐書藝文志亦有郇況集二卷，皆據隋志「梁二卷」之文載之而已，非別有全本也。王伯厚玉海引宋李淑書目云：「春秋公子血脈譜傳本曰郇卿撰。秦譜下及項滅子嬰之際，非郇卿作明矣。然枝分派別，如指諸掌，非殫見洽聞不能爲，其間不無訛繆。」案郇卿從虞卿受左氏春秋，故作春秋公子血脈譜，蓋據左氏傳文及左丘明世本之姓氏篇以成書也。世本，左丘明作，見顔氏家訓。書證篇云「出皇甫謐帝王世紀」。世本有姓氏篇，見左傳正義引。李淑疑非郇卿作，不過因秦公子譜下及秦亡而已，不知郇卿卒于始皇三十四年之後，去秦亡、項滅子嬰才數年耳，下及子嬰之世，又何疑邪？據云「非殫見洽聞不能爲」，其書之善可知。又云「其閒不無訛繆」，其中必有與史記諸書不合者。如皇甫謐帝王世紀亦據左丘明世本，其中有足攷訂史記者，卽其比也，不得因其不合遂指爲訛繆矣。其書不見引于羣籍，七略、七録皆不著其目，宋時猶存，竟至亡佚，惜哉！虞荔鼎録云：「荀況在嵩溪作一鼎，大如五石甕，表裏皆紀兵法，大篆書，四足。」劉向云：「孟子以爲人性善，孫卿後孟子百餘年，以爲人性惡。」向必言「後孟子百餘年」者，以史記言「孟子所如不合，退而與萬章之徒述仲尼之意，作孟子七篇」，又言「郇卿著數萬言而卒」，是孟、郇著書皆在晚年，故據孟、郇之卒年相去百餘年爲言也。向徧讀中秘書，博覽參稽，其言信而有徵者也，故別傳從之。郇卿卒于始皇三十四年之後，逆推孟子之卒當在周赧王初年，方合百餘年之數。今世所傳孟子譜、禮樂録、闕里志等書，皆出宋、明人之手，記孟子生卒，言人人殊，均無據之游辭，不足信者也。而説經者好稱之，誠末學所不解矣。陸德明經典釋文敘録：「毛詩，子夏授高行子，高行子授薛倉子，薛倉子授帛妙子，帛妙子授河間大毛公，毛公爲詩詁訓，傳于家，以授趙人小毛公。一云：子夏授曾申，申傳魏人李克，克傳魯人孟仲子，孟仲子授根牟子，根牟子授趙人孫卿子，孫卿子傳魯人大毛公。」陸璣毛詩草木蟲魚疏云：「孔子删詩，授卜商，商爲之序，以授魯人曾申，申授魏人李克，克授魯人孟仲子，孟仲子授根牟子，根牟子授趙人孫卿，卿授魯國毛亨，亨作詁訓傳以授趙國毛萇。時人謂亨爲大毛公，萇爲小毛公。」此毛詩得郇卿之傳也。漢書楚元王傳：「楚元王交嘗與魯穆生、白公〔二〕、申公俱受詩于浮丘伯。「浮丘」一作「包丘」，見鹽鐵論毁學篇。浮丘蓋齊地名，因以爲氏。「浮」「包」同聲字，如春秋「浮來之地」，左傳「浮來」，公、穀皆作「包來」，是其例也。伯，孫卿之門人也。浮丘伯在長安，元王遣子郢客與申公卒業。文帝時，申公爲詩最精，以爲博士。申公始爲詩，號魯詩。」此魯詩得郇卿之傳也。劉向別録：左傳正義引。「左丘明授曾申，申授吳起，起授其子期，期授楚鐸椒，椒作鈔撮八卷授虞卿，卿作鈔撮九卷授孫卿，卿授張蒼。」經典釋文云：「左丘明作傳，以授曾申，申傳衞人吳起，起傳其子期，期傳楚人鐸椒，椒傳趙人虞卿，虞卿傳同郡郇卿，名況，況傳武威張蒼，陽武人，此云「武威」，傳寫之誤。張蒼，蒼傳洛陽賈誼。」此左氏春秋郇卿之傳也。楊士勛穀梁疏：「穀梁子名俶，字元始，一名赤，魯人，受經于子夏，爲經作傳，授孫卿，卿傳魯人申公，申公傳瑕丘江翁。」此疏有脱文，當云「卿傳浮丘伯，伯傳申公，申公傳瑕丘江翁」。漢書儒林傳：「申公少與楚元王交俱事齊人浮丘伯，卒以詩、春秋授，而瑕丘江公盡能傳之。」是其證也。顔師古亦云：「穀梁授經于子夏，傳郇卿。」此穀梁春秋郇卿之傳也。史記仲尼弟子列傳：「商瞿字子木。孔子傳易于

〔二〕「白公」，漢書楚元王傳作「白生」。

瞿，瞿傳楚人馯臂子弓，今本史記作「子弘」，張守節正義已正其誤。然韓昌黎云「太史公書弟子傳有姓名馯臂子弓」，則昌黎所見之史記未誤也。張守節所據本誤，致令今本皆誤。子弓傳江東矯子庸庇。」漢書儒林傳「商瞿受易仲尼，傳魯橋庇子庸，子庸傳江東馯臂子弓」，亦誤，當以史記爲正。今漢書子庸、子弓二名互易，幸留「江東」二字在中間不誤。然子弓，史記云「楚人」，漢書云「魯人」，未詳孰是也。郇卿善爲易，得子弓之傳也。郇卿傳易于何人，不可考。郇卿尤善于禮，今授受源流不可考。然漢書儒林傳東海蘭陵孟卿事蕭奮，以禮授后蒼，蒼説禮數萬言，號曰曲臺記，授戴德延君、戴聖次君。德號大戴，聖號小戴。據劉向云：「蘭陵人善爲學，蓋以孫卿也。長老至今稱之，曰：『蘭陵人喜字爲卿，蓋以法孫卿也。』」孟卿，蘭陵人，善爲禮，又字卿，必得郇卿之傳也，惜今未能知其詳耳。孟卿傳士禮十七篇于后蒼，蒼傳二戴，今大、小戴所傳儀禮篇次各殊。見賈公彦儀禮疏。由是言之，儀禮蓋亦郇卿之傳也。郇卿之師子弓，韓昌黎以爲馯臂子弓。此説不起自昌黎。張守節作史記正義，所據本作「子弘」，辯之曰：「荀子作『子弓』。」楊倞注非相篇云：「馯臂子弓，受易者也，傳易之别外無聞，非馯臂也。」楊注力辯非馯臂子弓，則唐以前之説皆以郇子之子弓卽馯臂矣，古説相傳，信而有徵者也。應劭云：「子弓，子夏之門人。」蓋子弓學無常師，學業必有異人者，故郇卿比之孔子，不得以典籍無傳而疑之也。楊倞以子弓爲仲弓，云子者，著其爲師。元人吴萊以爲子弓之爲仲弓，猶季路之爲子路。考其時世，郇卿不得受業于仲弓，不過因孔子稱仲弓可使南面，以爲必仲弓方可比孔子耳，殊乖事之實也。王弼注論語云：見經典釋文。「朱張字子弓，郇卿以比孔子者。」朱張字子弓，或有所據，以爲卽郇卿所稱子弓，誣亦甚矣。朱張在孔子之前，郇卿不能受業，卽以爲郇所受業，亦孔子前之聖人，何以郇卿動曰「孔子、子弓」，先孔子而後子弓邪？劉向云：「董仲舒作書美郇卿。」案漢書藝文志：「董仲舒百二十篇。」今惟存春秋繁露八十二篇，復多殘闕，不見美郇卿之文，其逸久矣。汪氏述學，極詆國策記郇卿之事，其言曰：「孫子謝春申書，去就曾不一言，泛引劫弑死亡之事，未知何屬。且靈王，楚之先君，豈宜斥言其罪？韓嬰誤以説詩，劉向不察，采入國策，失之矣。自『厲憐王』以下，乃韓非子姦劫弑臣篇文，其言刻覈舞知以禦人，其詞賦乃郇子佹詩之小歌。由二書雜采爲篇，文義不屬。孫卿自爲蘭陵令，逮春申君死，十八年，其閒未嘗適趙。本傳稱齊人或讒郇卿，卿乃適楚。詩外傳、國策所載，卽因此緣飾。末所引詩，乃詩外傳之文，國策亦並載之。」案汪氏此説殊武斷，因不達郇卿謝書之旨，遂妄言之耳。書之旨言春申將有劫殺之禍，指李園女弟之謀與親信李園也。故其詞隱，其意微，言外有去而不就之心，何得以去就不言爲疑邪？其説靈王也，直據春秋所記之事言，非斥其罪。國策載之，韓詩外傳載之，劉向校孫卿書，雖未載其謝書，然云「謝春申書，以刺楚國」，事必不誣也。韓非，郇卿弟子，其書援引師説，又何足怪。因韓非引之，即斥爲「刻覈舞知禦人」，今讀其書，心情悱惻，諷刺深遠，並無舞知禦人之事，何其誣也！且以爲郇卿此書乃劉向采自韓非以入國策。韓非之書雖全用其文，然未明言是郇卿謝春申書，而向遂割取以妄爲之。向之博學篤實，乃至荒唐若此乎？何其自信而輕蔑古人邪？郇卿遺春申書，與歌賦本屬二事，何得云文義不屬邪？但國策所載歌賦不全，今賦篇末佹詩一篇皆是也。乃云「詞賦乃郇子佹詩之小歌」，何其知二五而不知有十也？不信劉向，不信國策，徒拘守史記，漫不加考，窒莫甚焉。妄云「孫卿自爲蘭陵令，逮春申君死，十八年，未嘗適趙」，但據春申君傳「相楚八年，以郇卿爲蘭陵令」之文。計至春申君死，郇卿廢，其閒十八年。「十八年」不誤，「未嘗適趙」則繆之繆者也。此十八年中果在蘭陵，未之他國，而何時議兵于趙孝成王之前？何時入秦與秦昭王、應侯相問荅邪？凡此皆見于郇卿書者，豈抑可誣爲劉向所爲乎？至以國策、韓詩外傳皆因史記「齊人或讒郇卿」之文緣飾而成，更屬駕誣之詞，直以莫須有斷獄矣。惟國策篇末所引詩實韓詩外傳之文，所見良是。然以爲劉向采自韓詩外傳則仍非，後人據韓詩外傳以竄入國策耳。今世所行國策，皆非劉向著定之舊，夫豈不知邪？汪氏以考據自命，雄視一時，不料其亦留此武斷之説于世也。

荀子序

臣先謙案：宋台州本「序」上有「注」字。

昔周公稽古三五之道，損益夏、殷之典，制禮作樂，以仁義理天下，其德化刑政存乎詩。至于幽、厲失道，始變風變雅作矣。平王東遷，諸侯力政，逮五霸之後，則王道不絶如綫。故仲尼定禮樂，作春秋，然後三代遺風弛而復張，而無時無位，功烈不得被于天下，但門人傳述而已。陵夷至于戰國，於是申、商苛虐，孫、吴變詐，以族論罪，殺人盈城，談説者又以慎、墨、蘇、張爲宗，則孔氏之道幾乎息矣，有志之士所爲痛心疾首也！故孟軻闡其前，荀卿振其後。觀其立言指事，根極理要，敷陳往古，掎挈當世，撥亂興理，易於反掌，真名世之士、王者之師。又其書亦所以羽翼六經，增光孔氏，非徒諸子之言也。蓋周公制作之，仲尼祖述之，荀、孟贊成之，所以膠固王道，至深至備，雖春秋之四夷交侵，戰國之三綱弛絶，斯道竟不墜矣。倞以末宦之暇，頗窺篇籍，竊感炎黄之風未洽於聖代，謂荀、孟有功於時政，尤所耽慕。而孟子有趙氏章句，漢氏臣先謙案：宋台州本作「代」。亦嘗立博士，傳習不絶，故今之君子多好其書。獨荀子未有注解，亦復編簡爛脱，傳寫謬誤，雖好事者時亦覽之，至於文義不通，屢掩卷焉。夫理曉則愜心，文舛則忤意，未知者謂異端不覽，覽者以脱誤不終，所以荀氏之書千載而未光焉。輒用申抒鄙思，敷尋義理，其所徵據，則博求諸書。但以古今字殊，齊、楚言異，事資參考，不得不廣；或取偏傍相近，聲類相通，或字少增加，文重刊削，或求之古字，或徵諸方言。加以孤陋寡儔，愚昧多蔽，穿鑿之責，於何可逃？曾未足粗明先賢之旨，適增其蕪穢耳。葢以自備省覽，非敢傳之將來。以文字繁多，故分舊十二卷三十二篇爲二十卷，又改孫卿新書爲荀卿子，其篇第亦頗有移易，使以類相從云。時歲在戊戌，大唐睿聖文武皇帝元和十三年十二月也。○盧文弨曰：「傳習不絶」，俗閒本作「傳誓不絶」。「申抒」，宋本作「申杼」。「三十二篇」四字，元刻無，又「荀子序」作「荀卿子」，與諸書所引合。

荀子新目録

荀子卷第一

勸學篇第一

君子曰：學不可以已。青，取之於藍而青於藍；冰，水爲之而寒於水。以喻學則才過其本性也。○盧文弨曰：「青取之於藍」，從宋本，困學紀聞所引同。元刻作「青出之藍」，無「於」字。　王念孫曰：困學紀聞云：「『青出之藍』作『青取之於藍』，監本未必是，建本未必非。」（自注云：「今監本乃唐與政台州所栞熙寧舊本，亦未爲善。」又云：「請占之五泰注云：『五泰，五帝也。』監本改爲『五帝』而删注文。」）是王以作「出」者爲是也。元刻作「出之藍」，卽本於建本，監本作「取之於藍」者，用大戴記改之也。荀子本文自作「出於藍」，藝文類聚草部上、太平御覽百卉部三及意林、埤雅引此竝作「出於藍」，新論崇學篇同。史記褚少孫續三王世家引傳曰「青采出於藍而質青於藍者，教使然也」，卽是此篇之文，則本作「出於藍」明矣。（宋錢佃本從監本作「取之於藍」，而所引蜀本亦作「出於藍」，宋龔士卨荀子句解同。）今從王説。　先謙案：羣書治要作「青取之藍」，是唐人所見荀子本已有作「取」者。且大戴記卽用荀子文，亦作「青取之於藍」，不得謂荀子本作「出於藍」，而作「取」者爲非也。宋建、監本岐出，亦緣所承各異，故王氏應麟無以定之。謝本從盧校，今仍之。**木直中繩，輮以爲輪，其曲中規，雖有槁暴，不復挺者，輮使之然也。**輮，屈。槁，枯。暴，乾。挺，直也。晏子春秋作「不復贏矣」。○盧文弨曰：「暴」，舊本作「暴」，非。説文一作「暴」，晞也。一作「暴」，疾有所趣也。顔氏家訓分之亦極明。今此字注雖訓乾，然因乾而暴起，則下當從「本」。案考工記輪人「槁」作「藃」，鄭注云：「藃，藃暴，陰柔後必橈減幬革暴起。」釋文步角反。劉步莫反，一音蒲報反。又注「贏」，舊本訛作「羸」。案贏，緩也。今據晏子雜上篇改正，亦作「贏」。**故木受繩則直，金就礪則利，君子博學而日參省乎己，則知明而行無過矣。**參，三也。曾子曰：「日三省吾身。」知，讀爲智。行，下孟反。○俞樾曰：「省乎」二字，後人所加也。荀子原文蓋作「君子博學而日參己」。參者，驗也。史記禮書曰：「參是豈無堅革利兵哉？」索隱曰：「參者，驗也。」管子君臣篇曰「若望參表」，尹注曰：「參表，謂立表所以參驗曲直。」是參有參驗之義。君子博學而日參驗之於己，故知明而行無過也。後人不得「參」字之義，妄據論語「三省吾身」之文增「省乎」二字，陋矣。大戴記勸學篇作「君子博學如日參己焉」，「如」「而」古通用，無「省乎」二字，可據以訂正。先謙案：大戴記一本作「君子博學如日參己焉」，與俞説同。孔氏廣森云：「參己者，學乎兩端，以己參之。」一本作「而日參省乎己焉」，與荀子文同。此後人用荀子改大戴記也。荀書自作「而日參省乎己」。參、三義同。羣書治要作「而日三省乎己」，易「參」爲「三」，是本文有「省乎」二字之明證，與楊注義合。俞説非。**故不登高山，不知天之高也；不臨深谿，不知地之厚也；不聞先王之遺言，不知學問之大也。**

大，謂有益於人。**干、越、夷、貉之子，生而同聲，長而異俗，教使之然也。**干、越，猶言吳、越。吕氏春秋「荆有次非，得寶劍於干、越」，高誘曰：「吳邑也。」貉，東北夷。同聲，謂啼聲同。貉，莫革反。○謝刻從盧校「干」作「于」，注文作「于越，猶言於越」。盧文弨曰：「于越」，宋本作「干越」。今從元刻，與大戴禮同。注「於越」，舊作「吳越」，訛。所引吕氏春秋，見知分篇。「次非」俗本作「佽飛」，唯宋本與吕氏同。吕氏「于越」作「干遂」，淮南同，注：「干音寒。」國策作「干隧」。然楊氏自作「于越」，故以於越爲釋。劉台拱曰：淮南原道訓「干、越生葛絺」，高注：「干，吳也。」楊氏此注以干、越爲吳、越，蓋用高義，觀下文引吕氏春秋注可見，盧改非也。今原道訓作「于越」，亦妄庸人所改。王念孫曰：劉説是也。宋刻吕夏卿本、錢佃本竝作「干越」。干、越、夷、貉四者皆國名，不得改「干越」爲「于越」。古書言「干越」者多矣，凡改「干越」爲「于越」者，皆所謂知其一説，不知又有一説者也。大戴記之「于越」，亦後人所改，辯見漢書貨殖傳。淮南道藏本及朱東光本皆作「干」，它本皆改爲「于」。俞樾曰：案盧刻誠非，而楊注原文謂「猶言吳、越」，亦恐不然。干與越竝言，則干亦國名。管子内業篇「昔者吳、干戰，未齓，不得入軍門，國子擿其齒，遂入，爲干國多」，則干與吳且爲敵國，非即吳明矣。尹知章注管子以干爲江邊地，非是。辯見管子。字本作「邗」。説文邑部：「邗，國也，今屬臨淮，從邑，干聲。一曰：邗本屬吳。」蓋邗，古國名，後爲吳邑，哀九年左傳「吳城邗」是也。古書言干、越者，則當從國名之本訓，不得因其後爲吳邑而即訓爲吳也。先謙案：王氏雜志引文選江賦注所引墨子「以利荆、楚、干、越」、吳都賦「包括干、越」、莊子刻意篇「干、越之劍」，及淮南原道訓，以證漢書貨殖傳之「于越」當爲「干越」，其義允矣。今案鹽鐵論殊路篇「干、越之鋌不厲，匹夫賤之」，亦一證也。吴、干先爲敵國，後干倂於吴，管子「吴、干戰」及左傳「吴城邗」卽其明證。干爲吴滅，而吴一稱干，猶鄭爲韓滅而韓亦稱鄭。（竹書紀年書「韓哀侯」作「鄭哀侯」。）俞氏所駁，亦非也。今依劉、王說改從宋本。詩曰：「嗟爾君子，無恆安息。靖共爾位，好是正直。神之聽之，介爾景福。」詩，小雅小明之篇。靖，謀。介，助。景，大也。無恆安息，戒之不使懷安也。言能謀恭其位，好正直之道，則神聽而助之福，引此詩以喻勤學也。神莫大於化道，福莫長於無禍。爲學則自化道，故神莫大焉。修身則自無禍，故福莫長焉。○俞樾曰：上引詩云「神之聽之，介爾景福」，此文「神」字「福」字卽本詩文也。今本此二句提行，屬下節，非是。先謙案：舊本以荀子它篇引詩爲例，遂斷上引詩爲一節，以此二句提行，固屬非是。但下文「物類之起」至「君子愼其所立乎」一段，言榮辱禍福之理，正與引詩及此二句相應，若斷屬上節，亦未安。各篇引詩亦多在篇中，不盡屬一節之末，此處不當分段，今正。吾嘗終日而思矣，○先謙案：大戴記「吾」上有「孔子曰」三字。不如須臾之所學也；吾嘗跂而望矣，不如登高之博見也。跂，舉足也。登高而招，臂非加長也，而見者遠；順風而呼，聲非加疾也，而聞者彰。假輿馬者，非利足也，而致千里；假舟檝者，非能水也，而絶江河。能，善。絶，過。○王念孫曰：「江河」本作「江海」，「海」與「里」爲韻，下文「不積小流，無以成江海」，亦與「里」爲韻，今本「海」作「河」，則失其韻矣。文選海賦注引此正作「絶江海」，大戴記勸學篇、説苑説叢篇竝同。文子上仁篇作「濟江海」，文雖小異，作「江海」則同。俞樾曰：能，當讀爲耐。漢書食貨志「能風與旱」，鼂錯傳「其性能寒」，趙充國傳「漢馬不能冬」，師古注竝曰「能，讀曰耐」。此文「能」字正與彼同。**君子生非異也，善假於物也。**皆以喻修身在假於學。生非異，言與衆人同也。○王念孫曰：生讀爲性，大戴記作「性」。**南方有鳥焉，名曰蒙鳩，以羽爲巢而編之以髮，繫之葦苕，風至苕折，卵破子死。巢非不完也，所繫者然也。**蒙鳩，鷦鷯也。苕，葦之秀也，今巧婦鳥之巢至精密，多繫於葦竹之上是也。「蒙」當爲「蔑」。方言云：「鷦鷯，自關而西謂之桑飛，或謂之蔑雀。」或曰：一名蒙鳩，亦以其愚也。言人不知學問，其所置身亦猶繫葦之危也。説苑：「客謂孟嘗君曰：『鷦鷯巢於葦苕，箸之以髮，可謂完堅矣，大風至則苕折卵破者何也？所託者然也。』」○盧文弨曰：「蒙鳩」，大戴禮作「虫鳩」，方言作「蔑雀」。虫，讀如芒。「蒙」「虫」「蔑」一聲之轉，皆謂細也。蒙與蠛、蠓音義近。楊云「當爲蔑」，似非。箸，張略切，俗閒本多作「著」。今從宋本，與説文合。又曰：説文有「箸」無「著」，箸但訓飯攲，無形著及繫著義，或本有「著」字而誤脱，亦未可知。然古書如周語「大夫士曰恪位箸」，即「位著」也。列子仲尼篇「形物其箸」，以箸爲著明也。趙策「智伯曰『兵箸晉陽三年矣』」，以箸爲傳著也。世説新語一書，皆以「箸」爲「著」，以故六書正譌謂「箸」字多有假借用者，別作「著」，非。今校此書，凡宋本作「箸」者仍之，其他卷作「著」字者卽不改，非必古之盡是而今之皆非，以待夫通人自擇焉耳。

所引説苑，見善説篇，作「著之髮毛，建之女工不能爲也」，末句作「其所託者使然也」，餘與此同。

西方有木焉，名曰射干，莖長四寸，生於高山之上而臨百仞之淵；木莖非能長也，所立者然也。 本草藥名有射干，一名烏扇。陶弘景云：「花白莖長，如射人之執竿。」又引阮公詩云「射干臨層城」，是生於高處也。據本草在草部中，又生南陽川谷，此云「西方有木」，未詳。或曰：「長四寸」即是草，云木，誤也。蓋生南陽，亦生西方也。射音夜。○盧文弨曰：注「烏扇」，宋本與本草同，元刻作「烏翣」。廣雅：「烏蓮，射干也。」蓮、翣同所夾反，是二字皆可通。**蓬生麻中，不扶而直。**○王念孫曰：此下有「白沙在涅，與之俱黑」二句，而今本脱之。大戴記亦脱此二句。今本荀子無此二句，疑後人依大戴删之也。楊不釋此二句，則所見本已同今本。此言善惡無常，唯人所習，故「白沙在涅」與「蓬生麻中」義正相反。且「黑」與「直」爲韻，若無此二句，則既失其義而又失其韻矣。洪範正義云：「荀卿書云：『蓬生麻中，不扶自直，白沙在涅，與之俱黑。』」褚少孫續三王世家云：「傳曰『蓬生麻中，不扶自直，白沙在泥，（今本「泥」下有「中」字，涉上文而衍。）與之皆黑』者，土地教化使之然也。」索隱曰：「『蓬生麻中』以下，竝見荀卿子。」案上文引傳曰「青采出於藍」云云，下文引傳曰「蘭根與白芷」云云，皆見荀子，則此所引傳亦荀子也。然則漢、唐人所見荀子皆有此二句，不得以大戴無此二句而删之也。又案羣書治要曾子制言篇云：「故蓬生麻中，不扶乃直，（燕禮注：「乃猶而也。」）白沙在泥，與之皆黑。」（大戴同）考荀子書多與曾子同者，此四句亦本於曾子，斷無截去二句之理。**蘭槐之根是爲芷。其漸之滫，君子不近，庶人不**

服，其質非不美也，所漸者然也。蘭槐，香草，其根是爲芷也。本草：「白芷一名白茝。」陶弘景云：「即離騷所謂蘭茝也。」蓋苗名蘭茝，根名芷也。蘭槐當是蘭茝別名，故云「蘭槐之根是爲芷」也。漸，漬也，染也。滫，溺也。言雖香草，浸漬於溺中，則可惡也。漸，子廉反。滫，思酒反。○盧文弨曰：「蘭槐之根」，大戴禮作「蘭氏之根，懷氏之苞」。晏子作「今夫蘭本，三年而成」，説苑雜言篇同。又案：滫，久泔也，説文、廣韻訓皆同。又晏子雜上篇作「湛之苦酒」。苦，讀如「良苦」之苦，義皆相近。楊氏乃訓滫爲溺，未見所出。又曰：高誘注淮南人間訓云「滫，臭汁也」，意亦相近。郝懿行曰：大略篇云「蘭茝槀本，漸於蜜醴，一佩易之」，與此義近。晏子春秋雜上篇云：「蘭本三年而成，湛之苦酒則君子不近，庶人不佩，湛之縻醢而賈匹馬矣。」「縻」，説苑雜言篇作「鹿」。滫，久泔也。芷即茝也。「茝」「芷」古字同聲通用。此言香草之根爲芷，漸以滫及酒皆不美，惟漸之鹿醢，乃能益其香而賈易匹馬，故曰「其質非不美，所漸者然也」。**故君子居必擇鄉，遊必就士，所以防邪僻而近中正也。物類之起，必有所始。榮辱之來，必象其德。肉腐出蟲，魚枯生蠹。怠慢忘身，禍災乃作。强自取柱，柔自取束。**凡物强則以爲柱而任勞，柔則見束而約急，皆其自取也。○王引之曰：楊説强自取柱之義甚迂。「柱」與「束」相對爲文，則柱非謂屋柱之柱也。柱，當讀爲祝。哀十四年公羊傳「天祝予」，十三年穀梁傳「祝髮文身」，何、范注竝曰：「祝，斷也。」此言物强則自取斷折，所謂太剛則折也。大戴記作「强自取折」，是其明證矣。南山經「招摇之山有草焉，其名曰祝餘」，「祝餘」或作「柱荼」，是「祝」與「柱」通也。

（「祝」之通作「柱」，猶「注」之通作「祝」。周官瘍醫「祝藥」鄭注曰：「祝，當爲注，聲之誤也。」）**邪穢在身，怨之所構。**構，結也。言亦所自取。**施薪若一，火就燥也；**布薪於地，均若一，火就燥而焚之矣。**平地若一，水就溼也。草木疇生，禽獸羣焉，物各從其類也。**疇與儔同，類也。○劉台拱曰：「羣焉」，當從大戴禮作「羣居」。王念孫曰：「羣居」與「疇生」對文，今本「居」作「焉」者，涉下文四「焉」字而誤。**是故質的張而弓矢至焉，林木茂而斧斤至焉，**所謂召禍也。質，射侯。的，正鵠也。**樹成陰而衆鳥息焉，醯酸而蜹聚焉。**喻有德則慕之者衆。**故言有召禍也，行有招辱也，君子慎其所立乎！**禍福如此，不可不慎所立。所立，卽謂學也。○盧文弨曰：「慎其」，元刻作「其慎」。大戴作「慎其所立焉」。

積土成山，風雨興焉；積水成淵，蛟龍生焉；積善成德，而神明自得，聖心備焉。神明自得，謂自通於神明。○謝本從盧校作「聖心循焉」。盧文弨曰：宋本「循」作「備」，與大戴同。劉台拱曰：當作「備」，古音與「德」「得」爲韻。王念孫曰：呂、錢本作「備」。此言積善成德而通於神明，則聖心於是乎備也。「成德」與「聖心備」上下正相應，元刻「備」作「循」，則與上文不相應矣。儒效篇云：「積善而全盡謂之聖人。」彼言「全盡」，猶此言「聖心備」也，一也。「備」字，古音鼻墨反，（見吴棫韻補。）正與「德」「得」爲韻，二也。大戴記及羣書治要竝作「備」，文選謝瞻從宋公戲馬臺集送孔令詩注、張子房詩注引此亦作「備」，（張華勵志詩注引作「循」，與二注不合，乃後人以誤本荀子改之。）三也。「備」字俗書作「俻」，「循」字隸書或作「循」，二形相似而誤。也。先謙案：孔廣森大戴記補注以「積土成山」至末爲一段，今從之。言學必積小高大，一志者成也。榮辱篇云「堯、禹者，非生而具者也」，起於變故，成乎修爲，待盡而後備者也」，與此言積善成德、聖心乃備義合。劉、王説是，今改從宋本。**故不積蹞步，無以至千里；**半步曰蹞。蹞與跬同。**不積小流，無以成江海。**○盧文弨曰：「江海」，宋本與大戴同，元刻作「江河」。先謙案：羣書治要作「河海」。**騏驥一躍，不能十步；駑馬十駕，**言駑馬十度引車，則亦及騏驥之一躍。據下云「駑馬十駕，則亦及之」，此亦當同，疑脱一句。○盧文弨曰：「不能十步」，「十」當作「千」。玉篇引大戴禮「騏驥一躒，不能千步」，今大戴禮「步」作「里」，此「千」作「十」，皆是譌字。「里」「海」爲韻，「步」「舍」爲韻，古音如是。晉書虞溥傳云「契而舍之，朽木不知；契而不舍，金石可虧」，亦是韻語。劉台拱曰：案「不能十步」義最長，大戴禮作「千里」，於義疏矣。若玉篇作「千步」，直是譌字，盧反引以爲據，非也。十駕，十日之程也。旦而受駕，至暮脱之，故以一日所行爲一駕，若十度引車，則非駕義也。王念孫曰：吕氏春秋貴卒篇曰：「所爲貴驥者，爲其一日千里也；旬日取之，則與駑駘同。」淮南齊俗篇曰：「夫騏驥千里，一日而通；駑馬十舍，旬亦至之。」此皆駑馬十日行千里之證。大戴記「騏驥一躒，不能千里」，「里」與「舍」不合韻，乃涉上文「無以致千里」而誤，（玉篇引作「千步」，「千」字雖譌，而「步」字不譌。）辯見大戴記述聞。**功在不舍。**○盧文弨曰：此句當連上文。**鍥而舍之，朽木不折；鍥而不舍，金石可鏤。**言立功在於不舍。

舍與捨同。鍥，刻也，苦結反。春秋傳曰「陽虎借邑人之車，鍥其軸」也。**螾無爪牙之利，筋骨之强，上食埃土，下飲黄泉，用心一也。**螾與蚓同，蚯蚓也。○盧文弨曰：正文「螾」字上，宋本有「蚯」字，無注末「蚯蚓也」三字。今從元刻。**蟹六跪而二螯，非虵蟺之穴無可寄託者，用心躁也。**跪，足也。韓子以刖足爲刖跪。螯，蟹首上如鉞者。許叔重説文云「蟹六足二螯」也。○盧文弨曰：案説文：「蟹有二敖八足。」大戴禮亦同。此正文及注「六」字疑皆「八」字之訛。先謙案：蟺同鱓。**是故無冥冥之志者無昭昭之明，無惛惛之事者無赫赫之功。**冥冥、惛惛，皆專默精誠之謂也。○先謙案：大戴記「冥冥」作「憤憤」，「惛惛」作「緜緜」。**行衢道者不至，事兩君者不容。**爾雅云：「四達謂之衢。」孫炎云：「衢，交道四出也。」或曰：衢道，兩道也。不至，不能有所至。下篇有「楊朱哭衢涂」。今秦俗猶以兩爲衢，古之遺言歟？○郝懿行曰：案「楊朱哭衢涂」，見王霸篇，注云：「衢涂，歧路也。秦俗以兩爲衢。或曰：四達謂之衢。」大意與此注同，俱兼二義訓釋。實則楊朱見歧路而悲，即莊子云「大道以多歧亡羊」之意，不必泥爾雅「四達謂之衢」也。王念孫曰：爾雅：「四達謂之衢。」又云：「二達謂之歧旁。」「歧」「衢」一聲之轉，則二達亦可謂之衢。故大戴記作「行歧塗者不至」。勸學篇下文言「兩君」「兩視」「兩聽」，王霸篇下文言「榮辱安危存亡之衢」，皆謂兩爲衢也。大略篇又云「二者治亂之衢也」，（今本脱「治」字，辯見大略。）則荀子書皆謂兩爲衢。先謙案：王説是。**目不能兩視而明，耳不能兩聽**

而聰。○盧文弨曰：兩「不」字下，宋本俱有「能」字，與大戴同，元刻無。王念孫曰：呂、錢本俱有「能」字，元刻無兩「能」字者，以上下句皆六字，此二句獨七字，故删兩「能」字，以歸畫一。不知古人之文不若是之拘也，若無兩「能」字，則文不足意矣。先謙案：謝本從盧校無兩「能」字。今依王説，改從宋本。**螣蛇無足而飛**，爾雅云：「螣，螣蛇。」郭璞云「龍類，能興雲霧而遊其中」也。**梧鼠五技而窮**。「梧鼠」當爲「鼫鼠」，蓋本誤爲「鼯」字，傳寫又誤爲「梧」耳。技，才能也。言技能雖多而不能如螣蛇專一，故窮。五技，謂能飛不能上屋，能緣不能窮木，能游不能渡谷，能穴不能掩身，能走不能先人。○盧文弨曰：本草云：「螻蛄一名鼫鼠。」易釋文及正義皆引之，崔豹古今注亦同。蛄與梧音近，楊説似未參此。王念孫曰：本草言「螻蛄一名鼫鼠」，不言「一名梧鼠」也。今以螻蛄之蛄、鼫鼠之鼠合爲一名而謂之蛄鼠，又以蛄、梧音相近而謂之梧鼠，可乎？且大戴記正作「鼫鼠五技而窮」，鼫與梧音不相近，則「梧」爲誤字明矣。當以楊説爲是。**詩曰：「尸鳩在桑，其子七兮。淑人君子，其儀一兮。其儀一兮，心如結兮。」故君子結於一也**。詩，曹風尸鳩之篇。毛云：「尸鳩，鴶鞠也。尸鳩之養七子，旦從上而下，暮從下而上，平均如一。善人君子，其執義亦當如尸鳩之一。執義一則用心堅固。」故曰「心如結」也。○盧文弨曰：注「鴶鞠」，元刻作「秸鞠」，毛傳作「秸鞠」。

昔者瓠巴鼓瑟而流魚出聽，瓠巴，古之善鼓瑟者，不知何代人。流魚，中流之魚也。列子云：「瓠巴鼓琴，鳥舞魚躍。」○盧文弨曰：「流魚」，大戴禮作「沈魚」，論衡作「鱏魚」，亦與「沈魚」音近，恐「流」字誤。韓詩外傳作「潛魚」。或説流魚卽游魚，古「流」「游」通用。先謙案：「流魚」，大戴禮作「沈魚」，是也。魚沈伏，因鼓瑟而出，故云「沈魚出聽」。外傳作「潛魚」，潛亦沈也，作「流」者借字耳。書「沈湎」，非十二子、大略篇作「流湎」，君子篇「士大夫無流淫之行」，羣書治要引作「沈淫」，此「沈」「流」通借之證。淮南子説山訓作「淫魚」，高注以爲長頭、口在頷下之魚，與後漢馬融傳注「鱏魚，口在頷下」合，故論衡作「鱏魚」。此二書別爲一義。盧引或説「流魚卽游魚」，既是游魚，何云「出聽」？望文生義，斯爲謬矣。**伯牙鼓琴而六馬仰秣。**伯牙，古之善鼓琴者，亦不知何代人。六馬，天子路車之馬也。漢書曰：「乾六車，坤六馬。」白虎通曰：「天子之馬六者，示有事於天地四方也。」張衡西京賦曰：「天子駕彫軫，六駿駮。」又曰：「六玄虬之奕奕，齊騰驤而沛艾。」仰首而秣，聽其聲也。○盧文弨曰：「駕彫軫」，元刻與今文選同，宋本「駕」作「御」。又案：下所引二句出東京賦。**故聲無小而不聞，行無隱而不形；**形，謂有形可見。**玉在山而草木潤，**○王念孫曰：「玉在山而草木潤，淵生珠而崖不枯」，元刻無「草」字。案元刻是也。「木」與「崖」對文，故上句少一字。宋本「木」上有「草」字者，依淮南説山篇加之也。文選吴都賦「林木爲之潤黷」，李善注引此作「玉在山而木潤」，（困學紀聞十引建本荀子同。）江賦、文賦注竝同。藝文類聚木部、太平御覽木部一所引亦同，而草部不引，則本無「草」字明矣。大戴記作「玉居山而木潤」，續史記龜策傳作「玉處於山而木潤」，文雖小異，而亦無「草」字。**淵生珠而崖不枯。**

爲善不積邪，安有不聞者乎？崖，岸。枯，燥。○王念孫曰：「不積」之「不」，涉上下文而衍，當依羣書治要删，説見大戴記述聞勸學篇。先謙案：大戴記作「爲善而不積乎，豈有不至哉」，盧辯注：「至，一作聞。」孔廣森注云：「言爲善或不積耳，積則未有不至於成者。」此文亦言爲善或不積邪？積則安有不聞者乎？語意曲而有味。治要作「爲善積也」，徑删「不」字，意味索然。王氏反從之，欲併删大戴記，何也？**學惡乎始？惡乎終？**假設問也。**曰：其數則始乎誦經，終乎讀禮；**數，術也。經，謂詩、書；禮，謂典禮之屬也。○盧文弨曰：「典禮」，疑當是「曲禮」之誤。**其義則始乎爲士，終乎爲聖人。**義，謂學之意，言在乎修身也。○先謙案：荀書以士、君子、聖人爲三等，修身、非相、儒效、哀公篇可證，故云始士終聖人。**真積力久則入，**真，誠也。力，力行也。誠積力久則能入於學也。**學至乎没而後止也。**生則不可怠惰。**故學數有終，若其義則不可須臾舍也。爲之，人也；舍之，禽獸也。故書者，政事之紀也；**書所以紀政事。此説六經之意。**詩者，中聲之所止也；**詩，謂樂章，所以節聲音，至乎中而止，不使流淫也。春秋傳曰：「中聲以降，五降之後，不容彈矣。」○郝懿行曰：按下文方云「樂之中和，詩、書之博」，詩、樂分言，則此「中聲」疑非即謂樂章。且詩三百，未必皆合中聲，夫子但謂關雎不淫不傷，可知它詩未必盡然。先謙案：下文詩、樂分言，此不言樂，以詩、樂相兼也。樂論篇云「樂則不能無形，形而不爲道則不能無亂，先王惡其亂，故制雅、頌之聲以道之，使其聲足以樂而不流」，與此言詩爲中聲所止可互證。郝說非也。**禮者，法之大分、類之綱紀也，**禮所以爲典法之大分、統類之綱紀。類，謂禮法所無，觸類而長者，猶律條之比附。方言云「齊謂法爲類」也。○謝本從盧校「類」上有「羣」字。王念孫曰：元刻無「羣」字，（宋龔本同。）元刻是也。宋本作「羣類」者，蓋不曉「類」字之義而以意加「羣」字也，不知類者謂與法相類者也。此文云「法之大分，類之綱紀」，非十二子及大略篇竝云「多言而類，聖人也；少言而法，君子也」，王制、大略二篇又云「有法者以法行，無法者以類舉」，皆以「類」與「法」對文。據楊注云「類，謂禮法所無、觸類而長者，猶律條之比附」，則本無「羣」字明矣。先謙案：王說是，今改從元刻。**故學至乎禮而止矣。夫是之謂道德之極。禮之敬文也，**禮有周旋揖讓之敬、車服等級之文也。**樂之中和也，**中和，謂使人得中和悅也。**詩、書之博也，**博，謂廣記土風鳥獸草木及政事也。**春秋之微也，**微，謂褒貶沮勸，微而顯，志而晦之類也。**在天地之閒者畢矣。君子之學也，入乎耳，箸乎心，布乎四體，形乎動靜，**所謂古之學者爲己。入乎耳，箸乎心，謂聞則志而不忘也。布乎四體，謂有威儀潤身也。形乎動靜，謂知所措履也。**端而言，蝡而動，一可以爲法則。**端，讀爲喘。喘，微言也。蝡，微動也。一，皆也。或喘息微言，或蝡蠢蝡動，皆可以爲法則。蝡，人允反。或曰：端而言，謂端莊而言也。○先謙案：臣道篇云「喘而言，臑而動，而一皆可爲法則」，與此文同，則讀端爲喘是也。說文：「喘，疾息也。」「蝡，動也。」**小人之學也，入乎耳，出乎口。**所謂

「今之學者爲人」，「道聽涂説」也。**口耳之閒則四寸耳，曷足以美七尺之軀哉！**韓侍郎云：「則，當爲財，與纔同。」○盧文弨曰：宋本「四寸」下「耳」字無。劉台拱曰：「則」字自可通，不必如韓説。**古之學者爲己，今之學者爲人。君子之學也，以美其身；小人之學也，以爲禽犢。**禽犢，餽獻之物也。○郝懿行曰：小曰禽，大曰獸。禽犢，謂犢之小小者，人喜撫弄而愛玩之，非必己有，非可獻人，直以爲玩弄之物耳。小人之學，入乎耳，出乎口，無裨於身心，但爲玩好而已，故以禽犢譬況之。注據致士篇「貨財禽犢之請，君子不許」，故云「禽犢，饋獻之物」，不知貨財謂賄賂，禽犢謂玩好耳。先謙案：楊注固非，郝説尤誤。上言君子之學入耳箸心而布於身，故曰學所以美其身也；小人入耳出口，心無所得，故不足美其身，亦終於爲禽犢而已，文義甚明。荀子言學，以禮爲先，人無禮則禽犢矣。上文云「學至乎禮而止矣」，是其言學之宗旨。又云「爲之，人也；舍之，禽獸也」，正與此文相應，「禽獸」「禽犢」，特小變其文耳。小人學與不學無異，不得因此文言小人之學而疑其有異解也。**故不問而告謂之傲，**傲，喧噪也。言與戲傲無異。或曰：讀爲嗷，口嗷嗷然也。嗷與敖通。○盧文弨曰：「口嗷嗷」，舊本作「聲曰嗷嗷」，今改正。郝懿行曰：傲與謷同。説文云「謷，不省人言也」，與此義合。俞樾曰：論語季氏篇「言未及之而言謂之躁」，釋文曰：「魯讀躁爲傲。」荀子此文蓋本魯論。下文曰「故未可與言而言謂之傲，可與言而不言謂之隱，不觀氣色而言謂之瞽」，皆與論語同，惟變「躁」爲「傲」，可證也。「傲」卽「躁」之叚字。不問而告，未可與言而言，皆失之躁，非失之傲也。魯論之説，今不可得而詳，以意度之，殆亦叚「傲」爲「躁」。自古文論語出，得其本字，遂謂魯論讀躁爲傲，實不然也。「躁」字義長，「傲」字義短，魯之經師豈不知此而改「躁」爲「傲」乎？　先謙案：俞說是。**問一而告二謂之囋。**「囋」卽「讚」字也。謂以言强讚助之。今賛禮謂之讚，「囋」古字，「口」與「言」多通。○盧文弨曰：李善注文賦，引埤蒼云：「嘈啐，聲皃。啐與囋及嚽同，才曷反。」荀子上句謂其躁，此句謂其多言。下文云「如嚮」，則不問不告，問一不告二。楊注非也。「啐」，今文選注誤爲「哰」。郝懿行曰：囋者，嘈囋，謂語聲緐碎也。陸璣文賦「務嘈囋而妖冶」，義與此近。楊注非。**傲，非也；囋，非也；君子如嚮矣。**嚮與響同。如響應聲。**學莫便乎近其人。**謂賢師也。**禮、樂法而不說，**有大法而不曲說也。**詩、書故而不切，**詩、書但論先王故事而不委曲切近於人，故曰「學詩三百，使於四方，不能專對」也。**春秋約而不速。**文義隱約，襃貶難明，不能使人速曉其意也。**方其人之習君子之說，則尊以徧矣，周於世矣。**當其人習說之時，則尊高而徧周於世事矣，六經則不能然矣。○郝懿行曰：案方，古讀如旁，亦讀如傍。此「方」當讀爲「依傍」之「傍」，言親近其人而習聞其說，則稟仰師承，周徧於世務矣，故曰「學莫便乎近其人」。　先謙案：郝讀方爲傍，則「習」上「之」字不可通。習有積貫之義，非近其人則不能常習其說。呂覽任數篇「習者曰」高注：「習，近習。」是習與近義亦相通。言習其說卽知是近其人，不必讀方爲傍，轉致文義支離也。**故曰學莫便乎近其人。學之經莫速乎好其人，隆禮次之。**學之大經，無速於好近賢人。若無其人，則隆禮爲次之。○王念孫曰：經讀爲徑，即下文所謂蹊徑。言人學之蹊徑莫速乎好賢，而隆禮次之。修身篇云「治氣養心之術，莫徑由禮」，（此「徑」字訓爲疾，「莫徑」即本篇所謂「莫速」也。漢書張騫傳「從蜀，宜徑」，如淳曰：「徑，疾也。」見史記大宛傳集解。）莫要得師，莫神一好」，語意略與此同。學之經，即學之徑，古讀徑如經，故與經通。（賈子立後義篇「其道莫經於此」，「莫經」即荀子之「莫徑」。）楊以爲學之大經，失之。郭嵩燾曰：近其人，謂得其人而師之。好其人，則是中心悅而誠服，親炙之深者也。隆禮，謂自以禮檢束其身。先謙案：王讀經爲徑，引修身篇之「莫徑」，謂即本篇所謂「莫速」，是學之速莫速乎好其人，於詞爲複。上文「學莫便乎近其人」，亦無此複語，其說非也。呂覽當染、有始、知分、驕恣諸篇，高注竝云：「經，道也。」學之經，猶言學之道耳。成相篇云「治之經，禮與刑」，又云「聽之經，明其請」，「治之經」「聽之經」猶言「治之道」「聽之道」，與此「學之經」一例，是荀書自有此文法。**上不能好其人，下不能隆禮，安特將學雜識志，順詩、書而已耳，則末世窮年，不免爲陋儒而已。**安，語助，猶言抑也，或作「安」，或作「案」，荀子多用此字。禮記三年問作「焉」。戰國策：「謂趙王曰：『秦與韓爲上交，秦禍案移於梁矣。秦與梁爲上交，秦禍案攘於趙矣。』」呂氏春秋：「吴起謂商文曰：『今置質爲臣，其主安重；釋璽辭官，其主安輕。』」蓋當時人通以「安」爲語助，或方言耳。特，猶言直也。雜識志，謂雜志記之書，百家之説也。言既不能好其人，又不能隆禮，直學雜説，順詩、書而已，豈免爲陋儒乎？言不知通變也。○郝懿行曰：安，猶肰也、焉也。特，直也，猶言但也。學雜識者，識，記也，所謂記醜而博也。志順詩、書者，志與幟同，謂幖題也，如今學僮課讀，用紙爲號記也。順者，順其文也，謂陋儒但能幖志順讀詩、書，末世窮年，不知理解也。王引之曰：此文本作「安特將學雜志，順詩、書而已耳」，「志」即古「識」字也。今本竝出「識志」二字者，校書者旁記「識」字而寫者因誤入正文耳。「學雜志，順詩、書」，皆三字爲句，多一「識」字，則重複而累於詞矣。楊注本作「雜志，謂雜記之書，百家之説」，今作「雜識志，謂雜志記之書，百家之説」，皆後人據已誤之正文加之。下注云「直學雜説，順詩、書而已」，文義甚明，足正後人竄改之謬。先謙案：學雜識志，王説是。安，猶案也，特，猶直也。此云「安特將學雜志，順詩、書」，猶解蔽篇云「案直將治怪説，玩奇辭」也。安、案，竝猶則也。荀書用「安」「案」字，或爲語詞，或作「則」字用，其用「則」字亦然。彊國篇云「秦使左案左，使右案右」，（使楚也。）謂使左則左，使右則右也。臣道篇云「是案曰是，非案曰非」，謂是則曰是，非則曰非也。正論篇云「暴國獨侈，安能誅之」，（「能」字衍。）謂暴國獨侈則誅之也。又云「今子宋子案不然」，謂子宋子則不然也。解蔽篇云「學者以聖王爲師，案以聖王之制爲法」，謂以聖王爲師，則以聖制爲法也。此竝以「安」「案」代「則」字，餘皆語詞。富國篇「則案以爲利也」，仲尼篇云「至於成王，則安以無誅已」，大略篇云「至成、康則案無誅已」，臣道篇云「凡人非賢則案不肖也」，以「則案」「則安」連用，「安」「案」亦語詞。彊國篇云「是何也，則小事之至也數」，又云「是何也，則其殆無儒邪」，天論篇「生於今而志乎古，則是其在我者也」，數「則」字語詞，則亦猶安、案也。**將原先王，本仁義，則禮正其經緯蹊徑也。**所成所出皆在於禮也。

若挈裘領，詘五指而頓之，順者不可勝數也。言禮亦爲人之綱領。挈，舉也。詘與屈同。頓，挈也。順者不可勝數，言禮皆順矣。○盧文弨曰：頓，猶頓挫，提舉高下之狀若頓首然，注「挈也」，疑誤。順者不可勝數，言全裘之毛皆順矣。王念孫曰：楊訓頓爲挈，於古無據。且上文已有「挈」字，此不得復訓爲挈。盧以頓爲頓挫，於義尤迂。頓者，引也，言挈裘領者詘五指而引之，則全裘之毛皆順也。廣雅曰：「扽，引也。」曹憲音頓。古無「扽」字，借「頓」爲之。鹽鐵論詔聖篇曰：「今之治民者，若拙御馬，行則頓之，止則擊之。」頓之，引之也。釋名曰：「掣，制也，制頓之使順己也。」掣亦引也。鹽鐵論散不足篇曰：「吏捕索掣頓，不以道理。」褚少孫續史記滑稽傳曰：「當道掣頓人車馬。」**不道禮憲，以詩、書爲之，**道，言說也。憲，標表也。○王念孫曰：道者，由也。（見禮器、中庸注。）言作事不由禮法而以詩、書爲之，則不可以得之也。故修身篇曰：「由禮則治通，不由禮則勃亂提僈。」楊云「道，言說也」，失之。又富國篇「不足以持國安身，明君不道也」，道亦由也。楊云「明君不言」，亦失之。**譬之猶以指測河也，以戈舂黍也，以錐湌壺也，**○謝本從盧校「湌」作「飱」。盧文弨曰：飱同餐。王念孫曰：吕、錢本作「湌」，元刻作「飱」。案說文：飧，「餔」也，從夕食，思魂切。「餐，呑也，從食，奴聲，或從水作湌，七安切。」玉篇、廣韻「飧」作「飱」，而「飱」「餐」二字皆異音異義。古音餐屬寒部，飱屬魂部，故魏風伐檀首章之「餐」與「檀」「干」「漣」「廛」「貆」爲韻，三章之「飱」與「輪」「漘」「淪」「囷」「鶉」爲韻，兩字判然不同。自爾雅釋文始誤以「餐」爲「飱」，而集韻遂合「餐」「飱」爲一字矣。今俗書「飱」字作「飱」，而錢本作

「湌」，自是「湌」之俗字，非「飧」字也。盧從元刻作「飱」，云「飱同餐」，非是。先謙案：王說是，今依呂、錢本正作「湌」。以錐湌壺，言以錐代箸也。古人貯食以壺，中山策「君下壺湌臣父」，韓非子「晉文公出亡，箕鄭挈壺湌以從」，皆其證。**不可以得之矣。故隆禮，雖未明，法士也；**○先謙案：法士，卽好禮之士。修身篇云「學也者，禮法也，非禮，是無法也」，又云「好法而行，士也」，皆可互證。下文「散儒」楊注云：「散，謂不自檢束。」是以散儒爲無禮法之儒，正與法士對文。**不隆禮，雖察辯，散儒也。**散，謂不自檢束，莊子以不材木爲散木也。**問楛者勿告也，**楛與苦同，惡也。問楛，謂所問非禮義也。凡器物堅好者謂之功，濫惡者謂之楛。國語曰「辨其功苦」，韋昭曰：「堅曰功，脆曰苦。」故西京賦曰「鬻良雜苦」，史記曰「器不苦窳」。或曰：楛，讀爲沽。儀禮有「沽功」，鄭玄曰：「沽，麤也。」**告楛者勿問也，說楛者勿聽也，有爭氣者勿與辯也。故必由其道至，然後接之，非其道則避之。**道不至則不接。**故禮恭而後可與言道之方，辭順而後可與言道之理，色從而後可與言道之致。**致，極也。此謂道至而後接之也。**故未可與言而言謂之傲，**傲亦戲傲也。論語曰：「言未及而言謂之躁。」**可與言而不言謂之隱，不觀氣色而言謂之瞽。**瞽者不識人之顏色。**故君子不傲，不隱，不瞽，謹順其身。**○盧文弨曰：「順」，宋本作「愼」。今從元刻，與呂東萊讀詩記所引同。郝懿行曰：傲與敖同。敖者，謂放散也。謹順其身，身，猶人也。此謂君子言與不言，皆順其人之可與不可，所謂「時然後言，人不厭其言」也。**詩曰：「匪交匪舒，天子所予。」此之謂也。**詩，小雅采菽之篇。「匪交」，當爲「彼交」。言彼與人交接，不敢舒緩，故受天子之賜予也。○盧文弨曰：匪亦有彼義。左傳襄二十七年引詩桑扈「匪交匪敖」，成十四年引仍作「彼交匪敖」。襄八年引小旻「如匪行邁謀」，杜注：「匪，彼也。」「匪舒」，宋本與詩攷合，元刻及讀詩記所引皆作「匪紓」。此段自「昔者瓠巴鼓瑟」起至此，皆論爲學之效與爲學之要，末亦引詩以證之，應爲一節。宋本分段頗不明，今更正。王引之曰：此引詩「匪交匪舒」，正申明上文之「不傲、不隱、不瞽」，則作「匪」者正字，作「彼」者借字也。交，讀爲姣。廣雅曰：「姣，（音絞。）侮也。」言不侮慢、不怠緩也。說見經義述聞小雅桑扈篇。

百發失一，不足謂善射；千里蹞步不至，不足謂善御；未能全盡。**倫類不通，仁義不一，不足謂善學。**通倫類，謂雖禮法所未該，以其等倫比類而通之。謂一以貫之，觸類而長也。一仁義，謂造次不離，他術不能亂也。**學也者，固學一之也。一出焉，一入焉，涂巷之人也。**或善或否。**其善者少，不善者多，桀、紂、盜跖也。**盜跖，柳下季之弟，聚徒九千人，於太山之傍，侵諸侯，孔子說之而不入者也。○盧文弨曰：案柳下季在魯僖公時，與孔子年數懸遠，莊子所載，亦寓言耳。**全之盡之，然後學者也。**學然後全盡。**君子知夫不全不粹之不足以爲美也，故誦數以貫之，**使習禮、樂、詩、書之數以貫穿之。○俞樾曰：誦數，猶誦說也。詩擊鼓篇「與子成説」，毛傳曰：「説，數也。」説爲數，故數亦爲説。禮記儒行篇「遽數之不能終其物」正義曰：「數，説也。」荀子王霸篇曰「不足數於大君子之前」，仲尼篇曰「固曷足稱乎大君子之門哉」，「稱」與「數」文異而義同。凡稱説必一一數之，故卽謂之數。「誦數以貫之」，猶云「誦説以貫之」，與下句「思索以通之」一律，「誦數」「思索」皆兩字平列。楊注非。隱十一年穀梁傳「犆言，同時也，累數皆至也」，范注曰：「累數，總言之也。」言卽説也。先謙案：俞説是。正名篇亦云：「誦數之儒。」**思索以通之，**思求其意也。**爲其人以處之，**爲擇賢人與之處也。○劉台拱曰：雖誦數思索而不體之於身，則無以居之，故必自爲其人以居其道也。郭嵩燾曰：爲其人以處之，猶言設身處地，取古人所已行者爲之程式，而得其所處之方也。先謙案：劉、郭説是。**除其害者以持養之，使目非是無欲見也，使耳非是無欲聞也，使口非是無欲言也，使心非是無欲慮也。**是，猶此也，謂學也。或曰：是，謂正道也。**及至其致好之也，目好之五色，耳好之五聲，口好之五味，心利之有天下。**致，極也。謂不學，極恣其性，欲不可禁也，心利之有天下之富也。或曰：學成之後，必受榮貴，故能盡其欲也。○劉台拱曰：言耳目口之好之與五色五聲五味同，心利之與有天下同。俞樾曰：上文皆言君子爲學之道，「及至其」三字直接上文，安得云謂不學者乎？若云學成榮貴，義更粗矣。古「之」字「於」字通用。大戴禮事父母篇曰：「養之內，不養於外，則是越之也。養之外，不養於內，則是疏之也。」「之內」「之外」卽「於內」「於外」也。廣雅釋言曰：「諸，之也。」又曰：「諸，於也。」則「之」與「於」義固得通矣。此文四

「之」字竝猶「於」也。目好於五色，耳好於五聲，口好於五味，心利於有天下，言所得於學者深，他物不足以尚之也。下文曰「是故權利不能傾也，羣衆不能移也，天下不能蕩也，生乎由是，死乎由是」，正申明此數句之誼。先謙案：俞説是。**是故權利不能傾也，羣衆不能移也，天下不能蕩也。**蕩，動也。覆説爲學，學則物不能傾移矣。**生乎由是，死乎由是，夫是之謂德操。**死生必由於學，是乃德之操行。○郝懿行曰：德操，謂有德而能操持也。生死由乎是，所謂「國有道，不變塞」、「國無道，至死不變」者，庶幾近之。故云「德操然後能定，能定然後能應」。**德操然後能定，能定然後能應，**我能定，故能應物也。**能定能應，夫是之謂成人。**内自定而外應物，乃爲成就之人也。**天見其明，地見其光，君子貴其全也。**見，顯也。明，謂日月；光，謂水火金玉。天顯其日月之明，而地顯其水火金玉之光，君子則貴其德之全也。○劉台拱曰：「光」「廣」古通用。王念孫曰：劉讀光爲廣，是也。明者，大也。小雅車舝正義曰：「明亦大也。」中庸曰：「高明所以覆物也。」成十六年左傳：「夏書曰：『怨豈在明？不見是圖。』將慎其細也。今而明之，其可乎！」是「明」與「大」同義。大者，天之全體；廣者，地之全體，（繫辭傳：「廣大配天地。」承上文「大生」「廣生」而言，謂大配天、廣配地也。中庸言「博厚配地」、「高明配天」，博亦廣也，明亦大也。）故君子之德貴其全也。儒效篇曰「至高謂之天，至下謂之地，宇中六指謂之極，塗之人百姓積善而全盡謂之聖人」，語意略與此同。楊注皆失之。俞樾曰：按兩「見」字竝當作「貴」，蓋「貴」字漫漶，止存其下半之「貝」，因誤爲「見」耳。光與廣通。言天貴其明，地貴其廣，君子貴其全。「貴」誤作「見」，則與「君子」句不一律，失荀子語意矣。

修身篇第二

見善，修然必以自存也；修然，整飭貌。言見善必自整飭，使存於身也。○王念孫曰：爾雅：「在、存、省，察也。」（周官司尊彝「大喪存奠彝」，注：「存，省也。」大傳「五日存愛」，注：「存，察也。」大戴記曾子立事篇：「存往者，在來者。」在、存，皆察也。）見善必以自存者，察己之有善與否也。察有仁愛者。見不善必以自省者，察己之有不善與否也。楊解「自存」，失之。**見不善，愀然必以自省也。**愀然，憂懼貌。自省其過也。**善在身，介然必以自好也；**介然，堅固貌。易曰：「介如石焉。」自好，自樂其善也。**不善在身，菑然必以自惡也。**菑，讀爲災。災然，災害在身之貌。○謝本從盧校「身」下增「也」字。盧文弨曰：上句「也」字，宋本無。王念孫曰：元刻「也」字乃涉上下文而衍。上文「見善」「見不善」及「善在身」下皆無「也」字。呂、錢、龔本竝無。郝懿行曰：輪人注：「鄭司農云：『泰山平原所樹立物爲菑，聲如胾，博立梟棊亦爲菑。』」詩皇矣毛傳云：「木立死曰菑。」然則菑者植立之意。楊注非相篇是，此讀菑然爲災然，非。先謙案：王說是。今依宋本删上句「也」字。**故非我而當者，吾師也；是我而當者，吾友也；諂諛我者，吾賊也。故君子隆師而親友，以致惡其賊。**致，猶極也，下同。**好善無**

厭，受諫而能誡，雖欲無進，得乎哉！小人反是，致亂而惡人之非己也，致不肖而欲人之賢己也，心如虎狼，行如禽獸而又惡人之賊己也。諂諛者親，諫争者疏，修正爲笑，至忠爲賊，雖欲無滅亡，得乎哉！至忠反以爲賊。詩曰：「噏噏呰呰，亦孔之哀。謀之其臧，則具是違；謀之不臧，則具是依。」此之謂也。詩，小雅小旻之篇。毛云：「噏噏然患其上，呰呰然不思稱乎上。」鄭云：「臣不事君，亂之階也，故甚可哀。」噏，許急反。呰音紫。

○盧文弨曰：「噏噏呰呰」，元刻與詩攷合，宋本作「潝潝訿訿」，注同。

扁善之度，以治氣養生則後彭祖，以修身自名則配堯、禹。扁，讀爲辨。韓詩外傳曰「君子有辨善之度」，言君子有辨別善之法，卽謂禮也。言若用禮治氣養生，壽則不及於彭祖，若以修身自爲名號，則壽配堯、禹不朽矣。言禮雖不能治氣養生而長於修身自名，以此辨之，則善可知也。彭祖，堯臣，名鏗，封於彭城，經虞、夏至商，壽七百歲也。○盧文弨曰：案「扁」，外傳作「辯」，則扁當訓平。尚書「平章」「平秩」，古作「辯章」「辯秩」。此謂隆禮之人有平善之度，不當作辨別解。後彭祖則得年亦永矣，然壽身之益尚小，壽世之益更大也。郝懿行曰：「扁」當爲「辯」，韓詩外傳一作「辯」，是也。辯訓平也，治也。楊讀爲辨而訓別，非。荀書多以「辨」爲「辯」。王念孫曰：扁，讀爲偏。韓詩外傳作「辯」，亦古「偏」字也。（説見日知録。）偏善者，無所往而不善也。君子依於禮則無往而不善，故曰「偏善之度」。下文「以治氣養生」六句，正所謂「偏善之度」也。楊讀扁爲辨而訓爲辨別，則與「之度」二字不貫。盧讀扁善爲平善，亦非下六句意。王引之曰：「以修身自名」，文義未安，當有脱誤。楊云「以修身自爲名號」，則所見本已同今本。韓詩外傳作「以治氣養性（與「生」同。）則身後彭祖；以修身自强（今本脱「以」字。）則名配堯、禹」，於義爲長。王霸篇云：「名配堯、禹。」又云：「名配禹、舜。」**宜於時通，利以處窮，禮信是也。**信，誠也。言所用修身及時通處窮，禮誠是也。孟子曰：「君子窮則獨善其身，達則兼善天下。」○盧文弨曰：案韓詩外傳作「宜於時則達，厄於窮則處」。王引之曰：時亦處也。言既宜於處通，而又利以處窮也。莊子逍遥遊篇「猶時女也」，司馬彪曰：「時女，猶處女也。」是時與處同義。大雅緜篇「曰止曰時」，猶言「爰居爰處」耳。（説見經義述聞。）韓詩外傳作「宜於時則達，厄於窮則處」，未達「時」字之義而增改其文，益失之矣。**凡用血氣、志意、知慮，由禮則治通，**○王引之曰：下文以「節」「疾」爲韻，「雅」「野」爲韻，「生」「成」「寧」爲韻，唯此二句韻不相協。「通」，疑當依外傳作「達」，（此涉上「宜於時通」而誤。）「達」與「僈」爲合韻。凡願、月二部之字，古聲或相通。若「勞心怛怛」之「怛」，（齊甫田。）字從旦聲，而與「桀」爲韻；「故事可勸也」之「勸」，（禮運。）與「列」「藝」爲韻；（藝，古讀爲臬。）「不賞而民勸」，（中庸。）與「鉞」爲韻；「以按徂旅」之「按」，（大雅皇矣。）孟子引作「遏」，（梁惠王。）皆其例也。外傳作「不由禮則悖亂」，「亂」與「達」亦合韻。**不由禮則勃亂提僈；**提，舒緩也。爾雅：「媞媞，安也。」詩曰「好人提提」，皆舒緩之義。○郝懿行曰：勃與悖，僈與嫚，竝同。嫚，謂相侮易也。荀書多以「僈」爲「嫚」，或以爲「慢」。慢，謂惰也。提者，詩小弁傳：「提提，羣貌。」箋云：「提提然樂。」然則提者羣居相樂，僈者狎侮相輕，皆不由禮使然。先謙案：下文「難進曰偍」，注云：「偍與提、媞皆同，謂弛緩也。」是「提僈」二字義同，故與「勃亂」對文。言不由禮則血氣强者多悖亂、弱者多弛慢也。郝說非。**食飲、衣服、居處、動静，由禮則和節，**○先謙案：和節，猶和適。**不由禮則觸陷生疾；容貌、態度、進退、趨行，由禮則雅，不由禮則夷固僻違，庸衆而野。**夷，倨也。論語曰：「原壤夷俟。」固，陋也。庸，凡庸。衆，衆人。野，郊野之人。○郝懿行曰：雅對野言，則兼正也、嫺也二義，野者反是。王引之曰：楊分夷固爲二義，非也。夷固猶夷倨也。夷固辟違，猶言倨傲僻違。不苟篇云「倨傲僻違以驕溢人」是也。修身篇又云：「體倨固而心執詐。」（今本「執」譌作「埶」，辯見後「執詐」一條。）是固與倨同義。（楊注「固，鄙固也」，亦非。）祭義曰：「孝子之祭也，立而不詘，固也。」詘，卑詘也。固，倨也。（立而不詘，是倨傲也。鄭注「詘，充詘，形容喜貌也。固，猶質陋也」，皆失之。）大戴禮曾子立事篇曰：「弗知而不問焉，固也。」固亦倨也。（不肯下人，是倨傲也。曾子制言篇曰：「今之弟子病下人，不能事賢，恥不知而又不問。」）**故人無禮則不生，事無禮則不成，國家無禮則不寧。詩曰：「禮儀卒度，笑語卒獲。」此之謂也。**詩，小雅楚茨之篇。卒，盡也。獲，得也。

以善先人者謂之教，以善和人者謂之順；先，謂首唱也。和，胡卧反，下同。**以不善先人者謂之諂，以不善和人者謂之諛。**諂之言陷也，謂以佞言陷之。諛與俞義同，故爲不善和人也。○王念孫曰：楊說「諂」字之義未確。諂之言導也，導人以不善也，故曰「以不善先人者謂之諂」。而莊子漁父篇亦曰：「希意道言謂之諂。」（道與導同。）不苟篇「非諂諛也」，賈子先醒篇「君好諂諛而惡至言」，韓詩外傳竝作「道諛」。是「諂諛」即「導諛」也。導與諂，聲之轉。「諂諛」之爲「導諛」，「臽及」之爲「導及」，「禫服」之爲「導服」，皆聲轉而字異也。（説見史記越世家。）是是、非非謂之知，能辨是爲是，非爲非，謂之智也。非是、是非謂之愚。以非爲是，以是爲非，則謂之愚。傷良曰讒，害良曰賊。是謂是、非謂非曰直。竊貨曰盜，匿行曰詐，易言曰誕，趣舍無定謂之無常，不恆之人。保利弃義謂之至賊。保，安。○謝本從盧校作「保利非義」。盧文弨曰：「非義」，元刻作「弃義」。王念孫曰：盧本作「非」者，爲影鈔宋本所誤也。刻本正作「弃」。弃與保義正相反，作「非」者，字之誤耳。呂、錢本、元刻及世德堂本皆作「弃」。先謙案：王説是，今正。多聞曰博，少聞曰淺；多見曰閑，閑，習也。能習其事則不迫遽也。少見曰陋。難進曰偍，偍與提、媞皆同，謂弛緩也。易忘曰漏。少而理曰治，多而亂曰秏。少，謂舉其要，而有條理，謂之治。秏，虚竭也。凡物多而易盡曰秏。○郝懿行曰：漏與屚同，屚之爲言猶漉也。屋下水穿，俄頃滲漉，故易忘者似之。秏，猶暴也，（本王制注。）傷敗之名。詩雲漢釋文引韓詩云：「秏，惡也。」然則多而雜亂，斯之謂惡矣。王念孫曰：楊讀秏爲虚秏之秏，則與多而亂之義不合，故又爲之説曰「凡物多而易盡曰秏」，其失也鑿矣。今案：秏，讀爲眊。眊，亂也。漢書董仲舒傳曰「天下眊亂」是也。眊與秏，古同聲而通用。續史記日者傳曰：「官秏亂不能治。」漢書景帝紀「不事官職秏亂者」，師古曰：「秏，不明也，讀與眊同。」食貨志「官職秏廢」，酷吏傳贊「寖以秏廢」，師古竝曰：「秏，亂也，音莫報反。」董仲舒傳「秏矣哀哉」，師古曰：「秏，虚也。言誅殺甚衆，天下空虚也，音呼到反。或曰：秏，不明也，言刑罰闇亂，音莫報反。」淮南原道篇「精神日秏而彌遠」，精神篇「志氣日秏」，高注竝曰：「秏，亂也。」少而理曰治，多而亂曰秏。秏與治正相反，則秏爲眊亂之眊明矣。呂刑「耄荒」，釋文「耄」作「秏」。（賈昌朝羣經音辨曰：「秏，老也。書『王秏荒』，鄭康成讀。」賈音本於釋文，是釋文「耄」字本作「秏」也。今作「耄」者，陳鍔依衞包所定今文改之耳。秏荒，亦昏亂之義，故昭元年左傳「老將知而耄及之」，杜注曰：「八十曰耄。耄，亂也。」字亦作「眊」。漢書刑法志曰：「穆王眊荒。」）「秏」「耄」「眊」古竝同聲。「耄荒」之「耄」通作「秏」，猶「眊亂」之「眊」通作「秏」矣。

治氣養心之術：言以禮修身，是亦治氣養心之術，不必如彭祖也。○先謙案：此與上言「扁善之度」各自爲義。上言「治氣養生」，故以「後彭祖」爲説，然其道不外由禮，故下文曰「禮信是也」。此自論治氣養心之術，與上不相蒙，楊迺云以禮修身，不必如彭祖，謬矣。**血氣剛强，則柔之以調和；知慮漸深，則一之以易良；**漸，進也。或曰：漸，浸也，子廉反。詩曰：「漸車帷裳。」言智慮深則近險詐，故一之以易良也。○郝懿行曰：「漸」與「潛」，古字通，韓詩外傳二作「潛」，是；「良」作「諒」，亦古字通用。樂記云「易直子諒之心生」，「易諒」卽「易良」也。王念孫曰：漸，讀爲潛。洪範「沈潛剛克」，文五年左傳及史記宋世家「潛」竝作「漸」。漢書谷永傳「忘湛漸之義」，漢山陽太守祝睦後碑「漸心於道」，太尉劉寬碑「演策沈漸」，「漸」竝與「潛」同。楊訓漸爲進，又訓爲浸而音子廉反，皆失之。**勇膽猛戾，則輔之以道順；**膽，有膽氣。戾，忿惡也。此性多不順，故以道順輔之也。○郝懿行曰：「膽」字疑誤。韓詩外傳二作「勇毅强果」。俞樾曰：順，當讀爲訓，古「順」「訓」字通用。周語「能導訓諸侯者」，史記魯世家「訓」作「順」。此文「道順」正與彼同，「道順」卽「導訓」也。楊注非。**齊給便利，則節之以動止；**爾雅云：「齊，疾也。」齊給便利，皆捷速也。懼其太陵遽，故節之使安徐也。○先謙案：注「給」，各本作「急」，據宋台州本改正。**狹隘褊小，則廓之以廣大；卑溼、重遲、貪利，則抗之以高志；**卑，謂謙下。溼，亦謂自卑下如地之下溼然也。方言：「溼，憂也。自關而西，凡志而不得，欲而不獲，高而有墜，行而中止，皆謂之溼。」卑溼，謂過謙恭而無禮者。重遲，寬緩也。夫過恭則無威儀，寬緩常不及機事，貪利則苟得，故皆抗之高志也。或曰：卑溼，亦謂遲緩也。言遲緩之人如有卑溼之疾，不能運動也。○盧文弨曰：「溼」，元刻作「濕」，注「憂也」作「優也」。又「卑溼，謂過謙恭」，舊本作「亦謂之過謙恭」，訛，今改正。郝懿行曰：卑溼，猶卑下也。韓詩外傳二作「卑攝貪利」。王念孫曰：卑溼，謂志意卑下也。説文：「𡒄，（讀若蟄。）下入也。」論衡氣壽篇曰：「兒生，號啼之聲鴻朗高暢者壽，嘶喝濕下者夭。」是濕爲下也。「𡒄」「濕」古字通。抗，舉也。（見小雅賓之初筵傳、考工記梓人注、士喪禮下篇注、文王世子注。）志意卑下，故舉之以高志也。楊注皆失之。**庸衆駑散，則刦之以師友；**庸衆，已解上。駑，謂材下如駑馬者也。散，不拘檢者也。刦，奪去也。言以師友去其舊性也。**怠慢僄弃，則炤之以禍災；**僄，輕也，謂自輕其身也，音匹妙反。方言：「楚謂相輕薄爲僄。」炤之以禍災，謂以禍災照燭之，使知懼也。炤與照同。**愚款端愨，則合之以禮樂，通之以思索。**款，誠款也。説文云：「款，意有所欲也。」愚款端愨，多無潤色，故合之以禮樂。此皆言修身之術在攻其所短也。○俞樾曰：自「血氣剛强則柔之以調和」以下八句，文法皆同，此獨多「通之以思索」五字，與上文不一律。據韓詩外傳無此五字，當爲衍文。楊注不及「思索」之説，是其所見本未衍也。**凡治氣養心之術，莫徑由禮，莫要得師，莫神一好。**徑，捷速也。神，神明也。一好，謂好善不怒惡也。○盧文弨曰：案俗本「不怒惡」作「不好惡」，今從宋本作「怒」。元李治古今黈所引正同。王念孫曰：一好，謂所好不二也。儒效篇曰「并一而不二則通於神明」，成相篇曰「好而壹之神以成」，皆其證，非好善不怒惡之謂。**夫是之謂治氣養心之術也。**

志意修則驕富貴，道義重則輕王公，內省而外物輕矣。傳曰：「君子役物，小人役於物。」此之謂矣。君子能役物，小人爲物所役。凡言「傳曰」，皆舊所傳聞之言也。○謝本從盧校，首、次句末竝有「矣」字，「省」下「則」作「而」。盧文弨曰：正文前兩「矣」字，宋本無，又下一「則」字作「而」。今皆從元刻。王念孫曰：元刻於「富貴」「王公」下各加一「矣」字，以對下文，又改下文之「而」字爲「則」字，以對上文，而盧本從之。案元刻非也。「內省而外物輕」，乃申明上文之詞，非與上文作對句也。今皆改爲對句，則失其旨矣。先謙案：王説是，今正。**身勞而心安，爲之；利少而義多，爲之。事亂君而通，不如事窮君而順焉。**窮君，小國迫脅之君也。言事大國暴亂之君，違道而通，不如事小國之君，順行其道也。○顧千里曰：「窮」「順」二字，疑當互錯，「順君」「亂君」對文也，「而通」「而窮」亦對文也。荀子每以「通」與「窮」爲對文，如本篇上文及不苟篇、榮辱篇、儒效篇皆有之，可以相證。楊注已互錯，望文説之，非也。俞樾曰：荀子之意，以爲事亂君則不順矣，事窮君則不通矣，然與其事亂君而通，不如事窮君而順，正上文「身勞而心安，爲之；利少而義多，爲之」之意。若從顧校，則全失其旨矣。王氏采其説入雜志補，誤也。郭嵩燾曰：通則言聽計從，恣其所欲爲，順則委身以從之而已。文義在「亂君」「窮君」之分，亂君爲暴而窮君不能爲暴者也。先謙案：仕能得君曰通。仲尼篇云：「以事君則必通。」**故良農不爲水旱不耕，良賈不爲折閲不市，**折，損也。閲，賣也。謂損所閲賣之物價也。賈音古。○盧文弨曰：案説文云：「閲，具數於門中也。」史記：「積日曰閲。」此當謂計數歲月之所得有折損耳。折，常列切。**士君子不爲貧窮怠乎道。**

體恭敬而心忠信，術禮義而情愛人，術，法也。○王引之曰：人，讀爲仁。言其體則恭敬，其心則忠信，其術則禮義，其情則愛仁也。愛仁，猶言仁愛。（廣雅：「惠、愛、恕、利、人，仁也。」）「恭敬」「忠信」「禮義」「愛仁」皆兩字平列，下文之「倨固」「執詐」「順墨」「雜汙」亦兩字平列。

古字「仁」與「人」通，此「人」字卽「仁愛」之「仁」，非「節用而愛人」之「人」。**横行天下，雖困四夷，人莫不貴。**横行，不順理而行也。困，窮也。言所至皆貴也。○盧文弨曰：「横行天下」，猶書所云「方行天下」，言周流之廣。注謬甚。王引之曰：横，讀爲廣。（堯典「光被四表」，今文尚書作「横被」，漢成陽靈臺碑、成陽令唐扶頌竝作「廣被」。）**勞苦之事則爭先，饒樂之事則能讓，端慤誠信，拘守而詳，**拘守，謂守而勿失。詳，謂審於事也。**横行天下，雖困四夷，人莫不任。體倨固而心執詐，術順墨而精雜汙，**倨，傲也。固，鄙固。「順墨」當爲「慎墨」。慎，謂齊宣王時處士慎到也。其術本黄、老，歸刑名，先申、韓，其意相似，多明不尚賢、不使能之道，著書四十一篇。墨翟，宋人，號墨子。墨子著書三十五篇，其術多務儉嗇。「精」當爲「情」。雜汙，謂非禮義之言也。○盧文弨曰：墨子書本七十一篇，今在者尚有五十四篇。此云「三十五篇」，反少於今所傳者，疑「三十五」當是「五十五」之訛，蓋有分并之故也。王引之曰：「執詐」當爲「埶詐」，字之誤也。議兵篇曰：「兵之所貴者埶利也，所行者變詐也。」又曰：「隆埶詐，尚功利。」又曰：「焉慮率用賞慶刑罰，埶詐險阸，其下獲其功用而已矣。」埶與詐義相近。後漢書崔駰傳「范蠡錯埶於會稽」，李賢曰：「埶，謂謀略也。」**横行天下，雖達四方，人莫不賤。勞苦之事則偷儒轉脱，**偷，謂苟避於事；儒，亦謂懦弱畏事，皆懶惰之義。或曰：「偷」當爲「輸」。揚子雲方言云：「儒輸，愚也。」郭璞注謂愞撰也。又云：轉脱者，謂偷儒之人苟求免於事之義。○盧文弨曰：此注多訛脱，今案文義改正。郝懿行曰：注引或説，失之。儒者，柔也，弱也，選懦畏事之意，故下又云「偷儒憚事」。注義甚明，不必改此爲「輸」而援方言爲訓。**饒樂之事則佞兑而不曲，**兑，悦也。言佞悦於人以求饒樂之事。不曲，謂直取之也。〇俞樾曰：「不」字涉下「不慤」「不録」而衍。曲者，委曲也。言遇饒樂之事，必委曲以取之。楊注誤。先謙案：俞説非也。「兑」與「鋭」同字，（史記天官書「兑」，漢書天文志作「鋭」。議兵篇云「兑則若莫邪之利鋒」，亦以「兑」爲「鋭」。）「佞兑」即「佞鋭」也。佞是口才捷利之名。（左成十三年傳疏。）鋭亦利也。（廣雅釋詁。）文選五等論云「夫進取之情鋭」，李善注：「鋭，猶疾也。」疾與捷義亦同。此言遇勞苦之事則偷脱以避之，遇饒樂之事則身口捷利以取之，不畏人言，無所委曲，故曰「不曲」。楊訓不曲爲直取之，是也，而言「佞悦於人以求饒樂之事」，則非其義矣。不苟篇「見由則兑而倨」，兑亦當讀爲鋭。注「佞」，各本誤「接」，據日本影宋台州本改正。**辟違而不慤，**乖僻違背，不能端慤誠信。辟，讀爲僻。〇王念孫曰：楊分僻違爲二義，非也，僻違皆邪也。周語「動匱百姓，以逞其違」，晉語「若有違質，教將不入」，韋注竝曰：「違，邪也。」堯典「静言庸違」，史記五帝紀作「共工善言其用僻」。是僻即違也。上文曰「不由禮則夷固僻違，庸衆而野」，不苟篇曰「倨傲僻違，以驕溢人」，非十二子篇曰「甚僻違而無類」，昭二十年左傳曰「動作辟違，從欲厭私」，義竝與此同。成相篇曰「邪枉辟回失道途」，「辟回」即「僻違」。（小雅鼓鐘篇「其德不回」，毛傳曰：「回，邪也。」大雅大明篇「厥德不回」，毛傳曰：「回，違也。」堯典「静言庸違」，文十八年左傳作「静譖庸回」，杜注曰：「回，邪也。」昭二十六年左傳「君無違德」，論衡變虛篇作「回德」。）**程役而不録，**程，功程。役，勞役。録，檢束也。於功程及勞役之事怠惰而不檢束，言不能拘守而詳也。**横行天下，雖達四方，人莫不弃。**

行而供冀，非漬淖也；供，恭也。「冀」當爲「翼」。凡行自當恭敬，非謂漬於泥淖也。人在泥淖中則兢兢然。或曰：李巡注爾雅「冀州」曰：「冀，近也。」恭近，謂不敢放誕也。○盧文弨曰：供，疑是張拱之義。郝懿行曰：供與拱，冀與覬，俱音同字通，其義則冀、覬俱訓望也。此言行而張拱顧望，乃是恭敬審諦，非恐漸漬於泥淖也。先謙案：楊前説是。釋名：「恭，拱也，自拱持也。」是供訓爲恭，而拱義卽在其中。釋詁：「翼，敬也。」論語鄉黨篇「趨進，翼如也」，孔注言端好。賈子容經：「趨以微磬之容，飄然翼然，肩狀若流，足如射箭。」以此文推供冀之義，正狀其趨走疾速，是爲禮之容，非因有泥淖漬之也。若張拱顧望，非所以爲禮矣。**行而俯項，非擊戾也；**擊戾，謂項曲戾不能仰者也。擊戾，猶言了戾也。○盧文弨曰：案方言三「軫，戾也」，郭注云「相了戾也」，與此正同。此書宋本、世德堂本皆作「了戾」。元刻訛作「孑戾」，形尚相近。至俗間本竟改作「乖戾」，謬之甚矣。了戾乃屈曲之意，豈可云「乖戾」乎？王念孫曰：淮南主術篇曰：「木擊折轊，水戾破舟。」又曰：「文武備具，動静中儀，舉動廢置，曲得其宜，無所擊戾，無不畢宜。」然則擊戾者，謂有所抵觸也。行而俯項，非擊戾也者，謂非懼其有所抵觸而俯項以避之也，與上下文同一例。楊説失之。俞樾曰：擊戾者，拂戾也。考工記弓人「和弓轂摩」，鄭注曰：「轂，拂也。」擊與轂通。郭仲奇碑「鷹偫雷轂」，「轂」卽「擊」字也。先謙案：王説是。**偶視而先俯，**

非恐懼也。偶視，對視也。然夫士欲獨修其身，不以得罪於比俗之人也。

夫驥一日而千里，駑馬十駕則亦及之矣。○郝懿行曰：駑馬日可百里，十日則亦可及千里，遲速先後不同，其歸一也。將以窮無窮、逐無極與？其折骨絶筋，終身不可以相及也。將有所止之，則千里雖遠，亦或遲或速、或先或後，胡爲乎其不可以相及也？不識步道者，將以窮無窮逐無極與？意亦有所止之與？步，行。夫堅白、同異、有厚無厚之察，非不察也，此言公孫龍、惠施之曲説異理，不可爲法也。堅白，謂離堅白也。公孫堅白論曰：「『堅、白、石三，可乎？』曰：『不可。』『二，可乎？』曰：『可。』」謂目視石，但見白，不知其堅，則謂之白石；手觸石，則知其堅，而不知其白，則謂之堅石。是堅白終不可合爲一也。司馬彪曰：「堅白，謂堅石非石、白馬非馬也。同異，謂使異者同、同者異。」或曰：即莊子所謂「大同而與小同異，此之謂小同異」。言同在天地之間，故謂之大同；物各有種類所同，故謂之小同，是大同與小同異也。此略舉同異，故曰：「此之謂小同異。」莊子又曰：「萬物畢同畢異，此之謂大同異。」言萬物緫謂之物，莫不皆同，是萬物畢同。若分而別之，則人耳目鼻口百體、草木枝葉花實，無不皆異，是物畢異也。此具舉同異，故曰：「此之謂大同異。」莊子又曰：「無厚不可積也，其大千里。」無厚，謂厚之極，不可爲厚薄也。不可積，言其委積至多，不可使復積也。凡無厚不可積，因於有厚可積，故得其大千里。千里者，舉大之極也。然而君子不辯，止之也；止而不爲。○先謙案：楊注非也。止與大學「止於至善」之止同意，言君子之辯之行皆不止乎此。解蔽篇云「故學也者，固學止之也，惡乎止之，曰止諸至足」，與此「止」之義合。**倚魁之行，非不難也，然而君子不行，止之也。**倚，奇也。奇，讀爲「奇偶」之奇。方言云：「秦、晉之間，凡物體全而不具謂之倚。」魁，大也。倚、魁，皆謂偏僻狂怪之行。莊子曰「南方有倚人，曰黃繚」也。○盧文弨曰：今方言作「凡全物而體不具謂之倚」。郝懿行曰：倚與奇，魁與傀，俱聲近假借字。奇傀，言其事譎觚不常也。先謙案：不苟篇申徒狄，行之難爲者也；惠施、鄧析，説之難持者也，然而君子不貴，亦卽此義，文可互證。**故學曰：「遲彼止而待我，我行而就之，**學曰，謂爲學者傳此言也。遲，待也，直吏反。○郝懿行曰：古人名遲，字須，須者，待也，故遲之訓爲待，音直吏切。學曰者，葢古學侶虛設此言以相警厲。必曰遲者，猶云「寡君須矣」。彼前行之人方止而待我，我當遄行而就之，學如不及之意也。王念孫曰：「學曰」疑當作「學者」。謂學者或遲或速，或先或後，皆可同至也。（見下文。）今本「者」作「曰」，寫者脱其半耳。楊云「學曰，謂爲學者傳此言也」，此不得其解而爲之詞。**則亦或遲或速，或先或後，胡爲乎其不可以同至也？」**

故蹞步而不休，跛鼈千里；累土而不輟，丘山崇成；○盧文弨曰：兩「而」字，宋本有，元刻無。此下俗間本有重意一段，引老子「九層之臺起於累土」四句，係後人妄羼入書内。又有所謂互注者，特少異其名耳。皆取它書語近似者注其下，竝非楊氏本文，今一概削去之。**厭其源，開**

其瀆，江河可竭；厭，塞也，音一涉反。瀆，水竇也。**一進一退，一左一右，六驥不致。**言不齊故不能致道路也。**彼人之才性之相縣也，豈若跛鱉之與六驥足哉？然而跛鱉致之，六驥不致，是無他故焉，或爲之，或不爲爾。**○謝本從盧校作「或不爲之耳」。盧文弨曰：宋本作「或不爲爾」。王念孫曰：吕、錢本竝作「或不爲爾」，盧從元刻於「不爲」下增「之」字，「爾」改「耳」。案下句無「之」字者，蒙上而省也。羣書治要亦無「之」字。「耳」「爾」古字通。當從宋本。先謙案：王説是，今改正。

道雖邇，不行不至；事雖小，不爲不成。其爲人也多暇日者，其出入不遠矣。多暇日，謂怠惰。出入，謂道路所至也。○郝懿行曰：爲善惟日不足，多暇日者，遊閒不事事也。「出入」疑當作「出人」，言不能出人前也。王念孫曰：「出入」當爲「出人」，言爲學而多暇日，則或作或輟，其出人必不遠也。（下文云「好法而行，士也；篤志而體，君子也；齊明而不竭，聖人也」，正謂聖人之出人遠也。）若云「出入不遠」，則義不可通。文選登樓賦注引此已誤。韓詩外傳曰「道雖近，不行不至，事雖小，不爲不成，日日多者，（此句有誤。）出人不遠矣」，義本荀子。今據以訂正。先謙案：「道雖邇」下，宋台州本提行分段，謝本原刻同，浙局本誤連上，今正。**好法而行，士也；**好法而能行則謂之士。士，事也，謂能治其事也。○先謙案：法卽禮也。「好法」以下文義不連上，宋台州本提行，今從之，別爲一段。**篤志而體，君子也；**厚其志而知大體者也。〇王念孫曰：爾雅：「篤，固也。」（説見經義述聞。）體，讀爲履。篤志而體，謂固其志以履道，非謂厚其志而知大體也。衛風氓篇「體無咎言」，韓詩「體」作「履」，坊記引詩亦作「履」。管子内業篇「戴大圜而履大方」，心術篇「履」作「體」。是「履」「體」古字通。齊明而不竭，聖人也。齊，謂無偏無頗也。不竭，不窮也。書曰：「成湯克齊聖廣淵。」〇王引之曰：齊者，智慮之敏也，故以「齊明」連文，楊説失之。説見毛詩述聞小雅「人之齊聖」下。人無法，則倀倀然；倀倀，無所適貌。言不知所措履。禮記曰：「倀倀乎其何之？」有法而無志其義，則渠渠然；渠，讀爲遽。古字「渠」「遽」通。渠渠，不寛泰之貌。志，識也。不識其義，謂但拘守文字而已。〇陳奐曰：案渠渠猶瞿瞿。齊風傳云：「瞿瞿，無守之貌。」楊注失之。依乎法而又深其類，然後温温然。深其類，謂深知統類。温温，有潤澤之貌。舉類君子所難，故屢言之也。〇先謙案：凡荀書法類竝言者，解依勸學篇。

禮者，所以正身也；師者，所以正禮也。無禮何以正身？無師，吾安知禮之爲是也？禮然而然，則是情安禮也；師云而云，則是知若師也。情安禮，知若師，則是聖人也。情安禮，謂若天性所安，不以學也。行不違禮，言不違師則與聖人無異，言師法之效如此也。故非禮，是無法也；非師，是無師也。無師，謂不以師爲師。不是師法而好自用，譬之是猶以盲辨色、以聾辨聲也，舍亂妄無爲也。舍，除也。除亂妄之人，孰肯爲此也？〇王念孫曰：舍亂妄無爲，言所爲皆亂妄耳。楊説非。故學也者，禮法也。夫師，以身

爲正儀而貴自安者也。效師之禮法以爲正儀，如性之所安，斯爲貴也。「禮」或爲「體」。**詩云：「不識不知，順帝之則。」此之謂也。**詩，大雅皇矣之篇。引此以喻師法暗合天道，如文王雖未知，已順天之法則也。

端愨順弟，則可謂善少者矣；弟與悌同。**加好學遜敏焉，則有鈞無上，可以爲君子者矣。**既好學遜敏，又有鈞平之心，而無上人之意，則可以爲君子矣。或曰：「有鈞無上」四字衍耳。○俞樾曰：有鈞無上，謂但有與之齊等，無更在其上者也，故謂之君子。楊注非。**偷儒憚事，無廉恥而嗜乎飲食，則可謂惡少者矣；**偷儒憚事，皆謂懦弱、怠惰、畏勞苦之人也。**加愓悍而不順，險賊而不弟焉，**韓侍郎云：「愓與蕩同字，作心邊昜，謂放蕩兇悍也。」**則可謂不詳少者矣，雖陷刑戮可也。**「詳」當爲「祥」。○盧文弨曰：案二字古通用。先謙案：不詳少，承上「惡少」言之，謂少年而不祥者，猶言不祥人矣，知其將陷刑戮也。**老老而壯者歸焉，**老老，謂以老爲老而尊敬之也。孟子曰：「伯夷、太公二老者，天下之大老，是天下之父也。其父歸之，其子焉往矣！」○盧文弨曰：「大老」，宋本作「達老」。**不窮窮而通者積焉，**窮者則寬而容之，不迫蹙以苛政，謂惠恤鰥寡窮匱也。積，填委也。既然，則通者歸亦多矣。覆巢毁卵則鳳凰不至，竭澤涸魚則蛟龍不游，義與此同。○俞樾曰：楊注非也。窮通以賢不肖言，孔晁注周書常訓篇曰「窮，謂不肖之人」是也。不窮窮者，不强人以所不知不能，中庸所謂「矜不能」也。若以窮爲鰥寡，則通者豈不鰥寡之謂乎？非十二子篇曰「聰明聖知，不以窮人」，卽可說此文「不窮窮」之義。**行乎冥冥而施乎無報，而賢不肖一焉。**行乎冥冥，謂行事不務求人之知。施乎無報，謂施不務報。如此，賢不肖同慕而歸之。**人有此三行，雖有大過，天其不遂乎。**若不幸而有過，天亦祐之矣，此固不宜有大災也。○俞樾曰：人有此三行，則君子矣，小過或有之，安有大過乎？「過」當爲「禍」。漢書公孫弘傳「雖陽與善，後竟報其過」，史記「過」作「禍」。是過與禍通。遂，成也。言雖有大禍，天必不成之也。楊注「大災」二字，正可以釋正文之「大過」，特不知「過」爲「禍」之叚字，故不得其解耳。

君子之求利也略，其遠害也早，○謝本從盧校作「遠思」。盧文弨曰：「遠思」，疑當是「遠患」。王念孫曰：呂、錢本作「遠害」。先謙案：宋台州本亦作「害」。又「君子」下，台州本提行分段，謝本原刻同，浙局本誤連上，今竝正之。**其避辱也懼，其行道理也勇。**○王引之曰：懼者，怯也，故與「勇」對文。呂氏春秋知度篇「工拙、愚智、勇懼」，亦以「懼」對「勇」。**君子貧窮而志廣，富貴而體恭，安燕而血氣不惰，勞勸而容貌不枯，**○王念孫曰：枯，讀爲楛。（天論篇「楛耕傷稼」，韓詩外傳作「枯」。鄉射禮注「肅慎氏貢楛矢」，釋文作「枯」。）言君子雖安燕而血氣不懈惰，雖勞勸而容貌不楛僈。楛僈，猶苟且也。（榮辱篇云：「其定取舍楛僈。」富國篇云：「其於禮義節奏也，芒軔僈楛。」淮南時則篇云：「工事苦慢。」苦慢與楛僈同。）彊國篇云「恭儉、敦敬、忠信而不楛」，非十二子篇云「君子佚而不惰，勞而不僈」，（此謂君子之容也，故曰「動容貌，斯遠暴慢矣」。）大略篇云「君子勞倦而不苟」，或言苟，或言楛，或言慢，或言楛僈，其義一而已矣。**怒不過奪，喜不過予。**予，賜也。周禮「八柄」，三曰「予以馭其幸」。**君子貧窮而志廣，隆仁也；**仁愛之心厚，故所思者廣。言務於遠大濟物也。**富貴而體恭，殺埶也；**減權埶之威，故形體恭謹。殺，所介反。**安燕而血氣不惰，柬理也；**柬與簡同。言柬擇其事理所宜而不務驕逸，故雖安燕而不至怠惰。**勞勸而容貌不枯，好交也。**以和好交接於物，志意常泰也。○郝懿行曰：榮辱篇云「券之而俞瘠者，交也」，注云：「所交接非其道，則必有患難，雖食芻豢而更瘠也。」故此云然。以榮辱篇注互相參訂，原注殆不可易。王念孫曰：「好交」二字，與容貌不枯無涉，楊說非也。「交」當爲「文」，隸書「交」字或作「文」，（見漢尹宙碑。）與「文」相似而誤。上言「柬理」，下言「好文」，（好，呼報反。）理與文皆謂禮也。禮論篇云：「孰知夫禮義文理之所以養情也！」又云：「貴本之謂文，親用之謂理。」性惡篇云：「出於辭讓，合於文理。」（辭讓之心，禮之端也。）賦篇禮賦云：「非絲非帛，文理成章。」凡荀子書言文理者，皆謂禮也，故曰：「安燕而血氣不惰，柬理也；（爾雅：「柬，擇也。」）勞勸而容貌不枯，好文也。」先謙案：王說是。**怒不過奪，喜不過予，是法勝私也。**以公滅私，故賞罰得中也。**書曰：「無有作好，遵王之道；無有作惡，遵王之路。」此言君子之能以公義勝私欲也。**書，洪範之辭也。

荀子卷第二

不苟篇第三

君子行不貴苟難，説不貴苟察，行，如字。察，聽察。名不貴苟傳，唯其當之爲貴。當，謂合禮義也。當，丁浪反。故懷負石而赴河，是行之難爲者也，而申徒狄能之；申徒狄恨道不行，發憤而負石自沈於河。莊子音義曰：「殷時人。」韓詩外傳曰：「申徒狄將自投於河，崔嘉聞而止之，不從。」○盧文弨曰：宋本正文「負石」上有「故懷」二字。案文不當有。或「負」字本有作「故懷」二字者，校者注異同於旁，因誤入正文耳。王念孫曰：案呂、錢本竝有「故懷」二字，是也。「故」字乃總冒下文之詞。懷負石而赴河者，負，抱也，（見内則注、淮南説林篇注。）謂抱石於懷中而赴河也。韓詩外傳曰「申徒狄抱石而沈於河」，是其證。鄒陽獄中上梁王書「徐衍負石入海」，亦謂抱石也。盧未曉「負」字之義而誤以爲負擔之負，故以「懷」字爲不當有而竝删「故」字。劉台拱曰：案服虔漢書注亦曰「殷之末世介士也」；高誘説山訓注亦曰「殷末人」。然外傳及新序竝載申徒狄事，其答崔嘉有「吴殺子胥，陳殺泄冶」語，據此言之，則非殷時人。先謙案：謝本從盧校删「故懷」二字。今案王説是，仍從宋本增入。然而君子不貴者，非禮義之中也。禮義之中，時止則止，時行則行，不必枯槁赴淵也。揚子雲非屈原曰：「君子遭時則大行，不遇則龍蛇，何必沈身？」○盧文弨曰：案注「不遇」下，一本有「時」字。子雲語見本傳，此約取之。**山淵平，天地比，**比，謂齊等也。莊子曰：「天與地卑，山與澤平。」音義曰：「以平地比天，則地卑於天，若以宇宙之高，則似天地皆卑。天地皆卑，則山與澤平矣。」或曰：天無實形，地之上空虛者盡皆天也，是天地長親比相隨，無天高地下之殊也。在高山則天亦高，在深泉則天亦下，故曰天地比。地去天遠近皆相似，是山澤平也。○盧文弨曰：張湛注列子云：「地之上皆天也。」意亦與此同。**齊、秦襲，**襲，合也。齊在東，秦在西，相去甚遠。若以天地之大包之，則曾無隔異，亦可合爲一國也。**入乎耳，出乎口，**未詳所明之意。或曰：即山出口也，言山有耳口也。凡呼於一山，衆山皆應，是山聞人聲而應之，故曰「入乎耳，出乎口」。或曰：山能吐納雲霧，是有口也。○盧文弨曰：注末句，宋本作「是以有口」，訛。**鉤有須，**未詳。自「齊、秦襲，入乎耳，出乎口，鉤有須」，皆淺學所未見。或曰：鉤有須，即「丁子有尾」也。丁之曲者爲鉤，須與尾皆毛類，是同也。莊子音義云：「夫萬物無定形，形無定稱，在上爲首，在下爲尾。世人謂右行曲波爲尾，今丁、子二字，雖左行曲波，亦是尾也。」○俞樾曰：「鉤」，疑「姁」之叚字。說文女部：「姁，嫗也。」嫗無須而謂之有須，故曰「說之難持者也」。惠氏棟校本引大玄經「婦人嗹鉤」爲說，謂鉤音拘，與須音相近，嗹鉤者，須出乎口也。案大玄迎「次四，裳有衣襦，男子目珠，婦人嗹鉤」。范望及溫公集注竝無「婦人須出乎口」之說。且謂鉤與須音近，則嗹鉤即嗹須也，以說此文，是爲須有須矣，豈可通乎？今讀鉤爲姁，亦卽惠氏之意，而説似較安。**卵有毛，**司馬彪曰：「胎卵之生，必有毛羽。雞伏鵠卵，卵不爲雞，則生類於鵠也。毛氣成毛，羽氣成羽，雖胎卵未生而毛羽之性已著矣，故曰卵有毛也。」**是説之難持者也，而惠施、鄧析能之；**皆異端曲説，故曰難持。惠施，梁相，與莊子同時，其書五車，其道舛駁。鄧析，鄭大夫。劉向云：「鄧析好刑名，操兩可之説，設無窮之辭，數難子産爲政，子産執而戮之。」案左氏傳「鄭駟歂殺鄧析而用其竹刑」，而云「子産戮之」，恐誤也。○盧文弨曰：正文「能之」，俗本作「能精之」。**然而君子不貴者，非禮義之中也。盜跖吟口，名聲若日月，與舜、禹俱傳而不息；然而君子不貴者，非禮義之中也。**吟口，吟咏長在人口也。説苑作「盜跖凶貪」。○盧文弨曰：見説苑説叢篇。案韓詩外傳三亦作「吟口」，與此同。郝懿行曰：案「吟口」，説苑作「凶貪」。此本必作「貪凶」，轉寫形誤，遂爲「吟口」。楊氏據誤本作注，不知其不可通耳。韓詩外傳誤與此同，可知此本相傳已久，楊氏所以深信不疑。俞樾曰：「吟」蓋「黔」之叚字，「黔口」卽「黔喙」。周易説卦傳「爲黔喙之屬」，釋文引鄭注曰：「謂虎豹之屬，貪冒之類。」然則盜跖黔口，乃以虎豹擬之，正論篇所謂「禽獸行，虎狼貪」也。先謙案：後漢梁冀傳「口吟舌言」，章懷注：「謂語吃不能明了。」吟口當與口吟同義。「盜跖吟口」三句，與揚雄解嘲「孟軻雖連蹇，（連蹇，謂口吃。）猶爲萬乘師」文意近似，諸説皆非。**故曰：君子行不貴苟難，説不貴苟察，名不貴苟傳，**○盧文弨曰：「苟傳」，與上文同，俗間本作「苟得」，非。案外傳亦作「苟傳」。**唯其當之爲貴。詩曰：「物其有矣，唯其時矣。」此之謂也。**詩，小雅魚麗之篇。言雖有物，亦須得其時，以喻當之爲貴也。

君子易知而難狎，坦蕩蕩，故易知；不比黨，故難狎。○郝懿行曰：韓詩外傳二「知」作「和」，於義較長，此形譌。　王念孫曰：案外傳是也。和與狎義相近，懼與脅義相近，故曰「易和而難狎，易懼而難脅」。今本「和」作「知」，則於義遠矣。　俞樾曰：案外傳作「和」，字之誤也。知者，接也。墨子經篇曰：「知，接也。」古謂相交接曰知，故後漢書宋弘傳「貧賤之交不可忘」，羣書治要作「貧賤之知」。是知有交接之義。易知而難狎，謂易接而難狎也。詩芄蘭篇首章曰「能不我知」，次章曰「能不我甲」，毛傳訓甲爲狎，蓋首章言不與我交接，次章言不與我狎習也。説詳羣經平議。荀子以「知」「狎」對文，正本乎詩。韓嬰改「知」爲「和」，失之。王氏謂當從外傳，非也。**易懼而難脅，**小心而志不可奪也。**畏患而不避義死，欲利而不爲所非，**心以爲非則捨之。**交親而不比，**親，謂仁恩。比，謂暱狎。**言辯而不辭。**辯足以明事，不至於騁辭。○郝懿行曰：韓詩外傳二「辭」作「亂」，其義較長，此形譌。　王念孫曰：「不辭」當作「不亂」，楊加「騁」字以釋之，其失也迂矣。**蕩蕩乎，其有以殊於世也。**與俗人有異。

君子能亦好，不能亦好；小人能亦醜，不能亦醜。君子能則寬容易直以開道人，道與導同。**不能則恭敬繜絀以畏事人；**繜與撙同，絀與黜同。謂自撙節貶損。**小人能**

則倨傲僻違以驕溢人，溢，滿。不能則妬嫉怨誹以傾覆人。故曰：君子能則人榮學焉，不能則人樂告之；小人能則人賤學焉，不能則人羞告之。是君子小人之分也。分，異也，如字。

君子寬而不僈，僈與慢同，怠惰也。廉而不劌，廉，棱也。說文云：「劌，利傷也。」但有廉隅，不至於刃傷也。○盧文弨曰：注「刃傷」，疑是「刅傷」，本或作「兩傷」者訛。辯而不爭，察而不激，但明察而不激切也。寡立而不勝，堅彊而不暴，雖寡立而不能勝，雖堅彊而不兇暴。○王念孫曰：楊說非也。「寡立」當爲「直立」，字之誤也。（俗書「直」字作「直」，「寡」字作「寡」，二形略相似，故「直」誤爲「寡」。文選顏延之和謝監靈運詩注引此已誤。）勝，讀若升。漸六四「終莫之勝」，虞翻曰：「勝，陵也。」（小雅正月篇「靡人弗勝」，毛傳曰：「勝，乘也。」乘亦陵也。管子侈靡篇「得近者高而不崩，得人者卑而不可勝」，謂卑而不可陵也。此言君子雖特立獨行而不以陵人，非謂人不能勝君子也。此文云「君子廉而不劌，辯而不爭，直立而不勝」；榮辱篇云「辯而不說者，爭也；直立而不見知者，勝也；廉而不見貴者，劌也：此小人之所務而君子之所不爲也」，足與此文互相證明矣。柔從而不流，恭敬謹慎而容，不至於孤介也。○王念孫曰：案楊說未確。容之言裕也。言君子敬慎而不局促，綽綽有裕也。非十二子篇「修告導寬容之義」，韓詩外傳作「寬裕」，是「容」「裕」古字通。（古者東、侯二部共入而互轉，故說文「容」「裕」二字皆以谷爲聲。史記平準書「盜摩錢裏取鎔」，漢書食貨志「鎔」作「鋊」，音浴，亦其例也。）**夫是之謂至文。**言德備。

詩曰：「温温恭人，惟德之基。」此之謂矣。詩，大雅抑之篇。温温，寬柔貌。

君子崇人之德，揚人之美，非諂諛也；正義直指，舉人之過，非毀疵也；疵，病也。或曰：讀爲訾。○盧文弨曰：正文「美」字，元刻作「善」。又「舉人之過」下，宋本有「惡」字，元刻無。王引之曰：案義讀爲議。韓詩外傳作「正言直行，指人之過」，言亦議也。韓策曰「嚴遂政議直指，舉韓傀之過」，是其證。（趙策「臣愚不達於王之議」，史記趙世家「議」作「義」。史記鄒陽傳「畢議願知」，漢書作「義」。又韓子揚榷篇「上不與義之」，東周策「秦王不聽羣臣父兄之義」，淮南泰族篇「刺幾辯義」，義竝與議同。）**言己之光美，擬於舜、禹，**○盧文弨曰：宋本各舊本俱作「禹舜」，今從元刻。**參於天地，非夸誕也；與時屈伸，柔從若蒲葦，非懾怯也；**蒲葦所以爲席，可卷者也。○郝懿行曰：「屈伸」，當作「詘信」，荀書皆然，俗妄改之。此言君子屈伸，隨時之宜，當其屈也，柔從若蒲葦，當其伸也，剛强猛毅，靡所不信。（「信」卽「伸」字。）其屈與伸以義，知當曲直，曲直卽屈伸。又引詩言君子左宜右有，然後總結之云：「此言君子能以義屈信變應故也。」（「屈」亦當爲「詘」。）荀子之文，往往反復申明，欲令辭必達意，不避重緐，爲使人易曉也。**剛强猛毅，靡所不信，非驕暴也。**信，讀爲伸，下同，古字通用。**以義變應，知當曲直故也。**以義隨變而應，其所知當於曲直也。○俞樾曰：變，讀爲辯。周易文言曰「由辯之不早辯也」，釋文曰：「辯，荀作變。」禮記禮運篇「大夫死宗廟謂之變」，鄭注曰：「變，當爲辯。」是「變」與「辯」古通。辯之言徧也。儀禮鄉飲酒禮「衆賓辯有脯醢」，燕禮「大夫辯受酬」，鄭注竝云：「今文辯作徧。」是其證也。「變」與「辯」通，則亦可借爲「徧」。以義變應者，以義徧應也。下文引詩曰「左之左之，君子宜之；右之右之，君子有之」，此言君子之能以義屈伸變應也。左宜右有，正以義徧應之謂。楊注曰「以義隨變而應」，增字以成其説，失其旨矣。君道篇曰「竝遇變態而不窮」，「變」與「竝」對文，可知變之爲徧也。致士篇「臨事接民而以義變應」，義與此同。先謙案：此文「變應」與非相、儒效、王制、君道諸篇言「應變」者不同，卽儒效、富國二篇「事變得應，事變失應」，君道篇「應待萬變」，與此義亦異。以義變應者，以義變通應事也。義本無定，隨所應爲通變，故曰「變應」。孔子言「無適無莫，義之與比」，孟子言「言不必信，行不必果，惟義所在」，正以義變應之謂。易繫辭「精義入神，以致用也」，入神，變也；致用，應也。下言「以義屈伸變應」，增「屈伸」二字而變應之義愈顯，不必如俞説改讀。至君道篇之「變應」，宋本作「變態」，此元刻誤文，又不足取以爲證矣。**詩曰：「左之左之，君子宜之；右之右之，君子有之。」此言君子能以義屈信變應故也。**詩，小雅裳裳者華之篇。以能應變，故左右無不得宜也。○盧文弨曰：「此言君子」下，一本有「之」字。

君子，小人之反也。與小人相反。○盧文弨曰：此段舊不提行，今案當别爲一節。**君子大心則天而道，小心則畏義而節；**天而道，謂合於天而順道。○盧文弨曰：正文「則天而道」，韓詩外傳四作「卽敬天而道」。王念孫曰：「天而道」三字，文義不明，當依韓詩外傳作「敬天而道」，與「畏義而節」對文，楊注失之。**知則明通而類，**顯，謂知統類。**愚則端愨而法；**愚，謂無機智也。法，謂守法度也。**見由則恭而止，**由，用也。止，謂不放縱也。或曰：止，禮也。言恭而有禮也。**見閉則敬而齊；**謂閉塞，道不行也。敬而齊，謂自齊整而不怨也。**喜則和而理，憂則靜而理；**皆當其理。○謝本從盧校作「憂則靜而違」。盧文弨曰：外傳四作「喜卽和而治，憂卽靜而違」。此作「和而理」，避時諱，下句舊本俱作「靜而理」，當由誤會注文耳。今從外傳改正。劉台拱曰：案注云「皆當其理」，則楊氏所據本兩句竝是「理」字。盧據外傳改下「理」字作「違」，易曰「樂則行之，憂則違之」，此「違」字所本。然易言出處，此言性情，義各有當。外傳引荀，頗多改竄，恐不得徑據彼以易此也。又仲尼篇云「福事至則和而理，禍事至則靜而理」，與此文義略同。彼注云：「理，謂不失其道。和而理，謂不充屈。靜而理，謂不隕穫也。」亦竝是「理」字，則不當依外傳作「違」明矣。竊疑荀子本文上句作「治」，下句作「理」。唐初避諱，凡「治」字悉改作「理」，中葉以後，又復回改作「治」，惟此兩處文義相混，校書者不能定其孰爲本文，故仍而不革。楊氏作注時未能審正而從爲之辭耳。今上句依外傳作「和而治」，下句作「靜而理」，庶幾得之。仲尼篇放此。王念孫曰：宋呂、錢本竝作兩「理」字，劉說甚允。先謙案：劉、王說是，今改從宋本。**通則文而明，**有文而彰明也。**窮則約而詳。**隱約而詳明其道也。**小人則不然，大心則慢而暴，小心則淫而傾，**以邪諂事人也。○盧文弨曰：宋本「淫」上有「流」字。今案：元刻及外傳俱無。**知則攫盜而漸，**漸，進也。謂貪利不知止也。○郝懿行曰：漸與潛同。此言小人知則攫盜而潛深，不敢發也，愚則毒賊而爲亂，不知懼也，語意甚明。荀書多以「漸」爲「潛」，楊氏不知，例以「漸，進」爲訓，而不顧其安。如此注亦以漸爲進，則難通矣。王引之曰：漸，詐欺也。小人之智，則攫盜而已矣，詐欺而已矣。議兵篇曰「招近募選，隆埶詐，尚功利，是漸之也」，正論篇曰「上幽險則下漸詐矣」，（楊訓漸爲進，又訓爲浸漬，皆失之。）義竝與此同。呂刑曰「民興胥漸」，言小民方興，相爲詐欺也。（傳以漸爲漸化，失之。說見經義述聞。）莊子胠篋篇曰：「知詐漸毒。」（李頤以漸爲漸漬，失之。）此皆古人謂詐爲漸之證。說者都不尋省，望文生義，失其傳久矣。先謙案：王說是。**愚則毒賊而亂；**毒，害也。愚而而無畏忌也。**見由則兑而倨，**兑，說也。言喜於徼幸而倨傲也。○先謙案：兑與鋭同，謂捷利也，楊注非。說見脩身篇。**見閉則怨而險；**怨上而險賊也。**喜則輕而翾，**輕，謂輕佻失據。翾，小飛也。言小人之喜輕佻如小鳥之翾然。音許緣反。或曰：與懁同。說文云：「懁，急也。」**憂則挫而懾；通則驕而偏，**偏頗也。**窮則弃而儑。**弃，自弃也。「儑」當爲「濕」。方言云：「濕，憂也。」字書無「儑」字。韓詩外傳作「弃而累也」。○郝懿行曰：玉篇：「儑，五甘切，不慧也。」廣韻五紺切，云：「傝儑，龍龕手鑑一云：「儑，五盍反。傝儑，不著事也。傝，他盍反，傝[illegible]儜劣也。又音儑，不謹貌也。」然則諸義皆與此近。此言小人窮則卑棄失志，不能自振，往往如此。楊氏未見玉篇、廣韻，故云「字書無傫字」，又云「傫當爲濕」，竝非。韓詩外傳四「傫」作「累」，恐亦字形之譌。「累」與「濕」皆俗字，「濕」當作「溼」。「累」當作「纍」，與此字形音義遠。傳曰：「君子兩進，小人兩廢。」此之謂也。

君子治治，非治亂也。曷謂邪？曰：禮義之謂治，非禮義之謂亂也。故君子者，治禮義者也，非治非禮義者也。然則國亂將弗治與？曰：國亂而治之者，非案亂而治之之謂也，去亂而被之以治；案，據也。據舊亂而治之也。荀子「安」、「案」多爲語助，與此不同也。人汙而修之者，人有汙穢之行，將修爲善。○俞樾曰：修，當讀爲滌。周官司尊彝職曰「凡酒修酌」，鄭注曰：「修，讀如『滌濯』之滌。」是其證也。滌從條聲，條從攸聲，修亦從攸聲，聲同之字，故得通用，楊注失之。荀子書每以「修」與「汙」對文，竝當讀爲滌。非案汙而修之之謂也，去汙而易之以修。故去亂而非治亂也，去汙而非修汙也。治之爲名，猶曰君子爲治而不爲亂，爲修而不爲汙也。治之名號如此。

君子絜其辯而同焉者合矣，絜，修整也，謂不煩雜。○盧文弨曰：案韓詩外傳一亦有此文，彼「辯」作「身」。先謙案：外傳作「身」，是也。「絜其身」「善其言」對文，若作「辯」，則與「言」複，「絜辯」二字亦不詞。荀子原文自作「絜其身」，傳寫誤「辯」。下文「故新浴」云云，正申言絜身之義。楊注「謂不煩雜」，似所見本已誤爲「辯」矣。善其言而類焉者應矣。出其言善，千里之外應之。**故馬鳴而馬應之，**〇盧文弨曰：外傳此下尚有「牛鳴而牛應之」六字。**非知也，其埶然也。**知音智。**故新浴者振其衣，新沐者彈其冠，人之情也。**言潔其身者，懼外物之汙也，猶賢者必不受不善人之汙者也。**其誰能以己之潐潐，受人之掝掝者哉！**潐潐，明察之貌。潐，盡。謂窮盡明於事。易曰：「窮理盡性。」「掝」當爲「惑」。掝掝，惛也。楚詞曰：「安能以身之察察，受物之惛惛者乎？」潐，子誚反。〇盧文弨曰：案「潐，盡也」，本說文，此脫「也」字。郝懿行曰：韓詩外傳一作「莫能以己之皭皭容人之混污」，然皭與潐，古音同，混污與掝掝，音又相轉，此皆假借字耳。楚詞作「察察」「汶汶」，當是也。又案上云「故新浴者振其衣，新沐者彈其冠」，亦與楚詞同。先謙案：「焦」「爵」雙聲，故從焦從爵之字相通假而義皆訓盡，如噍之與嚼，（禮記少儀釋文：「噍，本作嚼。」說文：「噍，或從爵。」）醮之與釂，（說文：「醮，冠娶禮祭。」「釂，飲酒盡也。」釋水：「水醮曰厬。」釋文及本書禮論「利爵之不醮也」，注皆訓爲盡，則借「醮」爲「釂」矣。）竝是。故皭皭亦爲潐潐也。「掝」當爲「惑」，楊說是也。字書無「掝」字，蓋「惑」亦作「惐」，遂轉寫爲「掝」耳。儒效篇云「無所儗怎」，楊注：「怎與怍同。」「惑」之爲「掝」，猶「怍」之爲「怎」矣。

君子養心莫善於誠，無姦詐則心常安也。〇劉台拱曰：誠者，君子所以成始而成終也。以成始，則大學之「誠其意」是也。以成終，則中庸之「至誠無息」是也。此言養心莫善於誠，即誠意之事，故下文亦言「慎獨」。**致誠則無它事矣，**致，極也。極其誠，則外物不能害。〇王念孫曰：君子非仁不守，非義不行，故曰「無它事」。下文「唯仁之爲守，唯義之爲行」，是其明證。楊說非。先謙案：王説是。羣書治要引作「致誠無它，唯仁之守，唯義之行」，删數字而語意倍顯，是唐人解此文與楊注義異。**唯仁之爲守，唯義之爲行。**致其誠，在仁義。**誠心守仁則形，形則神，神則能化矣；**誠心守於仁愛，則必形見於外，則下尊之如神，能化育之矣。化，謂遷善也。**誠心行義則理，理則明，明則能變矣。**義行則事有條理，明而易，人不敢欺，故能變改其惡也。**變化代興，謂之天德。**既能變化，則德同於天。馴致於善謂之化，改其舊質謂之變。言始於化，終於變也，猶天道陰陽運行則爲化，春生冬落則爲變也。**天不言而人推高焉，地不言而人推厚焉，四時不言而百姓期焉。**期，謂知其時候。**夫此有常，以至其誠者也。**至，極也。天地四時所以有常如此者，由極其誠所致。**君子至德，嘿然而喻，未施而親，不怒而威。**君子有至德，所以嘿然不言而人自喻其意也。**夫此順命，以慎其獨者也。**人所以順命如此者，由慎其獨所致也。慎其獨，謂戒慎乎其所不睹，恐懼乎其所不聞。至誠不欺，故人亦不違之也。○郝懿行曰：此語甚精，楊氏不得其解，而以謹慎其獨爲訓。今正之云：獨者，人之所不見也。慎者，誠也；誠者，實也。心不篤實，則所謂獨者不可見。勸學篇云：「無冥冥之志者無昭昭之明，無惛惛之事者無赫赫之功。」此惟精專沈默，心如槁木死灰，而後髣髴遇焉。口不能言，人亦不能傳，故曰獨也。又曰「不獨則不形」者，形非形於外也，（楊注誤。）形卽形此獨也。又曰「不形則雖作於心，見於色，出於言」，三句皆由獨中推出，此方是見於外之事。而其上説天地四時云

「夫此有常，以至其誠者也」；説君子至德云「夫此順命，以慎其獨者也」。順命，謂順天地四時之命。（楊注尤誤。）言化工默運，自然而極其誠；君子感人，嘿然而人自喻，惟此順命以慎其獨而已。推尋上下文義，慎當訓誠。據釋詁云「慎，誠也」，非慎訓謹之謂。中庸「慎獨」與此義别。楊注不援爾雅而據中庸，謬矣。「慎」字古義訓誠，詩凡四見，毛、鄭俱依爾雅爲釋。大學兩言「慎獨」，皆在誠意篇中，其義亦與詩同。惟中庸以「戒慎」「慎獨」爲言，此别義，乃今義也。荀書多古義、古音，楊注未了，往往釋以今義，讀以今音，每致舛誤，此其一也，餘不悉舉。王念孫曰：中庸之「慎獨」，「慎」字亦當訓爲誠，非上文「戒慎」之謂。（「莫見乎隱，莫顯乎微」，即大學之「十目所視，十手所指」，則慎獨不當有二義。陳碩甫云：「中庸言慎獨，即是誠身。」）故禮器説禮之以少爲貴者曰：「是故君子慎其獨也。」鄭注云：「少其牲物，致誠愨。」是慎其獨即誠其獨也。慎獨之爲誠獨，鄭於禮器已釋訖，故中庸、大學注皆不復釋。孔沖遠未達此旨，故訓爲謹慎耳。凡經典中「慎」字，與「謹」同義者多，與「誠」同義者少。訓謹訓誠，原無古今之異，（慎之爲謹，不煩訓釋，故傳注無文，非誠爲古義而謹爲今義也。）唯「慎獨」之「慎」則當訓爲誠，故曰「君子必慎其獨」，又曰「君子必誠其意」。禮器、中庸、大學、荀子之「慎獨」，其義一而已矣。**善之爲道者，不誠則不獨，**無至誠則不能慎其獨也。**不獨則不形，**不能慎其獨，故其德亦不能形見於外。○俞樾曰：上文云「致誠則無它事矣，唯仁之爲守，唯義之爲行」。所謂獨者，即無它事之謂。唯仁、唯義，故無它事，無它事是謂獨，故曰「不誠則不獨，不獨則不形」。言不能誠實則不能專一於内，不能專一則不能形見於外。楊氏未達「獨」字之旨，故所解均未得也。不形則雖作於心，見於色，出於言，民猶若未從也，雖從必疑。若，如也。無至誠，故雖出令，民猶如未從者，雖彊使之從，亦必疑之也。○王念孫曰：若，猶然也。言雖出令，民猶然未從，非謂猶如未從也。古謂猶然爲猶若，說見釋詞「若」字下。天地爲大矣，不誠則不能化萬物；聖人爲知矣，不誠則不能化萬民；父子爲親矣，不誠則疏；君上爲尊矣，不誠則卑。卑，謂不爲在下所尊。夫誠者，君子之所守也，而政事之本也。唯所居以其類至，所居，所止也。唯其所止至誠，則以類自至。謂天地誠則能化萬物，聖人誠則能化萬民，父子誠則親，君上誠則尊也。操之則得之，舍之則失之。操，持。操而得之則輕，持至誠也而得之，則易舉也。詩曰：「德輶如毛。」輕則獨行，舉至誠而不難，則慎獨之事自行矣。獨行而不舍則濟矣。至誠在乎不已。濟而材盡，長遷而不反其初則化矣。既濟則材性自盡。長遷不反其初，謂中道不廢也。

君子位尊而志恭，心小而道大，所聽視者近而所聞見者遠。是何邪？則操術然也。謂以近知遠，以今知古，所持之術如此也。○盧文弨曰：正文「則」字，從元刻，宋本作「是」。故千人萬人之情，一人之情是也；人情不相遠。天地始者，今日是也；百王之道，後王是也。後王，當今之王。言後王之道與百王不殊，行堯、舜則是亦堯、舜也。君子審後王之道而論於百王之前，若端拜而議。端，玄端，朝服也。端拜，猶言端拱。言君子審後王所宜施行之道，而以百王之前比之，若服玄端，拜揖而議。言其從容不勞也。時人多言後世澆醨，難以爲治，故荀明之。○郝懿行曰：端，疑「振書端書」之「端」，端者，正也。謂正容拜議，非必衣玄端也。注言「端拱」，又言「玄端」，二義似歧。王念孫曰：古無拜而議事之禮，且「端拜」二字義不相屬。「拜」當爲「𢪛」，「𢪛」，今「拱」字也。（説文：「𠬞，竦手也，从𠂇从又。」𢪛，揚雄説：「廾从兩手。」「拱，斂手也，从手，共聲。」今經傳皆作「拱」。）形與「拜」相似，因譌爲「拜」。端拱而議，即楊注所云「從容不勞也」。楊云「端拜，猶言端拱」，近之，乃又云「拜揖而議」，則未知「拜」爲「𢪛」之譌耳。先謙案：王説是。**推禮義之統，分是非之分，**上分如字，下扶問反。分之使當其分。**總天下之要，治海内之衆，若使一人，故操彌約而事彌大。**約，少也。得其宗主也。**五寸之矩，盡天下之方也。**矩，正方之器也。○郝懿行曰：荀意當以句股法開方而言，故以五寸盡之，言操彌約也。**故君子不下室堂而海内之情舉積此者，則操術然也。**舉，皆也。○盧文弨曰：正文「堂」字上，宋本有「室」字，今從元刻删。王念孫曰：「室」非衍字也。内則曰：「灑埽室堂。」書傳中言「室堂」者多矣。君子不下室堂而海内之情舉積此，猶老子言「不出户，知天下」也。元本無「室」字者，後人以意删之耳。羣書治要引此有「室」字，錢本、世德堂本同。先謙案：謝本從盧校。今依王説改從宋本。

有通士者，有公士者，有直士者，有慤士者，有小人者。上則能尊君，下則能愛民，物至而應，事起而辨，若是，則可謂通士矣。物有至則能應之，事有疑則能辨之。通者，不滯之謂也。○王念孫曰：辨者，治也。謂事起而能治之，非謂事有疑而能辨之也。説文：「辯，治也。」昭元年左傳「主齊盟者誰能辯焉」，杜注與説文同。王霸篇「儒者爲之，必將曲辯」，楊注曰：「辯，治也。」字或作「辨」。議兵篇「城郭不辨」，注曰：「辨，治也。」合言之，則曰「治辯」。儒效篇曰：「分不亂於上，能不窮於下，治辯之極也。」王霸篇曰：「有加治辯彊固之道焉。」（有，讀爲又。舊本「有加」二字倒轉，今據楊注乙正。楊以辯爲分别，失之。）又曰：「天下莫不平均，莫不治辯。」議兵篇曰：「禮者，治辯之極也。」或作「治辨」。榮辱篇曰：「君子修正治辨。」正論篇曰：「上宣明則下治辨矣。」禮論篇曰：「君者，治辨之主也。」以上凡言「治辯」者，皆兩字同義。倒言之，則曰「辯治」。小雅采菽傳曰：「平平，辯治也。」荀子君道篇「君者，善班治人者也」，「班」亦與「辯」同，韓詩外傳作「辯治」。成相篇：「辯治上下。」**不下比以闇上，不上同以疾下，**闇上，掩上之明也。疾與嫉同。○先謙案：上同，苟合於上。成相篇云：「愚而上同，國必禍。」**分争於中，不以私害之，若是，則可謂公士矣。**謂於事之中有分争者，不以私害之，則可謂公正之士也。**身之所長，上雖不知，不以悖君，**不怨君而違悖也。○郝懿行曰：「悖」者，「倍」之假借字。倍訓反，與背同。王引之曰：悖，讀若勃。（玉篇：「勃，蒲突切，又蒲輩切。」廣韻同。）悖，怨懟也。謂君雖不知而不怨君也。仲尼篇曰「君雖不知，無怨疾之心」是也。方言：「倖，懟也。」廣雅曰：「勃，懟也。」「倖、怨、懟，恨也。」「悖」「倖」「勃」字異而義同。（莊十一年左傳「其興也悖焉」，一作「勃」。莊子庚桑楚篇「徹志之勃」，「勃」本又作「悖」。秦策「秦王悖然而怒」，「悖然」即「勃然」。）楊注非。**身之所短，上雖不知，不以取賞，**受禄不誣。**長短不飾，以情自竭，若是，則可謂直士矣。**不矜其長，不掩其短，但任直道而竭盡其情也。○郝懿行曰：情，實也。竭，舉也。言短長皆以實偁説，不加文飾，所以爲直士。王念孫曰：郝説是也。説文：「竭，負舉也。」「揭，高舉也。」廣雅：「揭，舉也。」禮運釋文：「竭，本亦作揭。」是「揭」「竭」古字通。**庸言必信之，庸行必慎之，**庸，常也。謂言常信，行常慎。**畏法流俗而不敢以其所獨甚，**法，效也。畏效流移之俗，又不敢以其所獨善而甚過人，謂不敢獨爲君子也。○王念孫曰：「甚」，當爲「是」。言不從流俗而亦不敢用其所獨是也。隸書「甚」字作「甚」，「是」字作「昰」，二形相似，故「是」譌爲「甚」。荀子賦篇「嫫母、力父是之喜」，楚策「是之喜」譌作「甚喜之」。韓詩外傳「詩曰『瞻彼日月，悠悠我思，道之云遠，曷云能來』，急時辭也，是故稱之日月也」，説苑辯物篇作「甚焉，故稱日月也」。漢書司馬相如傳「閑雅甚都」，史記「甚」作「是」。説文「尟，是少也，從是少」，今俗作「尠」。皆其證也。楊注非。**若是，則可謂慤士矣。**端慤不貳。**言無常信，行無常貞，唯利所在，無所不傾，**利之所在，皆傾意求之。○俞樾曰：文選孫子荆詩「傾城遠追送」，李善注：「傾，猶盡也。」無所不傾，即無所不盡。楊注非。**若是，則可謂小人矣。**

公生明，偏生闇，端慤生通，詐僞生塞，多窮塞也。**誠信生神，**誠信至則通於神明。中庸曰：「至誠如神。」**夸誕生惑。**矜夸妄誕則貪惑於物也。**此六生者，君子慎之，而禹、桀**

所以分也。所以分賢愚也。

欲惡取舍之權：舉下事也。**見其可欲也，則必前後慮其可惡也者；見其可利也，則必前後慮其可害也者；而兼權之，孰計之，**權，所以平輕重者。孰，甚也，猶成孰也。**然後定其欲惡取舍。**○顧千里曰：案「欲惡取舍之權」，疑當作「欲惡利害，（句。）取舍之權」，（句。）脱「利害」二字。「然後定其欲惡取舍」，疑當作「然後定其取舍」，衍「欲惡」二字。榮辱篇「其定取舍楛僈」，上下文皆卽此義明甚。楊注已脱衍，非也。**如是，則常不失陷矣。凡人之患，偏傷之也。**偏，謂見其一隅。**見其可欲也，則不慮其可惡也者；見其可利也，則不顧其可害也者。是以動則必陷，爲則必辱，是偏傷之患也。**

人之所惡者，吾亦惡之。賢人欲惡之，不必異於衆人也。○盧文弨曰：正文首疑當有「人之所欲者，吾亦欲之人」字，注「賢人欲惡之」下疑脱一字。王念孫曰：案盧以注云「賢人欲惡，不必異於衆人」，故疑正文當有「人之所欲者」云云也。不知注言欲惡不異者，加一「欲」字以通其義，非正文所有也。下文皆言惡，不言欲，是其證。**夫富貴者則類傲之，**富貴之類，不論是非，皆傲之也。○先謙案：荀書用「夫」字，俱訓彼，它篇竝同。**夫貧賤者則求柔之，**見貧賤者，皆柔屈就之也。○俞樾曰：注不釋「求」字。禮記曲禮篇曰「君子行禮，不求變俗」，鄭注曰：「求，猶務也。」求柔之，猶言務柔之矣。**是非仁人之情也，**○俞樾曰：「仁」字衍。上文蓋言遇富貴者率傲慢之，遇貧賤者務柔屈之，此非人情也，正與上文「人之所惡者，吾亦惡之」相應。上文泛言人，則此文亦不當言仁人。後人因下云「是姦人將以盜名於晻世者也」，故於上句加「仁」字，以對下「姦」字，而不知其義之非耳。**是姦人將以盜名於晻世者也，險莫大焉。**姦人盜富貴貧賤之名於昏闇之世。晻與暗同。**故曰：盜名不如盜貨。田仲、史鰌不如盜也。**田仲，齊人，處於陵，不食兄禄，辭富貴，爲人灌園，號曰於陵仲子。史鰌，衛大夫，字子魚，賣直也。○盧文弨曰：「田」與「陳」，古多通用。郝懿行曰：陳仲之廉，史鰌之直，雖未必合於中行，衡之末俗，固可以激濁流，揚清波。荀之此論，將無苛歟？夫名生於不足，盜生於有欲，盜不可有，名不可無。程子有言：「古之學者爲己，今之學者爲人；古之仕者爲人，今之仕者爲己。」推此而論，夫苟行以實心，錢穀兵刑，何非爲己？假令心本近名，割股廬墓，豈非爲人？然則荀卿此論，蓋欲鍼砭於流俗，而非持論於衡平矣。

榮辱篇第四

憍泄者，人之殃也。泄與媟同，嫚也。殃，或爲袂。○謝本從盧校作「橋泄」。盧文弨曰：「橋」，元刻作「憍」。劉台拱曰：「橋」，當從元刻作「憍」。王念孫曰：呂、錢本亦作「憍」，「憍泄」即「驕泰」之異文。荀子他篇或作「汏」，或作「忕」，或作「泰」，皆同。古字「世」「大」通用，「大室」亦爲「世室」，「大子」亦爲「世子」，「子大叔」亦爲「世叔」。漏泄之泄，古多與「外」「大」「害」

「敗」等字爲韻，聲與「泰」亦相近也。賈子曰「簡泄不可以得士」，亦以「泄」爲「汏」。先謙案：劉、王說是，今改從呂、錢本元刻。**恭儉者，偋五兵也。**「偋」，當爲「屏」，卻也。說文有「偋」字，偋，寠也，與此義不同。偋，防正反。○盧文弨曰：「五兵」，元刻與俗間本俱作「五六」，今從宋本。先謙案：「偋」，當爲「併」。彊國篇「併己之私欲」，君道篇「併耳目之樂」，併皆讀屏，是荀書例以「併」爲「屏」也。此言屏卻五兵，其文亦必作「併」，妄人誤加「尸」爲「偋」耳。五兵說見儒效篇。**雖有戈矛之刺，不如恭儉之利也。**言入人深。**故與人善言，煖於布帛；傷人之言，深於矛戟。**○王念孫曰：「傷人之言」，「之」本作「以」。謂以言傷人，較之以矛戟傷人者爲更深也。今本「以」作「之」，則與下句不甚貫注矣。非相篇「故贈人以言重於金石珠玉，勸人以言美於黼黻文章，聽人以言（今本「以」字亦誤作「之」，辯見非相篇。）樂於鐘鼓琴瑟」，三「以」字與此文同一例。藝文類聚人部三、太平御覽兵部八十四引此竝作「傷人以言」。**故薄薄之地，不得履之。非地不安也。危足無所履者，凡在言也。**薄薄，謂旁薄廣大之貌。危足，側足也。凡，皆也。所以廣大之地側足無所容者，皆由以言害身也。○盧文弨曰：正文「危足無所履者」下，宋本有「也」字，今據元刻去之，與注合。**巨涂則讓，小涂則殆，雖欲不謹，若云不使。**殆，近也。凡行前遠而後近，故近者亦後之義。謂行於道涂，大道竝行則讓之，小道可單行則後之，若能用意如此，雖欲爲不謹敬，若有物制而不使之者。儒行曰：「道涂不爭險易之利。」○王念孫曰：楊說迂回而不可通。余謂殆讀爲待。言共行於道涂，大道可竝行則讓之，小道只可單行，則待其人過乃行也。作「殆」者，叚借字耳。俞樾曰：讓，當讀爲「擾攘」之「攘」。説文女部：「孃，煩擾也。」經典無「孃」字，多以「讓」爲之。禮記曲禮篇鄭注曰：「攘，古讓字。」故此又以「讓」爲之也。文選舞賦「擾攘就駕」，李善引埤蒼曰：「攘，疾行貌。」巨涂人所共行，故擾攘而不止；小涂人所罕由，故危殆而不安。是涂無巨小，皆不可不謹，故曰「雖欲不謹，若云不使」也。先謙案：俞説是。

快快而亡者，怒也；肆其快意而亡，由於忿怒也。○先謙案：快快，卽肆意之義。大略篇云「賤師而輕傅則人有快，人有快則法度壞」，楊注云：「人有肆意。」是快猶肆也。快快與有快同義。肆意而亡其身者，由怒害之。下文所謂「行其少頃之怒而喪終身之軀」矣。**察察而殘者，忮也；**至明察而見傷殘者，由於有忮害之心也。**博而窮者，訾也；**言詞辯博而見窮蹙者，由於好毁訾也。**清之而俞濁者，口也；**欲求其清而俞濁者，在口説之過，謂言過其實也。或曰：絜其身則自清也，但能口説，斯俞濁也。俞，讀爲愈。○先謙案：或説是。**豢之而俞瘠者，交也；**所交接非其道，則必有患難，雖食芻豢而更瘠也。故上篇云「勞勸而容貌不枯，好交也」。○先謙案：以利交者，利盡則絶，故曰「豢養之而愈瘠」也。此言小人之交，故下文以小人總結之。「好交」乃「好文」之誤，説見上篇。楊引以證本文，非。**辯而不説者，争也；**不説，不爲人所稱説。或讀爲悦。○王念孫曰：後説是。俞樾曰：楊注二義皆非。淮南子俶真篇「辯者不能説也」，高誘注曰：「説，釋也。」斯得之矣。辯而不説，謂辯而人不解説，由其好與人争而不能委曲以曉人也。直立而不見知者，勝也；直立，謂己直人曲。勝，謂好勝人也。廉而不見貴者，劌也；劌，傷也。刻己太過，不得中道，故不見貴也。○王念孫曰：廉而劌，謂有廉隅而傷人也，如此則人不貴之矣。不苟篇注云：「廉，稜也。劌，利傷也。」較此注爲勝。勇而不見憚者，貪也；貪利則委曲求人，故雖勇而不見憚。信而不見敬者，好剸行也：剸與專同。專行，謂不度是非，好復言如白公者也。此小人之所務而君子之所不爲也。

鬭者，忘其身者也，忘其親者也，忘其君者也。行其少頃之怒而喪終身之軀，然且爲之，是忘其身也；室家立殘，親戚不免乎刑戮，然且爲之，是忘其親也；蓋當時禁鬭殺人之法戮及親戚。尸子曰：「非人君之用兵也，以爲民傷鬭，則以親戚徇一言而不顧之也。」君上之所惡也，刑法之所大禁也，然且爲之，是忘其君也。憂忘其身，遭憂患刑戮而不能保其身，是憂忘其身也。或曰：當爲「下忘其身」，誤爲「夏」，又「夏」轉誤爲「憂」字耳。○王念孫曰：案後説爲長。內忘其親，上忘其君，是刑法之所不舍也，○盧文弨曰：俗本「舍」作「赦」，今從宋本。聖王之所不畜也。乳彘觸虎，○先謙案：觸虎者，蓋衞其子，當時有此語耳。乳狗不遠遊，不忘其親也。人也，○盧文弨曰：「人也」，各本作「小人」，今從宋本。先謙案：「人也」二字下屬爲句。憂忘其身，內忘其親，上忘其君，則是人也而曾狗彘之不若也。凡鬭者，必自以爲是而以人爲非也。己誠是也，人誠非也，則是己君子而人小人也，以君子與小人相賊害也。憂以忘其身，内以忘其親，上以忘其君，豈不過甚矣哉！是人也，所謂「以狐父之戈钃牛矢」也。時人舊有此語，喻以貴而用於賤也。狐父，地名。史記「伍被曰『吴王兵敗於狐父』」，徐廣曰：「梁、碭之間也，蓋其地出名戈。」其説未聞。管子曰「蚩尤爲雍狐之戟、狐父之戈」，豈近此邪？钃，刺也，之欲反。故良劒謂之屬鏤，亦取其利也。或讀斸爲斫。○郝懿行曰：斸、斫音讀不同，斸雖訓斫，而不讀爲斫也。玉篇「斸」或作「钃」，與斫音異，不知楊氏何故同之。正文又無「斸」字，此注當有脱誤。钃訓刺，亦未聞。將以爲智邪？則愚莫大焉。將以爲利邪？則害莫大焉。將以爲榮邪？則辱莫大焉。將以爲安邪？則危莫大焉。人之有鬭，何哉？我欲屬之狂惑疾病邪，則不可，聖王又誅之。屬，託也，之欲反。我欲屬之鳥鼠禽獸邪，則不可，其形體又人，而好惡多同。視其形體則又人也，其好惡多與賢人同，但好鬭爲異耳。人之有鬭，何哉？我甚醜之！其禍如此，何爲鬭也？

有狗彘之勇者，有賈盜之勇者，狗彘勇於求食，賈盜勇於求財。賈音古。有小人之勇者，有士君子之勇者：小人勇於暴，士君子勇於義。言人有此數勇也。争飲食，無廉恥，不知是非，不辟死傷，不畏衆彊，恈恈然唯利飲食之見，是狗彘之勇也。辟，讀爲避。恈恈，愛欲之貌。方言云：「牟，愛也，宋、魯之間曰牟。」○王引之曰：「飲食」上本無「利」字。唯飲食之見，言猶㲋唯見有飲食也。下文「恈恈然唯利之見」，與此文同一例。今本作「利飲食之見」，「利」字卽涉下文「利」字而衍。**爲事利，**爲事及利也。爲，于僞反。**爭貨財，無辭讓，果敢而振，猛貪而戾，恈恈然唯利之見，是賈盜之勇也。**振，動也。戾，乖背也。春秋公羊傳曰「葵丘之會，桓公振而矜之」，何休云：「亢陽之貌也。」○王引之曰：「振」當爲「很」，字之誤也。「果敢而很，猛貪而戾」，二句一意相承。故廣雅曰：「戾，很也。」若「振」則非其類矣。楊注非。**輕死而暴，是小人之勇也。義之所在，不傾於權，不顧其利，舉國而與之不爲改視，重死持義而不橈，是士君子之勇也。**雖重愛其死而執節持義，不橈曲以苟生也。儒行曰：「愛其死以有待也。」○俞樾曰：此本作「重死而持義不橈」，故楊注曰「雖重愛其死而執節持義，不橈曲以苟生也」。是楊氏所據本「而」字在「持義」之上。

鯈䱁者，浮陽之魚也，鯈䱁，魚名。浮陽，謂此魚好浮於水上就陽也。今字書無「䱁」字，蓋當爲「鮁」。說文云卽「鱣鮪鮁鮁」字，蓋鯈魚一名鯈鮁。莊子與惠子遊於濠梁之上，鯈魚出遊，是亦浮陽之義。或曰：浮陽，勃海縣名也。鯈音稠。鮁，布末反。○郝懿行曰：「䱁」不成字，鮁非魚名，疑當爲「鱧」。俗書「體」或作「体」，然則「鯈䱁」卽「鯈鱧」矣。王念孫曰：衛風碩人篇「鱣鮪發發」，說文作「鮁鮁」，則鮁非魚名，且鯈魚亦無鯈鮁之名，楊說非也。竊疑「䱁」爲「魾」字之誤。爾雅云「魴魾」。魾卽魴之異名，則鰷、魾爲二魚也。隸書「丕」字或作「𠀚」，（見漢趙相劉衡碑。）「本」字或作「夲」，（見白石神君碑。）二形相似，故「魾」誤爲「鲚」與？**胠於沙而思水，則無逮矣。**胠與祛同。揚子雲方言云：「祛，去也，齊、趙之總語。」去於沙，謂失水去在沙上也。莊子有胠篋篇，亦取去之義也。○盧文弨曰：案方言「祛」作「抾」。王引之曰：魚去沙上，不得謂之去於沙，楊説非也。案「胠」當爲「㑋」。（字從人，谷聲。谷，其虐反，與風俗之俗從谷者不同。）玉篇：「㑋，渠戟切，倦也。」集韻「㑋」，方言「㑋」也。（㑋與倦同。）或作「㣣俗」。漢司馬相如子虛賦「徼㲄受詘」，郭璞曰：「㲄，疲極也。」上林賦「與其窮極倦㲄」，郭曰：「窮極倦㲄，疲憊者也。」説文：「㣣，徼㣣受屈也。」「㲄」「㣣」竝與「㑋」同，窮、極、倦、㲄，其義一也。廣雅曰：「困、疲、羸、券、（鄭注考工記輈人曰：「券，今倦字也。」）㣣、窮、憊，（與憊同。遯象傳「有疾憊也」，鄭注：「憊，困也。」）極也。」（趙注孟子離婁篇曰：「極，困也。」呂刑曰：「人極于病。」）困、疲、羸、倦、㣣、窮、憊、極，其義一也。然則俗者，窮困之謂。言魚困於沙而思水，則無及也。隸書「亻」旁或從篆作「刀」，（見隸辨。）與「月」相似，「谷」或作「去」，（漢冀州刺史王純碑「卻埽閉門」，「卻」作「却」。今俗書「卻」「腳」二字亦作「却」「脚」。）與「去」相似，故「㑋」字譌而爲「胠」。俞樾曰：「胠」，當作「阹」。文選吳都賦曰「阹以九疑」，注曰：「阹，闌也。因山谷以遮獸也。」阹於沙，義亦同。此言遮闌於沙而思水，則無及矣。下云：「挂於患而欲謹，則無益矣。」「阹於沙」、「挂於患」，文義一律。先謙案：俞説是。**挂於患而欲謹，則無益矣。**人亦猶魚也。**自知者不怨人，知命者不怨天，**

怨人者窮，徒怨憤於人、不自修者，則窮迫無所出。**怨天者無志。**有志之士，但自修身，遇與不遇，皆歸於命，故不怨天。○王念孫曰：志，讀爲「知識」之「識」。（古「知識」字通作「志」，說見經義述聞左傳昭二十六年。）不知命而怨天，故曰無識。法行篇正作「怨天者無識」，楊彼注云「無識，不知天命」，是也。此注以志爲志氣之志，失之。**失之己，反之人，豈不迂乎哉！**迂，失也。反，責人也。○王念孫曰：失與迂義不相近，古無此訓也。廣雅曰：「迂，遠也。」韓詩外傳曰「身不善而怨他人，不亦遠乎」，語意正與此同。先謙案：三句與法行篇同。反之人，與君道篇「反之民」「反之政」同，意言反求也。

榮辱之大分，○盧文弨曰：舊本不提行，今案當分段。**安危利害之常體。先義而後利者榮，先利而後義者辱；榮者常通，辱者常窮；通者常制人，窮者常制於人：**受制於人。**是榮辱之大分也。**其中雖未必皆然，然其大分如此矣。**材愨者常安利，蕩悍者常危害；**材愨，謂材性原愨也。蕩悍，已解於修身篇。○汪中曰：「材」，疑當作「朴」，字之誤也。「朴愨」與「蕩悍」，「安利」與「危害」，「樂易」與「幽險」，「壽長」與「夭折」，皆對文。王念孫曰：大戴記王言篇「士信、民敦、工璞、商愨、女憧、婦空空」，家語作「士信、民敦而俗樸，（樸、朴、璞竝通。）男愨而女貞」，王肅云：「樸，愨愿貌。」**安利者常樂易，危害者常憂險；**樂易，歡樂平易也，詩所謂「愷悌」者也。○王念孫曰：險以心言，非以境言。憂險猶憂危，謂中心憂危之也，故與「樂易」對文。下文「樂易者常壽長，憂險者常夭折」，亦以心言之也。周語云「君子將險哀之不暇，而何樂易之有焉」，亦以「險哀」對「樂易」，說見經義述聞周語。樂易者常壽長，憂險者常夭折：是安危利害之常體也。亦大率如此。夫天生蒸民，有所以取之。言天生衆民，其君臣上下職業皆有取之道，非其道，所以敗之也。○盧文弨曰：案注「取之道」，當重一「之」字；「之也」，「之」字衍。志意致修，德行致厚，智慮致明，是天子之所以取天下也。致，極也。言如此，是乃天子之所以取天下之道也。政令法，舉措時，聽斷公，舉措時，謂興力役不奪農時也。○盧文弨曰：元刻首句作「政法令」，注首云「當作『政令法』，或曰『政當爲正』」，多十一字。今從宋本。上則能順天子之命，下則能保百姓，是諸侯之所以取國家也。志行修，臨官治，上則能順上，下則能保其職，是士大夫之所以取田邑也。循法則、度量、刑辟、圖籍，度，尺丈。量，斗斛。刑法之書，左氏傳曰：「先王議事以制，不爲刑辟。」圖，謂模寫土地之形；籍，謂書其户口之數也。○盧文弨曰：正文「循」，元刻作「修」，各本同，今從宋本。先謙案：注「刑法之書」上當有「刑辟」二字。不知其義，謹守其數，慎不敢損益也，若制所然。父子相傳，以持王公，世傳法則，所以保持王公，言王公賴之以爲治者也。○王念孫曰：持，猶奉也。言官人百吏謹守其法則、度量、刑辟、圖籍，（見上文。）父子相傳，以奉王公也。廣雅：「奉，持也。」是持與奉同義。楊以持爲保持，未確。是故三代雖亡，治法猶存，是官人百吏之所

以取禄秩也。○先謙案：君道篇云「官人守數」，正論篇云「官人以爲守」，注：「官人，守職事之官也。」王霸篇注：「官人，列官之人。」荀書每以「官人百吏」竝言，猶周官所云「府史」「胥徒」之屬耳。**孝弟原愨，軥録疾力，以敦比其事業而不敢怠傲，是庶人之所以取煖衣飽食，長生久視，以免於刑戮也。**軥與拘同。拘録，謂自檢束也。疾力，謂速力而作也。敦，厚也。比，親也。言不敢怠惰也。○盧文弨曰：淮南子主術訓「人之性莫貴於仁，莫急於智，兩者爲本而加之以勇力、辨慧、捷疾、劬録」，正與此「軥録疾力」語相似。軥録，葢勞身苦體之意。孝弟原愨以行言，軥録疾力以事言。楊訓爲拘録，非也。郝懿行曰：原與愿同，原、愨皆訓謹也。軥與局同，録與逯同。逯者，行謹逯逯也。軥録，猶局促，竝疊韻字也。君道篇作「拘録」。王引之曰：敦、比，皆治也。魯頌閟宮箋云：「敦，治也。」孟子公孫丑篇「使虞敦匠事」，謂治匠事也。比，讀爲庀。襄二十五年左傳「子木使庀賦」，魯語「子將庀季氏之政焉」，韋、杜注竝云：「庀，治也。」周官遂師「庀其委積」，故書「庀」爲「比」，鄭司農讀爲庀。大司馬「比軍衆」，「比」，或作「庀」。是庀與比通。敦比其事業，猶云治其事業耳。彊國篇「敦比於小事」，義與此同，楊注以爲精審躬親，亦失之。**飾邪説，文姦言，爲倚事，**倚，已解上。倚事，怪異之事。**陶誕、突盗，**「陶」當爲「檮杌」之「檮」，頑嚚之貌。突，淩突不順也。或曰：「陶」當爲「逃」，隱匿其情也。○郝懿行曰：陶，古讀如謡，謡者，毁也。離騷云：「謡諑謂予以善淫。」陶誕即謡誕，謂好毁謗誇誕也；突盗，謂好侵突掇盗也，每二字爲一義。注似失之。王念孫曰：楊釋「陶」字之義未安。余謂陶讀爲謟。（音滔。）「謟」

「誕」雙聲字，謟亦誕也。性惡篇曰「其言也謟，其行也悖」，謂其言誕也，卽上所謂「飾邪說，文姦言」也。作「陶」者，借字耳。（凡從舀從匋之字多相通。小爾雅：「綯，索也。」綯卽「宵爾索綯」之「綯」。小雅菀柳篇「上帝甚蹈」，一切經音義五引韓詩「蹈」作「陶」。楚辭九章「滔滔孟夏」，史記屈原傳作「陶陶」。說文「慆慆，搯也」，一切經音義引通俗文曰「搯出曰掏」，皆其證也。）彊國篇曰「陶誕比周以爭與，汙漫突盜以爭地」，「陶誕」「突盜」四字，義竝與此同。**愓、悍、憍、暴，**愓與蕩同。○郝懿行曰：「憍」卽「驕」字。經典俱借「驕」爲「憍」耳。此皆姦人邪說詖行之事。**以偷生反側於亂世之閒，是姦人之所以取危辱死刑也。其慮之不深，其擇之不謹，其定取舍楛僈，是其所以危也。**小人所以危亡，由於計慮之失也。楛，惡也，謂不堅固也。**材性知能，君子小人一也。好榮惡辱，好利惡害，是君子小人之所同也，若其所以求之之道則異矣。小人也者，疾爲誕而欲人之信己也，疾爲詐而欲人之親己也，**○王念孫曰：疾，猶力也。言力爲誕、力爲詐也。上文云「軥録疾力，以敦比其事業」，仲尼篇云「疾力以申重之」，是疾與力同義。臣道篇云「事人而不順者，不疾者也」，言事上不力也。呂氏春秋尊師篇「疾諷誦」高注云：「疾，力也。」**禽獸之行而欲人之善己也。慮之難知也，行之難安也，持之難立也，**慮之難知，謂人難測其姦詐。行之難安，言易顛覆也。持之難立，謂難扶持之也。○王念孫曰：此言小人慮事不能知也。蓋公生明，私生暗，小人之思慮不足以知事，故曰「慮之難知」。下文「行之難安」、「持之難立」，與此文同一例。楊注「難測其姦詐」，則與下二句不合。**成則必不得其所好，必遇其所惡焉。**雖使姦詐得成，亦必有禍無福。○俞樾曰：楊説非也。尚書皋陶謨篇「簫韶九成」，鄭注曰：「成，猶終也。」古謂終爲成。言終則必不得其所好，必遇其所惡焉。下文於君子曰「成則必得其所好，必不遇其所惡焉」，竝以其終竟言之。臣道篇曰「成於尊君安國」，彊國篇曰「道德之威，成乎安彊；暴察之威，成乎危弱；狂妄之威，成乎滅亡」，諸「成」字竝當訓終。**故君子者，信矣，而亦欲人之信己也；忠矣，而亦欲人之親己也；修正治辨矣，而亦欲人之善己也。慮之易知也，行之易安也，持之易立也，成則必得其所好，必不遇其所惡焉。是故窮則不隱，通則大明，**不隱，謂人不能隱蔽。**身死而名彌白。**白，彰明也。**小人莫不延頸舉踵而願曰：「知慮材性，固有以賢人矣。」**願，猶慕也。賢人，謂賢過於人也。**夫不知其與己無以異也，則君子注錯之當，而小人注錯之過也。**注錯，謂所注意錯履也，亦與措置義同也。○王念孫曰：楊後説得之。「注錯」二字同義。廣雅：「措、鉒，置也。」「措鉒」即「注錯」。是注錯同訓爲置，非注意錯履之謂也。下文曰：「是注錯習俗之節異也。」又曰：「在注錯習俗之所積耳。」（舊本「注錯」上有「執」字，涉下「得執」而衍，今據上文刪。）儒效篇曰：「注錯習俗，所以化性也。」又曰：「謹注錯，慎習俗。」「注錯」二字皆上下平列。**故孰察小人之知能，足以知其有餘，可以爲君子之所爲也。譬之越人安越，楚人安楚，君子安**

雅，雅，正也。正而有美德者謂之雅。詩曰：「弁彼鸒斯，歸飛提提。」鸒斯，雅烏也。○盧文弨曰：楊引詩之意，當以提提爲安舒之貌，與魏風「好人提提」之義同。鄭注禮記檀弓「吉事欲其折折爾」云：「折折，安舒貌。」詩云「好人提提」，蓋折折與提提音義竝同。鳥之飛以安舒而得雅名，故舉以爲況，然亦太迂曲矣。王引之曰：雅讀爲夏，夏謂中國也，故與楚、越對文。儒效篇「居楚而楚，居越而越，居夏而夏」是其證。古者「夏」「雅」二字互通，故左傳「齊大夫子雅」，韓子外儲説右篇作「子夏」。楊云「正而有美德謂之雅」，（下「詩曰」十五字乃後人妄加，非楊注原文。）則與上二句不對矣。**是非知能材性然也，是注錯習俗之節異也。**習俗，謂所習風俗。節，限制之也。○盧文弨曰：注「制」下「之」字，宋本有，元刻無。王念孫曰：「習」「俗」雙聲字，俗即是習，非謂「所習風俗」也。説文：「俗，習也。」（廣雅同。）周官大司徒注曰：「俗，謂土地所生習也。」性惡篇曰：「上不循於亂世之君，下不俗於亂世之民。」不俗，不習也。（楊注「俗，謂從其俗」，亦誤。）又儒效篇「習俗移志，安久移質」，（餘見前「注錯」下。）大略篇曰「政教習俗，相順而後行」，史記秦始皇紀「宣省習俗」，漢書食貨志「同巧拙而合習俗」，「習俗」二字皆上下平列。先謙案：節異，猶言適異也，非謂「節，限制之」。節與適同義，説見彊國篇。**仁義德行，常安之術也，然而未必不危也；汙僈、突盜，常危之術也，然而未必不安也。**「僈」當爲「漫」，漫亦汙也。水冒物謂之漫。莊子云：「北人無擇曰：『舜以其辱行汙漫我。』」漫，莫半反。莊子又曰「澶漫爲樂」，崔云：「淫衍也。」李云：「縱逸也。」一曰：漫，欺誑之也。**故君子道其常而小人道其怪。**

道，語也。怪，謂非常之事，取以自比也。○盧文弨曰：元刻「故」下有「曰」字，宋本無。又曰「道語」下當有「也怪」二字，文脱耳。先謙案：宋台州本有「也怪」二字，謝本無，今增入注。凡人有所一同：飢而欲食，寒而欲煖，勞而欲息，好利而惡害，是人之所生而有也，是無待而然者也，是禹、桀之所同也。目辨白黑美惡，耳辨音聲清濁，口辨酸鹹甘苦，鼻辨芬芳腥臊，骨體膚理辨寒暑疾養，膚理，肌膚之文理。養與癢同。是又人之所常生而有也，是無待而然者也，是禹、桀之所同也。○先謙案：「常」字，以文義求之不當有。上下文「所生而有」句竝無「常」字，此「常」字緣上下文而衍。可以爲堯、禹，可以爲桀、跖，可以爲工匠，可以爲農賈，在埶注錯習俗之所積耳，在所積習。○先謙案：「埶」字無義。以上文言「注錯習俗」證之，則「埶」字爲衍文。是又人之所生而有也，是無待而然者也，是禹、桀之所同也。○王念孫曰：案此二十三字涉上文而衍。下文「爲堯、禹則常安榮，爲桀、紂則常危辱」云云，與上文「在注錯習俗之所積」句緊相承接，若加此二十三字，則隔斷上下語脈，故知爲衍文。爲堯、禹則常安榮，爲桀、跖則常危辱；爲堯、禹則常愉佚，爲工匠農賈則常煩勞。然而人力爲此而寡爲彼，○俞樾曰：「力」乃「多」字之誤，與「寡」對文成義，下同。何也？曰：陋也。言人不爲彼堯、禹而爲此桀、跖，由於性之固陋也。堯、禹者，非生而具者也，夫起於變故，成乎修修之爲，待盡而後備者也。變故，患難事故也。言堯、禹起於憂患，成於修飾，由於待盡物理，然後乃能備之。孟子曰「天將降大任於是人也，必先苦其心志，勞其筋骨，窮餓其體膚，空乏其身，行拂亂其所爲，所以動心忍性，增益其所不能」也。「智生於憂患，死於安樂。」爲，于僞反。○俞樾曰：「修之」二字衍。「起於變故，成乎修爲」，二語相對成文。下文曰「非孰修爲之君子莫之能知也」，正以「修爲」二字連文，可證。**人之生固小人，**○先謙案：「生」「性」字通用，此即性惡意。**無師無法則唯利之見耳。人之生固小人，又以遇亂世，得亂俗，是以小重小也，以亂得亂也。君子非得埶以臨之，則無由得開内焉。**開小人之心而内善道也。**今是人之口腹，安知禮義？安知辭讓？安知廉恥隅積？**言口腹無所知。隅，一隅，謂其分也。積，積習。○王念孫曰：今是猶言今夫也，説見釋詞「是」字下。先謙案：楊釋隅積之義未晰。「隅積」與「禮義」「辭讓」「廉恥」相配爲文，皆人所不可不知者。隅，道之分見者也。積，道之貫通者也。解蔽篇云：「道者，體常而盡變，一隅不足以舉之。曲知之人，觀於道之一隅，以爲足而飾之，惟孔子不蔽於成積。」此即隅積之義。天論篇云：「萬物爲道一偏，一物爲萬物一偏，愚者爲一物一偏，而自以爲知道，無知也。」荀子因時人蔽於一偏，肆爲曲説，故作解蔽以明之。此以「隅積」與「禮義」「辭讓」「廉恥」並舉，亦其義也。**亦呥呥而噍，鄉鄉而飽已矣。**呥呥，噍貌，如鹽反。噍，嚼也，才笑反。鄉鄉，趨飲食貌，許亮反。○先謙案：楊讀鄉爲向，故訓爲趨飲食貌。但呥呥是噍貌，則鄉鄉當是飽貌。若解爲趨飲食貌，文義不一律，且趨飲食反在噍嚼之後，未免倒置。楊説非也。「鄉」，當爲「薌」之渻，「薌」亦「香」字也。重言之則曰「鄉鄉」，猶「美」之爲「美美」，（漢鐃歌上陵曲。）「苾芬」之爲「苾苾芬芬」，（詩信南山。）正飽食甘美意。**人無師無法，則其心正其口腹也。**人不學，則心正如口腹之欲也。**今使人生而未嘗睹芻豢稻粱也，惟菽藿糟糠之爲睹，則以至足爲在此也。俄而粲然有秉芻豢稻粱而至者，則瞲然視之曰：「此何怪也？」**粲然，精絜貌。牛羊曰芻，犬豕曰豢。豢，圈也，以穀食於圈中。瞲然，驚視貌，與獝同，禮記曰「故鳥不獝」，許聿反。○盧文弨曰：宋本注作「與眓狘同，禮記曰『故鳥不狘』，許聿反」。「眓」或爲「狘」，與元刻微異。**彼臭之而無嗛於鼻，**臭，許又反。「嗛」當爲「慊」，厭也，苦廉反，或下忝反。○盧文弨曰：案「下忝」，元刻作「胡簟」。郝懿行曰：「臭」，今作「嗅」。嗛，不足也，與「歉」同。言「嗅之而無歉於鼻」，與「嘗之而甘於口」句相儷。王念孫曰：「臭之而無嗛於鼻」，「無」，衍字也；嗛，苦簟反，快也。（莊子盜跖篇曰：「口嗛於芻豢醪醴之味。」趙策曰：「衣服之便於體，膳啗之嗛於口。」魏策曰：「齊桓公夜半不嗛，易牙乃煎熬燔炙，和調五味而進之。」高注：「嗛，快也。」）「臭之而嗛於鼻，嘗之而甘於口，食之而安於體」，三句文同一例。若「嗛」上有「無」字，則與下文不合矣。楊讀嗛爲慊而訓爲厭，失之。汪説同。先謙案：王説較長。**嘗之而甘於口，食之而安於體，則莫不弃此而取彼矣。今以夫先王之道，仁義之統，以相羣居，以相持養，以相藩飾，以相安固邪？**持養，保養也。藩飾，藩蔽文飾也。**以夫桀、跖之道，**○先謙案：鄉射禮鄭注：「以，猶與也。」**是其爲相縣也，幾直夫芻豢稻粱之縣糟糠爾哉！**言以先王之道與桀、跖相縣，豈止糟糠比芻豢哉！幾，讀爲豈，下同。**然而人力爲此而寡爲彼，何也？曰：陋也。陋也者，天下之公患也，**公共有此患也。**人之大殃大害也。故曰：仁者好告示人。**○王念孫曰：人者，人與仁同，説見修身篇「愛人」下。先謙案：各本皆作「仁者」，與王所見本異。**告之示之，靡之儇之，鈆之重之，**靡，順從也。儇，疾也，火緣反。靡之儇之，猶言緩之急之也。鈆與沿同，循也。撫循之、申重之也。○王引之曰：楊説非也。靡之儇之，卽賈子所云「服習積貫」也。儒效篇曰：「居楚而楚，居越而越，居夏而夏，是非天性也，積靡使然也。」（楊注「靡，順也，順其積習，故能然」，非是。）故人知謹注錯，慎習俗，大積靡，則爲君子矣。」性惡篇曰：「身日進於仁義而不自知者，靡使然也。」方言曰：「還，積也。」還與儇聲近而義同。是靡之儇之皆積貫之意也。**則夫塞者俄且通也，陋者俄且僩也，愚者俄且知也。**僩與撊同，猛也。方言云：「晉、魏之閒謂猛爲撊。」陋者俄且僩，言鄙陋之人俄且矜莊，有威儀也。詩曰「瑟兮僩兮」，鄭云：「僩，寬大也。」下板反。○盧文弨曰：注「撊」字，宋本作「憪」，今從元刻，與方言合。案此注説頗歧出，竊疑僩當爲嫺雅之義。賈誼書傅職篇云：「明僩雅以道之文。」又道術篇云：「容志審道謂之僩，反僩爲野。」此以「僩」與「陋」相對，義亦合。又曰：注「陋者俄且僩」之上，當本有「或曰」二字。郝懿行曰：注前説謬，後説引詩「瑟兮僩兮」，鄭云「僩，寬大也」，此説是矣。盧疑僩當爲嫺雅之義，引賈誼書傅職篇文，義亦相近，而非本義。今詳賈子之「僩」爲假借，荀子之「僩」爲本義。何以明之？陋爲陜隘，僩爲寬大，故以「僩」「陋」相儷。證以修身篇云「多聞曰博，少聞曰淺，多見曰閑，少見曰陋」，又以「閑」「陋」相儷。「閑」亦「僩」之叚借。閑，謂寬閑，卽僩訓寬大之義。楊注訓爲閑習，亦非。王念孫曰：盧説是也。修身篇「多見曰閑，少見曰陋」，「閑」與「陋」對文，是其證。「僩」「閑」古字同耳。楊後説以僩爲寬大，近之。（陳説略同。）**是若不行，則湯、武在上曷益？桀、紂在上曷損？**若不行告示之道，則湯、武何益於天下？桀、紂何損於百姓？所以貴湯、武，賤桀、紂，以行與不行耳。○王念孫曰：「是若不行」，「是」字承上文「告之示之」四句而言。言民從告示，故湯、武在上則治，桀、紂在上則亂。若民不從告示，則湯、武在上何益？桀、紂在上亦何損乎？楊注失之。**湯、武存則天下從而治，桀、紂存則天下從而亂。如是者，豈非人之情固可與如此，可與如彼也哉！**○王念孫曰：「豈」本作「幾」，古「豈」字也。今作「豈」者，後人不識古字而改之耳。案上文「幾直夫芻豢稻粱之縣糟糠爾哉」，注云：「幾，讀爲豈，下同。」下文「幾不甚善矣哉」，注云：「幾亦讀爲豈。」後注既言「幾亦讀爲豈」，則前注不須更言「下同」，所謂「下同」者，正指此「幾」字而言。今改「幾」爲「豈」，則前注所謂「下同」者竟不知何指矣。

人之情，食欲有芻豢，衣欲有文繡，行欲有輿馬，又欲夫餘財蓄積之富也，皆人之所貴也。然而窮年累世不知不足，是人之情也。「不知不足」，當爲「不知足」，剩「不」字。

或曰：不足猶不得也。**今人之生也，方知蓄雞狗豬彘，**○盧文弨曰：正文「方知」，元刻作「方多」。郝懿行曰：說文：「豕三毛叢居謂之豬。」「後蹏廢謂之彘。」是豬、彘異，故此分別言之。**又蓄牛羊，然而食不敢有酒肉；餘刀布，有囷窌，**刀、布，皆錢也。刀取其利，布取其廣。囷，廩也。圜曰囷，方曰廩。窌，窖也，地藏曰窖。窌，匹貌反。**然而衣不敢有絲帛；約者有筐篋之藏，然而行不敢有輿馬。**約，儉嗇也。筐篋，藏布帛者也。言又富於餘刀布也。○俞樾曰：楊注曰「約，儉嗇也」，既云「儉嗇」，則不敢有輿馬固無足怪，不必更用「然而」字作轉矣。楊注非也。淮南子主術篇「所守甚約」，高注曰：「約，要也。」漢書禮樂志「治本約」，師古曰：「約讀曰要。」是「約」與「要」一聲之轉，古亦通用。「約者」猶云「要者」。孝經「先王有至德要道」，疏引殷仲文曰：「以一管衆爲要。」蓋物之藏於筐篋者必是貴重之物，視上文所云「餘刀布，有囷窌」爲尤要矣，故特以「要者」言之，非儉嗇之謂也。**是何也？非不欲也，幾不長慮顧後而恐無以繼之故也。**○王念孫曰：案「非不欲也」二句，文意緊相承接，中不當有「幾不」二字，蓋涉下文「幾不甚善」而衍。（下文「幾」字有音，而此無音，則爲衍文明矣。）**於是又節用御欲，**御，制也。或作「禦」，禦，止也。**收斂蓄藏以繼之也，是於己長慮顧後，幾不甚善矣哉！**幾，亦讀爲豈。**今夫偷生淺知之屬，曾此而不知也，**偷者，苟且也。**糧食大侈，不顧其後，俄則屈安窮矣，**大讀爲太。屈，竭也。安，語助也。猶言屈然窮矣。安，已解上也。○盧文弨曰：正文

「大」，宋本作「太」，無「大讀爲太」四字注，今從元刻。**是其所以不免於凍餓、操瓢囊爲溝壑中瘠者也。**乞食羸瘦於溝壑者。言不知久遠生業，故至於此也。○王念孫曰：瘠，讀爲「掩骼埋胔」之「胔」。露骨曰骼，有肉曰胔。（出蔡氏月令章句。）言凍餓而轉死於溝壑，故曰「爲溝壑中胔」。作「瘠」者，借字耳。（說見管子八觀篇。）楊以瘠爲羸瘦，失之。**況夫先王之道，仁義之統，詩、書、禮、樂之分乎？**爲生業尚不能知，況能知其遠大者？分，制也，扶問反。**彼固天下之大慮也，將爲天下生民之屬長慮顧後而保萬世也，其汸長矣，其温厚矣，其功盛姚遠矣，**「汸」，古「流」字。温猶足也。言先王之道於生人，其爲温足也亦厚矣。姚與遙同。言功業之盛甚長遠也。○郝懿行曰：温與藴同。藴者，積也。左傳「藴利生孽」，經典通作「藴」，此作「温」，皆叚借耳。如禮器云「温之至也」，温讀爲藴，亦其例。楊注非。王引之曰：楊讀盛爲「茂盛」之「盛」，非也。盛讀爲成，成亦功也，（爾雅曰「功，成也」，大戴禮盛德篇曰「能成德法者爲有功」，周官典婦功曰「秋獻功」，稾人曰「秋獻成」，是成與功同義。）姚亦遠也。言其功甚遠也。「成」與「盛」古同聲而通用。說卦傳「終萬物、始萬物者，莫盛乎艮」，言莫成乎艮也。（莫成乎艮，即成言乎艮，說見經義述聞。）吕氏春秋悔過篇「我行數千里以襲人，未至而人已先知之矣，此其備必已盛矣」，言其備已成也。（高注「盛，彊也」，失之。）繫辭傳「成象之謂乾」，蜀才本「成」作「盛」。左氏春秋莊八年「師及齊師圍郕」，公羊「郕」作「成」，隱五年、十年、文十二年竝作「盛」。秦策「今王使成橋守事於韓」，史記春申君傳「成」作「盛」。封禪書「七曰日主，祠成山」，漢書郊祀志「成」作「盛」。皆其證也。王霸篇曰「論一相，陳一法，明一指，以兼覆之，兼炤之，以觀其盛」，言觀其成也。（楊注：「盛讀爲成。」）臣道篇曰「明主尚賢使能而饗其盛，闇主妬賢畏能而滅其功」，盛讀爲成，成亦功也，（楊注「盛謂大業」，失之。）故説苑臣術篇作「上賢使能而享其功」。正名篇曰「必憂恐則口銜芻豢而不知其味，耳聽鐘鼓而不知其聲，目視黼黻而不知其狀，輕煖平簟而體不知其安，故嚮萬物之美而盛憂，兼萬物之利而盛害」，言美反成憂，利反成害也。**非孰修爲之君子莫之能知也。**孰，甚也。甚修飾作爲之君子也。○王念孫曰：禮論篇曰「非順孰修爲之君子莫之能知也」，楊彼注云：「順，從也。孰，精也。修，治也。爲，作也。」此文脱「順」字，楊望文生義，當從禮論篇補「順」字。**故曰：短綆不可以汲深井之泉，知不幾者不可與及聖人之言。**綆，索也。幾，近也。謂不近於習也。**夫詩、書、禮、樂之分，固非庸人之所知也。故曰：一之而可再也，**既知一，則務知二。**有之而可久也，**不可中道而廢。**廣之而可通也，**知禮樂廣博，則於事可通。**慮之而可安也，**思慮禮樂則無危懼。**反鈆察之而俞可好也。**鈆與沿同，循也。既知禮樂之後，卻循察之，俞可好而不厭。俞音愈。○先謙案：楊「反」字無注，而以「卻」字代釋之，非也。反者，反復也。反鈆察之者，反復沿循而察之。禮論篇「則必反鉛過故鄉」，「反鉛」二字義與此同。非十二子篇「反（今本譌「及」。）紃察之」，注云：「紃與循同。」又云：「反覆紃察。」其義當矣。**以治情則利，**利，益也。禮記曰：「聖人之所以治人七情，修十義，捨禮何以治之？」**以爲名則榮，以羣則和，以獨則足，**知詩、書、禮、樂，羣居則和同，獨處則自足也。**樂意者其是邪？**樂意莫過於此。○王念孫曰：此當讀「以獨則足樂」爲句，言獨居而説禮、樂，敦詩、書，則致足樂也。以羣則和，以獨則足樂，樂與和義正相承，則「樂」字上屬爲句明矣。「意者其是邪」自爲一句，意者，語詞也；其是邪，指詩、書、禮、樂而言。吕氏春秋重言篇曰「日之役者，有執蹠痛而上視者，意者其是邪」，句法正與此同。先謙案：吕覽文義與此不同。此文若作「意者其是邪」，爲懸擬之詞，則上下文理不相貫注，雖有吕覽句例，不得取以爲比。且上文「以羣則和，以獨則足」句法一律，語意亦完足，若於「足」下加「樂」字，反爲贅設，仍當從楊注斷讀。**夫貴爲天子，富有天下，是人情之所同欲也。然則從人之欲則埶不能容、物不能贍也。**○王念孫曰：案「然則」猶言「然而」也，説見釋詞「則」字下。先謙案：從，讀爲縱。**故先王案爲之制禮義以分之，**以禮義分別上下也。**使有貴賤之等，長幼之差，知愚、能不能之分，**○謝本從盧校「知」下有「賢」字。王念孫曰：元刻無「賢」字，是也。知讀爲智。智對愚，能對不能，則不得有「賢」字明矣。下文「以仁厚知能盡官職」，「知能」二字正與此相應，是其證。宋本有「賢」字者，蓋誤讀知爲知識之知，故於「愚」上加「賢」字，而以爲「知賢愚能不能之分」也。不知「使有」二字直貫至「智愚能不能之分」而止。若讀知爲知識之知，則與「使有」二字不相聯屬矣。先謙案：王説是，今改從元刻。皆使人載其事而各得其宜，載，行也，任之也。然後使慤祿多少厚薄之稱，慤，實也。謂實其祿，使當其才。稱，尺證反。○郝懿行曰：載，如「大車以載」之「載」，載猶任也。慤者，謹也。謹謂謹其多少厚薄之數，使祿各稱其事，不失均平。楊注「載，行」，「慤，實」，古無此訓。「載其事」二語，又見君道篇。俞樾曰：「慤」當作「穀」。孟子滕文公篇「穀祿不平」，趙注曰：「穀，所以爲祿也。」此文言「穀祿」，正與彼同，作「慤」者，聲之誤也。楊以本字讀之，失其旨矣。王霸篇曰：「心好利而穀祿莫厚焉。」此「穀祿」二字見於本書者。先謙案：俞説是。是夫羣居和一之道也。故仁人在上，則農以力盡田，賈以察盡財，百工以巧盡械器，盡謂精於事。察謂明其盈虛。説文云：「有盛爲械，無盛爲器。」士大夫以上至於公侯，莫不以仁厚知能盡官職，夫是之謂至平。各當其分，雖貴賤不同，然謂之至平也。故或祿天下而不自以爲多，謂爲天子，以天下爲祿也。或監門、御旅、抱關、擊柝而不自以爲寡。監門，主門也。御讀爲迓。迓旅，逆旅也。抱關，門卒也。擊柝，擊木所以警夜者。皆知其分，故雖賤而不以爲寡也。故曰：「斬而齊，枉而順，不同而一。」夫是之謂人倫。舊有此語，引以喻貴賤雖不同，不以齊一，然而要歸於治也。斬而齊，謂强斬之使齊，若漢書之「一切」者。枉而順，雖枉曲不直，然而歸於順也。不同而一，謂殊塗同歸也。夫如此，是人之倫理也。○劉台拱曰：斬讀如儳。説文：「儳，儳互不齊也。」周語「冒沒輕儳」，韋注云：「儳，進退上下無列也。」

言多儳互不齊，乃其所以爲齊也。王念孫曰：僖二十三年左傳「鼓儳可也」，杜注：「儳巖未整陳。」義與此同。儳而齊，即正名篇所謂「差差然而齊」。先謙案：劉、王説是。**詩曰：「受小共大共，爲下國駿蒙。」此之謂也。**詩，殷頌長發之篇。共，執也。駿，大也。蒙，讀爲厖，厚也。今詩作「駿厖」。言湯執小玉大玉，大厚於下國。言下皆賴其德也。○先謙案：「厖」作「蒙」，魯詩也。方言：「秦、晉之間，凡大貌謂之朦，或謂之厖。」明「厖」「蒙」聲近通用。

荀子卷第三

非相篇第五

相，視也，視其骨狀以知吉凶貴賤也。妄誕者多以此惑世，時人或矜其狀貌而忽於務實，故荀卿作此篇非之。漢書形法家有相人二十四卷。○盧文弨曰：「形法」，宋本作「刑法」，又「二十四卷」作「二十四篇」，雖皆可通，今從元刻，以與漢志合故也。

相人，古之人無有也，學者不道也。道，説。○王念孫曰：元刻「相」下無「人」字，宋龔本同。案無「人」字者是。此謂古無相術，非謂古無相人也；謂學者不道相術，非謂不道相人也。下文云「長短、小大、善惡形相，古之人無有也，學者不道也」，是其證。宋本作「相人」者，涉下「相人之形狀」而誤。先謙案：有相人卽有相術，王説似泥。下云「古者有姑布子卿」，是古明有相術、相人矣。荀子以爲無有者，世俗所稱，學者不道，故雖有，直以爲無有耳。因當時崇尚，儒者惑焉，故極論之。**古者有姑布子卿，**姑布姓，子卿名，相趙襄子者。或本無「姑」字。**今之世，梁有唐舉，**相李兑、蔡澤者。**相人之形狀顏色而知其吉凶妖祥，世俗稱之。古之人無有也，學者不道也。**再三言者，深非之也。**故相形不如論心，論心不如擇術。**術，道術也。

形不勝心，心不勝術。術正而心順之，則形相雖惡而心術善，無害爲君子也；形相雖善而心術惡，無害爲小人也。君子之謂吉，小人之謂凶。故長短、小大、善惡形相，非吉凶也。古之人無有也，學者不道也。蓋帝堯長，帝舜短；文王長，周公短；仲尼長，子弓短。子弓，蓋仲弓也，言子者，著其爲師也。漢書儒林傳馯臂字子弓，江東人，受易者也。然馯臂傳易之外，更無所聞，荀卿論説，常與仲尼相配，必非馯臂也。馯音寒。○俞樾曰：楊注「子弓，蓋仲弓」是也。又曰「言子者，著其爲師也」，則恐不然。仲弓稱子弓，猶季路稱子路耳。子路也，子弓也，其字也。曰季曰仲，至五十而加以伯仲也。**昔者衞靈公有臣曰公孫吕，身長七尺，面長三尺，**句。**焉廣三寸，鼻目耳具，而名動天下。**面長三尺，廣三寸，言其狹而長甚也。鼻目耳雖皆具而相去疏遠，所以爲異。名動天下，言天下皆知其賢。或曰：狹長如此，不近人情，恐文句誤脱也。○盧文弨曰：案「焉」字，古多以爲發聲，如周禮「焉使則介之」、淮南子「天子焉始乘舟」是也。荀書或用「焉」，或用「案」，或用「安」，字異語同，皆以爲發聲。**楚之孫叔敖，期思之鄙人也，**杜元凱云：期思，楚邑名，今弋陽期思縣。鄙人，郊野之人也。**突秃長左，軒較之下，而以楚霸。**突，謂短髮可凌突人者，故莊子説趙劒士蓬頭突鬢。長左，左脚長也。軒較之下，而以楚霸，言修文德，不勞甲兵遠征伐也。説文云：「軒，曲輈也。」鄭注考工記云：「較，兩輢上出式者。」詩曰：「倚重較兮。」○盧文弨曰：今毛詩本「倚」誤作「猗」。正義明云

「倚此重較之車」，則本作「倚」字。宋本、足利本皆不誤。**葉公子高，微小短瘠，行若將不勝其衣。**葉公，楚大夫沈尹戌之子，食邑於葉，名諸梁，字子高。楚僭稱王，其大夫稱公，白公亦是也。微，細也。葉音攝。○郝懿行曰：白公之亂，子高入國門不介胄，蓋由微小短瘠、行不勝衣故耳。**然白公之亂也，令尹子西、司馬子期皆死焉；**白公，楚太子建之子，平王之孫。子西，楚平王長庶子公子申。子期，亦平王子公子結。**葉公子高入據楚，誅白公，定楚國，如反手爾，仁義功名善於後世。**○王引之曰：「善」字文義不明，疑「著」字之譌。隸書「著」字或作「着」，形與「善」相似。（史記五帝紀「帝摯立，不善」，索隱古本作「不著」。）俞樾曰：「善」乃「蓋」字之誤。隸書「蓋」字或作「盖」，見北海相景君銘，「善」字或作「善」，見張遷碑，兩形相似而誤。**故事不揣長，不揳大，不權輕重，亦將志乎爾。**揳與絜同，約也。謂約計其大小也。絜，户結反。莊子：「匠石見櫟社樹，絜之百圍。」權，稱也。輕重，體之輕重也。言不論形狀長短、大小、肥瘠，唯在志意修飭耳。○盧文弨曰：案注以「志意」二字訓「志」字，增一字成文耳。宋本作「亦將志乎心爾」，「心」字衍。先謙案：廣雅釋言：「將，且也。」此承上文，言古之聞人不以相論，故事不揣絜長大輕重，亦且有志於彼數聖賢也。楊注非。**長短、小大、美惡形相，豈論也哉！且徐偃王之狀，目可瞻馬；**徐，國名，僭稱王，其狀偃仰而不能俯，故謂之偃王。周穆王使楚誅之。瞻馬，言不能俯視細物，遠望纔見馬。尸子曰「徐偃王有筋而無骨」也。○盧文弨曰：「馬」，元刻作「焉」，注同。今按楊注，正謂不能見小物，而但見馬耳。可者，僅可之詞。瞻，説文云：「臨視也。」莊子云：「不辨牛馬。」今從宋本。**仲尼之狀，面如蒙倛；**倛，方相也，其首蒙茸然，故曰蒙倛。子虛賦曰：「蒙公先驅。」韓侍郎云：「四目爲方相，兩目爲倛。」倛音欺。慎子曰：「毛嬙、西施，天下之至姣也，衣之以皮倛，則見之者皆走也。」**周公之狀，身如斷菑；**爾雅云：「木立死曰椔。」椔與菑同。○郝懿行曰：皇矣詩傳：「木立死曰菑。」菑者，植立之貌。周公背傴，或曰韈僂，其形曲折，不能直立，故身如斷菑矣。**皋陶之狀，色如削瓜；**如削皮之瓜，青緑色。**閎夭之狀，面無見膚；**閎夭，文王臣，在十亂之中。言多鬢髯蔽其膚也。○盧文弨曰：注「鬢」，一作「鬚」。**傅説之狀，身如植鰭；**植，立也。如魚之立也。○郝懿行曰：鰭在魚之背，立而上見，駝背人似之。然則傅説亦背僂歟？**伊尹之狀，面無須麋；**麋與眉同。**禹跳，湯偏，**尸子曰：「禹之勞，十年不窺其家，手不爪，脛不生毛。偏枯之病，步不相過，人曰禹步。」鄭注尚書大傳：「湯半體枯。」呂氏春秋曰：「禹通水濬川，顔色黎黑，步不相過。」**堯、舜參牟子。**牟與眸同。參眸子，謂有二瞳之相參也。史記曰：「舜目重瞳。」重瞳，蓋堯亦然。尸子曰：「舜兩眸子，是謂重明，作事成法，出言成章。」當時傳聞，今書傳亦難盡詳究所出也。**從者將論志意，比類文學邪？直將差長短，辨美惡，而相欺傲邪？**從者，荀卿門人。問將論志意文學邪？但以好醜相欺傲也？○盧文弨曰：從者，猶言學者，注非。**古者桀、紂長巨姣美，天下之傑**

也；筋力越勁，百人之敵也。姣，好也。倍萬人曰傑。越，過人也。勁，勇也。○王念孫曰：案如楊說，則「越勁」二字義不相屬。今案：越者，輕也。言筋力輕勁也。說文云「赳，輕勁有材力」是也。「越」字本作「娍」。說文曰：「娍，輕也。」（廣雅同。）玉篇音于厥切。「娍」與「越」古字通。呂氏春秋本味篇注曰：「越越，輕易之貌。」緇衣引大甲曰「毋越厥命以自覆」，言毋輕發厥令以自傾覆也。（鄭注以越爲顛蹷，非是，說見經義述聞。）說文：「䟠，輕足也。」義亦與「越」同。**然而身死國亡，爲天下大僇，後世言惡則必稽焉。**僇與戮同。稽，考也。後世言惡，必考桀、紂爲證也。○盧文弨曰：稽，止也。此即「天下之惡皆歸焉」之意。稽，猶歸也。注非是。郝懿行曰：稽者，同也。後世凡言惡者，比之桀、紂，是與之同。楊訓稽考，疏矣。正論篇句義同。先謙案：王霸篇、正論篇文與此同，楊並訓稽爲考。儒效篇「是大儒之徵也」，又云「是大儒之稽也」，楊注：「徵，驗也。」「稽，攷也。」「稽」「徵」對文，義當訓考，即尚書「稽古」之義。荀書它篇用「稽」字，亦無二義，當從楊說。**是非容貌之患也，聞見之不衆，論議之卑爾。**亦非以容貌害身。言美惡皆非所患，但以聞見不廣，論議不高，故致禍耳。**今世俗之亂君，鄉曲之儇子，**方言云：「儇，疾也，慧也。」與「喜而翾」義同，輕薄巧慧之子也。儇，火玄反。○俞樾曰：按下文云「中君羞以爲臣」，則此不應言君，且與「婦人莫不願得以爲夫，處女莫不願得以爲士」，及「束乎有司，戮乎大市」諸語皆不合，疑本作「世俗之亂民」，傳寫誤耳。**莫不美麗姚冶，奇衣婦飾，血**

氣態度擬於女子；說文曰：「姚，美好貌。」冶，妖。奇衣，珍異之衣。婦飾，謂如婦人之飾，言輕細也。擬於女子，言柔弱便辟也。婦人莫不願得以爲夫，處女莫不願得以爲士，士者，未娶妻之稱。易曰：「老婦得其士夫。」○郝懿行曰：「女」「士」對言，如詩之氓、易之大過，皆是。古以士女爲未嫁娶之稱。弃其親家而欲奔之者，比肩竝起。然而中君羞以爲臣，中父羞以爲子，中兄羞以爲弟，中人羞以爲友，不必上智，皆知惡也。俄則束乎有司而戮乎大市，犯刑罰，爲有司所束縛也。莫不呼天啼哭，苦傷其今而後悔其始。苦傷今之刑戮，悔其始之所爲。是非容貌之患也，聞見之不衆，論議之卑爾。然則從者將孰可也？問從者形相與志意孰爲益乎？○盧文弨曰：非相篇當止於此，下文所論較大，竝與相人無與，疑是榮辱篇錯簡於此。先謙案：謝本「衆」下有「而」字，案文不當有，今從宋台州本删。

人有三不祥：幼而不肯事長，賤而不肯事貴，不肖而不肯事賢，是人之三不祥也。言必有禍災也。人有三必窮：爲上則不能愛下，爲下則好非其上，是人之一必窮也。鄉則不若，偝則謾之，是人之二必窮也。鄉，讀爲向。若，如也。謾，欺毁也，莫干反。○先謙案：若，順也。向則不順，背又謾之，故必窮。下文方言與人相縣，則此「若」字不得訓爲如，楊注非。知行淺薄，曲直有以相縣矣，然而仁人不能推，知士不能明，是人之三必窮也。曲直，猶能不也。言智慮德行至淺薄，其能不與人又相縣遠，不能推讓明白之。言不知己之不及也。知音智。行，下孟反。縣，讀爲懸。○王念孫曰：曲直有（與又同。）以相縣矣。（呂、錢本並如是，元刻脱「相」字。盧依元刻刪「相」字，非。）楊以明爲明白，非也。明者，尊也。言不能尊智士也。仁人不能推，智士不能明，明與推皆尊崇之謂也。古者多謂尊爲明。禮運「故君者所明也，非明人者也」，大傳「庶子不祭，明其宗也」，鄭注並曰：「明，猶尊也。」祭義「明命鬼神」，鄭注曰：「明命，猶尊名也。」晉語曰：「晉公子可謂賢矣，而君蔑之，是不明賢也。」管子牧民篇曰：「明鬼神，祗山川。」墨子明鬼篇曰：「鬼神不可不尊明也。」皆其證矣。先謙案：王説有「相」字，是。今從宋本補正。**人有此三數行者，**○王引之曰：「三數行」，文不成義，當作「有此數行」。數行，謂上文之「三不祥」與「三必窮」也。其「三」字即涉上文而衍。**以爲上則必危，爲下則必滅。詩曰：「雨雪瀌瀌，宴然聿消。莫肯下隧，式居屢驕。」此之謂也。**詩，小雅角弓之篇。今詩作「見晛曰消」，作「宴然」，葢聲之誤耳。晛，日氣也。隧，讀爲隨。屢，讀爲婁，婁，斂也。言雨雪瀌瀌然，見日氣而自消，喻欲爲善則惡自消矣。幽王曾莫肯下隨於人，用此居處斂其驕慢之過也。○郝懿行曰：毛詩本出荀卿，荀所引詩多與毛合。毛詩「見晛曰消」，韓詩「曣晛聿消」。毛云：「晛，日氣也。」韓云：「曣晛，日出也。」二説義相成。廣雅釋詁：「曣晛，煗也。」段氏玉裁説文注云：「荀卿引詩作『宴然』，即曣晛也。」「宴」「晏」「曣」古通用。玉篇曰「䁙同晛」，如段氏説。然則毛詩「見晛」之見應讀爲現，「現」「宴」雙聲，「肰」「晛」疊韻，亦兼雙聲，俱音近假借字耳。「聿」「曰」二字古亦假借通用，荀引詩與韓、毛本無不合也。「下隧」，毛作「下遺」。古讀「遺」「隧」音同如「旞」字，或作「旜」，見於説文，可證矣。「隧」與「隊」同。「隊」「墜」古今字也。下隧者，以言小人莫肯降下引退，如雪宴肰消滅，方用居位而數以驕人也。「屢」當作「婁」，婁者，亟也，數也。毛詩傳自荀卿，今推荀義以補毛傳，義或當然。鄭箋「遺讀曰隨，婁，斂也」，與毛異，不當援以注荀，楊注失檢。先謙案：此詩毛作「見晛」，韓作「曣晛」，魯作「宴然」。「宴然」，「曣𣊭」之渻文，「宴」「燕」古文通用字。廣雅「曣𣊭，煗也」，正用魯訓。漢書劉向傳引詩「雨雪麃麃，見晛聿消」，顏注：「見，無雲也。晛，日氣也。」案見不得訓爲無雲。據説文：「曣，殅無雲也。」「晛，日見也。」依顏注，是劉向引詩「見」正作「曣」，顏所見本不誤，後人妄改作「見」耳。向用魯詩，尤可證合。玉篇、廣韻皆云「晛𣊭」二形，同韓之「曣晛」，卽魯之「曣𣊭」耳。「麃」、「瀌」渻文。「屢」「婁」，古今文之異。荀子傳詩浮丘伯，伯傳申公，爲魯詩之祖。荀書引詩異毛者，皆三家義，而郝氏強爲毛傳合，失之遠矣。餘詳余所撰三家詩義疏，不復出。人之所以爲人者，何已也？已與以同。問何以謂之人而貴於禽獸也。曰：以其有辨也。辨，別也。飢而欲食，寒而欲煖，勞而欲息，好利而惡害，是人之所生而有也，是無待而然者也，不待學而知也。是禹、桀之所同也。然則人之所以爲人者，非特以二足而無毛也，以其有辨也。今夫狌狌形笑，亦二足而毛也，狌狌獸似人而能言，出交阯。形笑者，能言笑也。○郝懿行曰：狌狌人形，言笑如人，亦二足，惟有毛爲異耳。俞樾曰：「形笑」二字，甚爲不詞。注云「形笑者，能言笑也」，望文生義，未足爲據。「笑」，疑當作「狀」，傳寫者失「爿」旁，但存「犬」字，而俗書「笑」字亦或從犬，後人以「形犬」二字難通，因猩猩能笑，遂改作「笑」字耳。「毛」上當有「無」字。上文云「然則人之所以爲人者，非特二足無毛也」，下文云「故人之所以爲人者，非特以其二足而無毛也」，則此文亦當作「無毛」明矣。先謙案：狌狌卽猩猩。宋羅願爾雅翼説猩猩云：「其狀皆如人，與狒狒不甚相遠。荀卿曰：『今夫猩猩形相二足無毛也。』既言二足，而又言無毛，則去人不遠矣。」據此，宋人所見荀子本「形笑」作「形相」，而「毛」作「無毛」。李時珍本草綱目言「猩猩黄毛如猨，白耳如豕，人面人足，長髮，頭顏端正」。是猩猩身非無毛，其面如人無毛耳。李又引荀子言「猩猩能言笑，（參用注文。）二足無毛」。是李所見荀子已作「笑」字，而云「無毛」則同。此文當作「無毛」，俞説是也。自來説狌狌者，謂其能言能嘑，無謂其能笑者。能笑，迺狒狒，食人之物也。疑注「形笑者」七字，後人據誤本荀子加之，非楊氏元文，荀子固不當云狌狌笑也。**然而君子啜其羹，食其胾。**胾，臠也。禽獸無辨，故賤而食之。胾，側吏反。**故人之所以爲人者，非特以其二足而無毛也，以其有辨也。夫禽獸有父子而無父子之親，有牝牡而無男女之别，故人道莫不有辨。辨莫大於分，**有上下親疏之分也。**分莫大於禮，**分生於有禮也。**禮莫大於聖王。**聖王，制禮者。言其人存，其政舉。**聖王有百，吾孰法焉？**問聖王至多，誰可爲法也？**故曰：文久而息，節族久而絶，**文，禮文。節，制度也。言禮文久則制度滅息，節奏久則廢也。○盧文弨曰：注「節奏」，宋本作「宗族」。案楊以節奏訓「族」字，與以制度訓「節」字無涉。今從元刻。郝懿行曰：族者，聚也，湊也。「湊」與「奏」古今字。漢律志：「蔟，奏也。」是其義也。「奏」「湊」，「蔟」「族」，竝聲義同。然則「節族」卽「節奏」矣，楊注是也。王念孫曰：「故」，衍字。自「曰文久而息」以下，皆與上文「聖王有百，吾孰法焉」二句自相問答，則「曰」上不當有「故」字明矣，蓋涉下文三「故曰」而衍。下文曰「是以文久而滅，節族久而絶」，「滅」與「絶」爲韻，則此亦當然。今本「滅」作「息」，則失其韻矣。「息」字蓋涉注文「滅息」而誤。**守法數之有司極禮而褫。**褫，解也。有司世世相承，守禮之法數，至於極久，亦下脱也。易曰：「或錫之鞶帶，終朝三褫之。」言此者，以喻久遠難詳，不如隨時興治。褫，直吏反。○劉台拱曰：極，疲極也。王念孫曰：褫之言弛也。如疲於禮而廢弛也。俞樾曰：「極禮而褫」，文不可通，疑「禮」字衍文也。「極而褫」，三字爲句。上云「文久而息，節族久而絶」，此云「極而褫」，正與「久而息」「久而絶」一律。楊注曰：「褫，解也。有司世世相承，守禮之法數，至於極久，亦下脱也。」是楊氏所見本尚未衍「禮」字，故云「至於極久，亦下脱」，是「極」下無「禮」字也。所云「守禮之法數」者，此「禮」字乃楊氏增出以解法數之誼，非正文有「禮」字也。今作「極禮而褫」，卽因注文而衍。先謙案：俞說是也。法卽禮也，法數卽禮數也。守法數之有司，卽榮辱篇所謂不知其義，謹守其數之官人百吏也。「極」下自不當有「禮」字。**故曰：欲觀聖王之跡，則於其粲然者矣，後王是也。**後王，近時之王也。粲然，明白之貌。言近世明王之法，則是聖王之跡也。夫禮法所興，以救當世之急，故隨時設教，不必拘於舊聞，而時人以爲君必用堯、舜之道，臣必行禹、稷之術，然後可，斯惑也。孔子曰：

「殷因於夏禮，所損益可知也。」故荀卿深陳以後王爲法，審其所貴君子焉。司馬遷曰：「法後王者，以其近己而俗相類，議卑而易行也。」○劉台拱曰：後王，謂文、武也。楊注非。汪中曰：史記引「法後王」，蓋如賦詩之斷章耳。此注承其誤，名爲解荀子而實汨之。王念孫曰：「後王」二字，本篇一見，不苟篇一見，儒效篇二見，王制篇一見，正名篇三見，成相篇一見，皆指文、武而言，楊注皆誤。俞樾曰：劉、汪、王三君之説，皆有意爲荀子補弊扶偏，而實非其雅意也。據下文云：「彼後王者，天下之君也。舍後王而道上古，譬之是猶舍己之君而事人之君也。」然則荀子生於周末，以文、武爲後王可也，若漢人則必以漢高祖爲後王，唐人則必以唐太祖、太宗爲後王，設於漢、唐之世而言三代之制，是所謂舍己之君而事人之君矣，豈其必以文、武爲後王乎？蓋孟子言「法先王」而荀子言「法後王」，亦猶孟子言「性善」而荀子言「性惡」，各成其是，初不相謀，比而同之，斯惑矣。呂氏春秋察今篇曰：「上胡不法先王之治？非不賢也，爲其不可得而法。」又曰：「世易時移，變法宜矣。譬之若良醫，病萬變，藥亦萬變。病變而藥不變，鄉之壽民，今爲殤子矣。」蓋當時之論，固多如此。其後李斯相秦，廢先王之法，一用秦制，後人遂以爲荀卿罪，不知此固時爲之也。後人不達此義，於數千年後欲胥先王之道而復之，而卒不可復，吾恐其適爲秦人笑矣。

彼後王者，天下之君也，舍後王而道上古，譬之是猶舍己之君而事人之君也。故曰：欲觀千歲則數今日，○盧文弨曰：「數」字從宋本，俗本亦作「審」。欲知億萬則審一二，欲知上世則審周道，欲知周道則審其人所貴君子。謂己之君也。審，謂詳觀其道也。

○劉台拱曰：案其人，荀卿自謂也。所貴君子，其人之所宗仰，若仲尼、子弓也。**故曰：以近知遠，以一知萬，以微知明。此之謂也。**

夫妄人曰：「古今異情，其以治亂者異道。」而衆人惑焉。○謝本從盧校作「以其治亂者異道」。王念孫曰：此文本作「其所以治亂者異道」，謂古今之所以治亂者其道不同也。呂、錢本「以其」作「其以」，而脫去「所」字。盧本又誤作「以其」，則義不可通。韓詩外傳正作「其所以治亂異道」。先謙案：王說是。今改從呂、錢本作「其以」。**彼衆人者，愚而無說，陋而無度者也。**言其愚陋而不能辨說測度。度，大各反，下同。**其所見焉，猶可欺也，而況於千世之傳也！**傳，傳聞也。**妄人者，門庭之間，猶可誣欺也，而況於千世之上乎！**○俞樾曰：「可」字衍文，涉上文「猶可欺也」而衍。「誣」乃「挾」字之誤，「挾」字右旁之「夾」與「巫」相似，故誤也。上言衆人乃受欺者，此言妄人乃欺人者，若云「猶可誣欺」，則與衆人之可欺者同矣。且「誣欺」二字連文，亦爲不倫。韓詩外傳作「彼詐人者，門庭之間猶挾欺，而況乎千歲之上乎」，可據以訂正。**聖人何以不欺？曰：聖人者，以己度者也。**以己意度古人之意，故人不能欺，亦不欺人也。○王念孫曰：「不欺」當作「不可欺」。聖人不可欺，正對上文衆人可欺而言。下文「鄉乎邪曲而不迷」云云，止所謂聖人不可欺也。今本脫「可」字，則失其義矣。楊注云「人不能欺，亦不欺人」，則因所見本已脫「可」字，故曲爲之說，而不知與上下文不合也。外傳正作「不可欺」。

故以人度人，以情度情，以今之人情度古之人情。既云欲惡皆同，豈其治亂有異？**以類度類，**類，種類，謂若牛馬也。**以説度功，**以言説度其功業也。**以道觀盡，**以道觀盡物之理。儒效篇曰「涂之百姓，積善而全盡，謂之聖人」也。**古今一度也。**古今不殊，盡可以此度彼，安在其古今異情乎？○王念孫曰：「古今一度也」，當作「古今一也」。言自「以人度人」以下皆無古今之異，故曰「古今一也」。彊國篇：「治必由之，古今一也。」正論篇：「有擅國，無擅天下，古今一也。」君子篇：「故尊聖者王，貴賢者霸，敬賢者存，慢賢者亡，古今一也。」文意竝與此同，則「一」下不當更有「度」字，蓋涉上數「度」字而衍。楊注云「古今不殊，盡可以此度彼」，則所見本已有「度」字。外傳無。**類不悖，雖久同理，**言種類不乖悖，雖久而理同。今之牛馬，與古不殊，何至人而獨異哉？**故鄉乎邪曲而不迷，觀乎雜物而不惑，以此度之。**以測度之道明之，故向於邪曲不正之道而不迷，雜物炫燿而不惑。鄉，讀爲向。**五帝之外無傳人，**外，謂已前也。無傳人，謂其人事跡後世無傳者。**非無賢人也，久故也。五帝之中無傳政，非無善政也，久故也。**中，閒也。五帝，少昊、顓頊、高辛、唐、虞也。**禹、湯有傳政而不若周之察也，非無善政也，久故也。傳者久則論略，近則論詳；略則舉大，詳則舉小。**略，謂舉其大綱。詳，周備也。○俞樾曰：兩「論」字皆「俞」字之誤。俞，讀爲愈。榮辱篇「清之而俞濁者口也，豢之而俞瘠者交也」，楊注曰「俞，讀爲愈」是也。「俞」誤作「侖」，因誤作「論」矣。韓詩外傳正作「久則愈略，近則愈詳」，可據訂。**愚者聞其略而不知其詳，聞其詳而不知其大也，**惟聖賢乃能以略知詳、以小知大也。○王念孫曰：「聞其詳」，本作「聞其小」，「略」與「詳」對，「小」與「大」對。據楊注云「惟聖賢乃能以略知詳，以小知大」，則本作「聞其小而不知其大」明矣。今本「小」作「詳」，涉上句「詳」字而誤。外傳作「聞其細，不知其大」，細，亦小也。**是以文久而滅，節族久而絶。**

凡言不合先王，不順禮義，謂之姦言，雖辯，君子不聽。公孫龍、惠施、鄧析之屬。**法先王，順禮義，黨學者，**黨，親比也。○郝懿行曰：注云「黨，親比」，非也。方言：「黨，知也。」郭注：「黨，朗也，解悟貌。」此則黨爲曉了之意。法先王，順禮義，出言可以曉悟學者，非朋黨親比之義也。俞樾曰：方言曰：「黨、曉、哲，知也。楚謂之黨，或曰曉，齊、宋之間謂之哲。」郭注曰：「黨黨，朗也，解寤貌。」然則黨學者，猶言曉學者。葢法先王，順禮義，以曉學者也。荀卿居楚久，故楚言耳。**然而不好言，不樂言，則必非誠士也。**言，講説也。誠士，謂至誠好善之士。**故君子之於言也，志好之，行安之，樂言之。故君子必辯。**辯，謂能談説也。○王引之曰：「故君子之於言也」，「言」當爲「善」。「善」字本作「譱」，脱其半而爲「言」，又涉上下文「言」字而誤也。「志好之，行安之，樂言之」，三「之」字皆指善而言。下文云「凡人莫不好言其所善，而君子爲甚」，（此句凡兩見。）是其明證矣。下文又云「故君子之行仁也無厭，志好之，行安之，樂言之，故君子必辯」。（今本「故」下衍「言」字，辯見前。）仁，即所謂善也。今本「善」作「言」，則下文三

「之」字皆義不可通。**凡人莫不好言其所善，而君子爲甚。**所善，謂己所好尚也。**故贈人以言，重於金石珠玉；觀人以言，美於黼黻文章；**觀人以言，謂使人觀其言。黼黻文章，皆色之美者。白與黑謂之黼，黑與青謂之黻，青與赤謂之文，赤與白謂之章。○王念孫曰：案「觀」本作「勸」。勸人以言，謂以善言勸人也，故曰「美於黼黻文章」，若觀人以言，則何美之有？楊注云「謂使人觀其言」，則所見本已譌作「觀」，太平御覽人事部三十一所引亦然。藝文類聚人部十五正引作「勸人以言」。**聽人以言，樂於鍾鼓琴瑟。**使人聽其言。○謝本從盧校作「聽人之言」。王念孫曰：呂、錢本竝作「聽人以言」，元刻「以」作「之」，而盧本從之。案此與上二句文同一例。聽人以言者，我言之而人聽之也。我言而人聽，則是我之以善及人也，故曰「樂於鍾鼓琴瑟」。若聽人之言，則何樂之有？此後人不曉文義而妄改之耳。據楊注云「使人聽其言」，則本作「聽人以言」明矣。藝文類聚、太平御覽竝引作「聽人以言」。先謙案：王説是，今改從宋本。**故君子之於言無厭。**無厭倦也。**鄙夫反是，好其實，不恤其文，**但好其質而不知文飾，若墨子之屬也。**是以終身不免埤汙傭俗。**埤、汙，皆下也，謂鄙陋也。埤與庳同。豬水處謂之汙，亦地之下者也。庳音婢。汙，一孤反。**故易曰：「括囊，無咎無譽。」腐儒之謂也。**腐儒，如朽腐之物，無所用也。引易以喻不談説者。

凡説之難，以至高遇至卑，以至治接至亂。以先王之至高至治之道，説末世至卑至亂之君，所以爲難也。説音稅。未可直至也，遠舉則病繆，近世則病傭。未可直至，言必在援引古今也。遠舉上世之事則患繆妄，下舉近世之事則患傭鄙也。○俞樾曰：「世」字當作「舉」，下同。「遠舉」「近舉」相對爲文。楊注曰「遠舉上世之事則患繆妄，下舉近世之事則患傭鄙」，蓋因正文有兩「舉」字，故注亦云然也。不曰「近舉下世」，而曰「下舉近世」者，避不詞耳。今作「近世」者，卽涉注文而誤。善者於是閒也，亦必遠舉而不繆，近世而不傭，與時遷徙，與世偃仰，緩急嬴絀，嬴，餘也。嬴絀，猶言伸屈也。府然若渠匽檃栝之於己也，府與俯同，就物之貌，或讀爲附。渠匽所以制水，檃栝所以制木，君子制人亦猶此也。○王引之曰：正文、注文「渠」字，疑皆「梁」字之誤。爾雅：「隄謂之梁。」鄭仲師注周官䱷人云：「梁，水偃也。」偃與匽通，卽「堰」字也。梁與匽同義，故以「梁匽」連文。「梁」「渠」形相似，遂誤爲「渠」耳。（史記建元以來侯表「煇渠忠侯僕多」，廣韻引風俗通「渠」作「梁」。漢書地理志「彊梁原」，水經渭水注作「荊渠原」。後漢書安帝紀「高渠谷」，注引東觀記作「高梁谷」。）曲得所謂焉，然而不折傷。言談説委曲皆得其意之所謂，然而不折傷其道也。故君子之度己則以繩，接人則用抴。抴，牽引也。度己，猶正己也。君子正己則以繩墨，接人則牽引而致之，言正己而馴致人也。或曰：「抴」當爲「枻」，枻，楫也。言如以楫櫂進舟船也。度，大各反。枻，以世反。韓侍郎云：「枻者，檠枻也，正弓弩之器也。」○盧文弨曰：舊本「抴」「枻」多訛，今悉改正。韓説本攷工記。郝懿行曰：抴，余制切，與曳音義俱同。「抴」卽「枻」字，「枻」，俗作也。言君子裁度己身則以準繩，接引人倫則用舟楫，謂律己嚴而容物寬也。楚辭九歌「桂擢兮蘭枻」，王逸注：「擢，楫也。枻，船旁板也。」段氏玉裁說文注云：「按毛詩傳：『楫，所以擢舟也。』故因謂楫爲擢。」擢者，引也。船旁板曳於水中，故因謂之枻。俗字作「櫂」作「栧」，皆非是也。劉台拱曰：韓說是也。淮南說山訓曰：「檄不正而可以正弓。」此即用枻之義。（檄同檠。）王念孫曰：案攷工記弓人「恆角而達，譬如終紲」，鄭注曰：「紲，弓鞁也。」秦風小戎篇「竹閉緄縢」，毛傳曰：「閉，紲也。」小雅角弓傳曰：「不善紲檠巧用，則翩然而反。」士喪禮記「弓有柲」，注曰：「柲，弓檠，弛則縛之於弓裏，備損傷也，以竹爲之。」紲與枻同，閉與柲、鞁同，即淮南所謂「可以正弓」者也。「枻」與「繩」對文，若訓爲牽引，則與「繩」不對，若訓爲楫，則於義愈遠矣。**度己以繩，故足以爲天下法則矣。接人用枻，故能寬容，因求以成天下之大事矣。**成事在衆。○王念孫曰：「因求」二字義不可通，「求」當爲「衆」，字之誤也。唯寬容，故能因衆以成事。上文「與時遷徙，與世偃仰」，正所謂因衆也。楊注云「成事在衆」，言衆而不言求，則「求」爲「衆」之誤甚明。**故君子賢而能容罷，**罷，弱不任事者，音疲。**知而能容愚，博而能容淺，粹而能容雜，夫是之謂兼術。**粹，專一也。兼術，兼容之法。**詩曰：「徐方既同，天子之功。」此之謂也。**詩，大雅常武之篇。言君子容物，亦猶天子之同徐方也。

談說之術：矜莊以莅之，端誠以處之，堅彊以持之，分別以喻之，譬稱以明之，○王念孫曰：「分別」當在下句，「譬稱」當在上句。譬稱所以曉人，故曰「譬稱以喻之」；分別所以明理，故曰「分別以明之」。今本「譬稱」與「分別」互易。韓詩外傳及說苑善說篇引此竝作「譬稱以喻之，分別以明之」。欣驩芬薌以送之，寶之珍之，貴之神之，如是則說常無不受。言談說之法如此，人乃信之。芬薌，言至芳絜也。神之，謂自神異其說，不敢慢也。說，竝音稅。稱，尺證反。薌與香同。○王念孫曰：芬薌，和也。方言：「芬，和也。」郭璞曰：「芬香和調。」（廣雅與方言同。周官鬯人注曰：「鬯，釀秬爲酒，芬香條暢於上下也。」大雅鳧鷖篇曰「旨酒欣欣，燔炙芬芬」，皆芬香和調之意。）欣驩芬薌，皆謂和氣以將之也。議兵篇曰「其民之親我歡若父母，其好我芬若椒蘭」，義與此同。雖不說人，人莫不貴，不說猶貴，況其說之。夫是之謂爲能貴其所貴。不使人賤之也。○王引之曰：上「爲」字涉下文「爲」字而衍。韓詩外傳、說苑皆作「夫是之謂能貴其所貴」，無「爲」字。傳曰：「唯君子爲能貴其所貴。」此之謂也。

君子必辯。凡人莫不好言其所善，所善，謂所好也。而君子爲甚焉。是以小人辯言險而君子辯言仁也。仁，謂忠愛之道。言而非仁之中也，則其言不若其默也，其辯不若其吶也；吶與訥同。或引禮記「其言吶吶然」，非。言而仁之中也，則好言者上矣，不好言者下也。故仁言大矣。起於上所以道於下，正令是也；道與導同。「正」或爲「政」。起於下所以忠於上，謀救是也。謀救，謂嘉謀匡救。此言談說之益不可以已也如是。○王念孫曰：「謀救」二字於義無取，楊注以爲嘉謀匡救，於「謀」上加「嘉」字以曲通其義，其失也迂矣。余謂「謀救」當爲「諫救」，字之誤也。（管子立政九敗解篇「諫臣死而諂臣尊」，今本「諫」誤作「謀」。淮南主術篇「執正進諫」，高注：「諫，或作謀。」）周官有司諫、司救。說文：「救，止也。」論語八佾篇「女弗能救與」，馬注與說文同。然則諫止其君之過謂之諫救，故曰「起於下所以忠於上，諫救是也」。**故君子之行仁也無厭。**無厭倦時。**志好之，行安之，樂言之，故言**所以好言說，由此三者也。行，如字。○王念孫曰：楊讀「故言」爲一句，而釋之曰「所以好言說，以此三者」，非也。「故君子必辯」爲一句，「故」下本無「言」字。此言君子志好之，行安之，樂言之，是以必辯也。上文云「故君子之於言也，志好之，行安之，樂言之，故君子必辯」，是其證。今本作「故言君子必辯」，「言」字乃涉上文而衍。楊斷「故言」爲一句以結上文，則「君子必辯」四字竟成贅語矣。**君子必辯。小辯不如見端，**端，首。**見端不如見本分。**分上下貴賤之分。小辯，謂辯說小事則不如見端首，見端首則不如見本分。言辯說止於知本分而已。○王引之曰：「本分」上本無「見」字，此涉上兩「見端」而衍。本分者，本其一定之分也。楊注「見端首不如見本分」，則所見本已衍「見」字。下文「小辯而察，見端而明，本分而理」，皆承此文言之，而「本分」上無「見」字，故知「見」爲衍文。**小辯而察，見端而明，本分而理，聖人士君子之分具矣。**此言能辯說然後聖賢之分具。**有小人之辯者，有士君子之辯者，有聖人之辯者：不先慮，不早謀，發之而當，成文而類，**言暗與理會，成文理而不失其類。謂不乖悖也。**居錯遷徙，應變不窮，**錯，置也。居錯，安居也。錯，千故反。○王念孫曰：居，讀爲舉。言或舉或錯或遷徙，皆隨變應之而不窮也。王制篇曰「舉錯應變而不窮」，君道篇曰「與之舉錯遷移而觀其能應變也」，禮論篇曰「將舉錯之，遷徙之」，皆其證矣。「舉」與「居」古字通。史記越世家曰：「陶朱公約要父子耕畜廢居，候時轉業。」仲尼弟子傳曰：「子貢好廢舉，與時轉貨資。」「廢舉」即「廢居」。司馬相如傳「族舉遞奏」，漢書「舉」作「居」。書大傳「民能敬長憐孤，取舍好讓，舉事力者」，韓詩外傳「舉」作「居」。**是聖人之辯者也。先慮之，早謀之，斯須之言而足聽，**斯須發言，已可聽也。**文而致實，博而黨正，是士君子之辯者也。**文，謂辯説之詞也。致，至也。黨與讜同，謂直言也。凡辯則失於虛詐，博則失於流蕩，故致實黨正爲重也。○郝懿行曰：「致」「緻」，「黨」「讜」，竝古今字。讜言卽昌言，謂善言也。此明上君子之辯，文而緻密堅實，博而昌明雅正，斯辯之善者也。王念孫曰：致，讀爲質。（襄三十年左傳「用兩珪質于河」，釋文：「質，如字，又音致。」昭十六年「與蠻子之無質也」，釋文：「質，之實反，或音致。」淮南要略「約重致，剖信符」，「重致」卽「重質」。質、致古同聲，故字亦相通，説見唐韻正。）質，信也。（見昭十六年、二十年左傳注，魯語、晉語注。）謂信實也。「致實」與「黨正」對文。（楊注：「黨與讜同，謂直言也。」）楊注失之。**聽其言則辭辯而無統，**無根本也。**用其身則多詐而無功，上不足以順明王，下不足以和齊百姓，然而口舌之均，噡唯則節，**蓋謂騁其口舌之辯也。「噡唯則節」四字未詳，或剩少錯誤耳。○盧文弨曰：正文「均」，宋本作「於」。郝懿行曰：「均」，當依宋本作「於」。噡唯，猶唯諾也。節，謂節制之也。凡與人言，然諾不欺，此蓋游俠之流，盜名於世，故曰「姦人之雄，聖王起，所以先誅也」。俞樾曰：之，猶則也。僖九年左傳曰：「東略之不知，西則否矣。」晉語曰：「華則榮矣，實之不知。」之，亦則也，互文耳，說本王氏釋詞。「口舌之均，噡唯則節」，相對成文。詩皇皇者華篇毛傳曰：「均，調也。」言雖上不足以順明主，下不足以和齊百姓，然而口舌則調均，噡唯則中節，故下文云「足以爲奇偉偃卻之屬」也。「噡」字，疑「諾」字之誤。凡從言之字，亦得從口，如「詠」之爲「咏」，「讀」之爲「嘖」是也。俗書「諾」字，或作「喏」，因誤爲「噡」矣。 先謙案：說文：「詹，多言也。」莊子齊物論「小言詹詹」，釋文引李頤注：「詹詹，小辯之貌。」俗加「言」作「譫」。衆經音義十二引埤蒼云：「譫，多言也。」從言之字或從口，故「譫」又爲「噡」矣。 噡唯則節者，或辯或唯，皆中其節也，義自分明，不煩改字。郝說尤非。 **足以爲奇偉偃卻之屬，**奇偉，誇大也。偃卻，猶偃仰，卽偃蹇也。言姦雄口辯，適足以自誇大偃蹇而已。 **夫是之謂姦人之雄，聖王起，所以先誅也。然後盜賊次之。盜賊得變，此不得變也。**變，謂教之使自新也。

非十二子篇第六

○盧文弨曰：韓詩外傳止十子，無子思、孟子，此乃並非之，疑出韓非、李斯所坿益。

假今之世，假如今之世也。或曰：假，借也。今之世，謂戰國昏亂之世。治世則姦言無所容，故十二子借亂世以惑衆也。○王念孫曰：彊國篇云「假今之世，益地不如益信之務也」，則前說爲是。**飾邪說，交姦言，以梟亂天下，**梟與澆同。○盧文弨曰：「梟」，宋本作「澩」，注：「澩與僥同。」案「澩」字無攷，「僥」亦「澆」之訛。元刻作「鴞」，亦未是。莊子繕性篇「澩醇散樸」，釋文云：「澩，本亦作澆。」當從之。**矞宇嵬瑣，**矞與譎同，詭詐也，又余律反。宇未詳。或曰：宇，大也，放蕩恢大也。嵬，謂爲狂險之行者也。瑣者，謂爲姦細之行者也。說文云：「嵬，高不平也。」今此言嵬者，其行狂險，亦猶山之高不平也。周禮大司樂云「大傀烖則去樂」，鄭云：「傀，猶怪也。」晏子春秋曰：「不以上爲本，不以民爲憂，內不恤其家，外不顧其游，夸言傀行，自勤於飢寒，命之曰狂辟之民，明王之所禁也。」嵬，當與傀義同，音五每反，又牛彼反。○郝懿行曰：矞，滿溢也。宇，張大也。嵬者，崔嵬，高不平也。瑣者，細碎聲也。此謂飾邪說，文姦言，以欺惑人者。矞宇，所謂大言炎炎也。嵬瑣，所謂小言詹詹也。此皆謂言矣，注以行說，失之。嵬瑣，又見儒效、正論篇。王念孫曰：元刻無「欺惑愚衆」四字，（宋龔本同。）元刻是也。宋本有此四字者，依韓詩外傳加之也。楊注但釋「矞宇嵬瑣」而不釋「欺惑愚衆」，至下文「足以欺惑愚衆」，始釋之云「足以欺惑愚人衆人」，則此處本無「欺惑愚衆」四字明矣。外傳有此四字者，「欺惑愚衆」下文凡五見，而外傳皆無之，故得移置於此處。若據外傳增入，則既與下文重複，又與楊注不合矣。俞樾曰：楊讀矞爲譎，是矣，訓宇爲大，則與譎誼不倫。宇，當讀爲訏。說文言部：「訏，詭譌也。」然則矞宇猶言譎詭矣。先謙案：矞宇，俞說是。嵬瑣，猶委瑣也，嵬、委聲近，故相通借。史記司馬相如傳「摧崣崫崎」，「摧崣」即「崔嵬」異文。嵬之爲崣，猶嵬之爲委矣。相如傳「委瑣握齪」，索隱引孔文祥云：「委，曲也。」委訓曲，則嵬亦訓曲。正論篇云「夫是之謂嵬説」，嵬説，猶曲説也。下文云「吾語女學者之嵬容」，又云「是學者之嵬也」，謂其容如彼，卽是學者之嵬，猶史記言「曲儒」也。（見趙世家。）正論篇又云：「堯、舜者，天下之英也；朱、象者，天下之嵬、一時之瑣也。」「英」與「嵬」「瑣」對文。英爲俊選之尤，則嵬瑣爲委曲瑣細之尤，言小人極不足道者也。謝本從盧校，此句上有「欺惑愚衆」四字。今案：王説是，從元刻删。**使天下混然不知是非治亂之所存者有人矣。**混然，無分別之貌。存，在也。**縱情性，安恣睢，禽獸行，**恣睢，矜放之貌。言任情性所爲而不知禮義，則與禽獸無異，故曰「禽獸行」。睢，許季反。○謝本從盧校作「禽獸之行」。盧文弨曰：元刻作「香萃反」。王念孫曰：吕、錢本皆無「之」字，是也。據楊注云「與禽獸無異，故曰禽獸行」，則無「之」字明矣。性惡篇云「禽獸行，虎狼貪」，司馬法云「外内禽獸行」，句法并與此同。先謙案：王説是，今從吕、錢本删「之」字。**不足以合文通治；**不足合於古之文義，通於治道。**然而其持之有故，其言之成理，足以欺惑愚衆，**妄稱古之人亦有如此者，故曰「持之有故」。又其言論能成文理，故曰「言之成理，足以欺惑愚人衆人」矣。○郝懿行曰：故者，咨於故實之故，謂其持論之有本也，成理，謂其言能成條理也，故皆足以欺惑愚衆。**是它囂、魏牟也。**它囂，未詳何代人。世本楚平王孫有田公它成，豈同族乎？韓詩外傳作「范魏牟」。牟，魏公子，封於中山。漢書蓺文志道家有公子牟四篇。班固曰：「先莊子，莊子稱之。」今莊子有公子牟稱莊子之言以折公孫龍，據卽與莊子同時也。又，列子稱公子牟解公孫龍之言。公孫龍，平原君之客，而張湛以爲文侯子，據年代，非也。説苑曰：「公子牟東行，穰侯送之。」未知何者爲定也。**忍情性，綦谿利跂，**忍，謂違矯其性也。綦谿未詳，蓋與跂義同也。利與離同。離跂，違俗自絜之貌，謂離於物而跂足也。莊子曰：「楊、墨乃始離跂，自以爲得。」離，力智反。跂，丘氏反。○郝懿行曰：此謂矯異於人以爲高者。綦谿者過於深陗，利跂者便於走趨，谿讀爲雞，跂音爲企，四字雙聲疊韻。先謙案：荀子多以「綦」爲「極」。谿之爲言，深也。老子「爲天下谿」，河上公注云：「人能謙下如深谿。」是谿有深義，綦谿猶言極深耳。利與離同，楊説是也。離世獨立，故曰「離跂」。「跂」「企」同字。廣雅釋詁「仚，立也」，曹憲注：「仚，卽古文企字。」**苟以分異人爲高，**苟求分異，不同於人，以爲高行也。**不足以合大衆，明大分；**卽求分異，則不足合大衆；苟立小節，故不足明大分。大分，謂忠孝之大義也。**然而其持之有故，其言之成理，足以欺惑愚衆，是陳仲、史鰌也。**已解上。○盧文弨曰：解見不苟篇。彼作「田仲」，田與陳通。**不知壹天下、建國家之權稱，**不知齊一天下、建立國家之權稱，言不知輕重。稱，尺證反。**上功用、大儉約而僈差等，**功用，功力也。大，讀曰太。言以功力爲上而過儉約也。僈，輕也。輕僈差等，謂欲使君臣上下同勞苦也。○王念孫曰：上與尚同。大亦尚也。謂尊尚儉約也。表記「君子不自大其事，不自尚其功」，亦以「大」與「尚」竝言之。性惡篇「大齊信而輕貨財」，隱三年公羊傳「故君子大居正」，竝與此「大」字同義。楊讀大爲太，而以爲過儉約，失之。僈，讀爲曼。廣雅曰：「曼，無也。」

法言寡見篇「曼是爲也」，五百篇「行有之也，病曼之也」，皆謂無爲曼。文選四子講德論「空柯無刃，公輸不能以斲，但懸曼矰，蒲苴不能以射」，曼亦無也。（李善注訓曼爲長，失之。）曼差等，卽無差等，作「僈」者，借字耳。富國篇曰「墨子將上功勞苦，與百姓均事業，齊功勞」，正所謂無差等也。故下文云「曾不足以容辨異，縣君臣」。楊以僈爲輕慢，亦失之。**曾不足以容辨異、縣君臣；**上下同等，則其中不容分別而縣隔君臣也。○先謙案：富國篇云「羣衆未縣，則君臣未立也，無君以制臣，無上以制下」，卽縣君臣之義。**然而其持之有故，其言之成理，足以欺惑愚衆，是墨翟、宋鈃也。**宋鈃，宋人，與孟子、尹文子、彭蒙、慎到同時。孟子作「宋牼」。牼與鈃同，音口莖反。**尚法而無法，下修而好作，**尚，上也。言所著書雖以法爲上而自無法，以脩立爲下而好作爲。言自相矛盾也。○王念孫曰：「下修而好作」，義不可通。「下修」當爲「不循」，謂不循舊法也。墨子非儒篇道儒者之言曰：「君子循而不作。」此則反乎君子之所爲，故曰「不循而好作」也。「不」與「下」，「循」與「脩」，字相似而誤。（隸書「循」「脩」二字相亂，説見管子形勢篇。）楊注云「以修立爲下而好作爲」，失之。**上則取聽於上，下則取從於俗，**言苟順上下意也。○王念孫曰：取聽取從，言能使上下皆聽從之耳。楊云「言苟順上下意」，失之。**終日言成文典，反紃察之，則倜然無所歸宿，**紃與循同。倜然，疏遠貌。宿，止也。雖言成文典，若反覆紃察，則疏遠無所指歸也。○謝本從盧校作「及紃察之」。盧文弨曰：注「反覆」二字，宋本無。王引之曰：元刻「及」作「反」，是也。反，復也。謂復紃察之也。楊注云「雖言成文典，若反復紃察，則疏遠無所歸」，則「及」爲「反」之誤明矣。榮辱篇「反鉛察之」，其字正作「反」。紃、鉛古聲相近，故字亦相通。禮論篇「則必反鉛」，三年問「鉛」作「巡」，祭義「終始相巡」，注「巡，讀如沿漢之沿」，皆其例矣。先謙案：王說是。今依元刻作「反」。**不可以經國定分；**取聽於上，取從於俗，故法度不立也。**然而其持之有故，其言之成理，足以欺惑愚衆，是慎到、田駢也。**田駢，齊人，遊稷下，著書十五篇。其學本黄、老，大歸名法。慎到，已解上。**不法先王，不是禮義，**不以禮義爲是。**而好治怪說，玩琦辭，**玩與翫同。琦，讀爲奇異之奇。**甚察而不惠，**惠，順。○王念孫曰：「惠」當爲「急」，字之誤也。甚察而不急，謂其言雖甚察而不急於用，故下句云「辯而無用」也。下文「無用而辯，不急而察」，「急」字亦誤作「惠」。天論篇云「無用之辯，不急之察」，性惡篇云「雜能旁魄而無用，析速粹孰而不急」，皆其明證也。楊訓惠爲順，失之。**辯而無用，多事而寡功，不可以爲治綱紀；然而其持之有故，其言之成理，足以欺惑愚衆，是惠施、鄧析也。略法先王而不知其統，**言其大略雖法先王，而不知體統。統，謂紀綱也。**猶然而材劇志大，聞見雜博。**猶然，舒遲貌。禮記曰：「君子蓋猶猶爾。」劇，繁多也。○盧文弨曰：宋本正文作「然而猶材劇志大」，無注。郝懿行曰：「猶然而」，當依宋本作「然而猶」，此誤本也。**案往舊造說，謂之五行，**案前古之事而自造其說，謂之五行。五行，五常，仁義禮智信是也。**甚僻違而無類，幽**

隱而無說，閉約而無解。約，結也。解，說也。僻違無類，謂乖僻違戾而不知善類也。幽隱無說，閉約無解，謂其言幽隱閉結而不能自解說，謂但言堯、舜之道而不知其興作方略也。荀卿常言法後王，治當世，而孟軻、子思以爲必行堯、舜、文、武之道，然後爲治，不知隨時設教，救當世之弊，故言僻違無類。孟子曰：「管仲、曾西之所不爲。」解，佳買反。○王念孫曰：楊說非也。僻、違，皆邪也。（說見修身篇。）類者，法也。言邪僻而無法也。方言：「類，法也，（廣雅同。）齊曰類。」楚辭九章「吾將以爲類兮」，王注與方言同。太玄毅：「次七，觥羊之毅，鳴不類。」測曰：觥羊之毅，言不法也。」是古謂法爲類。儒效篇「其言有類，其行有禮」，謂言有法也。（楊注「類，善也，謂比類於善」，失之。）王制篇「飾動以禮義，聽斷以類」，謂聽斷以法也。（楊注「所聽斷之事皆得其善類」，失之。）富國篇「誅賞而不類」，謂誅賞不法也。（楊注「不以其類」，失之。）類之言律也，律亦法也，故樂記「律小大之稱」，史記樂書「律」作「類」。王制篇曰：「其有法者以法行，無法者以類舉。」蓋「法」與「類」對文則異，散文則通矣。**案飾其辭而祗敬之曰：此真先君子之言也。**言自敬其辭說。先君子，孔子也。**子思唱之，孟軻和之，**子思，孔子之孫，名伋，字子思；孟軻，鄒人，字子輿：皆著書七篇。**世俗之溝猶瞀儒，嚾嚾然不知其所非也，**溝，讀爲怐。怐，愚也。猶，猶豫也，不定之貌。瞀，闇也。漢書五行志作「區瞀」，與此義同。嚾嚾，喧聒之貌，謂争辯也。怐音寇。猶音柚。○盧文弨曰：注「怐」，舊訛作「拘」。案怐愁，愚貌。楚辭九辯「直怐愁以自苦」，五行志又作「傋瞀」，與此書儒效篇同。許慎作「穀瞀」，又作「婁務」，皆一物也。今改正。「溝猶瞀儒」，合四字爲疊韻。郝懿行曰：儒效篇云「愚陋溝瞀」，注云「溝音寇」，是也。「溝猶瞀儒」四字疊韻，其義則皆謂愚蒙也。漢五行志作「傋霿」，（楊注引作「區瞀」。）楚辭九辯作「怐愗」，説文作「穀瞀」，廣韻既作「怐愗」，又作「嗀瞀」，又作「瞀瞀」，竝上音寇，下音茂。此等皆以聲爲義，不以字爲義也。嚾者，呼也。玉篇、廣韻音涣，義與唤同。集韻或作「讙」，音歡，則其義當爲讙譁矣。先謙案：溝猶瞀儒者，溝瞀儒也。溝瞀訓愚闇，中不當有「猶」字。溝猶疊韻，語助耳。儒效篇「愚陋溝瞀」，無「猶」字，是其明證。楊釋猶爲猶豫，非也。**遂受而傳之，以爲仲尼、子游爲茲厚於後世，**仲尼、子游爲此言，垂德厚於後世也。○郝懿行曰：茲者，益也，多也，與滋義同。俞樾曰：楊注「仲尼、子游爲此言，垂德厚於後世」，則「爲茲厚」三字於文未足，殆非也。厚，猶重也。戰國策秦策曰「其於敝邑之王甚厚」，注曰：「厚，重也。」爲茲厚於後世者，茲卽指子思、孟子而言。蓋荀子之意，謂仲尼、子游之道不待子思、孟子而重，而世俗不知，以爲仲尼、子游因此而後得重於後世，故曰「是則子思、孟軻之罪也」。郭嵩燾曰：荀子屢言仲尼、子弓，不及子游。本篇後云「子游氏之賤儒」，與子張、子夏同譏，則此「子游」必「子弓」之誤。**是則子思、孟軻之罪也。**

若夫總方略，齊言行，壹統類，而羣天下之英傑而告之以大古，教之以至順，總，領也。統，謂綱紀。類，謂比類。大謂之統，分別謂之類。羣，會也。大，讀曰太。**奧窔之閒，簟席之上，斂然聖王之文章具焉，佛然平世之俗起焉，**西南隅謂之奧，東南隅謂之窔。言不出室堂之内也。斂然，聚集之貌。佛，讀爲勃。勃然，興起貌。窔，一弔反。○王引之曰：古無以「斂然」二字連文者，「斂」當爲「歙」，字之誤也。歙然者，聚集之貌。言聖王之文章歙然皆聚於此也。漢書韓延壽傳曰：「郡中歙然，莫不傳相敕厲。」匡衡傳曰：「學士歙然歸仁。」字亦作「翕」。史記自序曰「天下翕然，大安殷富」，義竝同也。楊注亦當作「歙然，聚集之貌」，今隨正文而誤。**六說者不能入也，十二子者不能親也，**○謝本從盧校「六」上有「則」字。王念孫曰：元刻無「則」字，（宋龔本同。）是也。上文「若夫」二字，總領下文十九句，而結之曰「是聖人之不得埶者也」。此二十句皆一氣貫注，若第十一句上加一「則」字，則隔斷上下語脈矣。韓詩外傳無「則」字。（下文「六說者立息，十二子者遷化」，「六說」上亦無「則」字。）先謙案：王說是。今從元刻刪「則」字。**無置錐之地而王公不能與之争名，在一大夫之位則一君不能獨畜，一國不能獨容，**言王者之佐，雖在下位，非諸侯所能畜，一國所能容。或曰：時君不知其賢，無一君一國能畜者，故仲尼所至輕去也。**成名況乎諸侯，莫不願以爲臣，**況，比也。言其所成之名，比況於人，莫與爲偶，故諸侯莫不願得以爲臣。或曰：既成名之後，則王者之輔佐也，況諸侯莫不願得以爲臣乎？未知其賢，則無國能容也。或曰：況，猶益也。國語：「驪姬曰：『衆況厚之。』」○盧文弨曰：「成名」句，卽上文「王公不能與之争名」。注宂而未當。郝懿行曰：「況」，古作「兄」，其訓滋也、益也、長（讀上聲。）也。此言聖人之名有所埤益增長於諸侯，故莫不願得以爲臣也。儒效篇亦有此言。楊注不得其解。王引之曰：「成名況乎」下有脱文，不可考，楊注非。儒效篇

「願」下有「得」字。彼文因此而衍，則此文當有「得」字也。（宋龔本有。）非相篇「婦人莫不願得以爲夫，處女莫不願得以爲士」，文義正與此同。據楊注亦當有「得」字。　俞樾曰：楊注讀「諸侯莫不願以爲臣」作一句，則「成名況乎」四字文不成義，又載或説以「況乎」屬下句，則「成名」二字更不成義，皆非也。此當以「成名況乎諸侯」爲句，成與盛通。周易繫辭傳「成象之謂乾」，蜀才本「成」作「盛」。史記封禪書曰「主祠成山」，漢書郊祀志「成」作「盛」。然則成名猶盛名也。況者，賜也。言以盛名爲諸侯賜也。大賢所至，莫不以爲榮幸，若受其賜然。漢書灌夫傳「將軍迺肯幸臨，況魏其侯」，卽此「況」字之義。是聖人之不得埶者也，仲尼、子弓是也。一天下，財萬物，財與裁同。○王念孫曰：財，如泰象傳「財成天地之道」之「財」，財亦成也。（説見經義述聞。）「財萬物」與「長養人民，兼利天下」連文，是「財萬物」卽「成萬物」，繫辭傳曰「曲成萬物而不遺」是也。儒效篇曰「通乎財萬物、養百姓之經紀」，王制篇曰「等賦政事，財萬物，所以養萬民也」，（楊云「裁制萬物」，失之。）又曰「序四時，裁萬物，（裁與財同。）兼利天下」，富國篇曰「財萬物，養萬民」，義竝與此同。長養人民，兼利天下，通達之屬，莫不從服，通達之屬，謂舟車所至、人力所通者也。六説者立息，十二子者遷化，遷而從化。則聖人之得埶者，舜、禹是也。今夫仁人也，將何務哉？上則法舜、禹之制，下則法仲尼、子弓之義，以務息十二子之説，如是則天下之害除，仁人之事畢，聖王之跡著矣。○盧文弨曰：「著」，宋本從竹作「箸」，下竝同。

信信，信也；疑疑，亦信也。信可信者，疑可疑者，意雖不同，皆歸於信也。貴賢，仁

也；賤不肖，亦仁也。言而當，知也；默而當，亦知也。故知默猶知言也。論語曰：「知之爲知之，不知爲不知，是知也。」當，丁浪反。**故多言而類，聖人也；少言而法，君子也；**言雖多而不流湎，皆類於禮義，是聖人制作者也。少言而法，謂不敢自造言説，所言皆守典法也。**多少無法而流湎然，雖辯，小人也。**湎，沈也。流者不復返，沈者不復出也。○盧文弨曰：此數語又見大略篇。彼作「多言無法」，此「少」字似訛。王念孫曰：而與如同。先謙案：流湎猶沈湎，説見勸學篇。**故勞力而不當民務謂之姦事，**民務，四民之務。**勞知而不律先王謂之姦心，**律，法。**辯説譬諭、齊給便利而不順禮義謂之姦説。**齊，疾也。給，急也。便利，亦謂言辭敏捷也。**此三姦者，聖王之所禁也。知而險，賊而神，**用智於險，又賊害不測如神也。○郝懿行曰：小人雖有才智而其心險如山川，賊害於物而其機變若鬼神，如曹孟德、司馬仲達之類。楊注未了。王念孫曰：「知而險」與「賊而神」對文，則知非美稱。知者，巧也，（淮南覽冥篇注：「智故，巧詐也。」莊子胠篋篇「知詐漸毒」，淮南原道篇「偶睉智故，曲巧僞詐」，竝與此「知」字同義。）故下句卽云「爲詐而巧」，言既智巧而又險巇也。**爲詐而巧，**巧於爲詐。○俞樾曰：爲與僞通，「爲詐」卽「僞詐」也。管子兵法篇「不可數則僞詐不敢嚮」，幼官篇作「爲詐不敢鄉」，正與此同。楊注非是。**言無用而辯，**言辯而無用也。**辯不惠而察，**惠，順也。辭辯不順，道理不聰察也。○王念孫曰：此本作「無用而辯，不急而察」。辯者智也，慧也，（廣雅：

「辯，慧也。」「慧」通作「惠」。晉語曰：「巧文辯惠則賢。」逸周書寶典篇曰：「辯惠千智。」商子説民篇曰：「辯慧，亂之贊也。」「辯」通作「辨」。大戴記文王官人篇曰：「不學而性辯。」荀子性惡篇曰：「性質美而心辯知。」東周策曰：「兩周辯知之士。」是辯與智慧同義。）非「辯論」之「辯」。下文「言辯而逆」，乃及言論耳。無用而辯，卽辯而無用，非謂言無用而辯也。（今本「言」字涉下文「言辯」而衍。）不急而察，卽察而不急，非謂辯不惠而察也。（今本「辯」字涉上句而衍。）上文云「甚察而不急，（今本「急」字亦誤作「惠」。辯，見前「甚察而不惠」下。）辯而無用」，是其明證矣。楊説皆失之。**治之大殃也。行辟而堅，**辟，讀爲僻。**飾非而好，**好飾非也。○王念孫曰：飾非而好，言其飾之工也。「好」字，當讀上聲，不當讀去聲。楊説非。**玩姦而澤，**玩與翫同。習姦而使有潤澤也。**言辯而逆，古之大禁也。**逆者，乖於常理。**知而無法，**騁其異見也。知，如字。**勇而無憚，**輕死。**察辯而操僻淫，**爲察察之辯，而操持僻淫之事。操，七刀反。○王念孫曰：「察辯」二字平列。（「辯」字義見上。）言能察能辯，而所操皆僻淫之術也。勸學篇曰：「不隆禮，雖察辯，散儒也。」不苟篇曰：「君子辯而不争，察而不激。」荀子書皆以「察」「辯」對文，不可枚舉。**大而用之，**以前數事爲大而用之也。○俞樾曰：楊注讀「察辯而操僻淫」爲句，誤也，當以「察辯而操僻」五字爲句。大略篇亦云「察辯而操僻」，是其證。大，讀爲汏，「淫汏」連文。仲尼篇曰「若是其險汙淫汏也」，是其證。之者，「乏」之壞字。襄十四年左傳曰「匱神乏祀」，釋文曰：「本或作『之祀』。」蓋「之」「乏」形似，故易誤耳。「淫汏而用乏」，與「察辯而操僻」相對成文。此文自「知而無法，勇而無憚」至「利足而迷，負石而隊」，凡七句，語皆一律，而總之曰「是天下之所弃也」。楊以「大而用之」四字爲句，而釋之曰「以前數事爲大而用之」，則上下文氣隔矣。好姦而與衆，好姦而與衆人共之，謂使人同之也。利足而迷，苟求利足而迷惑不顧禍患也。負石而墜，謂申徒狄負石投河。言好名以至此也，亦利足而迷者之類也。○郝懿行曰：利足而迷，所謂「捷徑以窘步」也；負石而墜，所謂「力小而任重，高位實疾顛」也：二句皆譬況之詞。先謙案：郝説是。是天下之所弃也。

兼服天下之心：○先謙案：宋台州本分段，謝本它刻同。浙局本誤連上，今正。高上尊貴不以驕人，在貴位不驕人。聰明聖知不以窮人，○盧文弨曰：元刻「知」作「智」。齊給速通不争先人，○王念孫曰：「不争先人」，當依上下文作「不以先人」，今本「以」作「争」，涉下文「與人争」而誤也。韓詩外傳作「不以欺誣人」，説苑敬慎篇作「無以先人」，文雖不同，而「以」字則同。先謙案：羣書治要作「争」，與本書合。剛毅勇敢不以傷人；不知則問，不能則學，雖能必讓，然後爲德。然後爲聖賢之德也。遇君則修臣下之義，遇鄉則修長幼之義，在鄉黨之中也。遇長則修子弟之義，遇友則修禮節辭讓之義，遇賤而少者則修告導寬容之義。無不愛也，無不敬也，無與人争也，恢然如天地之苞萬物，如是則賢者貴之，不肖者親之。如是而不服者，則可謂訞怪狡猾之人矣，訞與妖同。雖則子弟之中，刑及之而宜。妖怪狡猾之人，雖在家人子弟之中，亦宜刑戮及之，況公法乎。詩云：「匪上帝不時，殷不用舊。雖無老成人，尚有典刑。曾是莫聽，大命以傾。」此之謂也。詩，大雅蕩之篇。鄭云：「老成人，伊尹、伊陟、臣扈之屬也。典刑，常事、故法也。」

古之所謂士仕者，厚敦者也，合羣者也，士仕，謂士之入仕。合，謂和合羣衆也。○王念孫曰：「士仕」當爲「仕士」，與下「處士」對文。今本「仕士」二字倒轉，（下文同。）楊曲爲之説，非。樂富貴者也，樂其道也。○俞樾曰：樂富貴，豈得爲樂其道？正文「樂」字，疑涉注文而誤。下云「羞獨富者也」，以獨富爲羞，必不以富貴爲樂。今雖不知爲何字之誤，大要是不慕富貴之意，故注以樂道説之也。先謙案：「富」字當是「可」字之誤。正文言「樂可貴者也」，故注以「樂其道」釋之，惟道爲可貴也。下文「君子能爲可貴」，注云「可貴，謂道德也」，可互證。樂分施者也，施，或所宜反。○先謙案：君道篇云「以禮分施，均徧而不偏」，均徧不偏，即分施之義。遠罪過者也，遠，于願反。務事理者也，務使事有條理。羞獨富者也。使家給人足也。今之所謂士仕者，汙漫者也，賊亂者也，汙漫，已解在榮辱篇。恣睢者也，恣睢，已解於上。貪利者也，觸抵者也，恃權埶而忤人。○王念孫曰：觸抵，謂觸罪過也。此對上文「遠罪過」而言。楊云「恃權埶而忤人」，失之。無禮義而唯權埶之嗜者也。古之所謂處士者，德盛者也，

能静者也，處士，不仕者也。易曰：「或出或處。」能静，謂安時處順也。**修正者也，知命者也，著是者也。**明著其時是之事，不使人疑其姦詐也。○劉台拱曰：「著是」，疑當作「著定」，與上文「盛」「静」等字爲韻。言有定守，不流移也。**今之所謂處士者，無能而云能者也，**云能，自言其能也。慎子曰：「勁而害能，則亂也；云能而害無能，則亂也。」葢戰國時以「言能」爲「云能」，當時之語也。**無知而云知者也，利心無足而佯無欲者也，**好利不知足而詐爲無欲者也。**行僞險穢而彊高言謹慤者也，**以不俗爲俗，以不合俗人自爲其俗也。**離縱而跂訾者也。**訾，讀爲恣。離縱，謂離於俗而放縱；跂恣，謂跂足違俗而恣其志意，皆違俗自高之貌。或曰：「縱」當爲「縰」，傳寫誤耳。縰與纚同，步也。離縰，謂離於俗而步去；跂訾，亦謂跂足自高而訾毁於人。離，力智反。跂，丘氏反。縰，所綺反。○郝懿行曰：縱與蹤同，本作「蹝」，謂車迹也。俗作「蹤」，假借作「縱」耳。離縱者，謂離其尋常蹤迹而令人敬異也。舉足望曰跂。訾訓思也、量也。跂訾者，謂跂望有所思量而示人意遠也。此皆絶俗離羣、矯爲名高之事，故曰「士君子所不能爲」也。王念孫曰：楊有前後二説。前説讀訾爲恣，以離縱爲離於俗而放縱，跂訾爲跂足違俗而恣其志意，皆非也。後説謂「縱」爲「縰」之誤，是也。莊子在宥篇「儒、墨乃始離跂攘背乎桎梏之間」，「離跂」疊韻字。荀子云「離縰而跂訾」，「離縰」「跂訾」亦疊韻字。大抵皆自異於衆之意也。楊訓縰爲步，而以離縰爲離於俗而步去，跂訾爲跂足自高而訾毁於人，亦非。凡疊韻之字，其意卽存乎聲，求諸其聲則得，求諸其文則惑矣。

士君子之所能不能爲：○謝本從盧校作「士君子之所不能爲」，劃屬上段。盧文弨曰：宋本「之所」下衍一「能」字，今從元刻删。或疑此句因下文首句而誤衍。王念孫曰：呂、錢本竝作「士君子之所能不能爲」，世德堂本同。案此文本作「士君子之所能爲不能爲」，乃總冒下文之詞。下文「君子能爲可貴，不能使人必貴己」六句，皆承此文而言。宋本脱上「爲」字，元刻又脱上「能」字。盧既依元刻删「能」字，又不知此句爲冒下之詞，而以爲承上之詞，遂劃出此句爲上段之末句，誤矣。又疑此句因下文而衍，則誤之又誤也。先謙案：宋台州本此句連上。台州本卽祖呂本，是分段之誤不自盧始也。然王説自是，今分屬下段。君子能爲可貴，不能使人必貴己；可貴，謂道德也。能爲可信，不能使人必信己；能爲可用，不能使人必用己。可用，謂才能也。故君子恥不修，不恥見汙；見汙，爲人所汙穢也。恥不信，不恥不見信；恥不能，不恥不見用。是以不誘於譽，不恐於誹，虚譽不能誘，毁謗不能動。率道而行，端然正己，不爲物傾側，夫是之謂誠君子。誠，實也，謂無虚僞也。詩云：「温温恭人，維德之基。」此之謂也。已解在不苟篇。

士君子之容：其冠進，其衣逢，其容良，進，謂冠在前也。逢，大也，謂逢掖也。良，謂樂易也。○俞樾曰：楊注以冠在前爲進，不詞甚矣。進，讀爲峻，峻，高也。言其冠高也。下云

「其衣逢」，注曰：「逢，大也。」於冠言高，於衣言大，義正相類。進、峻音近，故得通用。禮記祭統篇「百官進徹之」，鄭注曰：「進，當爲餕。」然則峻之爲進，猶餕之爲進矣。**儼然，壯然，祺然，蕼然，恢恢然，廣廣然，昭昭然，蕩蕩然，是父兄之容也。**儼然，矜莊之貌。壯然，不可犯之貌，或當爲「莊」。祺然、蕼然，未詳。或曰：祺，祥也，吉也，謂安泰不憂懼之貌。「蕼」，當爲「肆」，謂寬舒之貌。恢恢、廣廣，皆容衆之貌。昭昭，明顯之貌。蕩蕩，恢夷之貌。**其冠進，其衣逢，其容愨，**謹敬。**儉然，恀然，輔然，端然，訾然，洞然，綴綴然，瞀瞀然，是子弟之容也。**儉然，自卑謙之貌。恀然，恃尊長之貌。爾雅曰：「恀，恃也。」郭云：「江東呼母爲恀，音紙。」輔然，相親附之貌。端然，不傾倚之貌。訾然，未詳。或曰：與孳同，柔弱之貌。洞然，恭敬之貌。禮記曰：「洞洞乎其敬也。」綴綴然，不乖離之貌，謂相連綴也。瞀瞀然，不敢正視之貌。○俞樾曰：漢書敘傳「姼姼公主」，師古曰：「姼姼，好貌。」「恀」即「姼」之叚字。嚴威儼恪，成人之道，非所以事親，故子弟之容必姼姼然好也。楊注失之迂曲。**吾語汝學者之嵬容：**說學者爲嵬行之形狀。嵬，已解於上。○盧文弨曰：元刻正文無「容」字，今從宋本增。郝懿行曰：上「嵬瑣」注「嵬與傀義同」，引大司樂鄭注：「傀，猶怪也。」然則嵬容者，怪異之容，故其下遂以重文疊句寫貌之。先謙案：學者之嵬容，猶言學者之嵬之容耳。「嵬容」二字不連，下文言「是學者之嵬也」，即其明證。楊注「說學者爲嵬行之形狀」，亦不以「嵬容」連文。郝說誤。**其冠絻，其纓禁緩，其**

容簡連；「絻」，當爲「俛」，謂太向前而低俯也。纓，冠之繫也。禁緩，未詳。或曰：讀爲紟，紟，帶也。言其纓大如帶而緩也。簡連，傲慢不前之貌。紟，其禁反。連，讀如「往蹇來連」之連。**填填然，狄狄然，莫莫然，瞡瞡然，瞿瞿然，盡盡然，盱盱然，**填填然，滿足之貌。狄，讀爲趯，跳躍之貌。莫，讀爲貊，貊，静也，不吉之貌。或動而跳躍，或静而不言，皆謂舉止無恆也。瞡瞡，未詳。或曰：瞡與規同，規規，小見之貌。瞿瞿，瞪視之貌。盡盡，極視盡物之貌。盱盱，張目之貌。皆謂視瞻不平，或大察也。盱，許于反。○郝懿行曰：狄與逖同，遠也。填填者，盈滿之容。狄狄者，疏散之容也。莫者，大也。瞡疑與嫢同，嫢（羌箠切。）者，細也。方言：「細而有容謂之嫢。」然則莫莫者，矜大之容；瞡瞡者，鄙細之容；瞿瞿者，左右顧望之容；盡盡者，閉藏消沮之容；盱盱者，張目直視之容也。凡此皆以相反相儷爲義。俞樾曰：盡盡，猶津津也。莊子庚桑楚篇曰：「津津乎猶有忍也。」此作「盡盡」者，聲近，故叚用耳。周官大司徒職曰「其民黑而津」，釋文云：「津，本作濜。」然則津津之爲盡盡，猶津之爲濜矣。**酒食聲色之中則瞞瞞然，瞑瞑然；**瞞瞞，閉目之貌。瞑瞑，視不審之貌。謂好悦之甚，佯若不視也。瞞，莫干反。瞑，母丁反。**禮節之中則疾疾然，訾訾然；**謂憎疾毁訾也。**勞苦事業之中則儢儢然，離離然，偷儒而罔，無廉恥而忍謑詢：是學者之嵬也。**事業，謂作業也。儢儢，不勉彊之貌。離離，不親事之貌。陸法言云：「儢，心不力也，音呂。」偷儒，謂苟避事之勞苦也。罔，謂罔冒不畏人之言也。

詄詢，詈辱也。此一章，皆明視其狀貌而辨善惡也。今之所解，或取聲韻假借，或推傳寫錯誤，因隨所見而通之也。○盧文弨曰：正文「詄詢」，元刻作「謑詢」。案説文：「謑，胡禮切。」重文「詄」，實一字也。洪興祖楚辭補注九思篇「謑詢」下引荀子作「詄詢」，正與宋本合；其引注「罵辱也」，又與元刻同。案漢書賈誼傳有「奊詬亡節」語，同此。彼奊音絜。元刻「罵辱也」下有「謑音奚」三字，宋本無。郝懿行曰：此言學者之嵬容也。瞞瞞瞑瞑，（與眠同。）謂耽於酒食聲色，惛瞀迷亂之容也；疾疾訾訾，謂苦於禮節拘迫，畏憚惰窳之容也；儢儢離離，謂不耐煩苦勞頓，嬾散疏脱之容也；皆以四字合爲雙聲，狀其醜態，爲學者戒。偷儒，已見修身篇。詄詢，楊注以爲詈辱，是也。本或作「謑詢」，賈誼書所謂「奊詬亡節」，亦其義也。**弟佗其冠，神禫其辭，**弟佗其冠，未詳。「神禫」，當爲「沖澹」，謂其言淡薄也。○盧文弨曰：「弟」，本或作「弟」，集韻音徒回反。莊子應帝王篇有「弟靡」，此「弟佗」義當近之，與上所云「其冠絻」亦頗相似。俗間本俱作「第作」。先謙案：虞、王本作「第作」，與盧説合，浙局本妄改「作」爲「非」。**禹行而舜趨，是子張氏之賤儒也。**但宗聖人之威儀而已矣。**正其衣冠，齊其顔色，嗛然而終日不言，是子夏氏之賤儒也。**嗛與慊同，快也，謂自得之貌。終日不言，謂務於沈默。史記樂毅與燕惠王書曰「先王以爲嗛於志」也。○郝懿行曰：嗛，猶謙也，抑退之貌。楊注非。仲尼篇云「滿則慮嗛」，注云「嗛，不足也」，與此「嗛」同。**偷儒憚事，無廉恥而耆飲食，必曰君子固不用力，是子游氏之賤儒也。**偷儒，已解上。耆與嗜同。此皆言先儒性有所偏，愚者效而慕之，故有此敝也。○郝懿行曰：此三儒者，徒似子游、子夏、子張之貌而不似其真，正前篇所謂陋儒、腐儒者，故統謂之賤儒。言在三子之門爲可賤，非賤三子也。彼君子則不然。佚而不惰，勞而不優，雖逸而不懈惰，雖勞而不弛慢。宗原應變，曲得其宜，如是，然後聖人也。宗原，根本也。言根本及應變皆曲得其宜也。○先謙案：王制篇云「舉措應變而不窮，夫是之謂有原」，注云：「原，本也。」宗原者，以本原爲宗也。應萬變而不離其宗，各得其宜，是謂聖人。注以宗原爲根本，又云「根本應變皆得其宜」，失之。

仲尼篇第七

仲尼之門人，五尺之豎子言羞稱乎五伯。○王念孫曰：「仲尼之門人」，「人」字後人所加也。（下文同。）下文兩言「曷足稱乎大君子之門」，皆與此「門」字相應，則無「人」字明矣。春秋繁露對膠西王篇「仲尼之門，五尺之童子言羞稱五伯，爲其詐以成功，苟爲而已也，故不足稱於大君子之門」，（漢書董仲舒傳同。）風俗通義窮通篇「孫卿小五伯，以爲仲尼之門羞稱其功」，語皆本於荀子而亦無「人」字。文選陳情事表注、解嘲注兩引荀子，皆無「人」字。是何也？曰：然。彼誠可羞稱也。齊桓，五伯之盛者也，言盛者猶如此，況其下乎。伯，讀爲霸。或曰：伯，長也，爲諸侯之長。春秋傳曰「王命内史叔興父策命晉侯爲侯伯」也。前事則殺兄而争

國；兄，子糾也。**內行則姑姊妹之不嫁者七人，閨門之內，般樂奢汏，**般，亦樂也。汏，侈也，音太，下同。**以齊之分奉之而不足；**分，半也，用賦稅之半也。公羊傳曰：「師喪分焉。」**外事則詐邾，襲莒，并國三十五。**詐邾，未聞。襲莒，謂桓公與管仲謀伐莒，未發，爲東郭牙先知之是也。并國三十五，謂滅譚、滅遂、滅項之類，其餘所未盡聞也。**其事行也若是其險汙淫汏也，**事險而行汙也。行，下孟反。**彼固曷足稱乎大君子之門哉！**○王念孫曰：呂、錢本「險汚淫汏也」下有「如彼」二字，元刻無「如」字，以「彼」字屬下讀，元刻是也。下文云「彼固曷足稱乎大君子之門哉」，正與此句相應，則「彼」字屬下讀明矣。呂、錢本「彼」上衍「如」字，則以「如彼」與「若是」對文，與楊注不合矣。（錢本及元刻「事行」作「行事」，亦與楊注不合。）先謙案：宋台州本亦有「如彼」二字，盧氏删之，謝本從盧校。今依王說，從元刻增「彼」字。**若是而不亡，乃霸，何也？曰：於乎！夫齊桓公有天下之大節焉，夫孰能亡之？**於乎，讀爲嗚呼，歎美之聲。大節，謂大節義也。**倓然見管仲之能足以託國也，是天下之大知也。**倓，安也，安然不疑也。大知，謂知人之大也。倓，地坎反。○俞樾曰：說文：「俔，暫見也。」「睒，暫視貌。」二字音義俱近，「倓」即其叚字也。倓然，暫見之謂。暫見而即知其足以託國，是以謂之大知。楊注失之。**安忘其怒，出忘其讎，遂立以爲仲父，是天下之大決也。**安，猶內也。出，猶外也。言內忘忿恚之怒，外忘射鉤之讎。仲者，夷吾之字，父者，事之如父，故號爲仲父。大決，謂斷決之大也。○王念孫曰：安，語詞。（荀子書通以「安」「案」二字爲語詞，説見釋詞「安」字下。）「忘其怒，忘其讎，遂立以爲仲父」三句，文義甚明，則「忘其讎」上不當有「出」字，葢衍文也。楊注不得其解而爲之詞。立以爲仲父，而貴戚莫之敢妬也；不敢妬其親密。與之高、國之位，而本朝之臣莫之敢惡也；高子、國子，世爲齊上卿，今以其位與之。本朝之臣，謂舊臣也。春秋傳：「管仲曰：『有天子之二守國、高在。』」與之書社三百，而富人莫之敢距也。書社，謂以社之户口書於版圖。周禮：「二十五家爲社。」距與拒同，敵也。言齊之富人莫有敢敵管仲者也。○盧文弨曰：案注所引周禮出説文，乃古周禮説也。「距」，古字；「拒」，俗字。論語石經殘字：「其不可者距之。」郝懿行曰：論語「奪伯氏駢邑三百，飯疏食，没齒無怨言」，朱子集注援此説之。貴賤長少，秩秩焉莫不從桓公而貴敬之，是天下之大節也。秩秩，順序之貌。諸侯有一節如是，則莫之能亡也；桓公兼此數節者而盡有之，夫又何可亡也？其霸也宜哉！非幸也，數也。其術數可霸，非爲幸遇也。然而仲尼之門人，五尺之豎子言羞稱乎五伯，是何也？曰：然。彼非本政教也，○王引之曰：五伯亦有政教，不得言五伯非本政教，「本」當爲「平」，字之誤也。（隸書「本」字與「平」相似，故「平」誤爲「本」。）致士篇曰：「刑政平而百姓歸之。」孟子離婁篇曰：「君子平其政。」昭二十年左傳曰：「是以政平而不干。」周南芣苢序箋曰：「天下和，政教平。」五伯猶未能平其政教，故曰「非平政教也」。「平政教」三字，本篇一見，王制篇兩見，王霸篇兩見。其誤爲「本政教」者四，（楊注王霸篇曰：「雖有政教，未盡修其本也。」此不得其解而爲之説。）唯王制篇之一未誤，今據以訂正。**非致隆高也，**致，至極也。**非綦文理也，**非極有文章條理也。**非服人之心也。**非以義服之也。**鄉方略，審勞佚，**鄉，讀爲向，趨也。審勞佚，謂審知使人之勞佚也。**畜積修鬭而能顛倒其敵者也。**畜積倉廩，修戰鬭之術，而能傾覆其敵也。○王引之曰：「修鬭」二字，殊爲不詞，楊注加數字以解之，其失也迂矣。王霸篇作「鄉方略，審勞佚，謹畜積，修戰備」，疑此亦本作「謹畜積，修鬭備」，而傳寫有脱文也。此篇及王霸篇自「鄉方略」以下，皆以三字爲句，以是明之。**詐心以勝矣。彼以讓飾争，依乎仁而蹈利者也，**爲讓所以飾争，非真讓也。行仁所以蹈利，非真仁也。**小人之傑也，彼固曷足稱乎大君子之門哉！**前章言五霸救時，故褒美之，此章明王者之政，故言其失。孟子曰：「五霸者，三王之罪人也。」**彼王者則不然。致賢而能以救不肖，致彊而能以寬弱，戰必能殆之而羞與之鬭，**必以義服，不力服也。**委然成文以示之天下，**委然，俯就之貌。言俯就人，使成文理，以示天下。○王引之曰：楊説迂回而不可通。竊謂委然，文貌也。委，讀如「冠緌」之「緌」。儒效篇「綏綏兮其有文章也」，楊彼注云：「綏，或爲『葳蕤』之『蕤』。」蕤與緌同音。此云「委然成文」，卽所謂「綏綏（音蕤。）有文章」也。禮記多以「綏」爲「緌」，而説文「飢餧」字，經典多作「餒」，是從委從妥之字，古多相通。**而暴國安自化矣，有災繆者然後誅之。**有災怪繆戾者然後誅之，非顛倒其敵也。**故聖王之誅也，綦省矣。**省，少也，所景反。○先謙案：羣書治要「綦」作「甚」。**文王誅四，**四，謂密也、阮也、共也、崇也。詩曰：「密人不恭，敢距大邦，侵阮徂共。」春秋傳曰：「文王聞崇德亂而伐之，因壘而降。」史記亦說文王征伐，與此小異。誅者，討伐殺戮之通名。**武王誅二，**史記云：「武王斬紂與妲己。」尸子曰：「武王親射惡來之口，親斫殷紂之頸，手汙於血，不溫而食。當此之時，猶猛獸者也。」○盧文弨曰：案「溫」字有誤，或是「盥」字。俞樾曰：楊注所引，皆不足以爲二。所謂「誅二」者，殆卽孟子所稱「誅紂伐奄」與？**周公卒業，**周公終王業，亦時有小征伐，謂三監、淮夷、商奄也。**至於成王則安以無誅矣。**言其化行刑措也。○王念孫曰：「安」下本無「以」字，此後人不知「安」爲語詞而誤以爲安定之安，故妄加「以」字耳。大略篇「至成、康則案無誅已」，（「案」亦語詞。）「案」下無「以」字，是其明證。**故道豈不行矣哉！**以此言之，道豈不行，人自不行耳，故又以下事明[一]之。**文王載百里地而天下一，**所載之地不過百里而天下一，以有道也。○顧千里曰：「載」下當有「之」字。「載之」「舍之」對文，二「之」字皆指道也。富國篇「以國載之」，是其證。楊注「載」下已脫「之」字。**桀、紂舍之，厚於有天下之埶而不得以匹夫老。**桀、紂舍道，雖有天下厚重之埶，而不得如庶人壽終。**故善**

[一]「明」，原本作「胡」，形近而誤，今改。

用之，則百里之國足以獨立矣；不善用之，則楚六千里而爲讎人役。善用，謂善用道也。讎人，秦也。楚懷王死於秦，其子襄王又爲秦所制而役使之也。**故人主不務得道而廣有其埶，是其所以危也。**

持寵處位終身不厭之術：論人臣處位，可終身行之之術。**主尊貴之，則恭敬而僔；**僔與撙同，卑退也。**主信愛之，則謹慎而嗛；**嗛與歉同，不足也，言不敢自滿也。春秋穀梁傳曰：「一穀不升謂之嗛。」○王引之曰：嗛與謙同。周易釋文曰：「謙，子夏作嗛。」故與「謹慎」連文。**主專任之，則拘守而詳；**謹守職事，詳明法度。**主安近之，則慎比而不邪；**謹慎親比於上，而不回邪諂佞。○王引之曰：「慎比」卽「順比」。（王制篇曰：「天下莫不順比從服。」「順」「慎」古多通用，不煩引證。）言雖順比於君而不諂諛也。楊分「慎比」爲二義，失之。**主疏遠之，則全一而不倍；**不以疏遠而懷離貳之心。**主損絀之，則恐懼而不怨。貴而不爲夸，**夸，奢侈也。**信而不處謙，**謙，讀爲嫌。得信於主，不處嫌疑間，使人疑其作威福也。○謝本依盧校「不」下有「忘」字。盧文弨曰：各本無「忘」字，惟宋本有，作「不忘處謙下」解未嘗不可通，但注讀謙爲嫌，云「不處嫌疑間」，則「忘」字衍，當去之。王念孫曰：宋呂本如是，錢及各本俱無「忘」字。先謙案：「忘」字依注不當有，從各本删。**任重而不敢專，財利至則善而不及也，必將盡辭讓之義然後受，**善而不及，而，如也，言己之善寡，如不合當此財利也。○謝本從盧校

「善」上有「言」字。王念孫曰：元刻無「言」字，是也。據楊注云「善而不及，而，如也」，則「善」上無「言」字明矣。注又云「言己之善寡，如不合當此財利也」，此「言」字乃申明正文之詞，非正文所有也。宋本有「言」字，卽涉注文而衍。先謙案：王說是，今依元刻删。**福事至則和而理，禍事至則靜而理，**理，謂不失其道。和而理，謂不充屈。靜而理，謂不隕穫也。**富則施廣，貧則用節，可貴可賤也，可富可貧也，可殺而不可使爲姦也，**君雖寵榮屈辱之，終不可使爲姦也。**是持寵處位終身不厭之術也。雖在貧窮徒處之埶，亦取象於是矣，夫是之謂吉人。**徒處，徒行。或曰：獨處也。雖貧賤，其所立志亦取法於此也。**詩曰：「媚茲一人，應侯順德。永言孝思，昭哉嗣服。」此之謂也。**詩，大雅下武之篇。一人，謂君也。應，當。侯，維。服，事也。鄭云：「媚，愛。茲，此也。可愛乎武王，能當此順德，謂能成其祖考之功也。」「服，事也。明哉武王之嗣，行祖考之事，謂伐紂定天下也。」引此者，明臣事君，亦猶武王之繼祖考也。

求善處大重，理任大事，大重，謂大位也。○俞樾曰：「理」字衍文。「處大重，任大事」相對，皆蒙「善」字爲義。楊注曰「大重，謂大位也」，不釋「理」字之義，知楊氏作注時尚無「理」字也。「理」字，蓋卽「重」字之誤而衍者。**擅寵於萬乘之國，必無後患之術：**○先謙案：「求善處之術」二十二字爲句，與下「必無後患之術也」相應，與前後「持寵處位終身不厭之術」、「天下之行術」一律，楊失其讀。**莫若好同之，**好賢人與之同者也。**援賢博施，除怨而無妨害人。**除怨，不念舊惡。〇盧文弨曰：正文「人」字，元刻作「之」。**能耐任之，則慎行此道也。**耐，忍也。慎，讀爲順。言人有賢能者，雖不欲用，必忍而用之，則順己所行之道。耐，乃代反。〇王念孫曰：「能耐任之」，「能而不耐任」，兩「能」字皆衍文。「耐」卽「能」字也。（禮運「故聖人耐以天下爲一家，以中國爲一人者」，鄭注曰：「耐，古能字。傳書世異，古字時有存者，則亦有今誤矣。」樂記「故人不耐無樂」，鄭注曰：「耐，古書能字也。後世變之，此獨存焉。」成七年穀梁傳「非人之所能也」，釋文：「能，亦作耐。」管子入國篇「聾、盲、喑啞、跛躄、偏枯、握遞，不耐自生者」，「耐」卽「能」字。）耐任之則慎行此道者，言能任國家之大事，（此承上「理任大事」而言。）則慎行此道也。今作「能耐任之」者，後人記「能」字於「耐」字之旁，而傳寫者因誤合之也。「而不耐任」云云者，而讀爲如，言如不能任其事，則莫若推賢讓能也。今作「能而不耐任」者，傳寫者既「能」「耐」竝録，而「能」字又誤在「而不」二字之上也。楊氏不得其解，故曲爲之詞。**能而不耐任，**有能者不忍急用之。**且恐失寵，則莫若早同之，推賢讓能而安隨其後。如是，有寵則必榮，失寵則必無罪，是事君者之寶而必無後患之術也。**或曰：荀子非王道之書，其言駁雜，今此又言以術事君。曰：不然。夫荀卿生於衰世，意在濟時，故或論王道，或論霸道，或論彊國，在時君所擇，同歸於治者也。若高言堯、舜，則道必不合，何以拯斯民於塗炭乎？故反經合義，曲成其道，若得行其志，治平之後，則亦堯、舜之道也。又荀卿門人多仕於大國，故戒以保身推賢之術，與大雅「既明且哲」豈云異哉！〇盧文弨曰：正文「也」字，元刻在「寶」字下。案推賢讓能，人臣之正道也。以此爲固寵之術，亦不善於持説矣。注曲爲之解，非是。故知者之舉事也，滿則慮嗛，嗛，不足也。當其盈滿，則思其後不足之時而先防之。平則慮險，安則慮危，曲重其豫，猶恐及其旤，是以百舉而不陷也。委曲重多而備豫之，猶恐其及旤。旤與禍同。孔子曰：「巧而好度必節，勇而好同必勝，知而好謙必賢。」此之謂也。巧者好作淫靡，故好法度者必得其節。勇者多陵物，故好與人同者必勝之也。○郭嵩燾曰：勝，當讀爲識蒸切。説文：「勝，任也。」言勇而好同，能盡人之力，則可以任天下之大事。愚者反是。處重擅權，則好專事而妬賢能，抑有功而擠有罪，志驕盈而輕舊怨，擠，推也，言重傷之也。輕舊怨，謂輕報舊怨。○王念孫曰：輕，謂輕忽也。以其處重擅權，（見上文。）故志驕盈而輕忽舊怨，以爲莫如予何也。楊云「輕報舊怨」，於「輕」下加「報」字，失之。以恡嗇而不行施道乎上，爲重招權於下以妨害人，雖欲無危，得乎哉！施道，施惠之道。欲重其威福，故招權使歸於己。是以位尊則必危，任重則必廢，擅寵則必辱，可立而待也，可炊而傹也。炊與吹同。「傹」，當爲「僵」。言可以氣吹之而僵仆。傹，音竟。○盧文弨曰：元刻作「音僵」。郝懿行曰：洪氏頤煊以「傹」爲「滰」，引説文「滰浙而行」。郭慶藩曰：字書無「傹」字，傹當讀爲竟。説文：「樂曲盡爲竟。」引申之，凡終盡之義皆謂之竟。炊而竟，猶言終食之閒，謂時不久也。是何也？則墮之者衆而持之者寡矣。墮，許規反。○先謙案：墮，毀也。持，扶助也。解蔽篇云「鮑叔、寧戚、隰朋能持管仲，召公、吕望能持周公」也。

天下之行術：可以行於天下之術。以事君則必通，以爲仁則必聖，立隆而勿貳也。仁，謂仁人。聖，亦通也。以事君則必通達，以爲仁則必有聖知之名者，在於所立敦厚而專一也。此謂可行天下之術也。○俞樾曰：「仁」當作「人」。言以事君則必通達，以爲人則必聖知也。楊注曰「仁，仁人」，失之矣。先謙案：「以事君」二句上屬爲義，言行天下之術如此也。「立隆」句下屬爲義。隆，猶中也。立中道而無貳心，然後從而行之，是乃行術也。楊注似未晰。「仁」「人」古通，俞説是。然後恭敬以先之，忠信以統之，慎謹以行之，端慤以守之，頓窮則從之疾力以申重之。以敦厚不貳爲本，然後輔之以恭敬之屬。頓，謂困躓也。疾力，勤力也。困戹之時，則尤加勤力而不敢怠惰。申重，猶再三也。君雖不知，無怨疾之心；功雖甚大，無伐德之色；省求，多功，愛敬不勸。如是，則常無不順矣。省，少也。少所求，即多立功勞。省，所景反。以事君則必通，以爲仁則必聖，夫是之謂天下之行術。少事長，賤事貴，不肖事賢，是天下之通義也。有人也，埶不在人上而羞爲人下，是姦人之心也。志不免乎姦心，行不免乎姦道，而求有君子聖人之名，辟之是猶伏而咶天，救經而引其足也。辟，讀爲譬。咶與舐同。經，縊也。伏而舐天，愈益遠也。救經而引其足，愈益急也。經音徑。○俞樾曰：「舐天」二字甚爲無誼。人豈有能舐天者乎？以此爲喻，近於戲矣。疑荀子原文作「眂天」，「眂」卽古「視」字也。伏而視天，則不可見，故曰「説必不行」也。「眂」誤爲「舐」，傳寫者又改爲「咶」耳。先謙案：漢書云：「湯夢咶天而王。」後漢和熹鄧后紀：「湯夢及天而咶之。」「咶天」，古有是語，故荀子引以爲譬，俞説非。彊國篇亦有此二語。**説必不行矣，俞務而俞遠。**俞，讀爲愈。**故君子時詘則詘、時伸則伸也。**埶在上則爲上，在下則爲下，必當其分，安有埶不在上而羞爲下之心哉！

荀子卷第四

儒效篇第八 效，功也。

大儒之效：武王崩，成王幼，周公屏成王而及武王以屬天下，惡天下之倍周也。屏，蔽。及，繼。屬，續也。屬，之欲反。○王念孫曰：屬，繫也。天子者，天下之所繫。言周公屏成王而及武王以繫屬天下，故下句云「惡天下之倍周也」。楊訓屬爲續，續天下之語不詞。**履天子之籍，**籍，謂天下之圖籍也。○謝本從盧校作「天下之籍」。王念孫曰：宋本作「天子」，是也。（世德堂本同。）文選江淹雜體詩注引此正作「履天子之籍」。淮南氾論篇「周公履天子之籍，聽天下之政」，語即本於荀子。籍者，位也。謂履天子之位也。下文言「周公反籍於成王」，是籍與位同義。彊國篇曰「夫桀、紂，執籍之所存，天下之宗室也」，「執籍」即「執位」。故韓詩外傳作「履天子之位，聽天下之政」。楊以籍爲天下之圖籍，非也。圖籍不可以言履。（高注淮南以籍爲圖籍，誤與楊同。）先謙案：王説是，今改從宋本。**聽天下之斷，偃然如固有之，而天下不稱貪焉；**偃然，猶安然。固有之，謂如固合有此位也。**殺管叔，虚殷國，而天下不稱戾焉；**虚，讀爲墟。戾，暴也。墟殷國，謂殺武庚，遷殷頑民于洛邑，朝歌爲墟也。**兼制天下，立七十**

一國，姬姓獨居五十三人，而天下不稱偏焉。左氏傳成鱄對魏獻子曰「昔武王克商，光有天下，其兄弟之國者十有五人，姬姓之國者四十人，皆舉親也」，與此數略同，言四十人，蓋舉成數。又曰：「昔周公弔二叔之不咸，故封建親戚以蕃周室。管、蔡、郕、霍、魯、衞、毛、聃、郜、雍、曹、滕、畢、原、酆、郇，文之昭也。邘、晉、應、韓，武之穆也。凡、蔣、邢、茅、胙、祭，周公之胤也。」餘國名，淺學難盡詳究。○郝懿行曰：此總言之。左傳（昭廿八年。）晰言之，曰「其兄弟之國者十有五人，姬姓之國者四十人」。以校此數，「三」當爲「五」，或「三」「五」字形易於混淆，故轉寫致誤耳。**教誨開導成王，使諭於道，而能揜迹於文、武。**開導，謂開通導達。揜，襲也。**周公歸周，**周公所封畿內之國，亦名周。春秋周公黑肩，蓋其後也。言周公自歸其國也。○先謙案：歸周者，以周之天下歸之成王，與「反籍於成王」文義一貫，故下文又以「歸周反籍」連言，非謂自歸其國。周公歸政，身在王朝，即使偶至其采邑，固非事理所重，不得以歸周爲詞也。**反籍於成王，而天下不輟事周，然而周公北面而朝之。**待其固安之後，北面爲臣，明攝政非爲己也。**天子也者，不可以少當也，**不可少頃當此位也。**不可以假攝爲也。**周公所以少頃假攝天子之位，蓋權宜以安周室也。**能則天下歸之，不能則天下去之，是以周公屏成王而及武王以屬天下，惡天下之離周也。成王冠，成人，周公歸周反籍焉，明不滅主之義也。周公無天下矣，鄉有天下，今無天下，非擅也；**鄉，讀爲向，下同。擅與禪同。言非禪讓與成王也。

成王鄉無天下，今有天下，非奪也：變埶次序節然也。節，期也。權變次序之期如此也。○王引之曰：「節」上有「之」字，而今本脱之，則文義不明。此言周公鄉有天下而今無，成王鄉無天下而今有，皆變埶次序之節如此也。據楊注云「節，期也，權變次序之期如此」，則正文原有「之」字明矣。榮辱篇曰「是非知能材性然也，是注錯習俗之節異也」，文義與此相似。先謙案：王説非也。天論篇云「君子啜菽飲水，非愚也，是節然也」，與此文一例。節然，猶適然，説詳彊國篇。楊注亦非。**故以枝代主而非越也，**枝，枝子。周公，武王之弟，故曰枝。主，成王也。**以弟誅兄而非暴也，**謂殺管叔。管叔，周公之兄也。**君臣易位而非不順也。**時不得不然，故易位，非爲不順。**因天下之和，遂文、武之業，明枝主之義，抑亦變化矣，天下厭然猶一也。**厭然，順從之貌，一涉反。○謝本從盧校「抑亦變化矣」作「仰易變化」，注多「仰易，反易也」五字。盧文弨曰：正文「仰易變化」，宋本作「抑亦變化矣」，無「仰易，反易也」五字注。今從元刻。郝懿行曰：厭者，合也。倉頡篇云：「伏合人心曰厭。」周語「克厭天心」，韋昭注：「厭，合也。」此「厭」字本義，其音一剡切。楊注「厭然，順從之貌」，義猶近之，其音一涉反則非。「厭」字古有二音二義。説文：「厭，笮也。」笮者，迫也。此厭音於輒切。一曰合也，此厭音一剡切。荀書此「厭」訓合。此篇下云「猒猒兮其能長久也」，「猒」即「厭」之叚借。楊氏訓爲猒足，失其義也。王霸篇云「厭焉有千歲之固」，亦與此「厭」音義俱同。楊注引禮記曰「見君子而後厭然」，鄭注「厭，讀爲黶，黶，閉藏貌」。楊蓋不知假借之義。鄭欲借「厭」爲「黶」，故訓閉藏，荀書之「厭」自用本義，無取閉藏，何必依鄭讀厭爲黶邪？　王念孫曰：「抑亦變化矣」，宋呂、錢本竝如是，世德堂本同。承上文而言，言周公以枝代主，君臣易位，然後反籍於成王，以明枝、主之義，其事抑亦變化矣，然而天下晏然如一也。「抑亦變化矣」五字，不須注釋，故楊氏無注。元刻「抑亦變化矣」作「仰易變化」，而妄爲之注曰：「仰易，反易也。」案諸書無謂反易爲仰易者，盧從元刻，非。又曰：厭然，安貌。字本作「懕」，或作「猒」，又作「愔」。方言曰：「猒，安也。」說文曰：「懕，安也。」玉篇音於廉切。爾雅曰：「懕懕，安也。」秦風小戎篇「厭厭良人」，毛傳曰：「厭厭，安靜也。」小雅湛露篇「厭厭夜飲」，韓詩作「愔愔」。昭十二年左傳「祈招之愔愔」，杜注曰：「愔愔，安和貌。」皆其證也。下文曰「猒猒兮其能長久也」，王霸篇曰「厭焉有千歲之固」，正論篇曰「天下厭然，與鄉無以異也」，義竝與此同。乃楊注於「天下厭然猶一」則云「厭然，順從之貌，一涉反」；（正論篇注又云「順服之貌」。古皆無此訓。）於「猒猒兮其能長久」則云「猒，足也」；於「厭焉有千歲之固」則云「厭，讀爲黶，黶然深藏，千歲不變改」：皆由不知厭之訓爲安，故望文生義而卒無一當矣。　先謙案：宋本作「抑亦變化矣」，是也。今依王說改正。厭然，王說是。　非聖人莫之能爲，夫是之謂大儒之效。

秦昭王問孫卿子曰：「儒無益於人之國？」漢宣帝名詢，劉向編録，故以荀卿爲孫卿也。　孫卿子曰：「儒者法先王，隆禮義，謹乎臣子而致貴其上者也。　謹乎臣子，謂使不敢爲非。致，極也。　人主用之，則埶在本朝而宜；　言儒者得權埶在本朝，則事皆合宜也。○王念孫曰：埶者，位也。言位在本朝也。禮運「在埶者去」，鄭注曰：「埶，埶位也。」下文曰「埶在人上」，仲尼篇曰「埶不在人上而羞爲人下」，正論篇曰「埶位至尊」，是埶與位同義。楊以埶爲權埶，失之。**不用，則退編百姓而慤，必爲順下矣。**必不爲勃亂也。**雖窮困凍餒，必不以邪道爲貪；無置錐之地而明於持社稷之大義；嗚呼而莫之能應，然而通乎財萬物、養百姓之經紀。**嗚呼，歎辭也。財與裁同。雖歎其莫己知，無應之者，而亦不怠惰困弃，常通於裁萬物、養百姓之綱紀也。○郝懿行曰：「嗚」，俗字，古止作「烏」。烏呼而莫之應，言儒雖困窮凍餒，若不以禮聘致，欲呼召之而必不能應也。此對秦昭王輕儒而言。必云「烏呼」者，李斯諫逐客書「擊甕叩缶，歌呼烏烏，真秦之聲」，故以此言反之。注以歎辭爲解，不成文義。王念孫曰：「嗚」當爲「嘄」，字之誤也。嘄與叫同。爾雅：「祈，叫也。」周官大祝注「叫」作「嘄」。小雅北山傳曰：「叫，呼也。」周官銜枚氏曰「禁嘄呼歎嗚於國中者」，淮南原道篇曰「叫呼仿佛」，漢書息夫躬傳曰「狂夫嘄謼於東崖」，竝字異而義同。上言「嘄呼」，故下言「莫之能應」，若作「嗚呼」，則與下文義不相屬矣。新序雜事篇作「叫呼而莫之能應」，是其明證也。先謙案：楊、郝二説皆非也。嗚呼而莫之能應，言儒者窮困之時，人不聽其呼召也，與「無置錐之地」句相儷，「然而」句與「而明」句相儷，文義甚明。財，成也，説見非十二子篇。**埶在人上則王公之材也，**在人之上，謂爲人君也。**在人下則社稷之臣、國君之寶也。雖隱於窮閻漏屋，人莫不貴之，道誠存也。**窮閻，窮僻之處。閻，里門也。漏屋，弊屋漏雨者也。○王念孫曰：廣雅曰：「閻謂之衖。」（與巷同。）窮閻，即論語所云「陋巷」，非謂里門也。新序雜事篇作「窮閻」，閻亦巷也。故祭義「弟達乎州巷」，鄭注曰：「巷，猶閭也。」（巷謂之閻，亦謂之閭，猶里門謂之閻，亦謂之閭。）漏，讀爲「陋巷」之陋。說文曰：「陋，阸陜也。」陋屋與窮閻同意，非謂弊屋漏雨也。爾雅曰：「陋，隱也。」大雅抑篇「尚不愧于屋漏」，鄭箋曰：「漏，隱也。」是陋與漏通。羣書治要引作「窮閻陋屋」，韓詩外傳作「窮巷陋室」，皆其明證矣。先謙案：羣書治要作「人莫不貴，貴道誠存也」，言人所以莫不貴此人者，其可貴之道在也，文義爲長。修身篇云「雖困四夷，人莫不貴」，非相篇云「雖不說人，人莫不貴」，句法一律，俱無「之」字。此作「貴之」，不重「貴」字者，下「貴」字或作「〻」，轉寫者因誤爲「之」字耳。君道篇云「夫文王欲立貴道」，又云「於是乎貴道果立」，正與此「貴道」同義。**仲尼將爲司寇，**魯司寇也。**沈猶氏不敢朝飲其羊，公慎氏出其妻，慎潰氏踰境而徙，**皆魯人。家語曰：「沈猶氏常朝飲其羊以詐市人，公慎氏妻淫不制，慎潰氏奢侈踰法，魯之粥六畜者飾之以儲賈。」**魯之粥牛馬者不豫賈，必蚤正以待之也。**豫賈，定爲高價也。粥牛馬者不敢高價，言仲尼必先正其身以待物，故得從化如此。賈，讀爲價。○盧文弨曰：正文「以待之」下，俗本有「者」字。郝懿行曰：豫與序同，古字通用。早正市價以待之，故鬻者不復論序也。劉台拱曰：孔子將爲司寇，而魯之人蚤自修正以待之，所謂「不動而變，無爲而成」也。王念孫曰：「蚤正以待之」，與下文「孝弟以先之」，皆指孔子而言。若謂魯人蚤自修正以待，則與下文不類矣。王引之曰：豫，猶誑也。周官司市注曰「使定物賈，防誑豫」是也。（豫與誑同義。賈疏云「恐有豫爲誑欺，故云『防誑豫』」，失之。）晏子問篇曰「公市不豫，宮室不飾」，鹽鐵論力耕篇曰「古者商通物而不豫，工致牢而不僞」，不豫，謂不誑也。又禁耕篇曰「教之以禮則工商不相豫」，謂不相誑也。「豫」「猶」一聲之轉。方言曰：「猶，詐也。」詐，亦誑也。惑謂之猶，亦謂之豫，（老子「與兮若冬涉川，猶兮若畏四鄰」，與與豫同。）詐説惑人謂之猶，亦謂之豫，此轉語之相因者也。「豫」又作「儲」。家語相魯篇：「孔子爲政三月，則鬻牛馬者不儲賈。」儲與奢，古聲相近。説文曰：「奢，張也。」爾雅曰：「侜張，誑也。」亦古訓之相因者也。然則市不豫賈者，市賈皆實，不相誑豫也。淮南覽冥篇曰「黄帝治天下，市不豫賈」，史記循吏傳曰「子産爲相，市不豫賈」，（索隱云「謂臨時評其貴賤，不豫定賈」，失之。）説苑反質篇曰「徒師沼治魏而市無豫賈」，義竝與此同。説者皆讀豫爲「凡事豫則立」之豫，望文生義，失其傳久矣。俞樾曰：「必」字，衍文也。下文「孝弟以化之也」，與此句相對，下無「必」字，則此亦當無「必」字矣。「蚤」字無義，疑「脩」字之誤。「脩」字闕壞，止存右旁之「备」，故誤爲「蚤」耳。榮辱篇曰「脩正治辨矣」，非十二子篇曰「脩正者也」，富國篇曰「必先脩正其在我者」，王霸篇曰「内不脩正其所以有」，皆以「脩正」二字連文，可以爲證。新序引此作「布正」。「布」，隸書或作「希」，亦與「脩」字右旁相似。先謙案：豫賈，王説是。必蚤正，王、俞説是。**居於闕黨，闕黨之子弟罔不分，有親者取多，**居，謂孔子閒居。闕黨之子弟罔不分均有無，於分均之中，有父母者取其多也。○謝本從盧校作「罔不必分」。盧文弨曰：宋本無「必」字，元刻有。案「必」與「畢」古通用。新序五作「罔罟分，有親者取多」，其卷一作「畋漁分，有親者得多」，與此不同。郝懿行曰：「必」字誤衍，應依新序五作「罔罟分」。説苑七云「羅門之羅，有親者取多，無親者取少」，正與新序同爲一事。劉台拱曰：「罔不分」當作「罔罘分」。罘，兔罟也，一曰麋鹿罟也。新序卷一作「畋漁分，有親者取多」，其卷五作「罔罟分，有親者取多」，與此文大同。元刻作「罔不必分」，妄增「必」字，不可從。王念孫曰：「罔不分」，宋呂、錢本竝如是。「不」卽「罘」字。（晏子春秋内篇曰：「結罘罔。」）先謙案：宋本是。今依諸説删「必」字。孝弟以化之也。由孔子以孝弟化之。儒者在本朝則美政，在下位則美俗，○盧文弨曰：「下位」，元刻作「其位」。儒之爲人下如是矣。王曰：「然則其爲人上何如？」孫卿曰：「其爲人上也廣大矣：志意定乎内，禮節修乎朝，法則度量正乎官，忠信愛利形乎下，官，百官。形，見也。○王念孫曰：「官」與「朝」對文。曲禮「在官言官，在朝言朝」，鄭注曰「官，謂板圖文書之處」是也。富國篇亦曰：「節奏齊於朝，百事齊於官。」楊云「官，百官」，失之。行一不義、殺一無罪而得天下，不爲也。此君義信乎人矣，通於四海，則天下應之如讙。以君義通於四海，故應之如讙。讙，喧也。言聲齊應之也。○王念孫曰：楊説非也。「君」當爲「若」，字之誤也。此若義，猶云此義。若，亦此也。（論語公冶長篇曰：「君子哉若人。」）連言「此若」者，古人自有複語耳。「此若義」三字承上文而言。言此義信乎人，通乎四海，則天下莫不應之也。新序雜事篇作「若義信乎人矣」，是其明證也。禮記曾子問篇曰「子游之徒，有庶子祭者，以此若義也」，（鄭讀「以此」爲一句，「若義也」爲一句，非是。説見經義述聞。）管子山國軌篇曰「此若言何謂也」，墨子尚賢篇曰「此若言之謂也」，史記蘇秦傳曰「王何不使辯士以此若言説秦」，（今本「若」譌作「苦」。燕策作「若此言」。）皆竝用「此若」二字。　**是何也？　則貴名白而天下治也。**　貴名，謂儒名可貴。白，明顯。○盧文弨曰：俗本注末有「之貌」二字。　顧千里曰：「治」，疑當作「願」。　榮辱篇「身死而名彌白，小人莫不延頸舉踵而願」，楊注：「願，猶慕也。」王制篇「若是，名聲白，（舊本誤「日」，下衍「聞」，見雜志第三。）天下願」，楊注：「願，謂人人皆願。」致士篇「而貴名白，天下願」，楊注：「天下皆願從之也。」此「願」同榮辱篇之「願」，此「天下願」同王制篇、致士篇之「天下願」，明甚。　楊此篇無注，蓋已誤爲「治」，其實非也。　**故近者歌謳而樂之，遠者竭蹶而趨之，**　竭蹶，顛倒也。　遠者顛倒趨之，如不及然。　**四海之内若一家，通達之屬莫不從服，夫是之謂人師。**　通達之屬，謂舟車所至、人力所通之處也。　師，長也。　言儒者之功如此，故可以爲人之師長也。○盧文弨曰：注「人之師長」，宋本無「之」字，今從元刻。　郝懿行曰：師者，衆也。　言合四海若一家，成爲大衆，謂衆所歸往也。　王制篇及議兵篇義亦同。　爾雅：「師，人也。」此言「人師」，其義則一。　注云「師，長」，非也。　先謙案：如郝説，夫是之謂人衆，不詞甚矣。　師長之義甚古。　長，亦君也。　周語「古之長民者」，韋注：「長，猶君也。」廣雅釋詁：「長，君也。」人師，猶言人君矣。　王制篇、議兵篇語意大同，楊注竝訓「師，長」。　又王制篇云「上無君師」，正論篇云「海内之民，莫不願得以爲君師」，又云「然則是誅民之父母，而師民之怨賊也」，禮論篇云「尊先祖而隆君師」，皆作君長解。　若如郝説，豈可通乎？　**詩曰：『自西自東，自南自北，無思不服。』此之謂也。**　詩，大雅文王有聲之篇。引此以明天下皆歸之也。**夫其爲人下也如彼，其爲人上也如此，何謂其無益於人之國也？」昭王曰：「善。」**

先王之道，仁之隆也，比中而行之。先王之道，謂儒學，仁人之所崇高也，以其比類中道而行之，不爲詭異之説，不高不下，使賢不肖皆可及也。○謝本從盧校作「仁人隆也」。王念孫曰：吕本作「仁之隆也」，是也。此言先王之道乃仁道之至隆者也，所以然者，以其比中而行之也。楊云「仁人之所崇高也」，失之。錢本作「仁人隆也」，卽涉注「仁人」而誤。比，順也，從也。（説見經義述聞比象傳。）言從乎中道而行之也。楊以比爲比類，未確。先謙案：下文以禮義釋中，則比中卽論語「義之與比」之意。王説是也。仁之隆也義長，依吕本改正。**曷謂中？曰：禮義是也。道者，非天之道，非地之道，人之所以道也，君子之所道也。**重説先王之道非陰陽、山川、怪異之事，是人所行之道也。○謝本從盧校作「人之所道也」，無「君子之所道也」句。盧文弨曰：宋本作「人之所以道也」，下又有「君子之所道也」句，今從元刻刪正。王念孫曰：盧説非也。人之所以道者，道，行也，謂人之所以行也。君子之所道者，道爲人之所以行，而人皆莫能行之，唯君子爲能行之也。二句本不同義，後人以爲重複而删之，謬矣。下文「君子之所謂賢者」八句，正承此「君子」而言，則此句之非衍文甚明。吕、錢本、世德堂本皆作「人之所以道也，君子之所道也」，今據以補正。先謙案：王説是，今改從宋本。**君子之所謂賢者，非能**

偏能人之所能之謂也；君子之所謂知者，非能偏知人之所知之謂也；君子之所謂辯者，非能偏辯人之所辯之謂也；君子之所謂察者，非能偏察人之所察之謂也：有所正矣。**苟得其正，不必偏能。或曰：「正」，當爲「止」。言止於禮義也。○王念孫曰：案後説是也。解蔽篇曰：「夫學也者，固學止之也。惡乎止之？曰：止諸至足。曷謂至足？曰：聖王也。」是其證。羣書治要正作「有所止矣」。**相高下，視墝肥，序五種，君子不如農人；**相，視也。高下，原隰也。墝，薄田也。五種，黍、稷、豆、麥、麻。序，謂不失次序，各當土宜也。**通財貨，相美惡，辯貴賤，君子不如賈人；**視貨物之美惡，辨其貴賤也。賈與估同。**設規矩，陳繩墨，便備用，君子不如工人；**便備用，謂精巧便於備用。○先謙案：備用，猶言械用，説見王制篇。**不卹是非然不然之情，**○王引之曰：「然不然」，本作「然不」，卽「然否」也。哀公篇「情性者，所以理然不、取舍也」，是其證。「取舍」與「然不」對文，「是非」與「然不」亦對文，後人不知「不」爲「否」之借字，故又加「然」字耳。性惡篇「不恤是非、然不然之情」，誤與此同。先謙案：「卹」「恤」通用。秦策「不恤楚交」，韋注：「恤，顧也。」**以相薦撙，以相恥怍，君子不若惠施、鄧析。**薦，藉也。謂相蹈藉、撙抑，皆謂相陵駕也。怍，慚也。○盧文弨曰：正文末有「也」字，今從元刻删。**若夫謫德而定次，**謫與商同，古字。商度其德而定位次，本或亦多作「譎」。譎與決同。謂斷決其德，故下亦有「譎德而序位」之語。○盧文弨曰：注末四字，宋本作「定次也」，訛。今從元刻。洪頤煊曰：字書無「謪」字。君道篇「論德而定次，量能而授官」，文與此同。「謪」，疑即「論」字之譌。正論篇「圖德而定次」，圖，謀，亦論也。「謪」字又譌作「譎」。王念孫曰：作「譎」者是也。作「謪」者，「譎」之譌耳。「譎」「決」古字通。（睽上九王注「恢詭譎怪」，釋文：「譎，本亦作決。」）謂決其德之大小而定位次也。下文「譎德而序位」，是其明證。又君道篇「譎德而定次」，今本作「論德」，「論」字乃後人以意改之。（正論篇「論德而定次」同。）韓詩外傳作「決德」，則荀子之本作「譎」甚明。或據君道篇改此篇之「譎德」為「論德」，非也。又正論篇「圖德而定次」，舊校云「一本作決德」，亦當以作「決」者為是。作「圖」者，蓋亦後人所改。**量能而授官，使賢不肖皆得其位，能不能皆得其官，**任使各當其才。**萬物得其宜，事變得其應，慎、墨不得進其談，惠施、鄧析不敢竄其察，**竄，隱匿也。言二子之察，無所逃匿，君子皆識也。○先謙案：楊說非也。不得進其談，不敢竄其察，文義一律，「竄」與「進」，意亦相配，不得解竄為逃匿也。大略篇云「貧窶者有所竄其手矣」，注：「竄，容也。」此竄亦當訓為容。言二子無所容其察辨也。呂覽審分篇「無所竄其姦矣」，「竄」字意正與此同。**言必當理，事必當務，是然後君子之所長也。凡事行，有益於理者立之，**行，下孟反。**無益於理者廢之，夫是之謂中事。凡知說，有益於理者為之，無益於理者舍之，夫是之謂中說。事行失中謂之姦事，**○王念孫曰：「事行」，呂本作「行事」，錢本及各本「行事」皆作「事行」。盧從呂本。上文云：「事行無益於理者廢之，知說無益於理者舍之。」此云「事行失中謂之姦道」，皆承上文而言，則作「事行」者是也。仲尼篇云「其事行也，若是其險汙淫汏也」，（楊注：「事險而行汙也。行，下孟反。」案楊於仲尼篇已釋「事行」二字，故此不復釋。）王制篇云「立身則從傭俗，事行則遵傭故」，皆其證。先謙案：謝本從盧校作「行事」，今從王說改正。**知說失中謂之姦道。姦事姦道，治世之所棄，而亂世之所從服也。若夫充虛之相施易也，**充，實也。施，讀曰移。移易，謂使實者虛、虛者實也。**堅白、同異之分隔也，**以堅白同異之言相分別隔易。同異，已解上也。**是聰耳之所不能聽也，明目之所不能見也，辯士之所不能言也，雖有聖人之知，未能僂指也。**僂，疾也。言雖聖人亦不可疾速指陳。僂，力主反。公羊傳曰「夫人不僂」，何休曰：「僂，疾也，齊人言也。」**不知無害爲君子，知之無損爲小人。工匠不知無害爲巧，君子不知無害爲治。**君子，卿大夫也。**王公好之則亂法，百姓好之則亂事。**事，謂作業。**而狂惑戇陋之人，乃始率其羣徒，辯其談說，明其辟稱，老身長子，不知惡也。**戇，愚也。辟音譬。稱，尺證反。身老子長，言終身不知惡之也。**夫是之謂上愚，**有偏僻之見，非昧然無知，然亦不免於愚，故曰上愚。○劉台拱曰：上愚，猶言極愚。楊注非。**曾不如相雞狗之可以爲名也。**有惠施、鄧析之名，尚不如相雞狗之名也。○盧文弨曰：正文「曾不如」下，宋本有「好」字，元刻無。郝懿行曰：古人重畜，問富數焉，門材與焉，不獨相牛馬之有經也，後世蔑如矣。**詩曰：「爲鬼爲蜮，則不可得。有靦面目，視人罔極。作此好歌，以極反側。」此之謂也。**詩，小雅何人斯之篇。毛云：「蜮，短狐也。靦，姡也。」鄭云：「使汝爲鬼爲蜮也，則汝誠不可得見也。姡然有面目，汝乃人也，人相視無有極時，終必與汝相見也。」引此以喻狂惑之人也。

我欲賤而貴，愚而智，貧而富，可乎？曰：其唯學乎。彼學者，行之，曰士也；彼爲儒學者，能行則爲士也。士者，修立之稱。○先謙案：楊以「彼爲儒學者」釋「彼學者」三字，非也。下言「行之曰士」，上言「爲儒學之人」，於義爲複矣。「彼學者」三字讀斷，與上「其唯學乎」正相呼應。「曰士也」，猶言「謂之士也」。**敦慕焉，君子也；**敦厚慕之。○王引之曰：楊說非也。敦、慕，皆勉也。爾雅曰：「敦，勉也。」大戴記五帝德篇曰：「幼而彗齊，長而敦敏。」內則曰：「惇行孝弟。」（「敦」「惇」古字通。）是敦爲勉也。說文：「慔，（莫故切。）勉也。」爾雅曰：「慔慔，勉也。」釋文：「慔音墓，亦作慕。」是慕爲勉也。（方言：「侔莫，强也。北燕之外郊，凡勞而相勉，若言努力者，謂之侔莫。」淮南繆稱篇「猶未之莫與」，高注：「莫，勉之也。」莫與慕，亦聲近而義同。）此承上文而言，言能行之則爲士，行而加勉則爲君子。故曲禮云「敦善行而不怠謂之君子」，非徒厚慕之而已也。**知之，聖人也。**知之，謂通於學也。於事皆通，則與聖人無異也。**上爲聖人，下爲士君子，孰禁我哉！**爲學之後，則誰能禁我使不爲聖人士君子也。**鄉也，混然涂之人**

也，俄而竝乎堯、禹，豈不賤而貴矣哉！混然，無所知之貌。竝，比也。鄉音向。涂與途同。**鄉也，效門室之辨，混然曾不能決也，**效，白。辨，别也。向者，明白門室之别異，猶不能決，言所知淺也。○王引之曰：楊以效爲明白。既明白門室之别矣，何又不能決乎？乃又云「言所知淺也」，此則曲爲之解而終不可通。今案：效者，考也，驗也。（竝見廣雅。）考驗門室之别，曾混然不能決，言其愚也。古謂考爲效，説見經義述聞梓材及曲禮。先謙案：王説是。議兵篇「隆禮效功」，楊注亦云「效，驗也」。**俄而原仁義，分是非，圖回天下於掌上而辯白黑，豈不愚而知矣哉！**原，本也。謂知仁義之本。圖，謀也。回，轉也。言圖謀運轉天下之事如在掌上也。○盧文弨曰：「而辯」之「而」，與如同。俞樾曰：楊注「圖謀運轉」兩義不倫，恐非其旨。「圖」者，「圎」之誤字。廣雅釋詁：「圎，圓也。」圎回，猶圓轉也。淮南原道篇曰「圓者常轉」，是其義也。圎回天下於掌上，言天下之大可圓轉於掌上也。隸書「圖」字或作「圗」，或作「啚」，皆與「圎」字相似，學者多見「圖」，少見「圎」，因誤爲「圖」耳。**鄉也，胥靡之人，俄而治天下之大器舉在此，豈不貧而富矣哉！**胥靡，刑徒人也。胥，相。靡，繫也。謂鏁相聯相繫，漢書所謂「銀鐺」者也。舉，皆也。顔師古曰：「聯繫使相隨而服役之，猶今囚徒以鏁連枷也。」○王引之曰：此胥靡，非謂刑徒人也。胥靡者，空無所有之謂，故荀子以況貧。胥之言疏也。（司馬彪注莊子應帝王篇曰：「胥，疏也。」宣十四年左傳「車及於蒲胥之市」，吕氏春秋行論篇作「蒲疏」。史記蘇秦傳「東有淮、潁、煮棗、無胥」，魏策作「無踈」。）疏，空也。靡，無也。胥靡猶言胥無。春秋齊有賓胥無，蓋取此義也。漢書揚雄傳客難曰「胥靡爲宰，寂寞爲尸」，「胥靡」與「寂寞」相對爲文，是胥靡爲空無所有之意。（張晏曰：「胥，相也。靡，無也。言相師以無爲作宰者也。」）案張訓靡爲無，是也；其訓胥爲相，則失之。**今有人於此，屑然藏千溢之寶，雖行貣而食，人謂之富矣。**屑然，雜碎衆多之貌。行貣，行乞也。貣，土得反。○郝懿行曰：屑，瑣細之貌。至寶不必盈握，故以瑣細言之。「屑」，今作「屑」，「溢」作「鎰」。**彼寶也者，衣之不可衣也，**下衣，於既反。言已爲衣則不可衣著。○盧文弨曰：案，「已」「以」通。**食之不可食也，賣之不可僂售也，**僂，疾。○郝懿行曰：上云「雖有聖人之知，未能僂指也」，注引公羊傳曰「夫人不僂」，何休注：「僂，疾也。」按「僂」皆「屢」之假借字。釋詁云：「屢，疾也。」「售」者，「讎」之俗字。詩曰：「賈用不讎。」**然而人謂之富，何也？豈不大富之器誠在此也？**喻學者雖未得衣食，亦猶藏千金之寶也。○先謙案：楊説非也。此言藏寶者不可衣食，不可僂售，然而人謂之富者，以其有大富之器也，不指學者言。下文「是杅杅亦富人」，始就學者之富言之。**是杅杅亦富人已，豈不貧而富矣哉！**杅杅，卽于于也，自足之貌。莊子曰「聽居居，視于于」也。○王引之曰：聽居居，視于于，與富意無涉。案方言：「于，大也。」文王世子「于其身以善其君」，鄭注曰：「于，讀爲迂。」迂，猶廣也、大也。檀弓「易則易，于則于」，正義亦曰：「于謂廣大。」重言之則曰于于。上文曰「治天下之大器在此」，又曰「大富之器在此」，是言學之富如財之富也，故曰「是杅杅亦富人已」。故君子無爵而貴，無祿而富，不言而信，不怒而威，窮處而榮，獨居而樂，豈不至尊、至富、至重、至嚴之情舉積此哉！舉，皆也。此，此儒學也。其情皆在此，故人尊貴敬之。故曰：貴名不可以比周爭也，不可以夸誕有也，不可以執重脅也，必將誠此然後就也。貴名，人所貴儒學之名。此，身也。爭之則失，讓之則至，遵道則積，夸誕則虛。遵道則自委積，夸誕則尤益空虛也。○王念孫曰：「道」當爲「遁」，字之誤也。「遵遁」，即「逡巡」。文選上林賦注引廣雅曰：「逡巡，卻退也。」管子戒篇作「逡遁」，小問篇作「遵遁」，（與荀子同。）晏子問篇作「逡遁」，又作「逡循」，莊子至樂篇作「蹲循」，漢書平當傳贊作「逡遁」，萬章傳作「逡循」，三禮注作「逡遁」，竝字異而義同。「遵遁」與「夸誕」對文。「遵遁」則積承上文「讓之則至」而言，「夸誕」則虛承上文「爭之則失」而言。故下文云「君子務積德於身而處之以遵遁」，（今本亦誤作「遵道」。）言以退讓自處也。若作「遵道」，則與「夸誕」不對，且與上文不相應矣。楊依「遵道」爲解，故失之。故君子務修其內而讓之於外，務積德於身而處之以遵道，如是，則貴名起如日月，天下應之如雷霆。衆應之聲如雷。○謝本從盧校「起」下有「之」字。盧文弨曰：正文「起之」，宋本無「之」字。王念孫曰：宋本是也。貴名起如日月，言貴名之顯著也，（王霸篇：「如是，則夫名聲之部發於天地之閒也，豈不如日月雷霆云乎哉！」）「起」下不當有「之」字。元刻及世德堂本有「之」字，乃涉下句「天下應之」而衍。呂、錢本皆無「之」字。先謙案：王説是，今改從宋本。**故曰：君子隱而顯，微而明，辭讓而勝。詩曰：「鶴鳴于九皋，聲聞于天。」此之謂也。**詩，小雅鶴鳴之篇。毛云：「皋，澤也。言身隱而名著也。」鄭云：「皋，澤中水溢出所爲坎，自外數至九，喻聲〔一〕遠也。」**鄙夫反是。比周而譽俞少，鄙争而名俞辱，煩勞以求安利，其身俞危。**俞，讀爲愈。○王念孫曰：譽，非名譽，卽「與」字也。（「與」「譽」古字通。射義「則燕則譽」，鄭注：「譽或爲與。」堯典「伯與」，漢書古今人表作「柏譽」。韓子有度篇「忘主外交以進其與」，管子明法篇「與」作「譽」。）言雖比周以求黨與，而黨與愈少也。（彊國篇曰：「比周以争與。」）下句「鄙争而名俞辱」，乃言名譽耳。元刻「譽」作「與」，本字也；宋本作「譽」，借字也。小雅角弓傳「比周而黨愈少，鄙争而名愈辱，求安而身愈危」，語皆本於荀子，黨亦與也。又臣道篇「推類接譽以待無方」，（楊注：「無方，無常也。」）譽，亦讀爲與，與亦類也。周語「少曲與焉」，韋注曰：「與，類也。」言推類接與以待事之無常者而應之也。楊以譽爲聲譽，失之。**詩曰：「民之無良，相怨一方。受爵不讓，至于己斯亡。」此之謂也。**詩，小雅角弓之篇。引此以明不責己而怨人。**故能小而事大，辟之是猶力之少而任重也，舍粹折無適也。**舍，除也。粹，讀爲

〔一〕「聲」，詩鶴鳴鄭箋作「深」。

碎。除碎折之外，無所之適。言必碎折。○先謙案：正論篇云「蹎跌碎折，不待頃矣」，與此粹折義同，彼用本字。**身不肖而誣賢，**○先謙案：不肖而自以爲賢，是誣也。下文云「內不自以誣」，可證「誣賢」二字之義。君道篇云「臣不能而誣能，則是臣詐也」，與此「誣賢」意同。**是猶傴伸而好升高也，指其頂者愈衆。**傴，僂也。伸，讀爲身，字之誤也。傴身之人而彊升高，則頭頂尤低屈，故指而笑之者愈衆。○劉台拱曰：「伸」，葢即「僂」字之譌。**故明主譎德而序位，**○先謙案：譎，決也，說見上。**所以爲不亂也；忠臣誠能然後敢受職，所以爲不窮也。分不亂於上，能不窮於下，治辯之極也。**不亂，謂皆當其序。不窮，謂通於其職列也。言儒爲治辯之極也。○先謙案：辯，亦治也，說見不苟篇。**詩曰：「平平左右，亦是率從。」是言上下之交不相亂也。**詩，小雅采菽之篇。毛云：「平平，辯治也。」交，謂上下相交接也。○王念孫曰：交，如「上下交征利」之交。此承上文而言。分不亂於上，能不窮於下，是上下交不相亂也。「交不相亂」四字連讀。富國篇云「上下俱富，交無所藏之」，文義正與此同。楊云「交，謂上下相交接」，則誤以「上下之交」連讀矣。

以從俗爲善，以貨財爲寶，以養生爲己至道，是民德也。養生爲己至道，謂莊生之徒。民德，言不知禮義也。○盧文弨曰：此條舊不提行，今案當分段。「從俗」，元刻作「容俗」，今從宋本。劉台拱曰：養生，猶言治生，故曰「民德」，未及乎莊生之徒。王念孫曰：「民」字對下「士」「君子」「聖人」而言。行法至堅，不以私欲亂所聞，如是，則可謂勁士矣。行法至堅，好修正其所聞以橋飾其情性，行法，謂行有法度。行，下孟反。橋與矯同。○盧文弨曰：案宋本「橋」從木，臣道篇亦同。正韻引荀子亦從木。元刻從手，亦可通。劉台拱曰：韓詩外傳引此作「行法而志堅」。（下同。）據楊注「行有法度」，明「行法」與「志堅」對舉，不當作「至」。王念孫曰：法者，正也。言其行正，其志堅，（楊云「行有法度」，加「有」字以釋之，則於義稍迂。）故下句云「不以私欲亂所聞」也。古謂正爲法，説見漢書賈鄒枚路傳。先謙案：荀書「至」「志」通借。正論篇「其至意至闇也」，楊注「至，當爲志」，是其證。臣道篇云「相與彊君撟君」，盧校云：「撟，宋本作橋。」羣書治要作「矯」，明荀書以「橋」代「矯」也。其言多當矣而未諭也，其行多當矣而未安也，其知慮多當矣而未周密也，未諭，謂未盡曉其義。未安，謂未得如天性安行之也。周密，謂盡善也。上則能大其所隆，○先謙案：所隆，謂其所尊奉者。言能推崇其道而大之。下則能開道不己若者，如是，則可謂篤厚君子矣。修百王之法若辨白黑，應當時之變若數一二，如數一二之易。行禮要節而安之若生四枝，要，邀也。節，節文也。言安於禮節，若身之生四枝，不以造作爲也。要，一遥反，下「要時」同。要時立功之巧若詔四時，邀時立功之巧，謂不失機權，若天告四時使成萬物也。平正和民之善，億萬之衆而博若一人，如是，則可謂聖人矣。雖博雜衆多，如理一人之少也。○謝本從盧校「聖人」作「賢人」。

盧文弨曰：「賢人」舊作「聖人」，誤。　劉台拱云：「博若一人」，「博」當爲「傳」，議兵篇「和傳而一」，亦當作「和傳」，皆字之誤也。而一，如一也。億萬之衆，親附若一人，卽所謂和傳如一也。王念孫曰：「博」與「傳」，皆「摶」字之誤也。摶，卽「專一」之專。億萬之衆而專若一人，卽所謂和專如一也。管子幼官篇曰：「摶一純固，（今本「摶」誤作「博」。）則獨行而無敵。」呂氏春秋決勝篇曰：「積則勝散矣，摶則勝離矣。」淮南兵略篇曰：「武王之卒三千人，皆專而一。」古書多以「摶」爲「專」，詳見管子。又曰：自「修百王之法」以下十句，非聖人不足以當之，故曰「如是則可謂聖人矣」。下文「如是則可謂聖人矣」，乃涉此文而衍。（自「井井兮其有理」以下十句，楊注皆以爲論大儒之德，則非論聖人明矣，此下安得又有「如是則可謂聖人矣」八字乎？）盧不知下文之衍，又以哀公篇孔子對哀公語有「如此則可謂賢人矣」一句在「君子」「大聖」之閒，遂改此文之「聖人」爲「賢人」，以別於下文之「聖人」；不知本書之例皆以士、君子、聖人分爲三等，與孔子對哀公者不同。上文云「行之，曰士也；敦慕焉，君子也；知之，聖人也」；修身篇云「好法而行，士也；篤志而體，君子也；齊明而不竭，聖人也」；解蔽篇曰「嚮是而務，士也；類是而幾，君子也；知之，聖人也」：皆以士、君子、聖人分爲三等，與此文同一例，不得於「君子」之上添出「賢人」名目。各本及韓詩外傳皆作「聖人」，無作「賢人」者。（上文之「篤厚君子」，卽賢人也，故外傳曰「篤厚君子未及聖人也」。是篤厚君子之上卽是聖人，不得又添一賢人名目。）　先謙案：平正，猶平政也，孟子萬章篇：「君子平其政。」王制篇云「故君人者欲安則莫若平政愛民矣」，富國篇云「平政以齊民」，與此「平正和民」文義一律。「正」「政」古字通。王霸篇云「立隆政本朝而當」，彊國篇云「隆在修政矣」，二「政」字皆當作「正」。彼借「政」爲「正」，猶此借「正」爲「政」也。「博」，當爲「摶」，王說是。盧改「聖人」爲「賢人」，誤，今正。**井井兮其有理也，**井井，良易之貌。理，有條理也。○盧文弨曰：正文「有理」，各本作「有條理」。案注，則正文「條」字衍，今刪。**嚴嚴兮其能敬己也，**嚴嚴，有威重之貌。能敬己，不可干以非禮也。「嚴」，或作「儼」。○盧文弨曰：注「干以」，各本皆誤倒，今從明虞、王合訂本移正。**分分兮其有終始也，**事各當其分，卽無雜亂，故能有終始。分，扶問反。○王念孫曰：楊說迂曲而不可通。余謂「分分」當爲「介介」，字之誤也。（隸書「介」「分」相似，故傳寫多譌，說見淮南繆稱篇。）修身篇「善在身，介然必以自好也」，楊彼注云「介然，堅固貌」，引繫辭傳「介如石焉」。此介介，亦堅固貌也。固守不變，始終如一，故曰「介介兮其有終始」，若作「分分」，則義不可通。又君子篇「刑罰不怒罪，爵賞不踰德，分然各以其誠通」，「分」亦當爲「介」。介然，堅固貌。言誠心介然，上下相通也，若作「分然」，則義不可通。楊彼注云「善惡分然」，亦失之。　俞樾曰：分，當讀爲份。說文人部：「份，文質備也，從人，分聲。」論語曰「文質份份」，「分分」卽「份份」也，省偏旁耳。君子篇「分然各以其誠通」，義亦同此。先謙案：王、俞二說並通。據下文又言「綏綏兮其有文章」，則王義爲允。**猒猒兮其能長久也，**猒，足也。亂生於不足，故知足然後能長久也。○先謙案：猒猒兮，猶安安然，說見上。**樂樂兮其執道不殆也，**殆，危也。○俞樾曰：楊氏不釋樂樂之誼，蓋卽以本字讀之。然「樂樂」字，經傳尟見。王霸篇曰「櫟然扶持心國」，楊注曰：「櫟，讀爲落，石貌也。」此云「樂樂兮」，彼云「櫟然」，文異義同。老子曰：「落落如石。」樂樂，猶落落也。以其執道不殆，故以石形容之。**炤炤兮其用知之明也**，炤炤，明見之貌。炤與照同。○郝懿行曰：「炤」，蓋「照」之或體字也，經典罕用。釋蟲「熒火卽炤」，用「炤」字。顏氏家訓風操篇云：「劉韜兄弟一生不爲照字，唯依爾雅火傍作召。」今讀荀書，可知「炤」字由來已久，蓋起於周、秦閒矣。王霸篇亦有「炤」字。**修修兮其用統類之行也**，脩脩，整齊之貌。統類，綱紀也。言事不乖悖也。○王念孫曰：修，讀爲條。春秋繁露如天之爲篇曰「行而無留，若四時之條條然」，是條條爲行貌，故曰「條條兮其統類之行也」，作「修」者，借字耳。（韓子難篇「百官修通」，管子明法解篇「修」作「條」。集韻：「修，他彫切，縣名，周亞夫所封，卽史記絳侯世家之『條侯』。」是「條」「修」古字通。）楊以修修爲整齊貌，與「行」字義不相屬。王引之曰：「統類」上不當有「用」字，蓋涉上句而衍。**綏綏兮其有文章也**，綏綏，安泰之貌。「綏」，或爲「葳蕤」之「蕤」。**熙熙兮其樂人之臧也**，熙熙，和樂之貌。**隱隱兮其恐人之不當也**，隱隱，憂戚貌。恐人之行事不當理。此已上皆論大儒之德也。**如是，則可謂聖人矣**。○先謙案：此句衍文，說見上。

此其道出乎一。曷謂一？曰：執神而固。執持精神堅固。**曷謂神？曰：盡善挾治之謂神，萬物莫足以傾之之謂固**，挾，讀爲浹。浹，周洽也。○王念孫曰：正文「挾治」二字，元刻及世德堂本竝作「挾洽」，「洽」字乃涉注文「周洽」而誤。盧從元刻，非也。呂、錢本「治」竝作

「治」。挾與浹同。全體皆善，故曰「盡善」；全體皆治，故曰「浹治」。「挾治」與「盡善」對文，若作「挾洽」，則與「盡善」不對矣。王引之曰：「萬物」上當有「曷謂固曰」四字。「萬物莫足以傾之之謂固」，與「曷謂固」上下正相呼應。「曷謂固」與上文之「曷謂一」「曷謂神」皆文同一例。「曷謂神」「曷謂固」承上「執神而固」言之；下文「神固之謂聖人」又承上「曷謂神」「曷謂固」言之。今本脱去「曷謂固曰」四字，則與上下文不相應矣。先謙案：謝本從盧校。王説是，改從宋本。神固之謂聖人。聖人也者，道之管也。天下之道管是矣，百王之道一是矣，管，樞要也。是，是儒學。故詩、書、禮、樂之歸是矣。○劉台拱曰：「之」下當有「道」字，與上兩「之道」對文。詩言是，其志也；是儒之志。書言是，其事也；禮言是，其行也；樂言是，其和也；春秋言是，其微也。微，謂儒之微旨。一字爲褒貶，微其文、隱其義之類是也。故風之所以爲不逐者，取是以節之也；風，國風。逐，流蕩也。國風所以不隨荒暴之君而流蕩者，取聖人之儒道以節之也。詩序曰：「變風發乎情，止乎禮義。發乎情，人之性也；止乎禮義，先王之澤也。」小雅之所以爲小雅者，取是而文之也；雅，正也。文，飾也。大雅之所以爲大雅者，取是而光之也；○郝懿行曰：光，猶廣也。「光」「廣」古通用。詩序所謂「政有小大，故有小雅、大雅」是也。頌之所以爲至者，取是而通之也；至，謂盛德之極。天下之道畢是矣。鄉是者臧，倍是者亡。鄉是如不臧、倍是如不亡者，自古及今，未嘗有也。是，皆謂儒也。鄉，讀曰向。○盧文弨曰：正文兩「如」字俱讀爲而。

客有道曰：「孔子曰：『周公其盛乎！言其德盛。身貴而愈恭，家富而愈儉，勝敵而愈戒。』」戒，備也。言勝敵而益戒備。荀卿之時，有客説孔子之言如此。應之曰：「是殆非周公之行，非孔子之言也。武王崩，成王幼，周公屏成王而及武王，履天子之籍，負扆而坐，户牖之閒謂之扆也。○謝本從盧校作「履天下之籍」。盧文弨曰：宋本作「履天子之籍」，今從元刻。案「坐」，當作「立」。王念孫曰：正論篇「居則設張容，負依而坐，諸侯趨走乎堂下」，汪氏中亦云：「作〔一〕，當爲立，古無坐見諸侯之禮。鈔者淺陋，以意改之。」先謙案：「天子之籍」是也，説見上。今改從宋本。諸侯趨走堂下。當是時也，夫又誰爲恭矣哉！兼制天下，立七十一國，姬姓獨居五十三人焉，周之子孫苟不狂惑者，莫不爲天下之顯諸侯，孰謂周公儉哉！武王之誅紂也，行之日以兵忌，武王發兵，以兵家所忌之日。東面而迎太歲，迎，謂逆太歲。尸子曰：「武王伐紂，魚辛諫曰：『歲在北方，不北征。』武王不從。」至氾而汎，至懷而壞，氾，水名。懷，地名。書曰「覃、懷底績」，孔安國曰：「覃、懷，近河地名。」謂至氾而適遇水汎漲，至懷又河水汎溢也。呂氏春秋曰：「武王伐紂，天雨，日夜不休。」氾音祀。

〔一〕「作」，據正文似當作「坐」。

○盧文弨曰：正文「至汜」當作「至氾」。左傳「鄤在鄭地氾」，釋文音凡，字從㔾，不從巳，其地在成皋之閒。又漢高卽位於氾水之陽，在定陶，漢書注音敷劒反，非周師所經也。「氾」「汎」、「懷」「壞」以音成義。楊氏不知「汜」當爲「氾」，而卽音爲祀，誤矣。又注「河水汎溢」下，疑當有「壞道」二字。王念孫曰：汪氏中曰：「汜當作氾，音汎，字從㔾，不從巳。」其説是也。然荀子所謂「至氾」者，究不知爲今何縣地。盧用汪説，而引左傳「鄤在鄭地氾」爲證。（僖二十四年。）案杜注云「鄭南氾也，在襄城縣南」，則非周師所至，不得引爲至氾之證矣。**至共頭而山隧。**共，河内縣名。共頭，蓋共縣之山名。隧，謂山石崩摧也。隧，讀爲墜。共音恭。○盧文弨曰：案共頭卽共首，見莊子。王念孫曰：此八字亦汪氏中校語也。共首見讓王篇，共頭又見吕氏春秋誠廉篇。**霍叔懼曰：『出三日而五災至，無乃不可乎？』**霍叔，武王弟也。出，行也。周居豐、鎬，軍出三日，未當至共，蓋文王三分天下有其二，境土已近於洛矣。或曰：至汜之後三日也。**周公曰：『刳比干而囚箕子，飛廉、惡來知政，夫又惡有不可焉？』**比干，紂賢臣。箕子，紂諸父。箕，國名。子，爵也。飛廉、惡來，皆紂之嬖臣。飛廉善走，惡來有力也。**遂選馬而進，**選，簡擇也。○俞樾曰：荀子之意，方言周公之不戒，若馬必簡擇，則非其義矣。詩猗嗟篇曰「舞則選兮」，毛傳曰：「選，齊也。」此「選」字亦當訓齊。車攻篇曰「我馬既同」，傳曰：「同，齊也。」然則選馬而進，蓋戎事齊力之義，非簡擇之謂。下文曰「輿固馬選矣」，誼亦同此，猶言「我車既攻，我馬既同」也。若以選爲簡擇，則「選馬」可通，「馬選」不可通矣。**朝食於戚，暮宿於百泉，**杜元凱云：「戚，衛邑，在頓丘衛縣西。」百泉，蓋近朝歌地名。左氏傳曰：「晉人敗范氏於百泉。」**厭旦於牧之野，**厭，掩也。夜掩於旦，謂未明已前也。厭，於甲反。○俞樾曰：楊注未明已前謂之厭旦，於古無徵。且以文義論之，上云「朝食於戚，暮宿於百泉」，則此文「旦」下亦當有一字。今止云「厭旦於牧之野」，文義殊未足也。「厭旦」當作「旦厭」，厭，讀爲壓。彊國篇「如牆厭之」，注曰：「厭，讀爲壓。」此文「厭」字正與彼同。旦壓於牧之野，與上文「朝食」「暮宿」文義一律。成十六年左傳：「楚晨壓晉軍而陳。」此云「旦厭」，猶彼云「晨壓」矣。**鼓之而紂卒易鄉，**倒戈而攻後也。鄉，讀曰向。○郝懿行曰：「倒戈」之語，非荀所偁。易鄉者，蓋謂紂卒辟易奔北耳，未必倒戈相殺也。孟子不信漂杵，荀子不偁倒戈，其意正同。楊注援以釋荀，恐非。**遂乘殷人而誅紂。**乘，乘其倒戈之勢。○盧文弨曰：正文「誅紂」上，元刻有「進」字。郝懿行曰：乘者，覆也，謂駕其上也，注非。書序云「周人乘黎」，僞孔傳「乘，勝也」，亦非。先謙案：注「乘」字，各本不重。今從宋台州本增一「乘」字，文義較足。**蓋殺者非周人，因殷人也。**非周人殺之，因殷倒戈之勢自殺之。**故無首虜之獲，無蹈難之賞，**周人無立功受賞者。**反而定三革，偃五兵，**定，息；偃，仆也：皆不用之義。三革：犀也，兕也，牛也。考工記曰：「函人爲甲，犀甲七屬，兕甲六屬，合甲五屬。」穀梁傳曰「天子救日，置五麾，陳五兵」，范寧云：「五兵，矛、戟、鉞、楯、弓、矢。」國語說齊桓「定三革，偃五刃」，韋昭云：「三革，甲、胄、盾也。五刃，刀、劍、矛、戟、矢也。」**合天下，立聲樂，**合天下，謂合會天下諸侯，歸一統也。**於是武、象起而韶、護廢矣。**武、象，周武王克殷之後樂名。武亦周頌篇名。詩序曰：「武，奏大武也。」禮記曰：「下管象，朱干玉戚，冕而舞大武。」韶、護，殷樂名。左氏傳曰「吳季札見舞韶、護」者，蓋殷時兼用舜樂，武王廢之也。○盧文弨曰：護與濩同。宋本、元刻竝同。**四海之內，莫不變心易慮以化順之，故外闔不閉，**闔，門扇也。○盧文弨曰：宋本「閉」作「閇」，係俗體。**跨天下而無蘄。**跨，越也。蘄，求也。越天下而無求，言自足也。亦人皆與之，不待求也。○劉台拱曰：蘄，蓋與圻同。言四海一家，無封疆之限也。淮南俶真訓「四達無境，通於無圻」，高注：「圻，垠字也。」**當是時也，夫又誰爲戒矣哉！」**太平如此，復誰備戒！

造父者，天下之善御者也，無輿馬則無所見其能。造父，周穆王之御者。**羿者，天下之善射者也，無弓矢則無所見其巧。**羿，有窮之君，逐夏太康而遂簒位者。○先謙案：「弓」，宋台州本作「弧」。**大儒者，善調一天下者也，無百里之地則無所見其功。輿固馬選矣，而不能以至遠一日而千里，則非造父也。弓調矢直矣，而不能以射遠中微，則非羿也。**善射者既能及遠，又中微細之物也。○俞樾曰：此本作「及遠中微」，故楊注曰「善射者既能及遠，又中微細之物也」，「及遠」二字卽本正文。又王霸篇曰「故人主欲得善射，射遠中微則莫若羿、蠭門矣」，楊注曰：「射及遠，中微細之物。」是其所據本亦作「及遠中微」。注文「射」字包及遠、中微二意，讀者不察，謂注文作「射及遠」，則正文必是「射遠」，於是盡改爲「射遠中微」，非荀子之舊矣。君道篇曰「人主欲得善射，射遠中微者，縣貴爵重賞以招致之」，韓詩外傳四引作「及遠中微」，可據以訂正。而外傳五引儒效篇文亦作「射遠中微」，疑後人依誤本荀子改之。用百里之地，而不能以調一天下，制彊暴，則非大儒也。彼大儒者，雖隱於窮閻漏屋，無置錐之地，而王公不能與之争名；在一大夫之位，則一君不能獨畜，一國不能獨容，成名況乎諸侯，莫不願得以爲臣；已解非十二子篇。○盧文弨曰：案此段「在一大夫之位」云云，當爲衍文，韓詩外傳卷五無，此徑接下文，語勢方脗合。王念孫曰：此三十二字涉非十二子篇而衍。用百里之地而千里之國莫能與之争勝，笞棰暴國，齊一天下，而莫能傾也。是大儒之徵也。傾，危也。徵，驗也。其言有類，其行有禮，類，善也。謂比類於善，不爲狂妄之言。○先謙案：類，法也，説見非十二子篇。其舉事無悔，其持險應變曲當，險，危也。其持危應變，皆曲得其宜。當，丁浪反。與時遷徙，與世偃仰，隨時設教。千舉萬變，其道一也。是大儒之稽也。其道一，謂皆歸於治也。故禹、湯、文、武事跡不同，其於爲治一也。稽，攷也，攷，成也。其窮也，俗儒笑之；其通也，英傑化之，嵬瑣逃之，倍千人曰英，倍萬人曰傑。言英傑之士則慕而化之，狂怪之人則畏而逃去之也。邪説畏之，衆人媿之。衆人初皆非其所爲，成功之後，故自媿也。「媿」，或爲「貴」。通則一天下，窮則獨立貴名，儒名。天不能死，地不能埋，桀、跖之世不能汙，非大儒莫之能立，仲尼、子弓是也。故有俗人者，有俗儒者，有雅儒者，有大儒者。辨儒者之異也。不學問，無正義，以富利爲隆，是俗人者也。逢衣淺帶，解果其冠，逢，大也。淺帶，博帶也。韓詩外傳作「逢衣博帶」。言帶博則約束衣服者淺，故曰「淺帶」。解果，未詳。或曰：解果，陿隘也。左思魏都賦曰：「風俗以韰倮爲嫿。」韰音下界反。倮音果。嫿音獲，静好也。或曰：説苑：「淳于髡謂齊王曰：『臣笑鄰圃之祠田，以一壺酒，三鮒魚，祝曰：蠏螺者宜禾，汙邪者百車。』」蠏螺，蓋高地也，今冠蓋亦比之。謂强爲儒服而無其實也。○盧文弨曰：「韰」，當作「䪥」。所引説苑，見復恩篇，又見尊賢篇。此所引，尊賢篇之文也。「蠏螺」，彼作「蠏堁」，「鄰圃」作「臣鄰」，皆當從彼爲是。略法先王而足亂世術，略，粗也。粗法先王之遺言，不知大體，故足以亂世法。韓詩外傳作「略法先王而不足於亂世」。繆學雜舉，不知法後王而一制度，不知隆禮義而殺詩、書；後王，後世之王。夫隨當時之政而立制度，是一也。若妄引上古，不合於時，制度亂矣。故仲尼修春秋，盡用周法。韓詩外傳作「不知法先王也」。○郝懿行曰：「殺」，蓋「敦」字之誤，下同。楊氏無注，知唐本猶未誤。其衣冠行僞已同於世俗矣，然而不知惡者；衣冠，卽上所云逢衣淺帶之比。行僞，謂行僞而堅。行，下孟反。○郝懿行曰：僞與爲同，行動作爲也，注非。劉台拱曰：荀子書言「僞」者，義皆作「爲」。此「行僞」，韓詩外傳作「行爲」。王念孫曰：「行僞」二字，（行讀如字。）本篇一見，非十二子篇一見，正論篇一見，賦篇一見。其見於正論及賦篇者，後人皆已改作「爲」，唯此篇及非十二子篇未改，而此篇注遂讀爲「詐僞」之「僞」矣。「然而不知惡」（烏路反。）與下「然而明不能別」對文，則「惡」下不當有「者」字。**其言議談説已無以異於墨子矣，然而明不能別；**○盧文弨曰：「別」上，宋本有「分」字，今從元刻刪。**呼先王以欺愚者而求衣食焉，**呼，謂稱舉。**得委積足以揜其口則揚揚如也；**揚揚，得意之貌。**隨其長子，事其便辟，舉其上客，僡然若終身之虜而不敢有他志：是俗儒者也。**長子，謂君之世子也。便辟，謂左右小臣親信者也。便，婢延反。辟，讀爲嬖。舉其上客，謂褒美其上客，冀得其助也。僡，字書無所見，蓋環繞囚拘之貌。莊子曰：「晥然在纆繳之中矣。」○王念孫曰：舉，讀爲相與之與。（「與」，古通作「舉」，説見經義述聞左傳昭三年。）謂交其上客以求助也。楊以舉爲褒美，於義疏矣。又曰：「僡」，蓋「𠐩」字之誤。説文：「𠐩，安也，從人，𢡃聲。」（𢡃，於力切。）左傳、國語通作「億」，「億」行而「𠐩」廢矣。𠐩然，安然也。言俗儒居人國中，苟圖衣食，（見上文。）安然若將終身而不敢有他志也。俞樾曰：長子，猶鉅子也。莊子天下篇釋文引向秀曰：「墨家號其道理成者爲『鉅子』，若儒家之碩儒。」長與鉅義同。「鉅子」「長子」，蓋當時有此稱。隨其長子，謂奉一先生以爲師，從而附和之也。楊注非其義。王氏讀舉爲與是也，解爲交其上客則非是。此蒙「事」字爲文，猶言事其便辟及其上客耳。**法後王，一制度，隆禮義而殺詩、書，其言行已有大法矣，然而明不能齊**雖有大體，其所見之明猶未能齊言行，使無纖介之差。**法教之所不及，聞見之所未至，則知不能類**

也。有所不知則不能取比類而通之也。禮記：「雖先王未之有，可以義起。」是能類者矣。○俞樾曰：楊注斷「明不能齊」爲句，此失其讀也。齊讀爲濟，「然而」以下十八字作一句讀。言法教所及，聞見所至，則明足以及之而不能濟其法教所未及、聞見所未至也，所以然者，由其知不能類也。學者誤謂「明不能齊」「知不能類」相對成文，遂以「齊」字斷句，失之矣。韓詩外傳正作「明不能濟法教之所不及，聞見之所未至」，無「知不能類」句。**知之曰知之，不知曰不知，內不自以誣，外不自以欺，**不自欺人。○盧文弨曰：宋本作「內不自以誣外，外不自以欺內」，但與注不合。王念孫曰：唐風羔裘傳曰：「自，用也。」（大雅緜傳、江漢箋及大傳注竝同。）言內不用之以誣己，外不用之以欺人。楊釋下句云「不自欺人」，失之。**以是尊賢畏法而不敢怠傲，是雅儒者也。**有雅德之儒也。**法先王，統禮義，一制度，以淺持博，以古持今，以一持萬，**以淺持博，謂見其淺則可以執持博也。「先王」當爲「後王」，「以古持今」當爲「以今持古」，皆傳寫誤也。○盧文弨曰：案元刻作「以一行萬」，外傳同，本書王制篇亦同。劉台拱曰：後王，謂周也。以古持今，亦謂以文、武、周公之德持今世。楊謂當爲「以今持古」，非。**苟仁義之類也，雖在鳥獸之中，若別白黑，**善類在鳥獸之中猶別，況在人矣。**倚物怪變，所未嘗聞也，所未嘗見也，卒然起一方，則舉統類而應之，無所儗㤰，**倚，奇也。韓詩外傳作「奇物怪變」。卒，于忽反。儗，讀爲疑。㤰與怍同。奇物怪變卒然而起，人所難處者，大儒知其統類，故舉以應之，無所疑滯慙作也。**張法而度之，則晻然若合符節，是大儒者也。**既無所疑作，故開張其法以測度之，則晻然如合符節。言不差錯也。度，大各反。晻與暗同。符節，相合之物也。周禮「門關用符節」，蓋以全竹爲之，剖之爲兩，各執其一，合之以爲驗也。○王引之曰：「張法而度之」，韓詩外傳「張」作「援」。晻然，同貌也。韓詩外傳作「奄然」。爾雅「弇，同也」，郭引詩「奄有龜、蒙」。（魯頌閟宮。）「弇」「奄」「晻」竝通。楊云「晻暗同」，失之。**故人主用俗人則萬乘之國亡，**不義而好利，故亡也。**用俗儒則萬乘之國存，**僅存。**用雅儒則千乘之國安，用大儒則百里之地久，**小國多患難，用大儒然後可以長久也。**而後三年，天下爲一，諸侯爲臣，**長久之業既成，又三年修德化，則可以一天下，臣諸侯。蓋殷湯、周文皆化行之後三年而王也。○俞樾曰：楊注斷「久」字爲句，則「而後三年」句不成文義。此當以「久而後三年」五字爲句。言姑舉其久者言之，則以三年爲期，若速則或一年或二年卽可以一天下而臣諸侯矣。韓詩外傳作「久而三年」，無「後」字。先謙案：俞說是。久而後三年者，猶言久至三年也，推極言之。宥坐篇云「綦三年而百姓往矣」，與此同意。**用萬乘之國則舉錯而定，一朝而伯。**錯，讀爲措。伯，讀爲霸。言一朝而霸也。○王念孫曰：楊讀伯爲霸，非也。信如楊說，則是大儒用百里之地而可以王，用萬乘之國而僅止於霸也，斯不然矣。今案：伯，讀爲白。（王制正義引元命包曰：「伯之爲言白也，明白於德也。」是伯與白義相通。古鍾鼎文「伯仲」字多作「白」，是「伯」與「白」字亦相通。）白，顯著也。言一朝而名顯於天下也。（上文曰：「儒者爲人上，則貴名白而天下治。」致士篇曰：「貴名白，天下願，令行禁止，王者之事畢矣。」樂論篇曰：「名聲於是白，光輝於是大。」）王霸篇曰：「如是，則夫名聲之部發於天地之閒也，豈不如日月雷霆然矣哉！故曰以國濟義，一日而白。湯、武是也。」一日而白，猶一朝而白耳。韓詩外傳曰：「用萬乘之國，則舉錯而定，一朝而白。詩曰：『周雖舊邦，其命維新。』可謂白矣。」此尤其明證也。

不聞不若聞之，聞之不若見之，見之不若知之，知之不若行之，學至於行之而止矣。行之，明也。行之則通明於事也。○盧文弨曰：此節舊不提行，今案當分段。**明之爲聖人。**通明於事則爲聖人。**聖人也者，本仁義，當是非，齊言行，不失豪釐，無它道焉，已乎行之矣。**當，丁浪反。已，止也。言聖人無他，在止於行其所學也。**故聞之而不見，雖博必謬；**雖博聞，必有謬誤也。**見之而不知，雖識必妄；**見而不知，雖能記識，必昧於指意。謂若制氏然也。○盧文弨曰：案漢書禮樂志云：「漢興，樂家有制氏，但能紀其鏗鏘鼓舞，而不能言其義。」此注蓋本此。俗本誤作「制力」，今從宋本訂正。**知之而不行，雖敦必困。**苟不能行，雖所知多厚，必至困躓也。**不聞不見，則雖當，非仁也，其道百舉而百陷也。**言偶中之道，百舉而百陷，無一可免也。雖偶有所當，非仁人君子之通明者也。**故人無師無法而知則必爲盜，勇則必爲賊，云能則必爲亂，**云能，自言其能。○盧文弨曰：楊氏注非十二子篇「無能而云能」下即作此語，固當，在此處似未安。此「云能」，當如易繫辭傳之「云爲」，亦不必分口之所言、身之所爲。蓋云有旋轉運動之義。「云能」二字，必當時有此成語，蓋卽營幹之意。若依此注，則於下文「云能則速成」更難强通。王念孫曰：下文云「人有師有法而知則速通，勇則速威，云能則速成」，則云能非自言其能之謂也。知、勇、云能皆出於天生，而非出於人爲，則云能非營幹之意也。今案：云者，有也。言無師無法而有能，則必爲亂；有師有法而有能，則其成必速也。楊注非十二子篇引愼子曰：「云能而害，無能則亂也。」云能，有能也。法行篇：「曾子曰：『詩曰：「轂已破碎，乃大其輻。事以敗矣，乃重大息。」其云益乎？』」云益，有益也。古者多謂有爲云。大雅桑柔篇「民有肅心，荓云不逮」，言使有不逮也；「爲民不利，如云不克」，言如有不克也。「云」字或作「員」。秦誓曰「雖則員然」，言雖則有然也。（今本「員」作「云」，乃衞包所改，今據正義及漢書韋賢傳注改正。以上三條，説者多失其義，辯見釋詞。）故廣雅曰：「員、云，有也。」文選陸機答賈長淵詩注引應劭漢書注曰：「云，有也。」晉語「其誰云不從」，韋注曰：「誰有不從？」**察則必爲怪，**惠施、鄧析之比。**辯則必爲誕。人有師有法而知則速通，勇則速威，云能則速成，察則速盡，辯則速論。**察則速盡，謂有聰察之性，則能速盡物理。速論，謂能速論是非也。○王念孫曰：論，決也。言辯事則速決也。後漢書陳寵傳「季秋論囚」，注云：「論，決也。」楊説「論」字未了。先謙案：注「聰」，各本譌「聽」，據宋台州本改正。**故有師法者，人之大寶也；無師法者，人之大殃也。人無師法則隆性矣，有師法則隆積矣。**隆，厚也。積，習也。厚性，謂恣其本性之欲。厚於積習，謂化爲善也。○盧文弨曰：案宋本正文「隆性」作「隆情」，「隆積」作「隆性」；注「積，習也」已下全不同，作「厚於情，謂恣其情之所欲；厚於性，謂本於善也」。俗閒本亦同，當出後人所改，與荀子言性惡本旨不合，與下文及注皆矛盾，今悉據元刻改正。而師法者，所得乎情，非所受乎性，不足以獨立而治。情，謂喜怒愛惡，外物所感者也。言師法之於人，得於外情，非天性所受，故性不足獨立而治，必在因外情而化之。或曰：「情」當爲「積」。所得乎積習，非受於天性，既非天性，則不可獨立而治，必在化之也。○盧文弨曰：此注方釋「情」字，益可見上文不作「隆情」。王念孫曰：此及下文楊注所稱或説改「情」爲「積」者，皆是也。下文皆言「積」，不言「情」，是其證，前説皆非。又案：「不足以獨立而治」上，當更有一「性」字，言性不足以獨立而治，必待積習以化之也。故下文曰：「性也者，吾所不能爲也，然而可化也。」性也者，吾所不能爲也，然而可化也；言天性非吾自能爲也，必在化而爲之也。情也者，非吾所有也，然而可爲也。言情非吾天性所有，然可以外物誘而爲之。或曰：「情」，亦當爲「積」。積習與天然有殊，故曰「非吾所有」，雖非所有，然而可爲之也。注錯習俗，所以化性也；注錯，猶措置也。錯，千故反。并一而不二，所以成積也。并，讀爲併。一謂師法，二謂異端。習俗移志，安久移質，習以爲俗，則移其志；安之既久，則移本質。并一而不二則通於神明、參於天地矣。故積土而爲山，積水而爲海，○盧文弨曰：元刻作「積土謂之山，積水謂之海」。旦暮積謂之歲。至高謂之天，至下謂之地，宇中六指謂之極；六指，上下

四方也。盡六指之遠則爲六極。言積近以成遠。**塗之人百姓**○先謙案：人百姓，猶言衆百姓。**積善而全盡謂之聖人。彼求之而後得，爲之而後成，積之而後高，盡之而後聖。故聖人也者，人之所積也。**言其德行委積。**人積耨耕而爲農夫，積斲削而爲工匠，積反貨而爲商賈，**反，讀爲販。**積禮義而爲君子。工匠之子莫不繼事，而都國之民安習其服。**安習其土風之衣服。**居楚而楚，居越而越，居夏而夏，**夏，中夏。**是非天性也，積靡使然也。**靡，順也。順其積習，故能然。**故人知謹注錯，慎習俗，大積靡，則爲君子矣；**大積靡，謂以順積習爲也。**縱性情而不足問學，則爲小人矣。爲君子則常安榮矣，爲小人則常危辱矣。凡人莫不欲安榮而惡危辱，故唯君子爲能得其所好，小人則日徼其所惡。**徼與邀同，招也，一堯反。**詩曰：「維此良人，弗求弗迪；維彼忍心，是顧是復。民之貪亂，寧爲荼毒。」此之謂也。**詩，大雅桑柔之篇。迪，進也。言厲王有此善人，不求而進用之，忍害爲惡之人反顧念而重復之，故天下之民貪亂，安然爲荼毒之行，由王使之然也。

人論：論人之善惡。論，盧困反。○王念孫曰：「人論」二字，乃目下之詞。論，讀爲倫。倫，類也，等也。謂人之等類，卽下文所謂「衆人」「小儒」「大儒」也。下文又云：「人倫盡矣。」榮辱篇云：「斬而齊，枉而順，不同而一，夫是之謂人倫。」作「論」者，借字耳。（屯象傳「君子以經論」，荀爽曰：「倫者，理也。」大雅靈臺篇「於論鼓鐘」，鄭箋：「論之言倫也。」公食大夫禮「倫膚七」，今文「倫」或作「論」。王制「必卽天論」，「論」或爲「倫」。逸周書官人篇「規小物而不知大倫」，大戴記「倫」作「論」。)楊説失之。又臣道篇「人臣之論，有態臣者，有篡臣者，有功臣者，有聖臣者」，論亦讀爲倫，謂人臣中有此四等也。楊云「論人臣之善惡」，亦失之。**志不免於曲私而冀人之以己爲公也，行不免於汙漫而冀人之以己爲修也，**汙，穢也。漫，欺誑也。漫，莫叛反。○王念孫曰：漫，亦汙也。方言：「浼，洿也，東齊、海、岱之閒或曰浼。」洿與汙同，浼與漫同。呂氏春秋離俗篇「不漫於利」，高注曰：「漫，汙也。」楊讀漫爲「謾欺」之「謾」，分汙漫爲二義，失之。凡荀子書言「汙漫」者竝同。**其愚陋溝瞀而冀人之以己爲知也，是衆人也。**溝音寇，愚也。溝瞀，無知也。衆人，謂衆庶也。○王念孫曰：「其」字文義不順，當是「甚」字之誤。言甚愚而冀人以己爲智也。又曰：呂本「其」作「甚」。先謙案：宋台州本亦作「甚」。**志忍私然後能公，行忍情性然後能修，**忍，謂矯其性。行，下孟反。**知而好問然後能才，**其智慮不及，常好問，然後能有才藝。○先謙案：知而好問，不自以爲知也。楊注非。**公修而才，可謂小儒矣。**皆矯其不及，故爲小儒也。**志安公，行安修，知通統類，如是則可謂大儒矣。大儒者，天子三公也。**其才堪王者之佐也。**小儒者，諸侯大夫士也。衆人者，工農商賈也。禮者，人主之所以爲羣臣寸尺尋丈檢式也，人倫盡矣。**檢，束也。式，法也，度也。寸尺尋丈，所以知長短也。檢束，所以制放佚。大儒可爲天子三公，小儒可爲諸侯大夫，禮可以揔統羣臣，人主之柄也。「倫」當爲「論」。或曰：倫，等也。言人道差盡於禮也。○王念孫曰：檢、式，皆法也。文選演連珠注引蒼頡篇云：「檢，法度也。」是檢與式同義。言治人以禮，如寸尺尋丈之有法度也。楊分檢式爲二義，失之。

君子言有壇宇，行有防表，道有一隆。累土爲壇。宇，屋邊也。防，隄防。表，標也。言有壇宇，謂有所尊高也。行有防表，謂有標準也。一隆，謂厚於一，不以異端亂之也。○王念孫曰：壇，堂基也。（獨斷曰：「壇，謂築土起堂。」）宇，屋邊也。言有壇宇，猶曰「言有界域」，即下文所謂「道不過三代，法不二後王」，非有所尊高之謂也。先謙案：道有一隆，謂有所專重，如下文問政則專重安存、問學專重爲士、問治法專重後王是也，非厚於一之謂。楊説失之。**言道德之求，不下於安存；**此「道德」或當爲「政治」，以下有「道德之求」，故誤重寫耳。故下云「諸侯問政不及安存則不告也」，謂人以政治來求，則以安存國家已上之事語之也。○先謙案：安存，以百姓言。**言志意之求，不下於上；**以修其志意來求，則語爲士已上之事。**言道德之求，不二後王。**道德，教化也。人以教化來求，則言當時之切所宜施行之事。不二後王，師古而不以遠古也。舍後王而言遠古，是二也。**道過三代謂之蕩，**道過三代已前，事已久遠，則爲浩蕩難信也。**法二後王謂之不雅。**雅，正也。其治法不論當時之事而廣説遠古，則爲不正也。**高之下之，小之臣之，不外是矣，**「臣」當爲「巨」。雖高下小大，不出此壇宇防表也。**是君子之所以騁志**

意於壇宇宫庭也。宫謂之室。庭，門屏之内也。君子雖騁志意論説，不出此壇宇宫庭之内也。是時百家異説，多妄引前古以亂當世，故荀卿屢有此言也。故諸侯問政不及安存，則不告也；○先謙案：如衞靈公問陳，孔子對以軍旅未學。匹夫問學不及爲士，則不教也；○先謙案：如樊遲問學稼學圃，孔子答以不如老農老圃。百家之説不及後王，則不聽也。百家雜説不及後王之道，妄起異端，則君子不聽之也。夫是之謂君子言有壇宇，行有防表也。

荀子卷第五

王制篇第九

請問爲政？曰：賢能不待次而舉，不以官之次序，若傅説起版築爲相也。**罷不能不待須而廢，**須，須臾也。○盧文弨曰：「須」，俗本誤作「頃」，宋本、元刻竝作「須」。先謙案：罷，謂弱不任事者。荀書多以「賢」「罷」對舉。王霸篇「無國而不有賢士，無國而不有罷士」，非相篇「君子賢而能容罷」，正論篇「故至賢疇四海，湯、武是也；至罷不容妻子，桀、紂是也」，成相篇「基必施，辨賢罷」，與此同。**元惡不待教而誅，**不教而殺謂之虐。唯元惡，不教誅之也。**中庸民不待政而化。**中庸民易與爲善，故教則化之，不待政成之後也。○郝懿行曰：中庸民，言中等平常之人。賈誼過秦論所謂「材能不及中庸」，義與此同。史記改作「材能不及中人」，亦得其意。王念孫曰：「元惡」「中庸」對文，「中庸」下不當獨有「民」字，此涉注文「中庸民」而衍。韓詩外傳無「民」字。**分未定也則有昭繆。**繆，讀爲穆。父昭子穆。言爲政當分未定之時，則爲之分別，使賢者居上，不肖居下，如昭穆之分别然，不問其世族。○郝懿行曰：二語難曉，楊氏説亦不了。韓詩外傳四同。先謙案：楊説是也。此卽下文所謂「以類行雜」。**雖王公士大夫之**

子孫，○先謙案：宋台州本句末有「也」字，與下文一律。此「也」字似當有。不能屬於禮義，則歸之庶人。雖庶人之子孫也，積文學，正身行，能屬於禮義，則歸之卿相士大夫。屬，繫也，之欲反。故姦言、姦說、姦事、姦能、○先謙案：姦事、姦說，荀自解在非十二子及儒效篇。言，亦說也。能，亦事也。遁逃反側之民，職而教之，須而待之，反側，不安之民也。職而教之，謂使各當教其本事也。須而待之，謂須暇之而待其遷善也。勉之以慶賞，懲之以刑罰，安職則畜，不安職則棄。畜，養也。棄，謂投四裔之比也。五疾，上收而養之，材而事之，五疾，瘖、聾、跛躄、斷者、侏儒。各當其材使之，謂若矇瞽修聲、聾聵司火之屬。官施而衣食之，兼覆無遺。官爲之施設所職而與之衣食。○先謙案：「收而養之」以下三句一律，皆上之事，卽官之事也，不應此處又增入「官」字。今案：官者，任也。（義具解蔽篇。）施者，用也。（義具臣道篇。）官施而衣食之，猶言任用而衣食之。王霸篇云「論德使能而官施之」，尤其明證。楊注誤。才行反時者死無赦。夫是之謂天德，王者之政也。天德，天覆之德。○王念孫曰：「王者」上當有「是」字。是王者之政也，乃總承上文之詞。下文「是王者之人也」、「是王者之制也」、「是王者之論也」，皆與此文同一例。今本脱「是」字，則語意不完。韓詩外傳有「是」字。聽政之大分：○盧文弨曰：舊本不提行，今案當分段。先謙案：台州本提行。以善至者待之以禮，以不善至者待之以刑。兩者分別則賢不肖不雜，是非不亂。賢不肖不雜則英

傑至，是非不亂則國家治。若是，名聲日聞，〇王念孫曰：「名聲日聞」，本無「聞」字，「日」本作「白」。名聲白者，白，明也，顯也，名聲顯著於天下也。致士篇曰「貴名白，天下願，令行禁止，王者之事畢矣」，文正與此同。「貴名白」即「名聲白」也。樂論篇曰「名聲於是白，光煇於是大」，堯問篇曰「名聲不白，徒與不衆，光煇不大」，皆其證也。「名聲白，天下願」二句相對爲文，若於上句内加一字，則句法參差矣。此因「白」字譌作「日」，後人不得其解，故於「日」下加「聞」字耳。**天下願，令行禁止，王者之事畢矣。**願，謂人人皆願。**凡聽，**論聽政也。**威嚴猛厲而不好假道人，**厲，剛烈也。假道，謂以寬和假借道引人也。**則下畏恐而不親，周閉而不竭，**隱閉其情，不竭盡也。〇郝懿行曰：竭者，舉也。謂隱匿其情，不肯舉發也。注訓竭盡，亦通。**若是，則大事殆乎弛，小事殆乎遂。**弛，廢也。遂，因循也。春秋傳曰：「遂，繼事也。」下既隱情不敢論説，則大事近於弛廢，小事近於因循。言不肯革弊也。〇劉台拱曰：遂，如「大夫無遂事」之「遂」。威嚴猛厲，則小事不復關白，故曰遂。王念孫曰：遂，讀爲墜。墜與弛義相近。下畏恐而箝口，則百事墮壞而上不得聞，故大事近乎廢弛，小事近乎失墜也。下文曰「法而不議，則法之所不至者必廢；職而不通，則職之所不及者必隊」，（隊與墜同。）義與此相承也。正論篇曰「國雖不安，不至於廢易遂亡」，遂亦讀爲墜，（史記倉公傳「陽脈下遂」，徐廣曰：「一作隊。」正義曰：「遂音直類反。」遂、隊竝與墜同。「墜」之通作「遂」，猶「墜」之通作「隧」。儒效篇「至共頭而山隧」，漢石經論語殘碑「未隧於地」，漢書王莽傳「不隧如髮」，竝以「隧」爲「墜」。）謂不至於廢弛墜失也。（廢易，卽廢弛。爾雅曰：「弛，易也。」君道篇曰：「境内之事，有弛易齵差者矣。」）俞樾曰：說文：「遂，亡也。」小事殆乎遂，謂近乎亡失也。正論篇「國雖不安，不至於廢易遂亡」，以「遂亡」連文，此古義之幸存者。楊不得其義而曲爲之說。先謙案：王、俞並引正論篇爲說，彼以「廢易遂亡」四字連文，廢易二義，則遂亡亦二義，不得訓遂爲亡。王讀遂爲墜，說較長。注「肯」字，各本譌「有」，據宋台州本改正。**和解調通，好假道人而無所凝止之，**和解調通，謂寬和不拒下也。凝，定也。凝止，謂定止其不可也。○謝本從盧校作「凝止也」。盧文弨曰：正文「也」字，宋本作「之」。郝懿行曰：按此，今官人中之和事者也。偏好假借辭色，開通道路，以誘進人，令皆歡悅，故下遂云「姦言竝至，嘗試之說鋒起」，而無所厎止也。「凝」當作「疑」，止定之貌，見詩桑柔傳及儀禮士昏等注。荀書「凝」字，古本必皆作「疑」，今改作「凝」，經典亦多改「凝」，人皆知「凝」不知「疑」矣。莊子「用志不紛，乃疑於神」，今亦改「凝」。其音則疑，魚乙切；凝，魚陵切，古音必陵切。說文以「凝」爲俗「冰」字，唯詩「膚如凝脂」，正宜作「凝」，爾雅作「冰脂」，可證矣。王念孫曰：宋呂、錢本作「凝止之」，世德堂本同。作「之」者是也。解蔽篇云「以可以知人之性，求可以知物之理，而無所疑止之」，文義正與此同。先謙案：王說是，今改從宋本。**則姦言竝至，嘗試之說鋒起，**嘗試之說，謂假借他事，試爲之也。莊子曰：「嘗試論之。」鋒起，謂如鋒刃齊起，言鋭而難拒也。**若是，則聽大事煩，是又傷之也。**聽大，謂所聽之事多也。傷，傷政也。○先謙案：

詩閟宮箋「大東，極東」，疏：「大者，廣遠之言。」此「大」字義同。**故法法而不議，則法之所不至者必廢；**議，謂講論也。雖有法度而不能講論，則不周洽，故法所不至者必廢也。**職而不通，則職之所不及者必隊。**雖舉當其職，而不能通明其類，則職所不及者必隊。隊與墜同。**故法而議，職而通，無隱謀，無遺善，而百事無過，非君子莫能。故公平者，職之衡也；中和者，聽之繩也。**聽，聽政也。衡，所以知輕重；繩，所以辨曲直。言君子用公平中和之道，故能百事無過。中和，謂寬猛得中也。○劉台拱曰：注先解「聽」，後解「衡」。「職之衡」，當作「聽之衡」，此涉上文「職」字致誤。**其有法者以法行，無法者以類舉，聽之盡也；**類，謂比類。○先謙案：「無法者」上，羣書治要有「其」字。**偏黨而無經，聽之辟也。**無經，謂無常法也。辟，讀爲僻。**故有良法而亂者有之矣；有君子而亂者，自古及今，未嘗聞也。傳曰：「治生乎君子，亂生乎小人。」此之謂也。**其人存則其政舉，其人亡則其政息。○盧文弨曰：注兩「則」字，宋本無。先謙案：「亂生」上，羣書治要有「而」字。

分均則不偏，分均，謂貴賤敵也。分，扶問反。○王念孫曰：偏，讀爲徧。言分既均，則所求於民者亦均，而物不足以給之，故不偏也。下文曰「埶位齊而欲惡同，物不能澹」，（古「贍」字。）正所謂不偏也。「偏」「徧」古字通，說見墨子非攻篇。**埶齊則不壹，衆齊則不使。**此皆名無差等，則不可相制也。**有天有地而上下有差，明王始立而處國有制。**制，亦謂差等也。**夫**

兩貴之不能相事，兩賤之不能相使，是天數也。天之數也。執位齊而欲惡同，物不能澹則必争，澹，讀爲贍。既無等級，則皆不知紀極，故物不能足也。争則必亂，亂則窮矣。物窮竭也。先王惡其亂也，故制禮義以分之，使有貧富貴賤之等，足以相兼臨者，是養天下之本也。使物有餘而不窮竭。書曰：「維齊非齊。」此之謂也。書，吕刑。言維齊一者乃在不齊，以諭有差等然後可以爲治也。

馬駭輿則君子不安輿，馬駭於車中也。庶人駭政則君子不安位。駭政，不安上之政也。馬駭輿則莫若静之，庶人駭政則莫若惠之。惠，恩惠也。○郝懿行曰：惠者，順也，注訓恩惠，失之。夫馬駭而脈僨，静以鎮之則馴矣；人駭而圖反，順以循之自安矣。故鞭箠不加於奔駟，而謗木不絶於堯年。昔蘧伯玉治衞，子貢問何以治。對曰：「以不治治之。」夫不治之治，則静之惠之之説也。選賢良，舉篤敬，興孝弟，收孤寡，補貧窮，如是，則庶人安政矣。庶人安政，然後君子安位。傳曰：「君者，舟也；庶人者，水也。水則載舟，水則覆舟。」此之謂也。故君人者欲安則莫若平政愛民矣，欲榮則莫若隆禮敬士矣，欲立功名則莫若尚賢使能矣，是君人者之大節也。三節者當，則其餘莫不當矣；三節者不當，則其餘雖曲當，猶將無益也。曲當，謂委曲皆當。當，丁浪反。○盧文弨曰：「猶」，元刻作「由」，與「猶」同。先謙案：羣書治要作「由」。孔子曰：「大節是也，小節是也，上君也。大節是也，小節一出焉，一入焉，中君也。謂一得一失也。○盧文弨曰：宋本「小節」下有「非也」二字。大節非也，小節雖是也，吾無觀其餘矣。」成侯、嗣公，聚斂計數之君也，成侯、嗣公，皆衛君也。史記：衛聲公卒，子成侯立。成侯卒，子平侯立。平侯卒，子嗣君立。韓子曰：「衛嗣公重如耳，愛泄姬，而恐其皆因其愛重以壅己也，乃貴薄疑以敵如耳，尊魏妃以耦泄姬，曰：『以是相參也。』又使客過關市，賂之以金。後召關市，問其有客過，與汝金，汝回遣之。關市大恐，以嗣公爲明察。」此皆計數之類也。○盧文弨曰：所引韓子，見内儲説上篇，「魏妃」作「魏姬」，「汝回遣之」作「汝因遣之」。未及取民也；未及，謂其才未及也。取民，謂得民心。子産，取民者也，未及爲政也；禮記曰：「子産猶衆人之母，能食之，不能教之也。」○俞樾曰：楊注以取民爲得民心，於義甚晦，殆非也。老子曰「故取天下者常以無事」，河上公注曰：「取，治也。」此「取」字亦當訓治，取民言治民也。管仲，爲政者也，未及修禮也。言未及教化也。○謝本從盧校，「爲政」「修禮」下俱有「者」字。王念孫曰：元刻「未及爲政」「未及修禮」下皆無「者」字，宋龔本同，是也。此兩「者」字皆涉上下文而衍。韓詩外傳、羣書治要及文選永明十一年策秀才文注引此，皆無兩「者」字。上文「未及取民也」，亦無「者」字。先謙案：王説是。今從元刻删「者」字。故修禮者王，爲政者彊，取民者安，聚斂者亡。故王者富民，霸者富士，士，卒伍也。僅存之國富大夫，亡國富筐篋，實府庫。筐篋已富，府庫已實，而百姓貧，夫是之謂上溢而下漏，如器之上溢下漏，空虛可立而待也。○王引之曰：溢，滿也。漏之言漉也，字或作「盝」「𣸣」。爾雅曰：「盝，涸竭也。」方言曰：「𣸣，涸也。」「漉，極也」，郭璞曰：「滲漉，極盡也。」月令曰：「毋竭川澤，毋漉陂池。」淮南本經篇「竭澤而魚」，高注曰：「竭澤，漏池也。」「漏池」，即所謂「漉陂池」也。漉、漏古同聲，故「滲漉」或謂之「滲漏」。本經篇又曰「禹疏三江五湖，流注東海，鴻水漏，九州乾」，亦謂鴻水涸也。上溢而下漏，即是上富而下貧，楊説「溢」「漏」二字皆未了。入不可以守，出不可以戰，則傾覆滅亡可立而待也。故我聚之以亡，敵得之以彊。聚斂者，召寇、肥敵、亡國、危身之道也，故明君不蹈也。

王奪之人，霸奪之與，彊奪之地。人，謂賢人。與，謂與國也。彊國之術，則奪人地也。奪之人者臣諸侯，奪之與者友諸侯，奪之地者敵諸侯。臣諸侯者王，友諸侯者霸，敵諸侯者危。用彊者，用彊力勝人，非知彊道者。人之城守，人之出戰，而我以力勝之也，○俞樾曰：「出」當爲「士」，字之譌也。古書「士」「出」二字每相混。史記五帝紀「稱以出」，集解引徐廣曰「出，一作士」，淮南子繆稱篇「其出之誠也」，新序雜事篇「出」作「士」，竝其證也。守必以城，戰必以士。「人之城守，人之士戰」，正相對成文，「士」譌爲「出」，義不可通矣。則傷人之民必甚矣。傷人之民甚，則人之民惡我必甚矣；人之民惡我甚，則日欲與我鬬。人之城守，人之出戰，而我以力勝之，則傷吾民必甚矣。傷吾民甚，則吾民之惡我必甚

矣；吾民之惡我甚，則日不欲爲我鬭。人之民日欲與我鬭，吾民日不欲爲我鬭，是彊者之所以反弱也。地來而民去，累多而功少，累，憂累也。**雖守者益，所以守者損，是以大者之所以反削也。**守者，謂地也。守國以地爲本，故曰「守者」。所以守者，謂所以守地之人也。○俞樾曰：上「以」字衍文。「是大者之所以反削也」，與上文「是彊者之所以反弱也」正相對。**諸侯莫不懷交接怨而不忘其敵，**交接，連結也。既以力勝而不義，故諸侯皆欲相連結怨國，而不忘與之爲敵。本多作「壞交接」，言壞其與己交接之道也。○郝懿行曰：接者，續也。懷交，謂私相締交；接怨，謂連續修怨。注非是。王念孫曰：「諸侯莫不懷交接」爲句。「壞」「懷」古字通。（禮論篇「諸侯不敢壞」，史記樂書作「懷」。襄十四年左傳「王室之不壞」，釋文：「壞，服本作懷。」）楊後説以「壞交接」連讀，是也；前説以「懷交接怨」連讀，失之。俞樾曰：楊注二説皆未安。王氏謂當從後説，非也。疑「怨」字當在「交接」二字之上，本作「諸侯莫不懷怨交接而不忘其敵」。懷怨交接，猶云匿怨而友其人也，故不忘其敵，傳寫奪「怨」字，而誤補之「接」字之下耳。先謙案：郝説是也。**伺彊大之閒，承彊大之敝，此彊大之殆時也。**殆，危也。○盧文弨曰：元刻「敝」作「弊」。宋本「敝」下有「也」字，又有「知彊大之敝」五字，各本多同，係衍文，今從元刻去之。**知彊大者不務彊也，**知彊大之術者，不務以力勝也。○王引之曰：「彊大」當爲「彊道」。彊道，謂所以致彊之道，卽下文所謂「以王命全其力，凝其德」也。不知此道而務以力勝，則務彊而反弱，即下文所謂「非其道而慮之以王也」。故曰「知彊道者不務彊也」。下文云「是知彊道者也」，正與此句相應。又云「是知霸道者也」，「是知王道者也」，皆與此句相應。此篇大旨，皆言王道、霸道、彊道之不同，故此文云「知彊道者不務彊也」。兩「彊」字亦上下相應，則「彊」下之字作「道」不作「大」明矣。今本作「彊大」，「大」字蓋涉上文三「彊大」而誤。楊云「知彊大之術者，不務以力勝也」，則所見本已誤作「彊大」。**慮以王命全其力，凝其德。**慮，計也。以，用也。其計慮常用王命，謂不敢擅侵暴也。凝，定也。定其德，謂不輕舉也。○王念孫曰：慮，猶大氐也。言知彊道者不務以力勝人，大氐以王命全其力、凝其德也。議兵篇曰：「諸侯慮敵之者削，反之者亡。」（楊注以慮爲謀慮，亦非。）又曰：「焉慮率用賞慶、刑罰、埶詐而已矣。」（楊注以慮爲大凡，是。）漢書賈誼傳「慮亡不帝制而天子自爲者」，師古曰：「慮，大計也。言諸侯皆欲同帝制而爲天子之事。」是其證矣。**力全則諸侯不能弱也，德凝則諸侯不能削也，天下無王霸主則常勝矣。**無王霸之主則彊國常勝。「主」或衍字。**是知彊道者也。彼霸者不然，辟田野，實倉廩，便備用，**備用，足用也。左傳曰：「無重器備。」○王念孫曰：楊訓備用爲足用，「便足用」之語不詞，且與「田野」「倉廩」不對。余謂「備用」二字平列。「備」，說文本作「葡」，字從用，從苟省。（苟音棘）。淮南修務篇注云：「備，猶用也。」故或謂之器用，或謂之器備。「便備用」，猶言「便器用」耳。「便備用」三字，本篇凡三見，與「田野」「倉廩」對文者二，與「功苦」「完利」對文者一。其見於儒效篇者，則與「規矩」「準繩」對文；見於富國篇者，亦與「田野」「倉廩」對文，皆以二字平列。先謙案：王説是矣。荀書多言「械用」，罕言「器用」。「便備用」，猶言「便械用」耳。議兵篇云「械用兵革攻完便利者强，械用兵革窳楛不便利者弱」，械用便利，正與便備用同意。以下文「辨功苦，（功與攻同，苦與楛同。）尚完利，便備用」互證之而義益明。**案謹募選閲材伎之士，**案，發聲。謹，嚴也。募，招也。謹募，猶重募也。選閲，揀擇也。材伎，武藝過人者，猶漢之材官也。○俞樾曰：「募」乃「纂」字之譌。毛詩猗嗟篇「舞則選兮」，韓詩作「舞則纂兮」，是纂與選聲近義同，故此以連文。纂、選，皆具也。説文人部：「僎，具也。」食部：「籑，具食也。」選與僎並從巽聲，纂與籑並從算聲，於義得通。閲，亦具也。説文門部：「閲，具數於門中也。」小爾雅廣詁：「閲，具也。」是「纂」「選」「閲」三字同義。古書往往有之。襄三十一年左傳「繕完葺牆」，繕、完、葺，一義也，楚語「蓄聚積實」，蓄、聚、積，一義也，竝其例也。案謹纂選閲材技之士，質言之，止是具材技之士耳。「纂」誤爲「募」，楊注曰「募，招也」，非古義矣。管子心術篇「纂選者，所以等事也」，今本皆作「慕選」，誤與此同，説詳管子。**然後漸慶賞以先之，**漸，進也。言進勉以慶賞也。○郝懿行曰：漸，子廉切，讀若「漸民以仁」之「漸」。其訓漬也，浸也，深染入也。楊注凡漸皆訓進，故多失之。**嚴刑罰以糾之。**○先謙案：下文「賞慶」「刑罰」對文，則此亦當作「刑罰」。各本「罰」誤「賞」，據宋台州本改正。**存亡繼絶，衛弱禁暴，而無兼并之心，則諸侯親之矣；**并，讀爲併，下同。**修友敵之道以敬接諸侯，則諸侯説之矣。**説，讀爲悦，下同。**所以親之者，以不并也，并之見則諸侯疏矣；**見，賢偏反。○謝本從盧校「疏」下有「之」字。王念孫曰：

元刻「疏」下無「之」字，是也。下文「則諸侯離矣」，「離」下無「之」字，是其證。宋本作「諸侯疏之」，涉上文「諸侯親之」、「諸侯説之」而誤。先謙案：王説是。今從元刻删「之」字。**所以説之者，以友敵也，臣之見則諸侯離矣。故明其不并之行，信其友敵之道，**行，下孟反。信，謂使人不疑。**天下無王霸主，則常勝矣。是知霸道者也。**無王者則霸主常勝也。○王念孫曰：「天下無王霸主」，本作「天下無王主」。上文説彊者之事云「天下無王霸主，（句。）則常勝矣」，言天下無王霸主，則彊者常勝也。此文説霸者之事云「天下無王主，則常勝矣」，言天下無王主則霸者常勝也。「王主」二字之閒不當更有「霸」字，葢涉上文「王霸主」而衍。楊不知「霸」字之衍，而讀「天下無王」爲句，「霸主則常勝矣」爲句，（具見楊注。）則句法與前不合。**閔王毁於五國，**史記齊湣王四十年，樂毅以燕、趙、楚、魏、秦破齊，湣王出奔莒也。**桓公劫於魯莊，**公羊傳柯之盟，齊桓公爲魯莊公之臣曹沫所劫也。**無它故焉，非其道而慮之以王也。**不行其道而以計慮爲王，所以危亡也。**彼王者不然，仁眇天下，義眇天下，威眇天下。**眇，盡也。盡天下皆懷其仁，感其義，畏其威也。○郝懿行曰：「眇」，古「妙」字。古書皆以「眇」爲「妙」，荀書亦然。注皆失之。周易「眇萬物而爲言」，今亦改爲「妙」矣。古無「妙」字。王念孫曰：諸書無訓眇爲盡者。且正文但言「眇天下」，而注言「盡天下皆懷其仁，感其義，畏其威」，加數語以釋之，其失也迂矣。余謂眇者高遠之稱。（漢書王褒傳「眇然絶俗離世」，顔師古曰：「眇然，高遠之意。」文選文賦「志眇眇而臨雲」，李善曰：「眇眇，高遠貌。」）言仁高天下，義高天下，威高天下耳。若懷其仁，感其義，畏其威，自見下文，非此三句意。先謙案：郝、王二說並通。**仁眇天下，故天下莫不親也；義眇天下，故天下莫不貴也；威眇天下，故天下莫敢敵也。以不敵之威，輔服人之道，**其道可以服人。○先謙案：服人之道，謂上文仁義。**故不戰而勝，不攻而得，甲兵不勞而天下服。是知王道者也。知此三具者，欲王而王，欲霸而霸，欲彊而彊矣。**

王者之人：王者之佐。**飾動以禮義，**所修飾及舉動，必以禮義。○王念孫曰：飾，讀爲飭。（古字通以「飾」爲「飭」。）言動作必以禮義自飭也。楊分飾動爲二義，失之。**聽斷以類，**所聽斷之事，皆得其善類。謂輕重得中也。○先謙案：類，法也，說見非十二子篇。**明振毫末，**振，舉也。言細微必見。**舉措應變而不窮。夫是之謂有原。是王者之人也。**原，本也。知爲政之本。

王者之制：說王者制度也。**道不過三代，法不貳後王。**論王道不過夏、殷、周之事，過則久遠難信。法不貳後王，言以當世之王爲法，不離貳而遠取之。**道過三代謂之蕩，法貳後王謂之不雅。**竝已解上。○先謙案：見儒效篇。**衣服有制，宮室有度，人徒有數，**人徒，謂士卒胥徒也。**喪祭械用皆有等宜，**械，器也。皆有等級，各當其宜也。○王念孫曰：楊注失之迂。宜，讀爲儀，（大雅文王篇「宜鑒于殷」，大學引此「宜」作「儀」。楚語「采服之儀」，春官注引此「儀」作「宜」。）儀與等，義相近。周官大司徒曰「以儀辨等則民不越」，典命曰「掌諸侯之五儀、諸臣之五等之位」，大行人曰「以九儀辨諸侯之命，等諸臣之爵」，皆是也。「衣服有制，宮室有度，人徒有數」，制、度、數與等、儀，義亦相近。哀公篇曰「人有五儀：有庸人，有士，有君子，有賢人，有大聖」，謂人有此五等也。楊以儀爲儀法，亦失之。**聲則凡非雅聲者舉廢，**舉，皆。**色則凡非舊文者舉息，**謂染綵畫績之事也。**械用則凡非舊器者舉毁。**舊，謂三代故事。**夫是之謂復古。是王者之制也。**復三代故事，則是復古，不必遠舉也。

王者之論：論，謂論説賞罰也，盧困反。○先謙案：楊説非。論，亦當讀爲倫，倫者，等也。言爲君者能行此政，則是王者之等也。下文云「此五等者，王、霸、安存、危殆、滅亡之具也」，以王者之政爲一等，與此可互證。儒效篇「人論」，臣道篇「人臣之論」，王氏念孫皆讀爲倫，而於此失之。**無德不貴，無能不官，無功不賞，無罪不罰，朝無幸位，民無幸生，**幸，僥幸也。**尚賢使能而等位不遺，**不遺，言各當其材。等位，等級之位也。**析愿禁悍而刑罰不過，**析，分異也。分其愿愨之民，使與凶悍者異也。悍，凶暴也。刑罰不過，但禁之而已，不刻深也。○王念孫曰：「析愿」二字義不可通，當從韓詩外傳作「折暴」，字之誤也。「折暴」與「禁悍」對文。下文曰「如是而可以誅暴禁悍矣」，富國篇曰「不足以禁暴勝悍」，皆以「暴」「悍」對文，則此亦當作「折暴禁悍」明矣。楊不得其解而爲之詞。又下文「抃急禁悍，防淫除邪」，「抃急」二字，語意不倫，當亦是

「折暴」之誤。下文「暴悍以變，姦邪不作」，正承此文而言，則當作「折暴禁悍」又明矣。楊云「扑當爲析，急當爲愿」，亦失之。又曰：「析」當爲「折」。折之言制也。（呂刑「制以刑」，墨子尚同篇引作「折則刑」。論語顔淵篇「片言可以折獄者」，鄭注：「魯讀折爲制。」）愿，讀爲傆。説文：「傆，（音與愿同。）黠也。」言制桀黠之民，使畏刑也。作「愿」者，借字耳。余前説改「愿」爲「暴」，未確。（韓詩外傳作「折暴」，恐是以意改，未可援以爲據。下文之「誅暴禁悍」，富國篇之「禁暴勝悍」，文各不同，皆未可據彼以改此。）又下文「扑急禁悍，防淫除邪」，「扑」亦當爲「折」，「急」卽「愿」之譌。前改「急」爲「暴」，亦未確。（「急」與「暴」形聲皆不相似，若本是「暴」字，無緣譌而爲「急」。）**百姓曉然皆知夫爲善於家而取賞於朝也，爲不善於幽而蒙刑於顯也。夫是之謂定論。是王者之論也。**定論，不易之論。論不易，則人知沮勸也。

王者之等賦、政事，財萬物，所以養萬民也。等賦，賦税有等。所以爲等賦，及政事裁制萬物，皆爲養人，非貪利也。財與裁同。○劉台拱曰：「所以」字當在「財萬物」上。王念孫曰：「之」下當有「法」字。「王者之法」，乃總目下文之詞。下文「是王者之法也」，正與此句相應。上文「王者之人」、「王者之制」、「王者之論」，皆上下相應，此文脱「法」字，則上下不相應矣。「等賦」二字連讀。（楊云：「賦税有等，所以爲等賦。」富國篇云：「等賦府庫者，貨之流也。」）政，讀爲正。言等地賦，正民事，以成萬物而養萬民也。（財者，成也，説見非十二子篇。）楊讀「王者之等賦」爲句，「政事財萬物」爲句，皆失之。**田野什一，**什税一也。**關市幾而不征，**幾，呵察也。但呵察姦人而不征税也。禮記「幾」作「譏」。**山林澤梁以時禁發而不税，**石絶水爲梁，所以取魚也。非時則禁，及時則發。禮記曰「獺祭魚，然後虞人入澤梁；草木零落，然後入山林」也。**相地而衰政，**相，視也。衰，差也。政爲之輕重。政，或讀爲征。衰，初危反。○盧文弨曰：齊語正作「相地而衰征」，韋昭注云：「視土地之美惡及所生出，以差征賦之輕重也。」**理道之遠近而致貢，**理，條理也。貢，任土所貢也。謂若「百里賦納總，二百里納銍」之類也。王念孫曰：小雅信南山傳曰：「理，分地里也。」謂貢以遠近分也。上句「相地而衰政」，衰與分，義相近。楊説未確。**通流財物粟米，無有滯留，**貿遷有無化居，不使有滯積也。**使相歸移也。四海之内若一家，**歸，讀爲饋。移，轉也。言通商及轉輸相救，無不豐足，雖四海之廣，若一家也。**故近者不隱其能，遠者不疾其勞，**不隱其能，謂竭其才力也。不疾苦其勞，謂奔走來王也。**無幽閒隱僻之國莫不趨使而安樂之。**幽，深也。閒，隔也。言無有深隔之國不爲王者趨使，而安樂政教也。○先謙案：富國篇「彊暴之國，莫不趨使」。荀書多用「趨使」字。或疑「使」當爲「便」，非。**夫是之謂人師，是王者之法也。**師，長也。言爲政如此，乃可以長人也。師者，亦使人法效之者也。

北海則有走馬吠犬焉，然而中國得而畜使之；海，謂荒晦絶遠之地，不必至海水也。走馬吠犬，今北地之大犬也。○盧文弨曰：冀之北土，馬之所生。注「走馬」下當有脱文。先謙案：謝本不提行，今案當分段。注「地」字，各本脱，據宋台州本增。**南海則有羽翮、齒革、曾**

青、丹干焉，然而中國得而財之； 翮，大鳥羽。齒，象齒。革，犀兕之革。曾青，銅之精，可繢畫及化黄金者，出蜀山、越巂。丹干，丹砂也，蓋一名丹干。干，讀爲矸，胡旦反。或曰：丹，丹砂也。「干」，當爲「玕」。尚書禹貢「雍州，球、琳、琅玕」，孔云：「石而似玉者。」爾雅亦云：「西北方之美者，有球、琳、琅玕焉。」皆出西方，此云南方者，蓋南方亦有也。〇王念孫曰：楊前説以丹干爲丹砂，未知是否。後説以干爲琅玕，非也，琅玕不得但謂之玕。正論篇云「加之以丹矸，重之以曾青，犀象以爲樹，琅玕、龍兹、華覲以爲實」，「丹矸」即「丹干」也。既言「丹矸」，又言「琅玕」，則「丹干」之干非琅玕明矣。**東海則有紫、紶、魚、鹽焉，然而中國得而衣食之；** 紫，紫貝也。紶，未詳，字書亦無「紶」字，當爲「蛣」。郭璞江賦曰「石蛣應節而揚葩」，注云：「石蛣，龜形，春則生花。」蓋亦蚌蛤之屬。今案：本草謂之石決明，陶云：「俗傳是紫貝，定小異，附石生，大者如手，明耀五色，内亦含珠。」古以龜貝爲貨，故曰「衣食之」。蛣，居怯反。〇盧文弨曰：注「蛣」，元刻作「蜐」，同。今從宋本。王引之曰：下文云「中國得而衣食之」，則紫紶爲可衣之物，魚鹽爲可食之物，較然甚明。紫與茈通。管子輕重丁篇：「昔萊人善染，練茈之於萊純錙，緺綬之於萊亦純錙也。其周，中十金。」是東海有紫之證。「紶」當爲「綌」，右傍「谷」字與「去」相似。（「綌」之譌「紶」，猶「卻」之譌「却」也，説見榮辱篇。）葛精曰絺，麤曰綌。（周南葛覃傳。）禹貢：「青州，厥貢鹽絺，海物惟錯。」有絺則有綌矣。管子輕重丁篇「東方之萌，帶山負海，漁獵之萌也，治葛縷而爲食」，言以葛爲絺綌也。是東海有綌之證。紫與綌皆可以爲衣，故曰「中國得而衣之」。楊注大誤。**西海則**

有皮革、文旄焉，然而中國得而用之。禹貢梁州「貢熊、羆、狐狸、織皮」，孔云：「貢四獸之皮。織皮，今之罽也。」旄，旄牛尾。文旄，謂染之爲文綵也。故澤人足乎木，山人足乎魚，農夫不斲削，不陶冶而足械用，工賈不耕田而足菽粟。故虎豹爲猛矣，然君子剥而用之。故天之所覆，地之所載，莫不盡其美，致其用，物皆盡其美，而來爲人用也。上以飾賢良，下以養百姓而安樂之。飾，謂車服。養，謂衣食。夫是之謂大神。能變通裁制萬物，故曰「大神」也。○郝懿行曰：釋詁：「神者，治也。」然則大神謂大治，猶禮運云「大，當也」。楊注以「變通裁制萬物」爲言，亦卽大治之意。詩曰：「天作高山，大王荒之。彼作矣，文王康之。」此之謂也。詩，周頌天作之篇。荒，大也。康，安也。言天作此高山，使興雲雨，大王自豳遷焉，則能尊大之。彼大王作此都，文王又能安之也。

以類行雜，得其統類，則不患於雜也。以一行萬，行於一人，則萬人可治也。皆謂得其樞要也。始則終，終則始，若環之無端也，舍是而天下以衰矣。始，謂類與一也。終，謂雜與萬也。言以此道爲治，終始不窮，無休息，則天下得其次序，舍此則亂也。衰，初危反。○王念孫曰：「始終」二字，泛指治道而言。下文曰「君臣、父子、兄弟、夫婦，始則終，終則始」，義亦同也。始非謂類與一，終亦非謂雜與萬。天地者，生之始也；禮義者，治之始也；君子者，禮義之始也。始，猶本也。言禮義本於君子也。爲之、貫之、積重之、致好之者，君子之始也。

言禮義以君子爲本，君子以習學爲本。貫，習也。積重之，謂學使委積重多也。致，極也。好之，言不倦也。○王引之曰：「君子之始也」，「之始」二字葢涉上三「之始」而衍。此言禮義爲治之始，而爲之貫之、積重之、致好之者，則君子也，故君子又爲禮義之始。下文「無君子則天地不理，禮義無統」，仍是此意。此承上文「君子爲禮義之始」而申言之，則「君子」下不當更有「之始」二字。楊云「君子以積學爲本」，則所見本已衍此二字。**故天地生君子，君子理天地。君子者，天地之參也，萬物之揔也，民之父母也。**參，謂與之相參，共成化育也。揔，領也。○盧文弨曰：俗本又有「要也」二字，宋本、元刻皆無。**無君子則天地不理，禮義無統，上無君師，下無父子，夫是之謂至亂。君臣、父子、兄弟、夫婦，始則終，終則始，與天地同理，與萬世同久，夫是之謂大本。**始則終，終則始，謂一世始。言上下尊卑，人之大本，有君子然後可以長久也。○盧文弨曰：注「謂一世始」句有誤，疑當作「謂治世也」。**故喪祭、朝聘、師旅一也，**此已下，明君子禮義之治，爲之制喪祭、朝聘之禮，所以齊一民各當其道，不使淫放也。下「一」之義皆同。○盧文弨曰：注「之治」，舊作「之始」，譌。王引之曰：「師旅」二字，後人以意加之也。此言祭祀、賓客、喪紀之事，而師旅不與焉，故楊注但言喪祭、朝聘而不言師旅，則本無「師旅」二字明矣。**貴賤、殺生、與奪一也，**使民一於沮勸。**君君、臣臣、父父、子子、兄兄、弟弟一也，**使人一於恩義。**農農、士士、工工、商商一也。**使人一於職業。

水火有氣而無生，草木有生而無知，生，謂滋長。知，謂性識。禽獸有知而無義，○郝懿行曰：釋詁：「知者，匹也。」詩曰：「樂子之無知。」此草木有生無知之説也。曲禮曰：「禽獸無禮，故父子聚麀。」此禽獸有知無義之説也。楊注「知謂性識」，是已。蓋因有性識然後有匹偶，故此二義兼之乃備。人有氣、有生、有知，亦且有義，故最爲天下貴也。亦且者，言其中亦有無義者也。○盧文弨曰：「亦且」二字，乃謂異於禽獸，注誤。力不若牛，走不若馬，而牛馬爲用，何也？曰：人能羣，彼不能羣也。人何以能羣？曰：分。無分則争，争則不能羣也。分何以能行？曰：義。故義以分則和，言分義相須也。義，謂裁斷也。○謝本從盧校作「曰以義」。盧文弨曰：正文「曰以義」，元刻無「以」字。王念孫曰：元刻無「以」字，（宋龔本同。）是也。「曰義」與「曰分」對文，（繫辭傳「何以守位曰仁，何以聚人曰財，理財正辭，禁民爲非曰義」，亦以「曰義」對「曰仁」「曰財」。）則不當有「以」字。宋本有「以」字者，涉上兩「以」字而衍。先謙案：元刻是，今依王説改。和則一，一則多力，多力則彊，彊則勝物，故宫室可得而居也。物不能害，所以安居。故序四時，裁萬物，○先謙案：裁，亦成也，説見非十二子篇。兼利天下，無它故焉，得之分義也。以有分義，故能治天下也。故人生不能無羣，羣而無分則争，争則亂，亂則離，離則弱，弱則不能勝物，故宫室不可得而居也，不可少頃舍禮義之謂也。能以事親謂之孝，能以事兄謂之弟，能以事上謂之順，能以使下謂之君。能以，皆謂能以禮義也。君者，善羣也。善能使人爲羣也。羣道當則萬物皆得其宜，六畜皆得其長，羣生皆得其命。安其性命。故養長時則六畜育，殺生時則草木殖，殺生，斬伐。政令時則百姓一，賢良服。聖王之制也，時，謂有常。服，謂爲之任使。草木榮華滋碩之時則斧斤不入山林，不夭其生，不絕其長也；黿鼉、魚鼈、鰌鱣孕別之時，別，謂生育，與母分別也。國語里革諫魯宣公曰「魚方別孕」，韋昭曰：「自別於雄而懷子也。」罔罟毒藥不入澤，不夭其生，不絕其長也；毒藥，毒魚之藥，周禮雍氏「禁澤之沈者」也。春耕、夏耘、秋收、冬藏四者不失時，故五穀不絕而百姓有餘食也；汙池、淵沼、川澤謹其時禁，汙，停水之處。謹，嚴也。故魚鼈優多而百姓有餘用也；用，謂食足之外可用貿易。斬伐養長不失其時，故山林不童而百姓有餘材也。山無草木曰童。聖王之用也，用，財用也。上察於天，下錯於地，順天時以養地財也。錯，千故反。塞備天地之閒，加施萬物之上，言聖王之用，使天地萬物皆得其所。○王引之曰：「塞備」二字，義不相屬，「備」當爲「滿」，字之誤也。（「備」字，俗書作「備」，「滿」字，俗書作「滿」，二形相似，故傳寫多譌。管子霸言篇「文武具備」，今本「備」譌作「滿」。）塞滿天地之閒，即承上「上察於天，下錯於地」而言。微而明，短而長，狹而廣，言用禮義，故所守者近，所及者遠也。神明博大以至約。言用禮義治化，雖神明博大，原其本，至簡約也。○先謙案：詳文義，「以」當爲「而」，與上三「而」字相配，反復言之。**故曰：一與一是爲人者謂之聖人。**一與一，動皆一也。是，此也。以此爲人者則謂之聖人也。○先謙案：與，讀爲舉。（見下王注。）上言「以一行萬」，是上之一也。喪祭、朝聘、師旅諸事，皆所以一民，是下之一也。以上之一舉下之一，故曰「一舉一」。富國篇云「故曰上一則下一矣」，義可互證。楊注未晰。

序官：謂王者序官之法也。○先謙案：樂論篇云「其在序官也，曰修憲命，審誅賞，禁淫聲，以時順修，使夷俗邪音不敢亂雅，太師之事也」，則序官是篇名。上文「王者之人」、「王者之制」等語，及各篇分段，首句類此者，疑皆篇名，應與下文離析，經傳寫雜亂，不可考矣。**宰爵知賓客、祭祀、饗食、犧牲之牢數，**宰，膳宰。爵，主掌也。饗食，饗宴也。周禮膳夫之屬有庖人、獸人，皆掌犧牲。一曰：爵，官爵也。言膳宰之官爵掌犧牲之事者也。○俞樾曰：楊注二説皆未安。以爵爲主掌，則既言主掌，不必更言知矣。以爵爲官爵，則下文「司徒」、「司馬」何獨不言爵乎？今以下文例之，曰「司徒知百宗、城郭、立器之數，司馬知師旅、甲兵、乘白之數」，上二字皆官名，則「宰爵」二字亦官名也。周官天官序官鄭注曰：「宰，主也。」然則宰爵者，主爵也。漢書百官公卿表：「主爵中尉，秦官，掌列侯。」秦官之有主爵，殆本於古之宰爵乎？其所掌爲列侯，故賓客、祭祀、饗食、犧牲之牢數無不與知。考主爵中尉所屬有掌畜令丞，正合古制矣。學者徒以周官之膳宰説此文，遂失其解。**司徒知百宗、城郭、立器之數，**百宗，百族也。城郭，謂其小大也。立器，所立之器用也。周禮：「大司徒之職，掌建邦土地之圖，與其人民之數。」立器，言五方器械異制，皆知其數，不使作奇伎奇器也。◎先謙案：注「奇器」，各本「奇」作「之」，據宋台州本改正。**司馬知師旅、甲兵、乘白之數。**周禮：二千五百人爲師，五百人爲旅。「四井爲邑，四邑爲丘，四丘爲甸」，亦謂之乘。以其治田，則謂之甸；出長轂一乘，則謂之乘。每乘又有甲士三人，步卒七十二人。白，謂甸徒，猶今之白丁也。或曰：「白」當爲「百」，百人也。◎郝懿行曰：「乘白」似不成文，「白」蓋「甸」字，形近之譌。周禮「四丘爲甸」，注云：「甸之言乘。」詩曰「維禹甸之」，甸卽乘也，故此言乘甸矣。劉台拱曰：管子乘馬篇「白徒三十人，奉車兩」，又七法篇「以教卒練士，繫敺衆白徒」，尹注云：「白徒，謂不練之卒，無武藝。」呂氏春秋決勝篇「廝輿白徒」，高注云：「白衣之徒。」王引之曰：白丁、白徒，皆不得但謂之白。竊謂白與伯同。逸周書武順篇「五五二十五曰元卒，（此以二十五人爲卒，與周官百人爲卒不同。）四卒成衛曰伯」，是百人爲伯也。（淮南氾論篇曰：「隊伯之卒。」兵略篇曰：「正行五，連什伯。」史記秦始皇紀曰：「躡足行伍之閒，而倔起什伯之中。」）昭二十一年左傳「不死伍乘，軍之大刑也」，彼言「伍乘」，猶此言「乘伯」也。隱元年傳「繕甲兵，具卒乘」，彼言「甲兵」「卒乘」，猶此言「甲兵、乘伯」也。作「白」者，借字耳。（史記伍子胥傳「伯嚭」，吳越春秋作「白喜」。古鐘鼎文多以「白」爲「伯」）。乘，乃「車乘」之「乘」，非「四丘爲甸」之「甸」。或謂「白」爲「甸」之譌，尤非。（乘可言數，甸不可言數，「乘甸之數」則尤不成語。）**修憲命，**脩憲法之命，所以表示人也。謂若以樂德教國子中和、祗庸、孝友之類也。**審詩商，**「詩商」，當爲「誅賞」，字體及聲之誤。故樂論篇曰「其在序官也，修憲命，審誅賞」，謂誅賞其所屬之功過者。或曰：詩，謂四方之歌謡；商，謂商聲哀思之音，如寧戚之悲歌也。○盧文弨曰：注中「謂誅賞」三字各本皆脱，今案文義補。王引之曰：商，讀爲章。「章」「商」古字通。（粊誓「我商賚女」，商，徐邈音章。呂氏春秋勿躬篇「臣不如弦章」，韓子外儲説左篇作「弦商」。）太師掌教六詩，故曰「審詩章」。賈子輔佐篇曰「觀民風俗，審詩商，命禁邪音，息淫聲」，語意略與此同，則「詩商」非「誅賞」之誤明矣。且誅賞非太師之職，而商、賞聲相近，樂論篇之「誅」字，恐轉是後人所改。楊謂「誅賞其所屬之功過者」，曲爲之説耳。（陳説同。又云：「詩章，雅也。淫聲，夷俗邪音也，審之禁之，使不亂也。」）禁淫聲，周禮大司樂「禁其淫聲、慢聲」，鄭云：「淫聲，鄭、衛之音也。」以時順修，謂不失其時而順之修之。使夷俗邪音不敢亂雅，大師之事也。夷俗，謂蠻夷之樂。雅，正聲也。大師，樂官之長。大，讀曰太。修隄梁，隄，所以防水。梁，橋也。通溝澮，溝、澮，皆所以通水。周禮「十夫之田有溝，溝上有畛，千夫有澮，澮上有道」。鄭云「溝廣深各四尺，澮廣二尋，深二仞」也。行水潦，行，巡行也，下孟反。安水臧，使水歸其壑。安，謂不使漏溢。臧，才浪反。以時決塞，旱則決之，水則塞之，不使失時也。歲雖凶敗水旱，使民有所耘艾，司空之事也。艾，讀爲刈。相高下，視肥墝，序五種，高下，原隰也。五種，黍、稷、豆、麻、麥。觀其地所宜而種之。墝，若交反。省農功，省，觀也。觀其勤惰而勸之。謹蓄藏，謹，嚴。以時順修，使農夫樸力而寡能，治田之事也。使農夫敦朴於力穡，禁其它能也。治田，田畯也。○郝懿行曰：樸與朴異。樸，木素也。樸力寡能，謂力作樸素，技能寡少，故專治於田事。**修火憲**，不使非時焚山澤。月令二月：「無焚山林。」鄭注周禮「憲，表也。主表其刑禁」也。**養山林藪澤草木魚鼈百索**，百索，上所索百物也。◯郝懿行曰：索者，求也。百物供民，求索皆是。注以索爲上索，非是。王引之曰：「百索」二字義不可通，「索」當爲「素」，字之誤也。「百素」即「百蔬」。富國篇曰：「葷菜百蔬。」魯語曰：「能殖百穀、百蔬。」作「素」者，借字耳。月令曰：「取蔬食。」管子禁藏篇曰：「果蓏素食。」是「蔬」「素」古字通。楊望文生義而非其本旨。**以時禁發**，禁，謂爲之厲禁。發，謂許民采取。**使國家足用而財物不屈，虞師之事也。**屈，竭也。虞師，周禮山虞、澤虞也。**順州里**，使之和順。**定廛宅**，廛，謂市内百姓之居。宅，謂邑内居也。定其分界，不使相侵奪也。◯郝懿行曰：廛、宅，皆謂邑里之居。在市曰舍，在田曰廬。此以廛宅竝言，則廛在市，宅在邑。**養六畜**，勸人養之也。**閒樹藝**，樹藝，種樹及桑柘也。閒之，使疏密得宜也。◯郝懿行曰：閒，更代也。樹藝者，五穀也。閒代，謂田分上中下三等，歲一易之，三歲而徧，更代休息，美惡同之。詳見周禮地官及漢食貨志。王念孫曰：閒與閑同。爾雅：「閑，習也。」謂習樹藝之事也。先謙案：王説是。**勸教化，趨孝弟**，勸之使從教化，趨之使敦孝弟。趨，讀爲促。**以時順修，使百姓順命，安樂處鄉，鄉師之事也。**鄉師，公卿也。周禮：「鄉老，二鄉公一人；鄉大夫，每鄉卿一人。」**論百工**，論其巧拙。月令曰「物勒工名，以考其誠，功有不當，必行其罪」也。審時事，考工記曰「天有時，地有氣，材有美，工有巧，合此四者，然後可以爲良」，月令曰「監工日號，毋悖於時」，皆審其時之事也。辨功苦，功，謂器之精好者。苦，謂濫惡者。韋昭曰：「功，堅。苦，脆也。」尚完利，完，堅也。利，謂便於用，若車之利轉之類也。便備用，使雕琢文采不敢專造於家，工師之事也。專造，私造也。相陰陽，相，視也。陰陽，謂數也。占祲兆，占，占候也。祲，陰陽相侵之氣，赤黑之祲，是其類也。兆，謂龜兆。或曰：兆，萌兆。謂望其雲物，知歲之吉凶也。鑽龜陳卦，鑽龜，謂以火爇荊菙灼之也。陳卦，謂揲蓍布卦也。主攘擇五卜，攘擇，攘除不祥，擇取吉事也。五卜，洪範所謂「曰雨、曰霽、曰蒙、曰驛、曰尅」。言兆之形也。知其吉凶妖祥，傴巫、跛擊之事也。擊，讀爲覡，男巫也。古者以廢疾之人主卜筮巫祝之事，故曰「傴巫、跛覡」。覡，胡狄反。修採清，修其採清之事。採，謂採去其穢，清，謂使之清潔，皆謂除道路穢惡也。周禮「蜡氏掌除骴，凡國之大祭祀，令州里除不蠲」也。○俞樾曰：「採」乃「埰」字之誤。方言曰「塚，秦、晉之閒謂之埰」是也。清者，説文广部：「廁，清也。」急就篇：「屏廁清溷，糞土壤。」字亦作「圊」。玉篇口部：「圊，圊圂也。」蓋墟墓之閒，清溷之處，皆穢惡所積聚，故必以時修治之也。楊注非。易道路，修而平之。謹盜賊，謹，嚴禁也。周禮野廬氏職曰：「有相翔者誅之。」平室律，平，均布也。室，逆旅之室。平其室之法，皆不使容姦人，若今五家爲保也。○郝懿行曰：「室律」二字，不成文理，疑「律」當爲「肆」字之譌。室謂廬舍，如市樓、候館之屬是也。肆謂廛肆，如粟帛牛馬各有行列是也。故下遂云「以時順修，使賓旅安而貨財通，治市之事也」。事見周禮地官。**以時順修，使賓旅安而貨財通，**○王引之曰：賓客之事，非治市者所掌，且與通貨財無涉，「賓」當爲「𧶒」，字之誤也。説文：「𧶒，行賈也，從貝，商省聲。」今通用「商」字。考工記「通四方之珍異以資之，謂之商旅」，鄭注曰：「商旅，販賣之客也。」月令曰：「易關市，來商旅，納貨賄。」故曰「使𧶒旅安而貨財通，治市之事也」。王霸篇「商旅安，貨財通」，是其明證矣。（今本「貨財通」誤作「貨通財」。）今經傳以「商」代「𧶒」，「商」行而「𧶒」遂廢。此「𧶒」字若不誤爲「賓」，則後人亦必改爲「商」矣。**治市之事也。**此皆周禮野廬氏之職。今云「治市」，蓋七國時設官不同，治市之官兼掌道路，不必全依周禮制，據當時職事言之也。**抃急禁悍，**「抃」當爲「析」，「急」當爲「愿」，已解上也。○先謙案：「抃」當爲「折」，説見上。**防淫除邪，戮之以五刑，使暴悍以變，姦邪不作，司寇之事也。本政教，正法則，兼聽而時稽之，**稽，計也，考也。周禮太宰「歲終則令百官府各正其治，受其會，而詔王廢置，三歲則大計」也。**度其功勞，論其慶賞，以時慎修，使百吏免盡而衆庶不偷，冢宰之事也。**○盧文弨曰：自「度其功勞」下至末，各本皆無注，文脱耳。「免盡」之「免」，與勉同。漢書薛宣傳「宣因移書勞免之」，谷永傳「閔免遁樂」，皆以「免」爲「勉」。王念孫曰：「免盡」，當爲「盡免」。免與勉同。盡勉，皆勉也。「勉」與「偷」對文。君道篇曰：「賞免罰偷。」（今本「免」譌作「克」，辯見君道。）**論禮樂，正身行，廣教化，美風**

俗，兼覆而調一之，辟公之事也。全道德，致隆高，綦文理，一天下，振毫末，○先謙案：言雖毫末之微，必振而起之。正論篇云：「一物失稱，亂之端也。」此荀子論治之要。使天下莫不順比從服，天王之事也。故政事亂則冢宰之罪也；國家失俗則辟公之過也；天下不一，諸侯俗反，則天王非其人也。

具具而王，具具而霸，具具而存，具具而亡。○先謙案：與上文「知此三具者」相應。具具者，王霸存亡之具畢具也。王霸篇云「然後養五綦之具具也」，句義與此同。用萬乘之國者，威彊之所以立也，名聲之所以美也，敵人之所以屈也，國之所以安危臧否也，制與在此，亡乎人。○王念孫曰：與讀爲舉。（說見經義述聞禮運。）舉，皆也。亡，不在也。（說見經義述聞穀梁傳僖三十一年。）言其制皆在此而不在乎人也。下文「制與在我亡乎人」同。王、霸、安存、危殆、滅亡，制與在我，亡乎人。夫威彊未足以殆鄰敵也，名聲未足以縣天下也，○先謙案：縣天下，言能縣衡天下，爲四海持平也。說詳彊國篇。則是國未能獨立也，豈渠得免夫累乎！○盧文弨曰：案渠與遽同。天下脅於暴國，而黨爲吾所不欲於是者，日與桀同事同行，無害爲堯，○先謙案：方言：「黨，知也，楚謂之黨。」吾所不欲，即謂脅於暴國也。於是時而後知爲吾所不欲，與桀同事而無害爲堯，爲時晚矣。功名安危所繫，當在國家閒暇之日也。舉堯、桀者，聖君暴君之極也。議兵篇「以桀詐堯」，天論篇「不爲堯存，不爲桀亡」，正論篇「有埶辱無害爲堯，有埶榮無害爲桀」，並堯、桀對舉。**是非功名之所就也，非存亡安危之所墮也。**○俞樾曰：「墮」字義不可通，當作「隨」，字之誤也。隨，從也。言非存亡安危之所從也。**功名之所就，存亡安危之所墮，必將於愉殷赤心之所。**○郝懿行曰：殷者，盛也。言全盛之日，孟子所謂「國家閒暇，及是時明政刑」之日也。下「殷之日」同。先謙案：釋詁：「愉，樂也。」愉殷者，當殷盛之時而愉樂。素問風論注：「赤者，心色也。」赤心者，本心不雜貳。禮記檀弓疏所謂「處所」，下同。**誠以其國爲王者之所，亦王；以其國爲危殆滅亡之所，亦危殆滅亡。殷之日，案以中立無有所偏而爲縱横之事，偃然案兵無動，**○郝懿行曰：此云「案以」，下云「安以」，「安」「案」字亦同。荀書多用「安」「案」爲語助辭，如它書「焉」字「於」字之例。唯「案兵」之「案」與按同。按者，抑也，止也。「縱横」當作「從衡」，古書皆然，荀書亦必作「從衡」，俗妄改之。先謙案：「殷之日」，與王霸篇「濟之日」句法一律。**以觀夫暴國之相卒也。**○俞樾曰：「卒」，當作「捽」。國語晉語「戎夏交捽」，韋注曰：「捽，交對也。」彼云「交捽」，此云「相捽」，義正同。**案平政教，審節奏，砥礪百姓，爲是之日，而兵剸天下勁矣；**○先謙案：此句與下「名聲剸天下之美矣」相配爲文，「勁」上當有「之」字，剸，讀與專同。**案然修仁義，伉隆高，正法則，選賢良，養百姓，**○俞樾曰：「然」，衍字。「案」乃語詞。上文云「案平政教，審節奏，砥礪百姓」，與此文一律，可證。**爲是之日，而名聲剸天下之美矣。權者重之，**

○先謙案：下「兵勁」「名聲美」，皆承上言之。此云「權者重之」，上無所承，疑有奪文。兵者勁之，名聲者美之。夫堯、舜者，一天下也，不能加毫末於是矣。○先謙案：夫，猶彼也。言如此，則彼堯、舜所以一天下，無以加之。權謀傾覆之人退，則賢良知聖之士案自進矣；刑政平，百姓和，國俗節，則兵勁城固，敵國案自詘矣；務本事，積財物，而勿忘棲遲薛越也，○盧文弨曰：「薛越」，即「屑越」，後同。是使羣臣百姓皆以制度行，則財物積，國家案自富矣。三者體此而天下服，暴國之君案自不能用其兵矣。何則？彼無與至也。彼其所與至者，必其民也，其民之親我也歡若父母，好我芳若芝蘭；反顧其上則若灼黥，若仇讎。彼人之情性也雖桀、跖，豈有肯爲其所惡賊其所好者哉！彼以奪矣。○郭嵩燾曰：承上文「王奪之人」言，彼所有之人已爲我奪也。故古之人有以一國取天下者，非往行之也，修政其所莫不願，如是而可以誅暴禁悍矣。故周公南征而北國怨，曰：「何獨不來也？」東征而西國怨，曰：「何獨後我也？」孰能有與是鬬者與？○謝本從盧校作「就能」。王引之曰：「就」字義不可通，當是「孰」字之誤。「孰」「就」字相似。又補校云：吕本「就」正作「孰」。先謙案：王說是，今從吕本。安以其國爲是者王。殷之日，安以靜兵息民，慈愛百姓，辟田野，實倉廩，便備用，安謹募選閲材伎之士；然後漸賞慶以先之，嚴刑罰以防之，擇士之知事者使相率貫也，是以厭然畜積修飾而物用之足也。○先謙案：厭然，猶安然，説見儒效篇。「之」字衍。兵革器械者，彼將日日暴露毁折之中原，○盧文弨曰：「日日」，元刻作「日月」，下並同。我今將修飾之，拊循之，掩蓋之於府庫；貨財粟米者，彼將日日棲遲薛越之中野，我今將畜積并聚之於倉廩；材技股肱、健勇爪牙之士，彼將日日挫頓竭之於仇敵，我今將來致之、并閲之、砥礪之於朝廷。如是，則彼日積敝，我日積完；彼日積貧，我日積富；彼日積勞，我日積佚。君臣上下之閒者，彼將厲厲焉日日相離疾也，我今將頓頓焉日日相親愛也，○先謙案：莊子人閒世釋文：「厲，疾也。」重言之曰厲厲。頓，讀曰敦。詩「頓丘」，爾雅釋丘作「敦丘」，是其證。禮樂記「敦樂而無憂」，注：「敦，厚也。」重言之曰敦敦。頓頓，猶敦敦，相親厚之意也。以是待其敝。安以其國爲是者霸。立身則從傭俗，事行則遵傭故，進退貴賤則舉傭士，○盧文弨曰：句。郝懿行曰：傭與庸同。庸者，常也。詩云「昊天不傭」，韓詩作「庸」，是「庸」「傭」通。下云「則庸寬惠」，此「庸」訓用。之所以接下之人百姓者則庸寬惠，○先謙案：荀書多以「之」爲「其」。王霸篇「之所與爲之者之人」，以下二「之」字與「其」連文，亦訓爲其。富國篇「以奪之財，以奪之食，以難其事」，二「之」字同。如是者則安存。○盧文弨曰：僅免於危亡而已。立身則輕楛，事行則蠲疑，進退貴賤則舉佞侻，○郝懿行曰：楛與苦同，謂脃惡也。蠲者，明也。謂喜明察而好狐疑也。侻與脱同，亦與悦同。謂喜近小人也。修身篇有「侫兑」字，則侻與兑同，當訓爲悦。謂諞侫容悦也。先謙案：「侻」蓋「兑」字，後人加「人」旁耳。説見修身篇。之所以接下之人百姓者則好取侵奪，○王念孫曰：吕本作「好取侵奪」，錢本無「取」字。盧從吕本。案「取」與「侵奪」意複，且不詞，作「好侵奪」者是也。上文云「之所以接下之人百姓者則庸寬惠」，句法正與此同。先謙案：富國篇云「雖好取侵奪，猶將寡獲也」，可見荀書自有此語。錢本無「取」字者，亦疑爲不詞而删之耳。古書不當輒改。謝本從盧校有「取」字，今仍之。如是者危殆。立身則憍暴，事行則傾覆，進退貴賤則舉幽險詐故，○盧文弨曰：宋本有一「人」字，衍。元刻無。先謙案：故，亦詐也，説見王霸篇。之所以接下之人百姓者，則好用其死力矣，而慢其功勞，好用其籍斂矣，而忘其本務，如是者滅亡。此五等者，不可不善擇也，王、霸、安存、危殆、滅亡之具也。善擇者制人，不善擇者人制之；善擇之者王，不善擇之者亡。夫王者之與亡者，制人之與人制之也，是其爲相縣也亦遠矣。○盧文弨曰：篇末自「具具而王」至此，文義淺雜，當是殘脱之餘，故不注耳。

荀子卷第六

富國篇第十

萬物同宇而異體，同生宇内，形體有異。**無宜而有用**雖於人無常定之宜，皆有可用人之理，必在理得其道，使之不争，然後可以富國也。○先謙案：虞、王本注「用」下無「人」字，是，各本衍。**爲人，數也。**○王念孫曰：「無宜而有用爲人」爲一句，「數也」爲一句。爲，讀曰于。（「爲」「于」二字，古同聲而通用，説見釋詞「爲」字下。）言萬物於人雖無一定之宜，而皆有用於人，數也。「數也」云者，猶言道固然也。（吕氏春秋壅塞篇「寡不勝衆，數也」，高注：「數，道數也。」）「數也」與下文「生也」對文。楊以「爲人數也」四字連讀，而下屬爲義，故失之。**人倫竝處，同求而異道，同欲而異知，**倫，類也。竝處，羣居也。其在人之法數，則以類羣居也。同求異道，謂或求爲善，或求爲惡。此人之性也。**生也。**○王念孫曰：生，讀爲性，故楊注云：「此人之性也。」「生也」二字，本在楊注「倫，類也」之上，今本誤在楊注下，與下文相連。**皆有可也，知愚同；所可異也，知愚分。**可者，遂其意之謂也。**埶同而知異，行私而無禍，縱欲而不窮，則民心奮**

而不可説也。禍，患也。窮，極也。奮，謂起而爭競也。説，讀爲悦。若，縱其性情而無分，則民心奮起爭競而不可悦服也。**如是，則知者未得治也，知者未得治則功名未成也，**功名之立，由於任智。**功名未成則羣衆未縣也，**有功名者居上，無功名者居下，然後羣衆縣隔。若未有功名，則羣衆齊等也。**羣衆未縣則君臣未立也。**既無縣隔，則未有君臣之位也。**無君以制臣，無上以制下，天下害生縱欲。**無上下相制，則天下之害生於各縱其欲也。○先謙案：承上「縱欲不窮」申言之。**欲惡同物，欲多而物寡，寡則必爭矣。**同物，謂飲食男女，人之大欲存焉；死亡貧苦，人之大惡存焉：是賢愚同有此情也。無君上之制，各恣其欲，則物不能贍，故必爭之也。**故百技所成，所以養一人也。**技，工也。一人，君上也。言百工所成之衆物以養一人，是物多而所奉者寡，故能治也。○汪中曰：此言一人之身而百工之所爲備耳，注非。**而能不能兼技，**雖能者亦不兼其技功，使有分也。謂梓匠輪輿各安其業則治，襍之則亂也。**人不能兼官，**皆使專一於分，不二事也。謂若夔典樂、稷播種之類也。**離居不相待則窮，羣而無分則爭。**不相待，遺棄也。窮，謂爲物所困也。此言不羣則不可，羣而無分亦不可也。**窮者患也，爭者禍也，救患除禍，則莫若明分使羣矣。**此已上皆明有分則能羣，然後可以富國也。**彊脅弱也，知懼愚也，民下違上，少陵長，不以德爲政，**德，謂教化，使知分義也。**如是，則老弱有失養之憂，而壯者有分爭之禍矣。**老弱不能自存，故憂失養；壯者以力相勝，故有分争也。**事業所惡也，功利所好也，職業無分，**事業，謂勞役之事，人之所惡。職業，謂官職及四人之業也。必使各供其職，各從所務，若無分，則莫不惡勞而好逸也。**如是，則人有樹事之患，而有争功之禍矣。**樹，立也。若無分，則人人患於樹立己事而争人之功，以此爲禍也。**男女之合，夫婦之分，**合，配也。分，謂人各有偶也。**婚姻娉内送逆無禮，**婦之父爲婚，壻之父爲姻。言婚姻者，明皆以二人之命也。聘，問名也。内，讀曰納，納幣也。送，致女。逆，親迎也。○盧文弨曰：娉，説文：「問也，匹正切。」廣韻云：「娶也。」後人入詩，作平聲，「娉婷」訛甚。注作「聘」，今字。**如是，則人有失合之憂，而有争色之禍矣。**失合，謂喪其配偶也。**故知者爲之分也。**知，如字。知者，謂知治道者。又讀爲智，皆通。

足國之道，明富國之術也。**節用裕民而善臧其餘。**裕，謂優饒也。善臧其餘，謂雖有餘，不耗損而善藏之。○盧文弨曰：「臧」，古「藏」字。正文從古，注以今文解之，楊氏往往如此。先謙案：羣書治要句末有「也」字。**節用以禮，裕民以政。**以禮，謂用不過度。以政，謂取之有道也。**彼裕民，故多餘。**人得優饒，務於力作，故多餘也。**裕民則民富，民富則田肥以易，**易，謂耕墾平易。**田肥以易則出實百倍。**所出穀實多也。**上以法取焉，而下以禮節用之，**法取，謂什一也。以禮節用，謂不妄耗費也。**餘若丘山，不時焚燒，無所臧之，**以言多之極也。**夫君子奚患乎無餘？**以墨子憂不足。○先謙案：羣書治要句末有「也」字。**故知節**

用裕民，則必有仁義聖良之名，而且有富厚丘山之積矣。名實皆美。此無它故焉，生於節用裕民也。不知節用裕民則民貧，民貧則田瘠以穢，貧則力不足，耕耨失時也。田瘠以穢則出實不半，不得其半。上雖好取侵奪，猶將寡獲也，而或以無禮節用之，○謝本從盧校「節」作「而」。盧文弨曰：元刻作「無禮節用之」。王念孫曰：元刻是也。上文云「上以法取焉，而下以禮節用之」，（楊注：「以禮節用，謂不妄秏費也。」）與此三句正相反，是其證。羣書治要正作「以無禮節用之」。（呂、錢本、世德堂本同。）先謙案：王說是。今從元刻。則必有貪利糾譑之名，而且有空虛窮乏之實矣。糾，察也。譑，發人罪也。譑音矯。○王念孫曰：糾，收也。譑，讀爲撟，（音矯。）取也。言貪利而收取之也。僖二十四年左傳注云：「糾，收也。」方言云：「撟捎，選也。自關而西，秦、晉之閒，凡取物之上謂之撟捎。」淮南要略覽「取撟掇」，高注云：「撟，取也。」卽上文之「好取侵奪」也。楊注於貪利外別生支節矣。此無它故焉，不知節用裕民也。康誥曰：「弘覆乎天，若德裕乃身。」此之謂也。弘覆如天，又順於德，是乃所以寬裕汝身。言百姓與足，君孰不足也。○盧文弨曰：宋本正文並引「不廢在王庭」句，注無解，今依元刻去之。注「百姓與足」二句，又見第二十卷注中，不必定依今論語改此文。禮者，貴賤有等，長幼有差，貧富輕重皆有稱者也。稱，尺證反。○盧文弨曰：舊本不提行，今案當分段。先謙案：上言「裕民以政」，下結云「夫是之謂以政裕民」，應爲一段，舊本是，盧說非也。

今正。**故天子袾裷衣冕，**「袾」，古「朱」字。裷與衮同。畫龍於衣，謂之衮。朱衮，以朱爲質也。衣冕，猶服冕也。**諸侯玄裷衣冕，**謂上公也。周禮「公之服，自衮冕而下，如王之服」也。**大夫裨冕，**衣裨衣而服冕，謂祭服也。天子六服，大裘爲上，其餘爲裨。裨之言卑也。以事尊卑服之，諸侯以下亦服焉，鷩冕、絺冕皆是也。**士皮弁服。**皮弁，謂以白鹿皮爲冠，象上古也。素積爲裳，用十五升布爲之。積，猶辟也。辟蹙其腰中，故謂之素積也。**德必稱位，位必稱禄，禄必稱用。由士以上則必以禮樂節之，衆庶百姓則必以法數制之。**君子用德，小人用刑。**量地而立國，**謂若王制天子之縣内九十三國也。**計利而畜民，**謂若周制計一鄉地利所出，畜萬二千五百家。**度人力而授事，**謂若一夫受田百畝。**使民必勝事，事必出利，利足以生民，皆使衣食百用出入相揜，**百用，襍用，養生送死之類。出，出財也。入，入利也。揜，覆蓋也。出入相揜，謂量入爲出，使覆蓋不乏絶也。○王念孫曰：爾雅曰：「弇，同也。」方言曰：「掩，同也。」周頌執競傳曰：「奄，同也。」「弇」「奄」「掩」「揜」竝通。出入相同，謂不使出數多於入數也。楊訓揜爲覆蓋，失之。**必時臧餘，謂之稱數。**足用有餘，則以時臧之，此之謂有稱之術數也。**故自天子通於庶人，事無大小多少，由是推之。故曰：朝無幸位，民無幸生。此之謂也。**上下所爲之事，皆以稱數推之，故無儌幸之徒。無德而禄，謂之幸位；惰游而食，謂之幸生也。**輕田野之税，平關市之征，**平，猶除也。謂幾而不征也。**省商賈之數，**省，減也。謂使農夫衆也。罕興力役，無奪農時，如是，則國富矣。夫是之謂以政裕民。此以政優饒民之術也。○先謙案：羣書治要句末有「也」字。

人之生，不能無羣，羣而無分則争，争則亂，亂則窮矣。窮，困。故無分者，人之大害也；有分者，天下之本利也；「本」當爲「大」。而人君者，所以管分之樞要也。樞，户樞也。故美之者，是美天下之本也；美，謂美其有分。○盧文弨曰：「美之」「安之」「貴之」，三「之」字皆謂人君。安之者，是安天下之本也；貴之者，是貴天下之本也。古者先王分割而等異之也，以分割制之，以等差異之。故使或美或惡，或厚或薄，或佚或樂，或劬或勞，美，謂褒寵；惡，謂刑戮。厚薄，貴賤也。在位則佚樂，百姓則劬勞也。○王念孫曰：下二句本作「或佚樂，或劬勞」。「美」與「惡」對，「厚」與「薄」對，「佚樂」與「劬勞」對。今本「樂」上「勞」上又有兩「或」字，卽涉上文而衍。據楊注云「在位則佚樂，百姓則劬勞」，則正文本作「或佚樂，或劬勞」明矣。羣書治要同。非特以爲淫泰夸麗之聲，將以明仁之文、通仁之順也。仁，謂仁人也。言爲此上事不唯使人瞻望，自爲夸大之聲，將以明仁人乃得此文飾，言至貴也；通仁人乃得此順從，言不違其志也。○俞樾曰：「聲」字衍文。荀子原文葢作「非特以爲淫泰夸麗也」，因「也」字誤作「之」，後人妄加「聲」字耳。下文云「非特所以爲淫泰也」，句法與此同，是其證。先謙案：此言先王將欲施仁於天下，必先有分割等異，乃可以明其文而通其順；若無分割等異，則無文不順，卽仁無所施矣。楊注非。故爲之雕琢、刻鏤、黼黻、文章，玉謂之雕，亦謂之琢。木謂之刻，金謂之鏤。白與黑謂之黼，黑與青謂之黻，青與赤謂之文，赤與白謂之章。使足以辨貴賤而已，不求其觀；不求使人觀望也，古亂反。○盧文弨曰：不求其觀，言非以此爲觀美也。爲之鍾鼓、管磬、琴瑟、竽笙，使足以辨吉凶，合歡定和而已，不求其餘；和，謂和氣。餘，謂過度而作鄭、衞者也。爲之宮室臺榭，使足以避燥溼，養德辨輕重而已，不求其外。德，謂君上之德。輕重，尊卑也。外，謂峻宇雕牆之類也。詩曰：「雕琢其章，金玉其相。亹亹我王，綱紀四方。」此之謂也。詩，大雅棫樸之篇。相，質也。亹亹，勸勉之貌。言雕琢爲文章，又以金玉爲質，勉力爲善，所以綱紀四方也。與詩義小異也。若夫重色而衣之，重味而食之，重財物而制之，合天下而君之，重，多也，直用反。非特以爲淫泰也，固以爲王天下，○先謙案：「王天下」，「王」字無義。此自屬人君言，不得更言「王天下」，「王」當爲「一」，字之誤也。儒效、王制、王霸、君道、彊國諸篇，屢言「一天下」，非十二子篇云「一天下，財萬物，長養人民，兼利天下」，語意正與此同，亦作「一天下」，尤其明證。治萬變，材萬物，材與裁同。○先謙案：非十二子、儒效、王制、富國諸篇並作「財萬物」，「材」，疑當爲「財」。羣書治要作「裁」，王制篇一作「裁」。養萬民，兼制天下者，○先謙案：非十二子篇作「兼利天下」，以文義推之，「兼利」是也。「利」「制」形近而譌。王霸篇云「國者，天下之制利用也」，楊注：「制，衍字耳。」「制」「利」因相似誤衍，卽其證。爲莫若仁人之善也夫！故其知慮足以治之，其仁厚足以安之，其德音足以化之，得之則治，失之則亂。百姓誠賴其知也，故相率而爲之勞苦以務佚之，以養其知也；知，讀爲智。○先謙案：羣書治要兩「知」字並作「智」。誠美其厚也，故爲之出死斷亡以覆救之，以養其厚也；厚，恩厚也。出死，謂出身致死。斷，猶判也。言判其死亡也。覆，蓋蔽也。斷，丁亂反。○盧文弨曰：正文末一「也」字，各本俱缺，今依上下例增。先謙案：宋台州本不缺「也」字，羣書治要同。誠美其德也，故爲之雕琢、刻鏤、黼黻、文章以藩飾之，以養其德也。有德者宜備藩衞文飾也。故仁人在上，百姓貴之如帝，天帝也。親之如父母，爲之出死斷亡而愉者，愉，歡。○王念孫曰：愉，讀爲偷。「愉」上當有「不」字。出死斷亡而不愉者，民皆死其君事而不偷生也。楊所見本已脱「不」字，故誤以愉爲「歡愉」之愉。下文「爲之出死斷亡而愉」，「愉」上亦脱「不」字。王霸篇曰「爲之出死斷亡而不愉」，羣書治要引作「不偷」，足正此篇之誤。楊不知「愉」爲古「偷」字，反以「不」爲衍文，謬矣。説文「偷薄」字本作「愉」，從心，俞聲。爾雅「佻，偷也」，小雅鹿鳴傳作「恌，愉也」。周官大司徒「則民不愉」，桓七年公羊傳注「則民不愉」，坊記注「不愉於死亡」，釋文竝音偷。漢繁陽令楊君碑「不愉禄求趨」，亦與「偷」同。（唐風山有樞篇「他人是愉」，鄭箋：「愉，讀爲偷。」大戴禮文王官人篇「欲色嘔然以偷」，逸周書「偷」作「愉」。）經傳中「愉」字或作「偷」者，皆後人所改也。此篇之「出死斷亡而不愉」，若非脱去「不」字，則後人亦必改爲「偷」矣。無它故焉，其所是焉誠美，其所得焉誠大，其所利焉誠多。是，謂可其意也。言百姓所得者多，故親愛之也。○先謙案：羣書治要有「也」字。詩曰：「我任我輦，我車我牛，我行既集，蓋云歸哉！」此之謂也。詩，小雅黍苗之篇。引此以明百姓不憚勤勞以奉上也。鄭云：「集，猶成也。蓋，猶皆也。轉餫之役，有負任者，有輓輦者，有將車者，有牽傍牛者。事既成，召伯則皆告之云可以歸矣。」○盧文弨曰：注末，宋本作「云可歸哉」。故曰：君子以德，小人以力。君子以德撫下，故百姓以力事上也。力者，德之役也。力爲德所使役。百姓之力，待之而後功；百姓雖有力，待君上所使然後有功也。○王念孫曰：如楊説，則「功」上須加「有」字，而其義始明。今案：力者，功也。（論語曰：「管仲之力也。」）待之而後功，功者，成也，言百姓之功待君而後成也。下文曰「百姓之羣，待之而後和；百姓之財，待之而後聚；百姓之勢，待之而後安；百姓之壽，待之而後長」，「和」「聚」「安」「長」與「功」相對爲文，是功爲成也。爾雅曰：「功，成也。」大戴禮盛德篇曰：「能成德法者爲有功。」周官稾人「乃入功于司弓矢及繕人」，鄭注曰：「功，成也。」管子五輔篇曰「大夫任官辯事，官長任事守職，士修身功材」，言修身成材也。莊子天道篇曰「帝王無爲而天下功」，言無爲而天下成也。先謙案：王説辨矣。然此「功」字不訓成。王訓功爲成，則百姓之力訓爲百姓之功，上文「小人以力，力者，德之役也」，二「力」字又豈能訓爲功乎？今案：待之而後功者，待之而後有功也。有功爲功，荀書自有此語。王霸篇「事至佚而功」，彊國篇「不煩而功」，君道篇、君子篇「不動而功」，臣道篇「戾然後功」，下文「使而功」，及「愛而後用之，不如愛而不用者之功也」，義並與此同。百姓之羣，待之而後和；百姓之財，待之而後聚；百姓之執，待之而後安；百姓之壽，待之而後長。皆明待君上之德化，然後無争奪相殺也。父子不得不親，兄弟不得不順，男女不得不歡，少者以長，老者以養。故曰：「天地生之，聖人成之。」此之謂也。古者有此語，引以明之也。今之世而不然：○先謙案：而，猶則也，見釋詞。厚刀布之斂以奪之財，重田野之税以奪之食，苛關市之征以難其事。苛，暴也。征，亦税也。苛關市之征，出入賣買皆有税也。使貨不得通流，故曰「難其事」。不然而已矣，不唯如此而已。有掎挈伺詐，權謀傾覆，以相顛倒，以靡敝之，有，讀爲又。掎，摭其事。挈，舉其過。伺，候其罪。詐，僞其辭。顛倒，反覆也。靡，盡也。敝，敗也。或曰：靡，讀爲糜。糜，散也。敝，盡也。○盧文弨曰：案禮記少儀「國家靡敝」，釋文：「亡皮切。」正義亦有「靡，散」一訓。百姓曉然皆知其汙漫暴亂而將大危亡也。汙、漫，皆穢行也。漫，莫半反。是以臣或弑其君，下或殺其上，粥其城，倍其節，而不死其事者，無它故焉，人主自取之。粥其城，謂以城降人，以爲己利。節，忠節也。此皆由上無恩德，故下亦傾覆之。○先謙案：羣書治要句末有「也」字。詩曰：「無言不讎，無德不報。」此之謂也。詩，大雅抑之篇。

兼足天下之道在明分。○先謙案：此「明分」，與上「明分使羣」同義。掩地表畝，掩地，謂耕田，使土相掩。表，明也。謂明其經界，使有畔也。○王引之曰：「掩地」二字義不可通。「掩」，疑「撩」之譌。説文：「撩，理也。」（廣雅同。）一切經音義十四：「撩，力條反。」通俗文云：「理亂謂之撩理。」今多作「料量」之「料」字也。（以上一切經音義）。撩地表畝，謂理其地、表其畝也。「撩」字俗書作「撩」，與「掩」相似而誤。楊云「掩地，謂耕田，使土相掩」，迂回而難通矣。**刺屮殖穀，**刺，絶也。「屮」，古「草」字。**多糞肥田，是農夫衆庶之事也。守時力民，**守時，敬授人時。力民，使之疾力。**進事長功，**進其事業，長其功利。**和齊百姓，使人不偷，是將率之事也。**將率，猶主領也，若今宰守。○俞樾曰：此言足天下之道。前後皆言農事，而此云「是將率之事」，楊注曲爲之説，未爲得也。蓋古之爲將率者，其平時卽州長、黨正之官。周官州長職「若國作民而師田行役之事，則帥而致之，掌其戒令與其賞罰」，鄭注曰：「掌其戒令賞罰，則是於軍因爲師帥。」賈疏曰：「云『因爲師帥』者，若衆屬軍吏，別有軍吏掌之，何得還自掌之？故知因爲師帥也。但在鄉爲州長，已管其民，在軍還領己民爲師帥，卽是因内政寄軍令也。」又黨正職注曰：「亦於軍因爲旅帥。」族師職注曰：「亦以軍因爲卒長。」以是推之，閭胥卽爲兩司馬，比長卽爲伍長，夏官序官疏曰「閭胥以下雖不言，因爲義可知」是也。此云「將率」，卽指州長、黨正之屬，從其在軍之名而稱之曰「將率」，正見内政、軍令之可通。楊注未達斯旨。**高者不旱，下者不水，寒暑和節而五穀以時孰，是天下之事也。**是天下豐穰之事，非由人力也。○王念孫曰：「天下之事」當作「天之事」。不旱不水，寒暑和節，此皆出於天而非人之所能爲，故曰「是天之事」，正對下文「是聖君賢相之事」而言。今本「天下」之「下」，乃涉上文「下者」而衍。楊曲爲之説，非。**若夫兼而覆之，兼而愛之，兼而制之，歲雖凶敗水旱，使百姓無凍餧之患，則是聖君賢相之事也。**○盧文弨曰：此下宋本提行，今案當連爲一條。**墨子之言，昭昭然爲天下憂不足。**○王念孫曰：昭昭，小也。（中庸「今夫天，斯昭昭之多」，鄭注：「昭昭，猶耿耿，小明也。」淮南繆稱篇：「昭昭乎小哉。」）言墨子之所見者小也。故下文曰：「夫不足，非天下之公患也，特墨子之私憂過計也。」**夫不足，非天下之公患也，**非公共之患也。**特墨子之私憂過計也。今是土之生五穀也，人善治之則畝數盆，一歲而再獲之，**蓋當時以盆爲量。考工記曰：「盆實二鬴。」墨子曰：「子墨子弟子仕於衞而反，子曰：『何故反？』曰：『與我言而不當。』曰：『待汝以千盆，授我五百盆，故去之。』」獲，讀爲穫。**然後瓜桃棗李一本數以盆鼓，**一本，一株也。鼓，量也。禮記曰：「獻米者操量鼓。」數以盆鼓，謂數度以盆量之也。言「然後」者，謂除五穀之外更有此果實。○盧文弨曰：注「以盆」下亦當有「鼓」字，各本皆脱。**然後葷菜百疏以澤量，**葷，辛菜也。疏與蔬同。以澤量，言滿澤也，猶谷量牛馬。然後，義與上同。○郝懿行曰：葷菜，亦蔬耳，必别言之者，士相見禮「夜侍坐，問夜膳葷，請退可也」，鄭注：「葷，辛物，葱薤之屬，食之以止卧。」玉藻「膳於君，有葷桃茢」，注云：「葷，薑及辛菜也。」然則葷菜先於百蔬，固有説矣。**然後六**

畜禽獸一而剸車，剸與專同。言一獸滿一車。黿鼉、魚鱉、鰌鱣以時別，一而成羣，別，謂生育，與母分別也。以時別，謂不夭其生，使得成遂也。一而成羣，言每一類皆得成羣。然後飛鳥鳧雁若烟海，遠望如烟之覆海，皆言多。然後昆蟲萬物生其閒，昆蟲，蚔、螘、蜩、范之屬也。除大物之外，其閒又有昆蟲萬物。鄭云：「昆，明也。得陽而出、得陰而藏之蟲也。」○盧文弨曰：注「螘」字誤，疑本是「蟓」字。可以相食養者不可勝數也。夫天地之生萬物也，固有餘足以食人矣；麻葛、繭絲、鳥獸之羽毛齒革也，固有餘足以衣人矣。○先謙案：宋台州本有「衣，去聲」三字，各本無。夫有餘不足，非天下之公患也，特墨子之私憂過計也。○先謙案：此二句與上文同，荀反復申重以明墨之非。以文義求之，「不足」上不當有「有餘」二字，此緣上文兩「有餘」而誤衍。天下之公患，亂傷之也。胡不嘗試相與求亂之者誰也？我以墨子之「非樂」也則使天下亂，墨子之「節用」也則使天下貧，非將墮之也，說不免焉。非將墮毁墨子，論說不免如此。○先謙案：不免者，言其實如此也。正論篇云「然則以湯、武爲弑，則天下未嘗有說也，直墮之耳」，正與此文反對。墨子大有天下，小有一國，天子、諸侯。將蹙然衣麤食惡，憂戚而非樂，墨子言樂無益於人，故作非樂篇。無樂則人情憂戚，故曰「憂戚而非樂」也。若是則瘠，瘠則不足欲，不足欲則賞不行。瘠，奉養薄也。奉養既薄，則不能足其欲，欲既不足，則賞何能行乎？言皆由不顧賞也。夫賞以富厚，故人勸勉，有功勞者而與之麤衣惡食，是賞道廢也。莊子說墨子曰「其生也勤，其死也薄，其道也大觳」，郭云：「觳，無潤也，義與瘠同。觳，苦角反。」墨子大有天下，小有一國，將少人徒，省官職，省，所景反。上功勞苦，與百姓均事業，齊功勞，謂君臣竝耕而食，饔飧而治。若是則不威，不威則罰不行。上下縣隔，故得以法臨馭；若君臣齊等，則威不立矣。○盧文弨曰：舊本正文俱作「則賞罰不行」，「賞」字衍，今刪。賞不行，則賢者不可得而進也；罰不行，則不肖者不可得而退也。賞罰所以進賢而退不肖。賢者不可得而進也，不肖者不可得而退也，則能不能不可得而官也。不可置於列位而廢置也。○先謙案：上言賢不肖，則此「能不能」就一人所短長言之。解蔽篇云「材官萬物」，注：「官，謂不失其任。」又云「則萬物官矣」，注：「謂各當其任，無差錯也。」此「官」字義亦同，注似未晰。若是則萬物失宜，事變失應，上失天時，下失地利，中失人和，賞罰不行，賢愚一貫，故有斯敝也。天下敖然，若燒若焦。敖，讀爲熬。若燒若焦，言萬物寡少，如被焚燒然。墨子雖爲之衣褐帶索，嚽菽飲水，惡能足之乎？嚽與啜同。惡音烏。既以伐其本，竭其原，而焦天下矣。○先謙案：此句文義自在「若燒若焦」下，倒裝文法。故先王聖人爲之不然。知夫爲人主上者不美不飾之不足以一民也，不富不厚之不足以管下也，管，猶包也。不威不强之不足以禁暴勝悍也。故必將撞大鐘、擊鳴鼓、吹笙竽、彈琴瑟以塞其耳，必將錭琢、刻鏤、黼黻、文章以塞其目，錭與彫同。必將芻豢稻粱、五味芬芳以塞其口，塞，猶充也。然後衆人徒、備官職、漸慶賞、漸，進。嚴刑罰以戒其心。使天下生民之屬皆知己之所願欲之舉在是于也，故其賞行；舉，皆也。是于，猶言于是。言生民所願欲皆在于是也。説苑亦作「是于也」。○盧文弨曰：正文「是于」，舊本俱作「于是」，反將注語互易，誤甚。今改正，下同。皆知己之所畏恐之舉在是于也，故其罰威。其罰可畏。賞行罰威，則賢者可得而進也，不肖者可得而退也，能不能可得而官也。若是，則萬物得宜，事變得應，上得天時，下得地利，中得人和，則財貨渾渾如泉源，渾渾，水流貌。如泉源，言不絕也。渾，户本反。汸汸如河海，汸讀爲滂，水多貌也。暴暴如丘山，暴暴，卒起之貌。言物多委積，高大如丘山也。不時焚燒，無所臧之，夫天下何患乎不足也？故儒術誠行，則天下大而富，使而功，大，讀爲泰，優泰也。使，謂爲上之使也。可使則有功也。○謝本從盧校作「使有功」。劉台拱曰：「使有功」當作「佚而功」，形近而譌也。王念孫曰：宋呂、錢、龔本竝作「使而功」，元刻作「使有功」。盧從元刻，非，劉説是也。王霸篇「守至約而詳，事至佚而功」是其證。彊國篇亦云：「佚而治，約而詳。」下文「勞苦頓萃而愈無功」，正與「佚而功」相反。元刻作「使有功」者，涉注「有功」而誤。先謙案：劉、王謂「有」當爲「而」，是也；改「使」爲「佚」，非也。「大而富」承上「萬物得宜」言，「使而功」承上「賞行罰威」言，文義甚明，不煩改字。正論篇「易使則功，難使則不功」，尤爲此「使而功」

明證。下文「勞苦頓萃而愈無功」，「勞苦頓萃」言墨道如此，非「佚」字對文也。今從宋本改正。撞鐘擊鼓而和。詩曰：「鐘鼓喤喤，管磬瑲瑲，降福穰穰。降福簡簡，威儀反反。既醉既飽，福祿來反。」此之謂也。詩，周頌執競之篇。毛云：「喤喤、瑲瑲，皆聲和貌。穰穰，衆也。簡簡，大也。」鄭云：「反反，順習之貌。反，復也。」○盧文弨曰：「管磬瑲瑲」，元刻作「磬筦將將」。案說文作「管磬𧽊𧽊」。今從宋本。又注「反，復也」，宋本與毛傳合，元刻作「反，復之也」，非。又此處宋本與下分段，今不從。故墨術誠行則天下尚儉而彌貧，非鬭而日爭，墨子有非攻篇，非攻卽非鬭也。既上失天時，下失地利，則物出必寡，雖尚儉而民彌貧，物不能贍，雖以鬭爲非而日日爭競也。勞苦頓萃而愈無功，愀然憂戚非樂而日不和。說文云：「頓，下首也。」萃與顇同。上下不能相制，雖勞苦頓顇，猶將無益也。鄭注禮記云：「愀然，變動貌也。」○王念孫曰：頓，如「困頓」之頓。管子版法篇「頓卒怠倦以辱之」，尹注曰：「頓卒，猶困苦。」王褒洞簫賦「桀、跖鬻博，儡以頓顇」，頓卒、頓萃，竝與頓顇同。詩曰：「天方薦瘥，喪亂弘多。民言無嘉，憯莫懲嗟。」此之謂也。詩，小雅節南山之篇。薦，重也。瘥，病也。憯，曾也。懲，止也。嗟，奈何。「薦」或爲「荐」。

垂事養民，垂，下也。以上所操持之事，下就於民而養之。謂施小惠也。○盧文弨曰：宋本連上條，今案當分段。俞樾曰：垂，猶委也。說文女部：「娷，諉也。」垂之爲委，猶娷之爲諉也。爾雅釋言：「諈、諉，累也。」孫炎曰：「楚人曰諈，秦人曰諉。」是「諈」「諉」疊韻，二字義同。垂之與委，猶諈之與諉也。垂事養民者，委事養民也，言委置其事以養民也。下文曰「進事長功，輕非譽而恬失民」，正與此「垂事養民」相反。又曰「垂事養譽不可，（句。）以遂功而忘民亦不可」，垂事者，即所謂「垂事養民」也。遂功者，即所謂「進事長功，輕非譽而恬失民」也。然則垂事之義可見矣。楊注非。**拊循之，唲嘔之，**拊與撫同。拊循，慰悦之也。唲嘔，嬰兒語聲也。唲，於佳反。嘔與謳同。○郝懿行曰：循與揗同。拊揗者，謂撫摩矜憐之也。唲嘔者，玉篇、廣韻竝云「小兒語」也。上於佳切，下烏侯切，二字雙聲。蓋爲小兒語聲，慈愛之也。史記韓信傳説項王「言語嘔嘔」，其意正同，「嘔嘔」即「唲嘔」也。**冬日則爲之饘粥，夏日則與之瓜麮，**麮，煮麥飯也，丘舉反。○郝懿行曰：説文：「麮，麥甘鬻也。」急就篇：「甘麮殊美奏諸君。」是則夏日進麮，古人珍之。今登、萊人煮大麥粥，云「食之止渴，又祛暑」。必大麥者，小麥性熱，大麥味甘，又性涼也。**以偷取少頃之譽焉，是偷道也，可以少頃得姦民之譽，然而非長久之道也。事必不就，功必不立，是姦治者也。**姦人爲治，偷取其譽。**傮然要時務民，**傮然，盡人力貌。説文云：「傮，終也。」要時，趨時也。務，勉强也。謂以勞役强民也。傮，子勞反。要，一饒反。○郝懿行曰：傮與酋音近義同，其訓皆爲終也。此言勞役不恤民力，經始即欲要終，趨時亟也。先謙案：二説皆非也。文選魏都賦「傮響起」，李注：「嘈與傮古字通。」據此，「傮然」即「嘈然」也。廣雅釋詁：「嘈，聲也。」文選魯靈光殿賦注引埤蒼云：「嘈嘈，衆聲也。」傮然，猶嘈嘈，紛雜之意。**進**

事長功，益上之功利也。輕非譽而恬失民，恬，安也。言不顧下之毀譽，而安然忘於失民也。事進矣而百姓疾之，事雖長進而百姓怨。是又不可偷偏者也。言亦不可苟且偏爲此勞民之事也。○先謙案：「不可」二字衍文。上言「是姦治者也」，此言「是又偷偏者也」，二語相應，「偷偏」上不得有「不可」字明矣。此緣下文兩「不可」字而誤重。據楊注所見本，已衍「不可」二字。徙壞墮落，必反無功。雖苟求功利，旋卽毀壞墮落，必反無成功也。○謝本從盧校作「徒壞」。盧文弨曰：「徒壞」，元刻作「徙壞」。先謙案：元刻是。「徙壞墮落」相配爲文，作「徒」者，「徙」之譌耳。今從元刻。故垂事養譽不可，以遂功而忘民亦不可，皆姦道也。以，用。○先謙案：言二者皆不可也。故古人爲之不然，使民夏不宛暍，使民，謂役使民也。宛，讀爲蘊，暑氣也。詩曰：「蘊隆蟲蟲。」暍，傷暑也。或曰：「宛」，當爲「奧」。篆文「宛」字與「奧」字略相似，遂誤耳。奧，於六反，熱也。冬不凍寒，急不傷力，緩不後時，皆謂量民之力，不使有所傷害。事成功立，上下俱富，○郝懿行曰：富與福同，古字通用。詩云「何神不富」，富卽福也。此文不爲富言，故知爲「福」。上云「夏不宛暍，冬不凍寒，急不傷力，緩不後時」，此正上下俱受其福之意。而百姓皆愛其上，人歸之如流水，親之歡如父母，爲之出死斷亡而愉者，無它故焉，忠信調和均辨之至也。均，平均。辨，明察也。○郝懿行曰：辨與徧同，古字通用。荀書辨多同辯，辯宜訓治。楊氏不明假借之義，每以辨別爲訓，往往失之。此「辨」又爲「徧」之假借，當訓周徧，而云「明察」，其失甚矣。王霸篇「治辨」之辨，又與辦同。王念孫曰：辨，讀爲平。「平」「辨」古字通，若堯典「平章」、「平秩」之爲「辨章」、「辨秩」是也。（説見段氏古文尚書撰異。）忠與信，調與和，均與辨，皆同義。楊以辨爲明察，則與均異義矣。先謙案：王説是。**故君國長民者欲趨時遂功，則和調累解，速乎急疾；忠信均辨，説乎賞慶矣，必先脩正其在我者，然後徐責其在人者，威乎刑罰。**自「故君國長民」已下，其義未詳，亦恐脱誤。或曰：累解，嬰累解釋也。言君國長人，欲趨時遂功者，若和調而使嬰累解釋，則民速乎急疾。言效上之急，不後時也。若忠信均辨，則民悦乎慶賞；若先責己而後責人，則民畏乎刑罰。累音類。解，佳買反。説，讀爲悦。○王念孫曰：「速乎急疾」、「威乎刑罰」下，皆當有「矣」字，與「説乎賞慶矣」對文。俞樾曰：「累解」與「和調」，皆二字平列，訓爲嬰累解釋，非其義矣。儒效篇曰「解果其冠」，楊注引説苑「蟹螺者宜禾」爲證。竊謂「累解」與「蟹螺」一也。彼從虫而此否者，書有繁簡耳。「蟹螺」到爲「累解」，猶「和調」亦可云「調和」也。説苑以「蟹螺」「污邪」對文，則蟹螺之義殆猶平正矣。**三德者誠乎上，則下應之如景嚮，**三德，謂調和累解、忠信均辨、正己而後責人也。誠乎上，謂上誠意行之也。嚮，讀爲響。或曰：三德，即忠信、調和、均辨也。**雖欲無明達，得乎哉！書曰：「乃大明服，惟民其力懋和，而有疾。」此之謂也。**書，康誥。懋，勉也。言君大明以服下，則民勉力爲和調而疾速，以明效上之急也。○盧文弨曰：元刻作「惟民其勑懋和，若有疾」，與今書同。案注則宋本爲是，今從之。**故不教而誅，則刑繁而邪不勝；教而不誅，則姦民不懲；誅而不賞，則勤屬之民不勸；**屬也者，謂著於事業也。屬，之欲反。「屬」或爲「厲」。○王念孫曰：作「厲」者是也。厲，勉也。羣書治要作「勤勵」，「勵」即「厲」之俗書，則本作「厲」明矣。「厲」與「屬」字相似而誤。（韓子有度篇「厲官威民」，詭使篇「上之所以立廉恥者，所以厲下也」，今本「厲」字並誤作「屬」。）楊曲爲之説，非。**誅賞而不類，則下疑俗儉而百姓不一。**不類，不以其類。謂賞不當功，罰不當罪。「儉」，當爲「險」。險，謂徼幸免罪、苟且求賞也。○先謙案：類，法也，説見非十二子篇。羣書治要「儉」作「險」，與楊注合；「一」作「壹」，與下同。**故先王明禮義以壹之，致忠信以愛之，尚賢使能以次之，**○先謙案：晉語韋注：「次，行列也。」次之，謂使之就列。**爵服慶賞以申重之，**申，亦重也。再令曰申。**時其事、輕其任以調齊之，**時其事，謂使人趨時，不奪之也。輕其任，謂量力而使也。**潢然兼覆之，養長之，如保赤子。**潢與滉同。潢然，水大至之貌也。○先謙案：説文：「潢，水池。」詩「武夫洸洸」，鹽鐵論繇役篇引作「武夫潢潢」，是「潢」即「洸」借字。説文：「洸，水涌光也。」水大則涌而有光，故以爲比。**若是，故姦邪不作，盜賊不起，而化善者勸勉矣。**化善，化而爲善者也。**是何邪？則其道易，**平易可行。**其塞固，其政令一，**其所充塞民心者固。**其防表明。**隄防標表，明白易識。**故曰：上一則下一矣，上二則下二矣，**○先謙案：羣書治要「一」「二」作「壹」「貳」。**辟之**

若屮木，枝葉必類本。此之謂也。辟，讀爲譬。「屮」，古「草」字。

不利而利之，不如利而後利之之利也；不愛而用之，不如愛而後用之之功也。利而後利之，不如利而不利者之利也；愛而後用之，不如愛而不用者之功也。利而不利也、愛而不用也者，取天下矣。利而後利之、愛而後用之者，保社稷也。不利而利之、不愛而用之者，危國家也。○王念孫曰：「取天下矣」、「保社稷也」、「危國家也」，本作「取天下者也」、「保社稷者也」、「危國家者也」。今本或作「矣」，或作「也」，文義參差不協，當依文選五等諸侯論注所引改正。

觀國之治亂臧否，至於疆易而端已見矣。易與埸同。端，首也。見，賢遍反。**其候徼支繚，**候，斥候。徼，巡也。支繚，支分繚繞。言委曲巡警也。**其竟關之政盡察，**竟與境同。盡察，極察，言無不察也。**是亂國已。**亂國多盜賊姦人，故用苛察之政也。○郭嵩燾曰：候徼支繚，多疑而煩苦，竟關之政察，析利而苛細，知此之爲亂，可與言治矣。先謙案：郭說是，楊注淺陋。**入其境，其田疇穢，都邑露，是貪主已。**露，謂無城郭牆垣。王貪財，民貧力不足，故露也。○盧文弨曰：「露」，元刻作「路」，古通用。今從宋本。王念孫曰：楊未解「露」字之義。露者，敗也。謂都邑敗壞也。方言曰：「露，敗也。」莊子漁父篇曰「田荒室露」，齊策曰「百姓罷而城郭露」，竝與此「都邑露」同義。「露」字，或作「路」，又作「潞」，說見管子「振罷露」下。**觀其朝廷**

則其貴者不賢，觀其官職則其治者不能，觀其便嬖則其信者不慤，是闇主已。便嬖，左右小臣寵幸者也。信者不慤，所親信者不愿慤也。主闇，故姦人多容也。凡主相臣下百吏之俗，其於貨財取與計數也，須孰盡察，俗，謂風俗。取，謂賦斂。與，謂賜與。計數，計算也。須，待也。孰，精孰也。盡察，極察也。其於計數貨財，必待精孰極察然後行。言不簡易，急於貪利者也。○俞樾曰：「俗」，當爲「屬」，聲近而譌也。下文又曰「凡主相臣下百吏之屬」，可證「俗」字之譌。楊氏不據以訂正，而曰「俗謂風俗」，失之。「須」字無義，乃「順」字之誤。禮論篇曰「非順孰修爲之君子莫之能知也」，亦以「順孰」連文，是其證。「順」與「須」形近而誤。楊注非。其禮義節奏也，芒軔僈楛，是辱國已。禮義節奏，謂行禮義之節文。芒，昧也，或讀爲荒，言不習孰也。軔，柔也，亦怠惰之義。僈與慢同。楛，不堅固也。辱國，言必見陵辱也。其耕者樂田，其戰士安難，其百吏好法，其朝廷隆禮，其卿相調議，是治國已。安難，不逃難也。觀其朝廷則其貴者賢，觀其官職則其治者能，觀其便嬖則其信者慤，是明主已。凡主相臣下百吏之屬，其於貨財取與計數也，寬饒簡易，不汲汲於貨財也。其於禮義節奏也，陵謹盡察，是榮國已。陵，侵陵，言深於禮義也。謹，嚴也，言不敢慢易也。○盧文弨曰：案爾雅釋言「淩，慄也」，郭云：「淩懅戰慄。」釋文云：「案郭意當作陵。」然則陵、謹義相近。郝懿行曰：陵懍雙聲。懍懍，敬懼之貌，與謹義近。文選甘泉賦注引服虔曰：「淩兢，恐懼貌也。」然則「淩兢」「陵謹」亦雙聲字，義皆可通。釋言「淩，慄也」，釋文引埤蒼云：「倰，慄也。」然「倰」蓋「淩」之或體字，「淩」「陵」又皆假借字耳。經典此類，古無正文，大抵義存乎聲，讀者要必明爲假借，斯不惑矣。楊注望文生訓，以陵爲侵陵，則謬矣。先謙案：王氏念孫云：「陵，嚴密也。」說見致士篇。「節奏」下注解爲禮之節文，是也。樂論篇云「比物以飾節，合奏以成文」，郝氏懿行云：「節以分析言之，奏以合聚言之。」樂記：「節奏合以成文。」禮義節奏亦同此義。賢齊則其親者先貴，能齊則其故者先官，雖舉在至公，而必先親故，所謂「故舊不遺則民不偷」。其臣下百吏，汙者皆化而修，悍者皆化而愿，躁者皆化而愨，是明主之功已。躁，暴急之人也。○王引之曰：躁，讀爲剿。剿，謂狡猾也。方言曰：「剿，獪也。秦、晉之閒曰獪，楚謂之剿。」「剿」與「躁」古字通。商子墾令篇曰「姦僞躁心私交疑農之民」，韓子有度篇曰「聰智不得用其詐，險躁不得關其佞」，說疑篇曰「躁詐之人，不敢北面立談」，又曰「躁佻反覆謂之智」，皆其證也。汙與修相反，悍與愿相反，躁與愨相反，是躁爲狡猾之義，非暴急之義也。觀國之強弱貧富有徵：徵，驗。言其驗先見也。上不隆禮則兵弱，上不愛民則兵弱，已諾不信則兵弱，慶賞不漸則兵弱，漸，進。將率不能則兵弱。率與帥同。上好功則國貧，民不得安業也。○謝本從盧校作「上好攻取功」。盧文弨曰：元刻無「攻取」二字。王念孫曰：案錢佃校本亦云：「『上好攻取功』，諸本作『上好功』。」案諸本是也。上文以「不隆禮」、「不愛民」對文，以「已諾不信」、「慶賞不漸」、「將率不能」對文，此以「好功」、「好利」對文，則不當有「攻取」二字。宋本「攻」即「功」字之誤，又衍一「取」字。先謙案：王説是，今從諸本改正。**上好利則國貧，**賦斂重也。**士大夫衆則國貧，**所謂「三百赤芾」。○盧文弨曰：元刻作「赤茀」，古通用。**工商衆則國貧，**農桑者少。**無制數度量則國貧。**不爲限量，則物秏費。**下貧則上貧，下富則上富。**百姓與足，君孰不足？**故田野縣鄙者，財之本也；垣窌倉廩者，財之末也；**垣，築牆四周，以藏穀也。窌，窖也，掘地藏穀也。穀藏曰倉，米藏曰廩。窌，匹教反。**百姓時和、事業得敍者，貨之源也；等賦府庫者，貨之流也。**時和，得天之和氣，謂歲豐也。事業得敍，耕稼得其次序，上不奪農時也。等賦，以差等制賦。貨、財，皆錢穀通名。別而言之，則粟米布帛曰財，錢布龜貝曰貨也。**故明主必謹養其和，節其流，開其源，而時斟酌焉，**節，謂薄斂。開，謂勸課時。斟酌，謂賦斂賑卹，豐荒有制也。**潢然使天下必有餘而上不憂不足。**○先謙案：此文「上」「下」對舉，下「上下俱富」亦以「上下」對文，則「下」字上不應有「天」字。「天」當爲「夫」，字之誤也。荀書夫俱訓彼，此篇迭見。夫下者，彼下也。自上文「故明主」貫下言之，故云「彼下」。後人習見「天下」，以「夫下」爲誤而改之，而於文義未詳審也。**如是則上下俱富，交無所藏之，是知國計之極也。**交無所藏，言上下不相隱。○郝懿行曰：此「富」字用本義。「藏」當作「臧」，古「藏」字也。先謙案：上文兩言「無所臧之」，楊注「以言多之極也」，得荀子文意。此文兼言「上不憂不足」，故云「交無所臧之」，意與上同。注云「上下不相隱」，非也。**故禹十年水，湯七年旱，而天下無菜色者，十年之後，年穀復孰而陳積有餘。**無食菜之色也。○郝懿行曰：有餘，謂有九年之蓄。禹治水八年於外，至十年而後平。顧千里曰：「後」下疑脱「七年之後」四字，承上「故禹十年水，湯七年旱」言之。楊無注，宋本與今本同，蓋皆誤。**是無它故焉，知本末源流之謂也。故田野荒而倉廩實，百姓虚而府庫滿，夫是之謂國蹷。**蹷，傾倒也。**伐其本，竭其源，而並之其末，**○顧千里曰：「末」下疑脱「（缺。）之其流」四字，承上「知本末源流之謂也」言之。楊無注，宋本與今本同，蓋皆誤。**然而主相不知惡也，則其傾覆滅亡可立而待也。以國持之而不足以容其身，夫是之謂至貪，是愚主之極也。**以一國扶持之，至堅固也，而無所容其身者，貪也。○王念孫曰：持，載也，中庸曰「辟如地之無不持載」是也。楊説「持」字未確，説「載」字尤非，見下。先謙案：「夫是之謂至貪」，與上句意不貫，且如上文所云，其爲至貪甚明，無煩贅文。「貪」，疑爲「貧」。此言觀國之貧富有徵，伐本竭源，覆亡立見，故雖倉廩實，府庫滿，而謂之至貧也。「貧」「貪」形近而誤。**將以求富而喪其國，將以求利而危其身。古有萬國，今有十數焉。是無它故焉，其所以失之一也。**皆以貪失之也。**君人者亦可以覺矣。**以此自覺悟也。**百里之國足以獨立矣。**此言無道則雖大必至滅亡，有道則雖小足以獨立也。

凡攻人者，非以爲名，則案以爲利也，不然，則忿之也。凡攻伐者，不求討亂征暴之名，則求貨財土地之利，不然則以忿怒，不出此三事也。爲，于僞反。○盧文弨曰：舊本不提行，今案當分段。**仁人之用國，將修志意，正身行，**用，爲也。行，下孟反。**伉隆高，**伉，舉也。舉崇高遠大之事。○王念孫曰：案楊説「伉」字之義非是。伉者，極也。廣雅曰：「亢，極也。」乾文言曰：「亢龍有悔，與時偕極。」（子夏傳曰：「亢，極也。」王肅曰：「窮高曰亢。」窮，亦極也。）宣三年左傳「可以亢寵」，杜注曰：「亢，極也。」漢書五行志曰：「兵革抗極。」「亢」「抗」「伉」字異而義同。（桓九年穀梁傳「伉諸侯之禮」，十八年傳「以夫人之伉」，釋文竝云：「伉，本又作亢。」論語「陳亢」，説文作「陳伉」。史記貨殖傳「國君無不分庭與之抗禮」，漢書「抗」作「亢」。）「伉隆高，致忠信，期文理」，伉、致、期，皆極也。伉隆高，猶言致隆高。仲尼篇曰「非致隆高也，非綦文理也」，（王霸篇同。）王制篇曰「致隆高，綦文理」，皆其證矣。**致忠信，期文理。**「期」，當爲「綦」。極文理，謂其有條貫也。**布衣紃屨之士誠是，則雖在窮閻漏屋，而王公不能與之争名；**紃，絛也，謂編麻爲之，麤繩之屨也。或讀爲穿。王公不能與之争名，言名過王公也。**以國載之，則天下莫之能隱匿也。**載，猶任也。以國委任賢士，則天下莫能隱匿。言其國聲光大也。**若是，則爲名者不攻也。**伐有道，祇成惡名，故不攻。**將辟田野，實倉廩，便備用，**○先謙案：備用，猶械用，説見王制篇。**上下一心，三軍同力，與之遠舉極戰則不可。**遠舉，縣軍於遠也。

極戰，苦戰也。彼暴國欲與我如此，則不可也。**境内之聚也，保固視可**，其境内屯聚，則保其險固，視其可進。謂觀釁而動也。○王念孫曰：楊讀「保固視可」爲一句，非也。此當讀「境内之聚也保固」爲句，保，安也，言境内之聚既安且固也。「視可午其軍」，「可」字因上文「不可」而衍。視午其軍，取其將，若撥麷者。午，觸也。言境内之聚安固，則視觸人之軍，取人之將，若撥麷也。俞樾曰：王氏謂「可」字衍文，「視」字當屬下讀，然彊國篇亦有「視可司閒」之文，舊説恐未可改。先謙案：見可而進，文義自明，俞説是也。**午其軍，取其將，若撥麷**。午，讀爲迕，遇也。周禮籩人職云「朝事之籩，其實麷、蕡」，鄭云：「麷，熬麥。今河閒以北〔一〕煮種麥賣之，名曰麷。」據鄭之説，麷，麥之牙蘖也，至脆弱，故以喻之。若撥麷，如以手撥麷也。麷音豐。○盧文弨曰：此本鄭康成周禮籩人注，彼「種」字作「穜」。此注宋本、元刻俱作「種」。「種」「穜」二字，古今互易。此「種麥」，依古義正「穜麥」耳。　郝懿行曰：午者，逆也。彼來而此逆之取其將若撥麷者。熬麥曰麷，見籩人注。熬，乾煎也，今謂之熇。蓋麥乾煎則質輕脆，故撥去之甚易，荀義當然。籩人注又云：「今河閒以北煮穜（直龍反。）麥賣之，名曰逢。」逢，當音蓬。今江南人蒸稉米，曝乾熇之，呼「米蓬」，與鄭義合，知逢古音如蓬也。蓬，謂蓬蓬然張起。此後鄭義與先鄭異。楊注既引先鄭，於義已足，而並蔓引後鄭，又改其曰「逢」者爲「麷」，且云「據鄭之説，麷，麥之牙蘖也」，二鄭皆無此

〔一〕「北」，原本誤作「此」，據十三經注疏改。

義。楊氏不知而妄測之，皆郢書燕説耳。俞樾曰：古義每存乎聲，蘴既音豐，即可讀爲豐。尚書顧命篇「敷坐豐席」，枚氏傳曰：「豐，莞。」正義曰：「釋草云：『莞，苻蘺。』郭璞曰：『今之西方人呼蒲爲莞，用之爲席也。』王肅亦云：『豐席，莞。』」然則豐者，蒲也。蒲之爲物至脆弱，故以手撥之至易也。字本宜作「豐」，從「麥」旁作「蘴」，乃古文叚借字。楊泥本字爲説，故失之。**彼得之不足以藥傷補敗。**藥，猶醫也。彼縱有所得，不足以藥其所傷，補其所敗。言所獲不如所亡也。○俞樾曰：藥，當讀爲𤻲。説文疒部：「𤻲，治也。或作療。」古書每以「藥」爲之。大雅板篇「不可救藥」，韓詩外傳作「不可救療」，毛用叚字，韓用正字耳。「藥傷」，即「療傷」也。楊注曰「藥，猶醫也」，雖得其義，未得其字。**彼愛其爪牙，畏其仇敵，若是，則爲利者不攻也。**愛己之爪牙，畏與我爲仇敵。爲，于僞反。**將修小大强弱之義以持慎之，**慎，讀曰順。修小事大、弱事彊之義，守持此道以順大國也。○郝懿行曰：慎，即謹也。謂謹持此義。注每讀慎爲順，今亦不能悉正，讀者以類求之可也。**禮節將甚文，珪璧將甚碩，貨賂將甚厚，**文，謂敬事之威儀也。珪璧，所用聘好之物。碩，大也。**所以説之者，必將雅文辯慧之君子也。**所使行人往説之者，則用文雅禮讓之士。説音税。○郝懿行曰：雅者，正也。後人雅俗相儷則謂嫺雅，史記「司馬相如雍容嫺雅」是也。荀書「雅」字多對鄙野而言。此云「雅文」，即「文雅」耳。**彼苟有人意焉，夫誰能忿之？若是，則忿之者不攻也。**○王引之曰：「忿之」，當作「爲忿」。（爲，于僞反。）上文云「則爲名者不攻也」、「則爲利者不攻也」，下文云「爲名者否，爲利者否，爲忿者否」，皆其證。今本「爲忿」作「忿之」者，涉上文「誰能忿之」而誤。（既言「誰能忿之」，則不得又言「忿之」；既言「忿之」，則不得又言「不攻」。）爲名者否，爲利者否，爲忿者否，否，不攻也。爲，于僞反。則國安於盤石，壽於旗、翼。盤石，盤薄大石也。旗，讀爲箕。箕、翼，二十八宿名。言壽比於星也。莊子曰「傅説得之，乘東維，騎箕、尾而比於列宿」，亦其類也。或曰：禮記「百年曰期頤」，鄭云：「期，要也。頤，養也。」盧文弨曰：「盤石」，卽「磐石」。旗、翼，以其行度之多。天官書亦有旗星。人皆亂，我獨治；人皆危，我獨安；人皆失喪之，我按起而治之。或曰：按，然後也。故仁人之用國，非特將持其有而已也，又將兼人。不唯持其所有而已。詩曰：「淑人君子，其儀不忒。其儀不忒，正是四國。」此之謂也。曹風尸鳩之篇。

持國之難易：論守國難易之法也。○盧文弨曰：舊本不提行，今案當分段。事强暴之國難，使强暴之國事我易。事之以貨寶，則貨寶單而交不結；約信盟誓，則約定而畔無日；約已定，隨卽畔之。無日，言不過一日。文子作「約定而反無日也」。割國之錙銖以賂之，則割定而欲無猒。十黍之重爲銖，八兩爲錙。此謂以地賂强國，割地必不多與，故以錙銖言之。猒，一占反。韓詩外傳作「割國之疆垂以賂之也」。○盧文弨曰：案今本説文云：「銖，權十分黍之重也。」以禾部云「十二粟爲一分，十二分爲一銖」訂之，則當爲「權十二分黍之重也」。

楊云「十黍之重爲銖」，蓋用許説而轉寫脱誤；「八兩爲錙」，又用禮記儒行鄭注，與説文「六銖」異。王引之曰：「八兩爲錙」，用鄭氏儒行注也。案二十四銖爲兩，八兩爲錙，錙與銖輕重相遠，不得竝稱。古人言錙者，其數或多或少。淮南詮言篇「割國之錙錘以事人」，高注曰「六兩曰錙，倍錙曰錘」，與鄭注「八兩曰錙」相近。此數之多者也。説山篇「有千金之璧，而無錙錘之礛」，諸注曰：「六銖曰錙，八銖曰錘。」（此與詮言篇注異，而與説文同，蓋許慎注也。）説文亦曰：「錙，六銖也。」「錘，八銖也。」一切經音義一十引風俗通曰「銖六則錘，二錘則錙」，又以十二銖爲錙。此數之少者也。此文及儒行皆以「錙銖」竝稱，輕重必不相遠，則當以「六銖曰錙」爲正訓。鄭、楊皆以八兩爲錙，失之。**事之彌煩，其侵人愈甚，**○王念孫曰：韓詩外傳「煩」作「順」，於義爲長。**必至於資單國舉然後已。**單，盡也。國舉，謂盡舉其國與人也。○先謙案：注「單盡也」三字，當在上文「則貨寶單而交不結」下。**雖左堯而右舜，未有能以此道得免焉者也。辟之是猶使處女嬰寶珠，佩寶玉，**嬰，繫於頸也。寶，謂珠玉中可寶者。**負戴黄金而遇中山之盜也，雖爲之逢蒙視，詘要橈膕，君盧屋妾，由將不足以免也。**逢蒙，古之善射者。詘與屈同。要，讀爲腰。橈，曲也。膕，曲脚。中，古獲反。「盧」當爲「廬」。由與猶同。言處女如善射者之視物，謂微眇不敢正視也。既微視，又屈腰橈膕，言俯伏畏懼之甚也。君盧屋妾，謂處女自稱是君廬屋之妾，猶言箕帚妾，卑下之辭也。雖畏懼卑辭如此，猶不免劫奪也。○盧文弨曰：逢蒙視，言不敢正視也，不必引善射人。淮南子有「籠蒙目視」語。「君盧」句，疑有訛字。洪頤煊曰：「逢」，疑作

「蓬」，下當脱「髮」字。郝懿行曰：「逢蒙」，疊韻字也。此等語言，古來或無正字，往往但取其聲。王念孫曰：逢蒙視，微視也。淮南本作「籠蒙目」，目卽視也，今本衍「視」字，辨見修務篇。又賈子勸學篇有「風蚩視」。（今本譌作「蚩蚩視」。）風、逢聲相近，蚩、蒙聲相近。淮南謂之籠蒙，皆微視之貌。劉台拱曰：「君盧屋妾」，「君」疑作「若」。言詘要橈膕若盧屋之妾也。漢書鮑宣、蕭望之傳皆有「蒼頭盧兒」，注謂「官府之給賤役者所居爲盧，因呼爲盧兒」。先謙案：逢蒙視，王説是。詘要橈膕，楊説是。君盧屋妾，劉説是。**故非有一人之道也**，謂不能齊一其人，同力以拒大國也。**直將巧繁拜請而畏事之**，但巧爲繁多拜請以畏事之也。○王引之曰：楊説非也。繁，讀爲敏。（説文「繁」字本作「緐」，從系，每聲，而「敏」字亦從每聲。）敏與繁聲相近，故字亦相通。楚辭天問「繁鳥萃棘」，廣雅作「鷩鳥」，曹憲音敏，是其例也。）巧敏，謂便佞也。臣道篇云「巧敏佞説，善取寵乎上」是也。上文云「逢蒙視，詘要橈膕，若盧屋妾」，卽此所謂「巧敏拜請而畏事之也」。韓詩外傳作「特以巧敏拜請畏事之」，是其明證矣。**則不足以持國安身，故明君不道也**。恥辱如此，雖得免禍，亦不足以爲持國安身之術，故明君不言也。○王念孫曰：吕本「以」下有「爲」字，乃涉注文而衍。盧本亦沿其誤。錢本無「爲」字，是也。道，由也。言此事人之術，不足以持國安身，故明君不由也。楊注失之。先謙案：謝本從盧校。今依王説，改從錢本。**必將修禮以齊朝，正法以齊官，平政以齊民，然後節奏齊於朝**，齊，整也。節奏，禮之節文也。謂上下皆有禮也。百事齊於官，百事皆有法度。衆庶齊於下。上政均平，故民齊一。如是，則近者競親，遠方致願，致，極也。極願來附也。○王念孫曰：外傳作「遠者願至」，亦於義爲長。上下一心，三軍同力，名聲足以暴炙之，名聲如日暴火炙炎赫也。威强足以捶笞之，拱揖指揮，○先謙案：宋台州本作「麾」。而强暴之國莫不趨使，譬之是猶烏獲與焦僥搏也。烏獲，秦之力人，舉千鈞者。焦僥，短人，長三尺者。搏，鬭也。故曰：事强暴之國難，使强暴之國事我易。此之謂也。

荀子卷第七

王霸篇第十一

國者，天下之制利用也；天下用之利者，無過於國。「制」，衍字耳。人主者，天下之利埶也。埶之最利者也。得道以持之，則大安也，大榮也，積美之源也。不得道以持之，則大危也，大累也，○先謙案：兩「也」字，羣書治要並作「矣」。有之不如無之，有國不如無國。及其綦也，索爲匹夫不可得也，綦，謂窮極之時。○盧文弨曰：正文「及其綦也」上，元刻有「有也」二字，宋本無。齊湣、宋獻是也。湣與閔同。齊湣王爲淖齒所殺。宋獻，宋君偃也，爲齊湣王所滅。呂氏春秋云「宋康王」，此云「獻」。國滅之後，其臣子各私爲謚，故與此不同。故人主，天下之利埶也，然而不能自安也，安之者必將道也。必將以道守之。○先謙案：廣雅釋詁：「將，行也。」言安天下必行道也。楊注增文以釋之，義轉迂曲。故用國者，義立而王，信立而霸，權謀立而亡。三者，明主之所謹擇也，所宜謹慎擇之。仁人之所務白也。白，明白也。挈國以呼禮義而無以害之，挈，提舉也。言挈提一國之人，皆使呼召禮義。

言所務皆禮義也。無以害之，謂不以它事害禮義也。○盧文弨曰：正文「挈國」上，元刻有「故」字。**行一不義、殺一無罪而得天下，仁者不爲也，擽然扶持心、國，且若是其固也。**擽，讀爲落，石貌也。其所持心持國，不行不義，不殺無罪，落然如石之固也。○盧文弨曰：正文「擽」，元刻從木，注作「櫟然，落石貌」。今從宋本。案老子德經：「不欲碌碌如玉，落落如石。」此注改「擽」從「落」，而訓爲石貌，其義正合。若如元刻作「落石貌」，其於扶持之義相去甚遠。觀注又云「落然如石之固」，則非以落石訓擽明矣。郝懿行曰：「擽」，本作「櫟」，此蓋借爲「礫」字。礫者，小石也。楊注「櫟讀爲落，石貌也」，蓋謂小石堅确之貌，故云「落然如石之固」，此説得之。老子云「不欲碌碌如玉，落落如石」，落落，亦礫礫耳。**之所與爲之者之人，則舉義士也；**舉，皆也。所與爲政之人，則皆用義士。謂若伊、呂之比者也。○盧文弨曰：正文首「之」字，宋本無，元刻有，次下同。**之所以爲布陳於國家刑法者，則舉義法也；**謂若周穆王訓夏贖刑之類也。**主之所極然帥羣臣而首鄉之者，則舉義志也。**志，意也。主所極信率羣臣歸向之者，則皆義之志。謂不懷不義之意也。一曰：志，記也。舊典之有義者，謂若六經也。○郝懿行曰：極與亟、悈竝同。悈、亟皆敏疾之意，經典多通。賦篇云「出入甚極」、「反覆甚極」，皆以「極」爲「亟」也。此極然，猶云亟亟然耳。王引之曰：「之所」上本無「主」字，此後人不曉文義而妄加之也。（後人以下有「羣臣」二字，故加「主」字。）之，猶其也。（見下及釋詞。）言其所極然帥羣臣而首鄉之者，則皆義志也。上文「之所與」「之所以」，「之」上皆無「主」字。王制篇三言「之所以接下之人百姓者」，「之」上亦無「主」字。議兵篇作「其所以接下之人百姓者」，是之與其同義。據楊注「主所極信」云云，則所見本已有「主」字。**如是，則下仰上以義矣，是綦定也。**「綦」，當爲「基」。基，本也。言以義爲本。仰，魚亮反。○劉台拱曰：此綦亦訓極，義如「皇極」之極，不必破爲基。又下文「國一綦明」，楊注：「綦亦當爲基。」案綦亦訓極。極，猶言標準。王念孫曰：前極謂義，後極謂信也，俱見上文。**綦定而國定，國定而天下定。仲尼無置錐之地，誠義乎志意，加義乎身行，**仲尼誠能義乎志意，又加之以義乎身行。言志意及立身立行皆以義。行，下孟反。**著之言語，**以義著於言語。謂所論說皆明義也。**濟之日，不隱乎天下，名垂乎後世。**以義得濟之日，成功之後也。言仲尼行義既成之後，不隱乎天下。謂極昭明天下，莫能隱匿之。○先謙案：注「以義」，謝本作「以善」，據宋台州本正。**今亦以天下之顯諸侯誠義乎志意，加義乎法則度量，著之以政事，案申重之以貴賤殺生，使襲然終始猶一也，**申，亦重也。既爲政皆以義，又申重以賞罰，使相掩襲無間隙，終始如一也。○王念孫曰：襲然，合一之貌。周語及淮南天文篇注竝云：「襲，合也。」故曰「襲然終始猶一」。楊以襲爲相掩襲，未確。**如是，則夫名聲之部發於天地之閒也，豈不如日月雷霆然矣哉！**「部」，當爲「剖」。謂開發也。仲尼匹夫，但箸空言，猶得不隱乎天下，今若以顯諸侯行義，必如日月雷霆也。先謙案：「部」是「蔀」之渻字。易「豐其蔀」，虞注：「蔀，蔽也。」易略例：「大闇謂之蔀。」先蔀而後發，其光愈大，其聲愈遠，故曰「部發」。**故曰：以國齊義，一日而白，湯、武是也。**「齊」，當爲「濟」。以一國皆取濟於義，一朝而名聲明白，湯、武是也。**湯以亳，武王以鄗，皆百里之地也，**亳，湯國都。鄗與鎬同，武王所都京也。詩曰：「考卜維王，宅是鎬京。維龜正之，武王成之。」**天下爲一，諸侯爲臣，通達之屬莫不從服，無它故焉，以濟義矣。是所謂義立而王也。**非有它故，但取濟於義也。**德雖未至也，義雖未濟也，**霸者亦有德義，但未能至極盡濟也。**然而天下之理略奏矣，**天下之謂條理者，略有節奏也。○郝懿行曰：奏訓進也。此「奏」疑與湊同。湊，會聚也。楊注失之。王念孫曰：奏，讀爲湊。廣雅：「湊，聚也。」謂天下之理略聚於此也。「湊」「奏」古字通。（周官合方氏及爾雅釋獸釋文竝云：「奏，本或作湊。」商子算地篇「名利之所奏」，亦與湊同。）**刑賞已諾，信乎天下矣，**諾，許也。已，不許也。禮記曰：「與其有諾責，寧有已怨。」信乎天下，謂若齊桓不背柯盟之比也。**臣下曉然皆知其可要也。**要，約也。皆知其可與要約不欺也。要，一堯反。**政令已陳，雖覩利敗，不欺其民；**謂若伐原，命三日之糧，不降而退之比也。**約結已定，雖覩利敗，不欺其與。**與，相親與之國。謂若齊桓許赦魯、衛，不遂滅之爲已利之比也。**如是，則兵勁城固，敵國畏之，國一綦明，與國信之，**「綦」亦當爲「基」也。○郭嵩燾曰：「綦」，當爲「期」之借字。所期約明白無欺。**雖在僻陋之國，威動天下，五伯是也。**伯，讀曰霸，又如字。爲諸侯之長曰伯。春秋左氏傳曰「策命晉侯爲伯」也。**非本政教也，**

雖有政教，未盡修其本也。非致隆高也，致，極也。不如堯、舜、禹、湯之極崇高也。非綦文理也，言其駁襍，未極條貫。非服人之心也，未得天下歸心如文王。此皆言雖未能備行王道，以略信之，故猶能致霸也。鄉方略，所向唯在方略，不在用仁義也。審勞佚，審以佚待勞之術也。謹畜積，謹，嚴。畜積，不妄耗費。修戰備，齺然上下相信，而天下莫之敢當。齺，齒相迎也。齺然，上下相向之貌。齺，士角反。故齊桓、晉文、楚莊、吳闔閭、越句踐，是皆僻陋之國也，威動天下，彊殆中國，其彊能危中國。無它故焉，略信也。是所謂信立而霸也。雖未能濟義，略取信而行之，故能致霸也。挈國以呼功利，此論權謀者也。提挈一國之人，以呼召功利。言所務唯功利也。功役使利，貪求之也。不務張其義，齊其信，唯利之求，張，開。○先謙案：羣書治要「齊」作「濟」。內則不憚詐其民而求小利焉，謂若梁伯好土功，詐其民曰「寇將至」之比。外則不憚詐其與而求大利焉，謂若楚靈王以義討陳、蔡，因遂滅之之比也。內不修正其所以有，然常欲人之有，有，土地貨財也。○王念孫曰：下文言「啖啖然常欲人之有」，則此文「然」上亦當有「啖啖」二字，而今本脫之。顧千里曰：「內」字，疑不當有，涉上「內則不憚詐其民」而衍也。下文「不好修（舊本誤「循」，見雜志第四。）正其所以有」，無「內」字，是其證矣。又案：「不」下疑亦同下文，當有「好」字，蓋上衍下脫。如是，則臣下百姓莫不以詐心待其上矣。上詐其下，下詐其上，則是上下析也，離析。如是，則敵國輕之，不得人心，故輕之也。與國疑之，權謀日行而國不免危削，綦之而亡，其極者則滅亡。齊閔、薛公是也。薛公，孟嘗君田文，齊閔王之相也。齊閔王爲五國所伐，皆薛公使然，故同言之也。故用彊齊，非以修禮義也，非以本政教也，非以一天下也，緜緜常以結引馳外爲務。緜緜，不絶貌。引，讀爲靷。靷，引軸之物。結引，謂繫於軸，所以引車也。齊閔、薛公不修德政，但使説客引軸馳鶩於它國，以權詐爲務也。故彊，南足以破楚，史記齊閔王三十三年，與秦敗楚於重丘南，割楚之淮北也。西足以詘秦，史記：「閔王二十六年，與韓、魏共攻秦，至函谷軍焉。」北足以敗燕，○盧文弨曰：此句楊氏無注，脱耳。案史記六國表及田敬仲完世家皆不載，唯燕世家載之，當在齊閔王十年。中足以舉宋。閔王三十八年，伐宋。宋王死於温。舉，謂舉其國而滅之。及以燕、趙起而攻之，若振槁然，閔王四十年，燕、秦、楚、三晉敗我於濟西。振，擊也。槁，枯葉也。言當權謀彊盛之時，雖破敵滅國，及樂毅以諸國攻之，若擊枯葉之易也。而身死國亡，爲天下大戮，爲天下大戮辱也。春秋傳曰：「古者明王伐不敬，取其鯨鯢而封之，以爲大戮也。」後世言惡則必稽焉。後世稽考閔王，爲龜鏡也。是無它故焉，唯其不由禮義而由權謀也。

三者，明主之所以謹擇也，而仁人之所以務白也。○盧文弨曰：各本無兩「以」字及「而」字，唯宋本有之，下文亦同。案篇首已有此二語，宋本亦無兩「以」字及「而」字，至此及下文乃竝有之，以致其申重丁寧之意，似宋本爲長。善擇者制人，不善擇者人制之。善擇者用霸王，不善擇者用權謀也。國者，天下之大器也，重任也，不可不善爲擇所而後錯之，錯險則危；所，處也。錯，讀爲措。○謝本從盧校作「錯之險」。　王念孫曰：錢本作「錯險則危」，無「之」字，元刻、世德堂本同。盧從呂本。案「錯險則危」與「塗薉則塞」對文，則無「之」字者是也。呂本有「之」字者，涉上句「錯之」而衍。　先謙案：王說是，今從錢本刪「之」字。虞、王本亦無。不可不善爲擇道然後道之，涂薉則塞；不可不善爲擇道路而導達之。薉與穢同。塞，謂行不通也。○王念孫曰：道之，行之也，故下文云「塗薉則塞」。下文「何法之道」及「道王者之法」云云，竝與此「道」字同義。楊皆訓爲導達，失之。危塞則亡。所以爲之善擇。○盧文弨曰：「之」字，元刻作「王」。案此注有脱誤，似當云「所以不可不善爲擇」。彼國錯者，非封焉之謂也，非受之茀土然後爲安。一曰：修封彊、立城郭之謂也。○郭嵩燾曰：周禮「溝封」「畿封」，鄭注皆訓爲界。言非徒畫分彊界，君其國而子其民，遂可以立國也。何法之道，誰子之與也？設問之辭。既非封焉之謂，問以何法導達之，求誰人付與之。誰子，猶誰人也。慎子曰：「棄道術，舍度量，以求一人之識識天下，誰子之識能足焉也？」故道王者之法與王者之人爲之，則亦王；道霸者之法與霸者之人爲之，則亦霸；道亡國之法與亡國之人爲之，則亦亡。答辭也。道，皆與導同。○王引之曰：「故」，當爲「曰」。上文「何法之道」云云是問詞，此文「曰道王者之法」云云是答辭。下文兩設問答之辭，皆有「曰」字，則此亦當然。今本「曰」作「故」，則義不可通。此涉下文諸「故」字而誤。先謙案：「則亦王」「則亦霸」「則亦亡」下，羣書治要竝有「矣」字。**三者，明主之所以謹擇也，而仁人之所以務白也。**荀子多重叙前語者，丁寧之也。**故國者，重任也，不以積持之則不立。**不以積久之法持之則傾覆也。**故國者，世所以新者也，是憚憚，非變也，**憚與坦同。言國者，但繼世之主自新耳，此積久之法，坦坦然無變也。隨巢子曰：「有陰而遠者，有憚明而功者。杜伯射宣王於畝田，是憚明而功者。」據古，憚與坦通。○盧文弨曰：案「畝田」，墨子作「圃田」。注引隨巢子「憚明」，以爲卽「坦明」之證，則本作「憚」字無疑。而俗閒本兩「憚明」字俱作「坦明」，非也。今竝改正。郝懿行曰：憚與坦雖可通，此「憚」疑「嬋」字之形譌。毛詩「檀車嬋嬋」，傳云「嬋嬋，敝貌」，與此義合。敝正對新而言。此言國與世俱新，雖或嬋嬋敝壞，而非變也，但改玉改行，則仍復新耳。是以日也、人也，皆不能無變更，而國有厭焉完固至於千歲者。荀義當然。「王」，古「玉」字也。厭焉，合一之貌。先謙案：郝說是。**改王改行也。**自是改一王則改其所行之事，非法變也。或曰：國語襄王謂晉文公曰：「先民有言曰：『改玉改行。』」玉，佩玉。行，步也。○盧文弨曰：或說是。古「玉」字本作「王」，與「王」字形近易訛。王念孫曰：羣書治要正作「改玉改行」。**故一朝之日也，一日之人也，然而厭焉有千歲之固，何也？**設問之辭。一朝之日，謂今日之事，明朝不同，言易變也。一日之人，謂今日之生，未保明日，言壽促也。厭，讀爲黶。禮記曰「見君子而後厭然揜其不善」，鄭注云：「閉藏貌。」

言事之易變、人之壽促如此，何故有屭然深藏、千歲不變改之法乎？○王念孫曰：「故」字亦涉上下文而衍。「一朝之日」云云是問詞，則不當有「故」字明矣。羣書治要無「故」字。先謙案：厭焉，猶安然也，説見儒效篇。羣書治要「固」作「國」，是也。一朝之日，一日之人，而安然有千歲之國，語意緊對。曰：援夫千歲之信法以持之也，安與夫千歲之信士爲之也。謂使百世不易可信之士爲政。人無百歲之壽，而有千歲之信士，何也？又問之。曰：以夫千歲之法自持者，是乃千歲之信士矣。以禮義自持者，則是千歲之士，不以壽千歲也，能自持則能持國也。故與積禮義之君子爲之則王，與端誠信全之士爲之則霸，與權謀傾覆之人爲之則亡。三者，明主之所以謹擇也，而仁人之所以務白也。善擇之者制人，不善擇之者人制之。彼持國者必不可以獨也，君不可獨治也。然則彊固榮辱在於取相矣。身能相能，如是者王；謂若湯、伊尹，文王、太公也。身不能，知恐懼而求能者，如是者彊；若燕昭、樂毅也。身不能，不知恐懼而求能者，安唯便僻左右親比己者之用，如是者危削，謂若楚襄王左州侯、右夏侯之比也。綦之而亡。宋獻之比。國者，巨用之則大，小用之則小，巨者，大之極也。綦大而王，綦小而亡，小巨分流者存。小巨各半，如水之分流也。巨用之者，先義而後利，安不卹親疏，不卹貴賤，唯誠能之求，夫是之謂巨用之。小用之者，先利而後義，安不卹是非，不治曲直，唯便僻親比己者之用，夫是之

謂小用之。巨用之者若彼，小用之者若此，小巨分流者亦一若彼、一若此也。或誠能之求，或親比己者之用。○先謙案：虞、王本作「亦一若彼也，亦一若此也」。**故曰：「粹而王，駮而霸，無一焉而亡。」此之謂也。**粹，全也。若舜舉皋陶，不仁者遠，卽巨用之，綦大而王者也。駮，襍也。若齊桓外任管仲，內任豎貂，則小巨分流者。無一焉而亡，無一賢人，若厲王專任皇甫、尹氏，卽綦小而亡者也。

國無禮則不正。禮之所以正國也，譬之猶衡之於輕重也，猶繩墨之於曲直也，猶規矩之於方圓也，禮能正國，譬衡所以辨輕重，繩墨所以辨曲直，規矩所以定方圓也。**既錯之而人莫之能誣也。**錯，置也。禮記曰「衡誠懸，不可欺以輕重；繩墨誠陳，不可欺以曲直；規矩誠設，不可欺以方圓」也。○謝本從盧校作「正錯之」。盧文弨曰：「正錯之」，「正」，各本作「故」，今從宋本。王念孫曰：「正錯之」，呂、錢本皆作「既錯之」，是也。衡既縣則不可誣以輕重，繩墨既陳則不可誣以曲直，規矩既設則不可誣以方圓，故曰「既錯之而人莫之能誣也」。盧謂宋本作「正」者，爲影鈔本所誤。（影鈔本作「正」者，涉上文兩「正」字而誤。）先謙案：王說是，今改從呂、錢本作「既」。**詩云：「如霜雪之將將，如日月之光明，**逸詩。○郝懿行曰：將將，大也。四句皆逸詩，其義今不可知。玩荀子之意，方說禮所以正國，而卽引詩，又申之云「此之謂也」，然則此葢言禮廣大體備，如霜雪之無不周徧，如日月之無不照臨，爲禮則禮存而國存，不爲禮則禮亡而國亦亡。荀引詩之意蓋如此。楊注斷上二句爲逸詩，則語意不融貫。先謙案：成相篇「讒口將將」，王氏念孫引周頌執競傳：「將將，集也。」此義當同。謂如霜雪交集也。**爲之則存，不爲則亡。」此之謂也。**爲，爲禮也。○盧文弨曰：正文「不爲」下，各本有「之」字。宋本無，但詩攷所引有「之」字，是宋本亦各異也。案無「之」字者勝。下二句，楊注不以爲逸詩，詩攷連引之爲是。

國危則無樂君，國安則無憂民。○顧千里曰：「民」，疑當作「君」。此文憂與樂皆言君，不言民也。楊無注，宋本與今本同，蓋皆誤。先謙案：顧説是。言人君國危始憂，安時惟逐樂，深歎之。**亂則國危，治則國安。今君人者急逐樂而緩治國，豈不過甚矣哉！譬之是由好聲色而恬無耳目也，豈不哀哉！**恬，安也。安然無耳目，雖好聲色，將何用哉？○盧文弨曰：正文「由」字，從宋本，與猶同。俞樾曰：「恬」當作「姡」，字之誤也。爾雅釋言：「靦，姡也。」釋文引李巡、孫炎注竝曰：「人面姡然也。」是姡然爲人面之貌，故詩何人斯篇「有靦面目」，毛傳曰：「靦，姡也。」鄭箋曰：「姡然有面目。」是其義也。姡無耳目，猶言姡然無耳目。學者多見「恬」，少見「姡」，因誤「姡」爲「恬」，楊注即訓爲安然，失之矣。**夫人之情，目欲綦色，耳欲綦聲，口欲綦味，鼻欲綦臭，心欲綦佚。**臭，氣也。凡氣香亦謂之臭。禮記曰：「佩容臭。」綦，極也。「綦」，或爲「甚」，傳寫誤耳。佚，安樂也。○先謙案：盧、王本注「甚」作「其」。**此五綦者，人情之所必不免也。養五綦者有具，**具，謂廣大、富厚、治辨、彊固之道也。**無其具則五綦**

者不可得而致也。萬乘之國，可謂廣大、富厚矣，加有治辨、彊固之道焉，有，讀爲又。辨，分別事。○郝懿行曰：「辨」，古「辦」字。辨，謂備具也。下云「莫不分均，莫不治辨」，其義亦同。古書皆以「辨」爲「辦」。楊云「辨，分別事」、「有，讀爲又」，竝非荀義。先謙案：辨，亦治也，說見不苟篇。若是，則恬愉無患難矣，○盧文弨曰：宋本「恬」作「怡」。然後養五綦之具具也。故百樂者生於治國者也，憂患者生於亂國者也，急逐樂而緩治國者，○先謙案：羣書治要「緩」作「忘」，無「者」字。非知樂者也。故明君者必將先治其國，然後百樂得其中；得於治國之中。樂，竝音洛。闇君必將急逐樂而緩治國，○王念孫曰：呂本作「急逐樂」，錢本及元刻、世德堂本「急」竝作「荒」。盧從呂本。案逸周書謚法篇曰「好樂怠政曰荒」，管子戒篇曰「從樂而不反謂之荒」，故曰「荒逐樂」。宋監本作「急逐樂」者，據上文改之也。呂本多從監本，錢本及元刻則兼從建本。其作「荒逐樂」，蓋亦從建本也。羣書治要正引作「荒作樂」。先謙案：「闇君」下，羣書治要有「者」字。以上文「明君者」例之，此亦當有。故憂患不可勝校也，校，計。必至於身死國亡然後止也，豈不哀哉！將以爲樂，乃得憂焉；將以爲安，乃得危焉；將以爲福，乃得死亡焉：豈不哀哉！於乎！君人者亦可以察若言矣。於乎，讀爲嗚呼。若言，如此之言，謂已上之說。故治國有道，人主有職。在知其道、守其職也。若夫貫日而治詳，一日而曲列之，貫日，積日也。積日而使條理詳備，一日而委曲列之，無差錯也。○劉台拱曰：「一日」當作「一目」。立一條目而委曲具列之，若簿書之類。王念孫曰：「一日」與「貫日」相對爲文，則「日」非「目」之譌也。君道篇作「一日而曲辨之」，（今本「日」譌作「内」。）「辨」與「別」古字通，（周官小宰「聽稱責以傅別」，故書「別」作「辨」，鄭大夫讀爲別。朝士「有判書」，故書「判」爲「辨」，鄭司農讀爲別。諸子「辨其等」，燕義「辨」作「別」。大行人「辨諸侯之命」，小行人「每國辨異之」，大戴禮朝事篇「辨」竝作「別」。樂記「別宜居鬼而從地」，史記樂書「別」作「辨」。又「男女無辨」、「磬以立辨」，樂書「辨」竝作「別」。又「樂統同，禮辨異」，荀子樂論篇「辨」作「別」。）則「列」爲「別」之譌也。王逸注離騷云：「貫，累也。」言以累日之治而辨之於一日也。先謙案：注「一日」下，各本「而」作「如」，據宋台州本改正。**是所使夫百吏官人爲也，不足以是傷游玩安燕之樂。**煩碎之事既使百吏官人爲之，則不足以此害人君游燕之樂也。**若夫論一相以兼率之，使臣下百吏莫不宿道鄉方而務，**論，謂討論選擇之也。率，領也。宿道，止於道也。向方，不迷亂也。臣下皆以宿道向方爲務，不敢姦詐也。**是夫人主之職也。**論相乃是人主之職，不在躬親小事也。**若是，則一天下，名配堯、禹。**○王引之曰：「一天下」上有「功」字，而今本脱之，則與下句不對。下文「功壹天下，名配舜、禹」，是其證。**之主者，守至約而詳，事至佚而功，**事，任。○謝本從盧校作「人主者」。王念孫曰：錢本「人」作「之」，元刻、世德堂本同。盧從吕本。案錢本是也。之主者，是主也。是主者，指上文「功一天下，名配堯、禹」之主而言，非泛論人主也。吕本作「人主者」，涉下文「人主者」而誤。先謙案：王説是，今從錢本改作「之」。**垂衣裳，不下簟席之上，而海内之人莫不願得以爲帝王。夫是之謂至約，樂莫大焉。人主者，以官人爲能者也；匹夫者，以自能爲能者也。人主得使人爲之，匹夫則無所移之。百畝一守，事業窮，無所移之也。**百畝，一夫之守。事業，耕稼也。耕稼窮於此，無所移於人。若人主必躬治小事，則與匹夫何異也。**今以一人兼聽天下，日有餘而治不足者，使人爲之也。**今以一人兼聽天下之大，自稱日有餘，言兼聽之日有餘也。而治不足，謂所治之事少而不足，言不足治也。使人爲之，故得如此。尸子曰：「堯南撫交阯，北懷幽都，東西至日之所出入，有餘日而不足於治者，恕也。」韓子曰：「夫爲人主而身察百官，則日不足，力不給也。故先王舍己能而因法數，審賞罰，故治不足而日有餘，上之任勢使然也。」日，而實反。**大有天下，小有一國，**天子、諸侯。○盧文弨曰：虞、王合校本作「天下，謂天子；一國，謂諸侯也」。**必自爲之然後可，則勞苦秏顇莫甚焉，**秏，謂精神竭秏。顇，顦顇也。**如是，則雖臧獲不肯與天子易埶業。**臧獲，奴婢也。方言曰：「荆、淮、海、岱之閒，駡奴曰臧，駡婢曰獲。燕、齊亡奴謂之臧，亡婢謂之獲。」或曰：取貨謂之臧，擒得謂之獲，皆謂有罪爲奴婢者。故周禮：「其奴婢，男子入於罪隸，女子入於舂稾。」埶業，權埶事業也。○盧文弨曰：案方言「燕、齊」作「燕之北郊」。又周禮「其奴」，無「婢」字。王念孫曰：勢者，位也。（説見儒效篇「勢在本朝」

下。）所居曰勢，所執曰業。楊以勢爲權勢，失之。（臧獲無權勢，不得言與天子易權勢。）**以是縣天下，一四海，何故必自爲之？**以是一人之寡，縣天下之重，一四海之大，何故必自爲之？言力不任之也。○先謙案：楊解「縣天下」，非也，説見王制、彊國篇。**爲之者，役夫之道也，墨子之説也。**墨子之説，必自勞苦矣。**論德使能而官施之者，聖王之道也，儒之所謹守也。**官施，謂建百官，施布職事。○先謙案：施，用也。官施之者，官之用之也。臣道篇「爪牙之士施」，與此義同。楊訓施爲布，而增「職事」二字以成其義，非也。官，義具富國、解蔽二篇，楊以官爲建百官，亦誤。**傳曰：「農分田而耕，賈分貨而販，百工分事而勸，**○郝懿行曰：自此至「禮法之大分也」共十二句，本篇下文亦同，唯無「傳曰」二字，或係省文，或此不皆傳語，未可知也。**士大夫分職而聽，**聽其政治。**建國諸侯之君分土而守，三公摠方而議，**摠，領也。議其所摠之政。自陝以東，周公主之，自陝以西，召公主之，一相處於內，是摠方而議之也。**則天子共己而已。」**共，讀爲恭，或讀爲拱。垂拱而已也。○先謙案：羣書治要「而已」作「止矣」。以下文「則天子共己而止矣」證之，此亦當作「共己而止矣」。注「而已也」正釋「而止矣」之義。正文「已」字，後人所改，治要又删一「而」字，宋台州本作「而矣」，明奪「止」字。盧、王本作「而已矣」，無注「或讀」以下九字，蓋以意删改。**出若入若，天下莫不平均，莫不治辨，**若，如此也。出若入若，謂內外皆如此也。謂如論德、使能、官施之事。或曰：若，順也。**是百王之所同也，而禮**

法之大分也。禮法大分，在任人各使當其職分也。百里之地，可以取天下，是不虛，其難者在人主之知之也。所患人主不知小國可以取天下之道也。取天下者，非負其土地而從之之謂也，非謂它國負荷其土地，來而從我之謂也。道足以壹人而已矣。其道足以齊壹人，故天下歸之也。彼其人苟壹，則其土地且奚去我而適它？彼國之人，苟一於我，則其土地奚往哉？〇郝懿行曰：此言有人斯有土也。「壹」當爲「一」，謂齊一也。此文上作「壹人」，下作「一人」，參差錯出，由寫書者誤分之。故百里之地，其等位爵服足以容天下之賢士矣，此論百里國取天下之道。賢士，有道德者也。其官職事業足以容天下之能士矣，能士者，才藝也。循其舊法，擇其善者而明用之，足以順服好利之人矣。擇舊法之善者而明用之。謂擇務本厚生之法而用之，則民衣食足而好利之人順服也。賢士一焉，能士官焉，好利之人服焉，三者具而天下盡，無有是其外矣。具，謂俱爲用也。故百里之地足以竭埶矣，竭，盡也。有等位、爵服、官職、事業，是天下之人埶盡於此矣。〇先謙案：虞、王本注無「人」字，是。致忠信，著仁義，足以竭人矣，致，極也。著，明也。言極忠信，明仁義，足以盡天下之人。謂皆來歸也。兩者合而天下取，諸侯後同者先危。兩者合，謂能盡埶盡人也。詩曰：「自西自東，自南自北，無思不服。」一人之謂也。其道足以齊一人，故四方皆歸之。羿、蠭門者，善服射者也；蠭門，即蠭蒙，學射於羿。羿、蠭蒙善射，故射者服之。蠭音逢。○盧文弨曰：案史龜策傳亦作「蠭門」，音「逢迎」之逢，亦讀爲「鼉鼓逢逢」之逢。門與蒙，一聲之轉耳。漢書藝文志有逢門射法二篇，在兵家。諸書多作「逢」字，唯孟子、揚子，宋以後作「逄」，音薄江反。郝懿行曰：「蠭門」，它書或作「逢蒙」，蒙、門音轉，實一人耳。此及史龜策傳作「蠭門」，漢藝文志作「逢門」，「逢」即「蠭」字之省。古讀蠭、蓬同音，故逢蒙之逢亦讀如蓬。廣韻「蓬紐有蜂」，云「又音峯」，一字二音，是其證矣。服者，屈服也。服之本義，事也，用也，屈服是其引伸之義。**王良、造父者，善服馭者也；**王良，趙簡子之御，韓子曰「字伯樂」；造父，周穆王之御：皆善御者也。馭與御同也。**聰明君子者，善服人者也。人服而埶從之，人不服而埶去之，故王者已於服人矣。**王者之功盡此也。**故人主欲得善射，射遠中微則莫若羿、蠭門矣；**射及遠，中細微之物。**欲得善馭，及速致遠，則莫若王良、造父矣；欲得調壹天下，制秦、楚，則莫若聰明君子矣。**荀卿在齊，楚、秦天下彊國，故制之者也。○盧文弨曰：「者」，疑是「首」字。蓋以秦、楚天下彊國，故首欲制之。如孟子「撻秦、楚」、「朝秦、楚」，亦每以秦、楚爲言。王念孫曰：呂、錢本「欲」下皆有「得」字，是也。上文兩言「欲得」，則此亦當然。元刻以下脱「得」字。先謙案：謝本從盧校作「欲調壹天下」，無「得」字。今依王説，從呂、錢本增。**其用知甚簡，**用智慮至少也。**其爲事不勞而功名致大，甚易處而綦可樂也，故明君以爲寶，而愚者以爲難。**明君以任賢爲寶，愚者以任賢爲難也。**夫貴爲天子，富有天**

下，名爲聖王，兼制人，人莫得而制也，是人情之所同欲也，而王者兼而有是者也。重色而衣之，重味而食之，重財物而制之，重，多也，直用反。○盧文弨曰：案正文「物」字，元刻無。合天下而君之，飲食甚厚，聲樂甚大，臺謝甚高，謝與榭同。○盧文弨曰：案説文無「榭」字。公羊宣十六年：「成周宣謝災。」書秦誓釋文云：「臺榭，本又作謝。」郝懿行曰：「謝」「榭」，古今字也。春秋宣十六年「成周宣謝」，左、公羊俱作「謝」，穀梁作「榭」，釋文云：「本或作謝。」今經傳皆改「謝」爲「榭」矣，唯釋文及此書猶存「謝」字。園囿甚廣，臣使諸侯，一天下，是又人情之所同欲也，而天子之禮制如是者也。禮之與制，如此其盛。言盡人情之所欲也。制度以陳，政令以挾，挾，讀爲浹，洽也。官人失要則死，公侯失禮則幽，要，政令之要約也。禮記曰：「各揚其職，百官廢職，服大刑。」幽，囚也。春秋傳曰「晉侯執衛侯，歸之于京師，寘諸深室」也。四方之國有侈離之德則必滅，侈，奢侈；離，乖離，皆謂不遵法度。○王念孫曰：楊分侈、離爲二義，非也。侈，亦離也。爾雅曰：「誃，離也。」説文曰：「誃，離別也。」作「侈」者，借字耳。陳説同。又云：穀梁僖四年傳「於是哆然外齊侯也」，邵氏晉涵云：「哆然，離散之貌。」侈、誃、哆同。名聲若日月，功績如天地，天下之人應之如景嚮，○盧文弨曰：「景」，俗作「影」。「嚮」，宋本作「響」，古通用。是又人情之所同欲也，而王者兼而有是者也。故人之情，口好味而臭味莫美焉，耳好聲而聲樂莫大焉，目好色而文章致繁婦女莫衆焉，形體好佚而安重閒靜莫愉焉，閒，隙也，或讀爲閑。愉，樂也。心好利而穀祿莫厚焉，合天下之所同願兼而有之，睪牢天下而制之若制子孫，睪牢，未詳。「睪」，或作「畢」。言盡牢籠天下也。新序作「宰牢」。戰國策：「燕太子丹謂荆軻曰：『秦有貪功之心，非盡天下之地，牢海内之王，其意不厭。』」或曰：睪，讀如「以薅荼蓼」之薅，牢與漢書「丘嫂轑釜」之轑義同，皆料理斡運之意也。○盧文弨曰：案後漢書馬融傳「皋牢陵山」，章懷注云「皋牢，猶牢籠也」，引此作「皋牢」。「皋」俗作「皐」，亦轉爲「睪」。郝懿行曰：案干祿字書：「睪，俗皋字。」蓋「皋」俗作「皐」，譌轉爲「睪」，又復加頭作「睾」，以別於「睪」。此正如漢成皋印文作「白」下「人」，「人」下「羊」，又作「皿」下「羊」，展轉增譌，卽此類也。「皋韜」爲覆冒之意，故「皋牢」亦爲牢籠，皆雙聲疊韻字也。馬融傳云「皋牢陵山」，章懷注引此卽作「皋」字，是已。然攷「睾」字，由來已久。曹大家言「睾子佐禹」，顔氏家訓「皐分澤片」，蓋此俗字起於六朝以前，正朱育所偁「近鄙別字」者也。皋與宰，音義異，而古書亦通用，故此「睾牢」，楊注引新序（今本無。）作「宰牢」。又列子「望其壙宰如」，此書大略篇作「皋如」，皆其證矣。王念孫曰：此字，困學紀聞已辯之。人苟不狂惑戇陋者，其誰能睹是而不樂也哉！欲是之主竝肩而存，能建是之士不世絶，○先謙案：不世絶者，不絶於世也。君道篇「彼或蓄積而得之者，不世絶」，與此句法同。千歲而不合，何也？曰：人主不公，人臣不忠也。人主則外賢而偏舉，人臣則爭職而妬賢，是其所以不合之故也。外賢，疏賢也。偏舉，偏黨而舉所愛也。人主胡不廣焉無卹親疏，無偏貴賤，唯誠能之求？廣焉，開泰貌。或曰：讀爲曠。誠能，實能也。○王念孫曰：「偏」，當爲「倫」，字之誤也。倫與論同。（大雅靈臺箋曰：「論之言倫也。」是論與倫義相通。王制「必卽天論」，「論」或爲「倫」。是論與倫字亦相通。）言不卹親疏，不論貴賤也。臣道、性惡二篇，並云「不卹是非，不論曲直」是其證。若是，則人臣輕職業讓賢而安隨其後，○王念孫曰：「輕職」下，本無「業」字。輕職讓賢，與上文「争職妬賢」正相反，多一「業」字，則累於詞矣。輕職，謂重賢而輕職也。可言輕職，不可言輕職業，「業」字蓋涉下文「王業」而衍。先謙案：羣書治要「後」下有「矣」字。如是，則舜、禹還至，王業還起。還，復。○王念孫曰：還至，卽至也。還起，卽起也。漢書董仲舒傳「還至而立有效」是也。楊訓還爲復，失之。功壹天下，名配舜、禹，物由有可樂如是其美焉者乎？○盧文弨曰：元刻無「焉」字。嗚呼！君人者亦可以察若言矣。可以察如此之言也。楊朱哭衢涂，曰：「此夫過舉蹞步而覺跌千里者夫！」哀哭之。楊朱，戰國時人，後於墨子，與墨子弟子禽滑釐辨論。其說在愛己，不拔一毛以利天下，與墨子相反。衢涂，歧路也。秦俗以兩爲衢。或曰：四達謂之衢。覺，知也。半步曰蹞。跌，差也。言此歧路第過舉半步，則知差而哭，況跌千里者乎！故甚哀而哭之。易曰「差以毫釐，謬以千里」也。○郝懿行曰：下一「夫」字，疑當作「末」，形缺而譌。末者，無也。言無有覺知而哀哭之者。劉台拱曰：覺跌千里，言至千里而後覺其差，注似非。顧千里曰：覺，疑當讀爲較，音校。孟子音義離婁下、告子上、盡心下「覺音校」，凡三見。盧學士鍾山札記云云，在本書「覺有校義」一條。文選西京賦注引鄧析子「賢愚之相覺，若九地之下與重天之顛」，亦覺義之一證。則言此衢涂過舉跬半步，而其較之乃差千里明甚。楊讀覺如字，以覺知爲義，非也。又下文覺，亦讀爲較，不覺，言不較榮、安、存三者與辱、危、亡三者之衢也。楊注以不知爲義，亦非。俞樾曰：「覺」，當爲「⿱𦥯民」。玉篇引聲類曰：「⿱𦥯民，誤也。」廣雅釋詁同。⿱𦥯民訓誤，正與楊注跌訓差，其義相近。言此岐路第過舉跬步，而其⿱𦥯民跌乃至千里，故可悲也。自「⿱𦥯民」誤爲「覺」，而義不可明矣。先謙案：衢涂過舉跬步，卽覺其跌至千里，喻人一念得失，可知畢生，不必果至千里而後覺其差也。下文「覺」字，與此相應，不當改字。下「夫」字上屬爲句。諸說皆未當。**此亦榮辱安危存亡之衢已，此其爲可哀甚於衢涂。**此謂求誠能之士也。不求則滅亡，故可哀甚於衢涂也。**嗚呼哀哉！君人者千歲而不覺也。**歎君人者千歲而不知求誠能之士。

無國而不有治法，無國而不有亂法；無國而不有賢士，無國而不有罷士；國語曰「罷士無伍，罷女無家」，韋昭曰：「病也。」無行曰罷。周禮「以嘉石平罷民」，謂平之使善者也。**無國而不有愿民，無國而不有悍民；無國而不有美俗，無國而不有惡俗。兩者竝行而國在，上偏而國安，在下偏而國危，**上偏，偏行上事也。謂治法多，亂法少；賢士多，罷士少，愿民多，悍民少之類。下偏反是。○王念孫曰：尋繹文義，「竝行」下不當有「而國」二字，蓋涉下文兩「而國」而衍。又云：國在，謂國存也，「在」字不屬下讀。「下偏」與「上偏」相對，「下偏」上不當有「在」字。據楊注云「上偏，偏行上事也，謂治法多，亂法少，賢士多，罷士少之類，下偏反是」，則所見本作「下偏而國危」明甚。後人誤以「在上」二字連讀，又於「下偏」上增「在」字，而不知與正文注文皆不合也。余前謂「兩者竝行」下衍「而國」二字，失之。上一而王，下一而亡。一，謂令行也。○先謙案：「上一」「下一」，與上「上偏」「下偏」相對爲文。下云「四者齊，是謂上一」，荀又自釋之矣。楊以一爲令行，誤。故其法治，其佐賢，其民愿，其俗美，○謝本從盧校作「其治法」。王念孫曰：呂、錢本「其治法」作「其法治」。案上文「治法」與「亂法」對，「賢士」與「罷士」對，「愿民」與「悍民」對，「美俗」與「惡俗」對，此云「其法治，其佐賢，其民愿，其俗美」，皆承上文而言，則作「其法治」者是也。先謙案：王説是，今改從呂、錢本。而四者齊，夫是之謂上一。如是則不戰而勝，不攻而得，甲兵不勞而天下服。○盧文弨曰：「甲兵」，宋本作「用兵」，今從元刻。先謙案：宋台州本作「甲兵」。故湯以亳，武王以鄗，鄗與鎬同。皆百里之地也，天下爲一，諸侯爲臣，通達之屬莫不從服，無它故焉，四者齊也。齊，謂無所闕也。桀、紂卽序於有天下之埶，索爲匹夫而不可得也，卽序於有天下之埶，謂就王者之次序爲天子也。○王念孫曰：「序」字義不可通，「序」當爲「厚」，字之誤也。（隸書「厚」「序」相似，傳寫易誤，説見墨子非攻篇。）言桀、紂有天下之勢雖厚，曾不得以匹夫終其身也。仲尼篇曰「桀、紂厚於有天下之勢，而不得以匹夫老」，彊國篇曰「厚於有天下之勢，索爲匹夫，不可得也，桀、紂是也」，皆其證。楊望文生義而曲爲之説。是無它故焉，四者竝亡也。故百王之法不同若是，所歸者一也。

上莫不致愛其下而制之以禮，上之於下，如保赤子。政令制度，所以接下之人百姓，有不理者如豪末，則雖孤獨鰥寡必不加焉。不以豪末不理加於孤獨鰥寡也。四者人所輕賤，故聖王尤愛之。孝經曰：「不敢侮於鰥寡，而況於士民乎！」故下之親上歡如父母，可殺而不可使不順。君臣上下，貴賤長幼，至於庶人，莫不以是爲隆正。是，謂親上也。皆以親上爲隆正也。○先謙案：隆正，猶中正，説見致士篇。然後皆内自省以謹於分，愛敬其上，故不敢踰越也。是百王之所以同也，而禮法之樞要也。是百王之同用愛民之道而得民也。○盧文弨曰：正文「以同」疑當作「同以」，觀注以「同用」爲言，可見。王念孫曰：盧説非也。「是百王之所以同」，「以」，衍文也。上下文皆云「是百王之所同，而禮法之大分也」，禮論篇云「是百王之所同，古今之所一也」，皆言「所同」，不言「所以同」，則「以」爲衍文明矣。據楊注言「同用愛民之道」，則所見本似已衍「以」字。然後農分田而耕，賈分貨而販，百工分事而勸，士大夫分職而聽，建國諸侯之君分土而守，三公揔方而議，則天子共己而止矣。

○先謙案：以上文證之，當爲「共己」。各本作「其己」，形近致誤，今從宋台州本改正。**出若入若，天下莫不平均，莫不治辨，是百王之所同而禮法之大分也。**亦謂致愛其下，故皆勸勉。餘竝已解上也。**若夫貫日而治平，權物而稱用，**貫日，積日也。使條理平，正權制物，使稱於用。稱，尺證反。○郝懿行曰：荀書多言「貫日」，貫者，穿也。日以爲事，如聯絡貫穿此日也。俞樾曰：上文云「若夫貫日而治詳」，君道篇云「并耳目之樂，而親自貫日而治詳」，兩文相同。此文「平」字，疑亦當作「詳」，蓋叚「羊」爲「詳」，又誤「羊」爲「平」耳。楊注非。**使衣服有制，宫室有度，人徒有數，喪祭械用皆有等宜，以是用挾於萬物，**人徒，謂胥徒，給徭役者也。械用，器用也。皆有等宜，言等差皆得其宜也。挾，讀爲浹。○王念孫曰：案「用挾」二字文義不明，「用」當爲「周」，字之誤也。「周挾」即「周浹」。君道篇曰：「先王審禮，以方皇周浹於天下。」禮論篇曰「方皇周挾，曲得其次序」，楊彼注曰：「挾，讀爲浹，帀也。言於是禮之中，徘徊周帀，委曲皆得其次序而不亂。」此注亦曰「挾，讀爲浹」，則楊本正作「周挾」明矣。**尺寸尋丈莫得不循乎制度數量然後行，**○盧文弨曰：各本作「制數度量」，今從宋本。王念孫曰：作「制數度量」者是也。富國篇曰「無制數度量則國貧」，是其證。宋本「數度」二字互誤耳。禮記王制「度量數制」，鄭注曰：「度，丈尺也。量，斗斛也。數，百十也。制，布帛幅廣狹也。」「數制」即「制數」。**則是官人使吏之事也，不足數於大君子之前。**官人，列官之人。使吏，所使役之吏。數，閱數也。

大君子，謂人君也。○先謙案：大君子，君子之尤著者，猶聖人崇稱之曰「大聖人」也，不指人君言。仲尼篇兩云「彼固曷足稱乎大君子之門哉」，大君子即指仲尼，尤其明證。稱、數義同。楊注誤。**故君人者立隆政本朝而當，**隆政，所隆之政也。當，丁浪反。○郝懿行曰：「隆政」，下作「隆正」，是也。此「隆政」爲假借。楊注失檢。彊國篇以「隆正」「修政」竝言，益知此注之非，蓋由望文生訓，恆坐此失。**所使要百事者誠仁人也，**主百事之要約綱紀者。謂相也。**則身佚而國治，功大而名美，上可以王，下可以霸；立隆正本朝而不當，所使要百事者非仁人也，則身勞而國亂，功廢而名辱，社稷必危：是人君者之樞機也。**樞機在得賢相。「人君」當爲「君人」也。○謝本依盧校「也」上有「者」字。王念孫曰：下「者」字涉上「者」字而衍。吕、錢本「也」上皆無「者」字。先謙案：王説是，今依吕、錢本删。**故能當一人而天下取，失當一人而社稷危，不能當一人而能當千人百人者，説無之有也。**論説之中無此事。能當，謂能用人之當也。當，皆丁浪反。**既能當一人，則身有何勞而爲，**而、爲，皆助語也。**垂衣裳而天下定。故湯用伊尹，文王用吕尚，武王用召公，成王用周公旦。卑者五伯，**卑，言功業卑於王者。伯，讀爲霸。**齊桓公閨門之内，縣樂奢泰游抏之修，**縣，鎮簴也。泰與汏同，抏與玩同。言齊桓唯此是脩也。**於天下不見謂修，**天下不謂之修飾也。**然九合諸侯，一匡天下，爲五伯長，是亦無它故焉，知一政於管仲也，是君人者之要守也。**要守在任賢也。知者易爲之興力而功名綦大，智者，知任賢之君也。舍是而孰足爲也？舍是任賢之事，何足爲之？言其餘皆不足爲也。故古之人有大功名者，必道是者也；道，行也。必行此任賢之事。喪其國、危其身者，必反是者也。故孔子曰：「知者之知，固以多矣，有以守少，能無察乎！上知音智，下如字。有，讀爲又，下同。守少，謂任賢、恭己而已也。愚者之知，固以少矣，有以守多，能無狂乎！」此之謂也。守多，謂自任，主百事者也。事煩則狂亂也。

治國者，分已定，則主相、臣下、百吏各謹其所聞，不務聽其所不聞；謹，謂守行，無越思。各謹其所見，不務視其所不見。所聞所見誠以齊矣，齊，謂各當其事，不侵越也。則雖幽閒隱辟，百姓莫敢不敬分安制以化其上，是治國之徵也。閒，讀爲閑。辟，讀爲僻。安制，謂安於國之制度，不敢踰分。徵，驗也。治國之徵驗在分定。○謝本從盧校，作「以禮化其上」。王念孫曰：元刻無「禮」字，是也。主相、臣下、百吏各謹其所見聞，（見上文。）而民自化之，故曰「莫敢不敬分安制以化其上」，「化」上不當有「禮」字。俗書「禮」字或作「礼」，形與「化」相似，「化」誤爲「礼」，後人因改爲「禮」。（淮南道應篇「孔子亦可謂知化矣」，今本「化」誤爲「禮」。）宋本作「禮化」者，一本作「禮」，一本作「化」，而寫者因誤合之也。羣書治要正作「以化其上」，無「禮」字。先謙案：王說是。今從元刻删「禮」字。主道治近不治遠，人主之道如此。

治明不治幽，治一不治二。主能治近則遠者理，主能治明則幽者化，主能當一則百事正。夫兼聽天下，日有餘而治不足者如此也，是治之極也。既能治近，又務治遠；既能治明，又務見幽；既能當一，又務正百：當，丁浪反。是過者也。過，猶不及也，○王念孫曰：元刻作「過，猶不及也」，語意較足。羣書治要與元刻同。先謙案：謝本從盧校作「猶不及也」。今依王說，從元刻增「過」字。辟之是猶立直木而求其景之枉也。不能治近，又務治遠；不能察明，又務見幽；不能當一，又務正百：是悖者也，悖，惑。辟之是猶立枉木而求其景之直也。故明主好要而闇主好詳。任一相而委之，是好要；不委人而自治百事，是好詳也。主好要則百事詳，主好詳則百事荒。力不及，故荒也。君者，論一相，陳一法，明一指，以兼覆之，兼炤之，以觀其盛者也。論，選擇也。指，指歸也。一法、一指，皆謂紀綱也。盛，讀爲成。觀其成功也。相者，論列百官之長，要百事之聽，列，置於列位也。聽，治也。要，取百事之治，考其得失也。要，一堯反。以飾朝廷臣下百吏之分，修飾使各當分。度其功勞，論其慶賞，歲終奉其成功以效於君。當則可，不當則廢，效，致也。周禮大宰「歲終，則令百官府各正其治，受其會，聽其政事而詔王廢置」也。故君人勞於索之，而休於使之。索，求也。休，息也。

用國者，○盧文弨曰：「用」，各本「周」，宋本、元刻竝作「用」。得百姓之力者富，得百姓之死者彊，得百姓之譽者榮。三得者具而天下歸之，三得者亡而天下去之；天下歸之之謂王，天下去之之謂亡。湯、武者，循其道，○先謙案：虞、王本「循」作「修」。行其義，興天下同利，除天下同害，天下歸之。故厚德音以先之，明禮義以道之，致忠信以愛之，賞賢使能以次之，「賞」，當爲「尚」。爵服賞慶以申重之，時其事、輕其任以調齊之，潢然兼覆之，養長之，如保赤子。潢與滉同，大水貌也。○先謙案：潢然，解在富國篇。生民則致寬，生民，生活民，謂衣食也。使民則綦理，辯政令制度，所以接天下之人百姓，有非理者如豪末，則雖孤獨鰥寡必不加焉。○王念孫曰：案「天下之人百姓」，「天」字後人所加也。下者，對上而言。上文云「上之於下，如保赤子，政令制度，所以接下之人百姓，有不理者如豪末，則雖孤獨鰥寡必不加焉」，文正與此同。又王制篇云「之所以接下之人百姓者，則庸寬惠」，又云「之所以接下之人百姓者，則好取侵奪」；又云「之所以接下之人百姓者，則好用其死力矣，而慢其功勞，好用其籍斂矣，而忘其本務」，議兵篇云「其所以接下之人百姓者，無禮義忠信」，彊國篇云「今上不貴義，不敬義，如是則下之人百姓皆有棄義之志而有趨姦之心矣」：（人百姓，猶言衆百姓。王霸篇曰「朝廷羣臣之俗若是，則夫衆庶百姓亦從而成俗，不隆禮義而好貪利矣」，語意略與此同。彼言「衆庶百姓」，猶此言「人百姓」也。又見下。）皆其證也。又案：「下之人百姓者」，人，衆也，謂下之衆百姓也。儒效篇云「塗之人百姓，積善而全盡，謂之聖人」，亦謂塗之衆百姓也。師彖傳曰：「師，衆也。」爾雅曰「師，人也」，郭注曰：「謂人衆。」是人與衆同義。春秋隱四年「衛人立晉」，公羊傳曰：「其稱人何？衆立之之辭也。」穀梁傳曰：「衛人者，衆辭也。」柴誓曰「人無譁」，鄭注曰：「人，謂軍之士衆。」史記鄒陽傳「人無不按劍相眄者」，漢書「人」作「衆」，皆其證也。**是故百姓貴之如帝，親之如父母，爲之出死斷亡而不愉者，無它故焉，**「不愉」，「不」字剩耳。○郝懿行曰：按富國篇作「出死斷亡而愉」，此作「不愉」，故楊云「不字剩」。但攷古書，「水」旁「心」旁，易爲淆譌。故地理志「慎陽」乃「滇陽」也。準是而言，「不愉」或「不渝」之形譌，亦未可定。渝者，變也，其義自通。先謙案：楊、郝二説，並非也。愉，讀爲偷，説具富國篇。羣書治要作「偷」。**道德誠明，利澤誠厚也。亂世不然：汙漫、突盜以先之，**突，陵觸。盜，竊也。**權謀傾覆以示之，俳優、侏儒、婦女之請謁以悖之，**俳優，倡優。侏儒，短人可戲弄者。悖，亂也。**使愚詔知，使不肖臨賢，生民則致貧隘，使民則綦勞苦。**○先謙案：羣書治要「綦」作「甚」。**是故百姓賤之如㑌，惡之如鬼，**字書無「㑌」字，蓋當爲「尪」，病人也。禮記曰：「吾欲暴尪而奚若？」新序作「賤之如虺豕」。○郝懿行曰：按「㑌」當作「虺」，與「鬼」相韻。注引新序（今本無。）作「賤之如虺豕」，「豕」字衍耳。楊云「㑌」當爲「尪」，似不如依新序作「虺」爲長。「尪」形近「㑌」，「虺」形略亦相近。**日欲司閒而相與投藉之，去逐之。**司閒，伺其閒隙。投，擿也。藉，踐也。一作「投錯之」。**卒有寇難之事，又望百姓之爲己死，不可**

得也，説無以取之焉。論説之中，無以此事爲得也。卒，千忽反。孔子曰：「審吾所以適人，適人之所以來我也。」此之謂也。適人，往與人也。審慎其與人之道，爲其復來報我也。○王念孫曰：下「適」字涉上「適」字而衍。據楊注云「審慎其與人之道，爲其復來報我也」，則無下「適」字明矣。羣書治要無下「適」字。

傷國者何也？曰：以小人尚民而威，尚，上也。使小人在上位而作威也。以非所取於民而巧，若邱甲田賦之類也。○俞樾曰：按非所，猶非時也。文十三年公羊傳「往黨衞侯會公于沓」，何休解詁曰：「黨，所也。所，猶時也。」以非時取於民而巧，言以非時取民而巧爲之名也。是傷國之大災也。大國之主也，而好見小利，是傷國；其於聲色、臺謝、園囿也，愈厭而好新，是傷國；厭，足也，一占反。不好循正其所以有，啖啖常欲人之有，是傷國。啖啖，并吞之貌。○盧文弨曰：案「循正」，本卷前作「修正」，似「修」字是。郝懿行曰：案啖者，噍啖也。啖啖，欲食之貌。上云「不修正其所以有，然常欲人之有」，此作「循正」，「循」「修」古字通也。王引之曰：啖啖，猶欿欿也。説文：「欿，欲得也，讀若貪。」「欿」與「啖」聲近而字通，故曰「啖啖然常欲人之有」。楊云「啖啖，并吞之貌」，則誤讀爲「啖食」之啖矣。先謙案：王氏雜志云：「今本修誤作循，據上文改。政與正同。啖啖然，今本脱然字，據上文補。」據此，王所見本「正」作「政」，荀書「正」「政」通用也。（本作「政」。）「啖啖」下應有「然」字，王説是。啖啖爲欲食貌，義自可通，不必如王說讀啖爲飲。三邪者在匈中，而又好以權謀傾覆之人斷事其外，事，任也。謂斷決任事於外也。若是，則權輕名辱，社稷必危，是傷國者也。大國之主也，不隆本行，不敬舊法，而好詐故，故，事變也。○王念孫曰：故，亦詐也。晉語「多爲之故以變其志」，韋注曰：「謂多作計術以變易其志。」呂氏春秋論人篇「釋智謀，去巧故」，高注曰：「巧故，僞詐也。」淮南主術篇「上多故則下多詐」，高注曰：「故，巧也。」是故與詐同義。王制篇曰「進退貴賤則舉幽險詐故」，大戴記文王官人篇曰「以故取利」，管子心術篇曰「恬愉無爲，去知與故」，淮南原道篇曰「偶𥈭智故，曲巧僞詐」，故皆謂詐也。故曰：「不隆本行，不敬舊法，而好詐故。」楊分詐故爲二義，失之。若是，則夫朝廷羣臣亦從而成俗於不隆禮義而好傾覆也。以不隆禮義爲成俗。○謝本從盧校，無「於」字。王念孫曰：呂、錢本「成俗」下皆有「於」字。案呂、錢本是也。「亦從而成俗於不隆禮義而好傾覆也」十五字爲一句，下文云「則夫衆庶百姓亦從而成俗於不隆禮義而好貪利矣」，句法正與此同。元刻以下脱「於」字，則失其句矣。先謙案：王說是，今依呂、錢本增。朝廷羣臣之俗若是，則夫衆庶百姓亦從而成俗於不隆禮義而好貪利矣。君臣上下之俗莫不若是，則地雖廣，權必輕；人雖衆，兵必弱；刑罰雖繁，令不下通。夫是之謂危國，是傷國者也。儒者爲之不然，必將曲辨：辨，理也。委曲使歸於理也。○郝懿行曰：按「辨」，古「辯」字。先謙案：虞、王本作「辯」，下同。朝廷必將

隆禮義而審貴賤，若是，則士大夫莫不敬節死制者矣。節，忠義。制，職分。○盧文弨曰：「敬節」，元刻作「貴節」。王引之曰：「敬」，當作「敄」，「敄」與「務」，古字通。（説文：「敄，彊也。」爾雅：「務，彊也。」「敄」與「敬」字相似而誤。）務節，謂以節操爲務也。曲禮曰：「士死制。」務節與死制同義，下文云「士大夫務節死制」是其證。今本作「敬節」，則於義疏矣。元刻作「貴節」者，以意改之耳。**百官則將齊其制度，重其官秩，若是，則百吏莫不畏法而遵繩矣。**秩，禄也。其制馭百官，必將齊一其制度，使有守也；厚重其秩禄，使不貪也。**關市幾而不征，質律禁止而不偏，**質律，質劑也，可以爲法，故言質律也。禁止而不偏，謂禁止姦人，不偏聽也。周禮小宰「聽賣買以質劑」，鄭司農云：「質劑，平市價，今之月平是也。」鄭康成云：「兩書一札，同而別之，長曰質，短曰劑，皆今之券書也。」左氏傳曰：「趙盾爲政，董逋逃，由質要。」或曰：質，正也。**如是，則商賈莫不敦慤而無詐矣。百工將時斬伐，佻其期日而利其巧任，如是，則百工莫不忠信而不楛矣。**時斬伐。卽周禮「仲冬斬陽木，仲夏斬陰木」是也。佻與傜同，緩也，謂不迫促也。巧任，巧者之任。不迫促則百工自利矣。楛，謂器惡不牢固也。晏子春秋曰：「景公之時，晏子請發粟，公不許，當爲路寢之臺，令吏重其績，遠其涂，佻其日而不趨。三年臺成，而民振欲，上悦乎君游，民足乎食。」彼「佻」亦與此同也。○盧文弨曰：案所引晏子，見襍上篇，作「故上悦乎游，民足乎食」，微不同。又云：注當云「佻與窕同」。案爾雅云：「窕，肆也。」古書「窕」

字皆訓寬肆，不當作「傜」。俞樾曰：「巧任」與「期日」對文，楊注非其義也。莊子秋水篇曰「任士之所勞」，釋文引李注曰：「任，能也。」然則巧任猶巧能也。言佻緩其期日，而其巧能者則豐厚其氣稟〔一〕以利之，百工乃忠信而不楛矣。**縣鄙將輕田野之税，省刀布之斂，罕舉力役，無奪農時，如是，則農夫莫不朴力而寡能矣。**但質朴而力作，不務它能也。**士大夫務節死制，然而兵勁。**「然而」，當爲「然後」。○王念孫曰：案楊以下文作「然後」，故云「當爲然後」，不知此「然而」與他處言「然而」者不同。然，如是也。（説見釋詞。）言如是而兵勁也。文王世子曰「然而衆知父子之道矣」，義與此「然而」同。**百吏畏法循繩，然後國常不亂。商賈敦慤無詐，則商旅安，貨通財，而國求給矣。**所求之物皆給足也。○王念孫曰：「商旅安，貨通財」，當作「商旅安，貨財通」。「貨財通」與「商旅安」對文，今本作「貨通財」，則義不可通。王制篇「使賨旅安而貨財通」，是其證。（今本「賨」誤作「賓」，辯見王制篇。）**百工忠信而不楛，則器用巧便而財不匱矣。農夫朴力而寡能，則上不失天時，下不失地利，中得人和，而百事不廢。是之謂政令行，風俗美，以守則固，以征則彊，居則有名，動則有功。此儒之所謂曲辨也。**

〔一〕「氣稟」，似當作「餼稟」。

荀子卷第八

○盧文弨曰：此卷各本皆無注。

君道篇第十二

有亂君，無亂國；有治人，無治法。○先謙案：無治法者，法無定也，故貴有治人。致士篇云「有良法而亂者有之，有君子而亂者，自古及今，未嘗聞也」，意與此同。羿之法非亡也，而羿不世中；禹之法猶存，而夏不世王。故法不能獨立，類不能自行，○先謙案：類，例也。荀書多法類並舉，說詳大畧篇。得其人則存，失其人則亡。法者，治之端也；君子者，法之原也。故有君子則法雖省，足以徧矣；無君子則法雖具，失先後之施，不能應事之變，足以亂矣。不知法之義而正法之數者，雖博，臨事必亂。故明主急得其人，而闇主急得其埶。○先謙案：埶，位也，說見儒效篇。急得其人，則身佚而國治，功大而名美，上可以王，下可以霸；不急得其人而急得其埶，則身勞而國亂，功廢而名辱，社稷必危。故君人者勞於索之，而休於使之。書曰：「惟文王敬忌，一人以擇。」此之謂也。

合符節、别契券者，所以爲信也；上好權謀，則臣下百吏誕詐之人乘是而後欺。探籌、投鉤者，所以爲公也；○郝懿行曰：探籌，剡竹爲書，令人探取，蓋如今之掣籤。投鉤，未知其審。古有藏彄，今有拈鬮，疑皆非是。慎子曰：「投鉤以分財，投策以分馬。」**上好曲私，則臣下百吏乘是而後偏。衡石、稱縣者，所以爲平也；上好傾覆，則臣下百吏乘是而後險。斗、斛、敦、槩者，所以爲嘖也；**○盧文弨曰：「斗」，元刻作「勝」。案三輔黄圖：「御宿園出粟〔一〕，十五枚一勝，大梨如五勝。」勝與升通用。「敦槩」，即「準槩」。嘖，情也。易繫辭傳「見天下之賾」，京房作「嘖」，太玄礥「初一，測：黄純于潛，化在墳也」，皆訓情。此當作情實解。郝懿行曰：「斗斛」，或作「勝斛」。勝與升雖同音假借，然作「斗斛」爲長。槩，即杚也，所以平斗斛者。敦亦其類，但形狀今未聞。**上好貪利，則臣下百吏乘是而後豐取刻與，以無度取於民。**○謝本從盧校「而後」下有「鄙」字。盧文弨曰：宋本、世德堂本皆無「鄙」字，今從元刻。王念孫曰：案元刻有「鄙」字者，後人以意加之也。後人以上文云「乘是而後欺」、「乘是而後偏」、「乘是而後險」，疑此處「乘是而後」下脱一字，又以上句言「貪利」，故加入「鄙」字耳。今案：上文「欺」與「信」相反，「偏」與「公」相反，「險」與「平」相反，此下「豐取刻與，以無度取於民」，「無

〔一〕「粟」，似當作「栗」。

度」與「嘖」亦相反。嘖者，齊也。（說文：「嫧，齊也。」嫧與嘖通。又說文：「齰，齒相值也。」釋名曰：「幘，賾也，下齊眉賾然也。」又曰：「柵，賾也，以木作之，上平賾然也。」又曰：「冊，賾也，敕使整賾，不犯法也。」竝聲近而義同。）無度則不齊，故與「嘖」相反。若云「乘是而後鄙」，則「鄙」與「嘖」義非相反，與上三條不合。且加一「鄙」字，則下文「豐取刻與」云云竟成贅語矣。盧據元刻加「鄙」字，又訓嘖爲情，皆失之。呂、錢本皆無「鄙」字。先謙案：王說是。今從宋本刪「鄙」字。

故械數者，治之流也，非治之原也；君子者，治之原也。官人守數，君子養原，原清則流清，原濁則流濁。故上好禮義，尚賢使能，無貪利之心，則下亦將綦辭讓、致忠信而謹於臣子矣。如是則雖在小民，不待合符節、別契券而信，不待探籌、投鉤而公，不待衡石、稱縣而平，不待斗、斛、敦、槩而嘖。故賞不用而民勸，罰不用而民服，有司不勞而事治，政令不煩而俗美，百姓莫敢不順上之法，象上之志，而勸上之事，而安樂之矣。○盧文弨曰：「而勸上之事」，元刻作「勸上之事」。故藉斂忘費，事業忘勞，寇難忘死，城郭不待飾而固，兵刃不待陵而勁，○先謙案：陵，謂厲兵刃也。敵國不待服而詘，四海之民不待令而一。夫是之謂至平。詩曰：「王猶允塞，○謝本從盧校「猶」作「猷」。王念孫曰：呂、錢本「猷」作「猶」。又見議兵篇。先謙案：呂、錢本是。今改正。說詳議兵。徐方既來。」此之謂也。

請問爲人君？曰：以禮分施，均徧而不偏。請問爲人臣？曰：以禮待君，忠順而不懈。○郝懿行曰：「待」字誤。韓詩外傳四作「事」，是也。蓋「事」譌爲「侍」，又譌爲「待」耳。「懈」，宜依韓詩外傳作「解」，古書皆然，轉寫者依今書作「懈」耳。請問爲人父？曰：寬惠而有禮。請問爲人子？曰：敬愛而致文。○郝懿行曰：「文」，韓詩外傳四作「恭」，於義較長。請問爲人兄？曰：慈愛而見友。請問爲人弟？曰：敬詘而不苟。○盧文弨曰：元刻作「不悖」。請問爲人夫？曰：致功而不流，致臨而有辨。○郝懿行曰：「辨」，韓詩外傳四作「別」。謂夫婦有別也。「致功而不流」句未詳，疑有譌字。請問爲人妻？曰：夫有禮，則柔從聽侍；夫無禮，則恐懼而自竦也。此道也，偏立而亂，俱立而治，其足以稽矣。請問兼能之奈何？曰：審之禮也。古者先王審禮以方皇周浹於天下，○郝懿行曰：方，讀爲旁，古字通用。旁、薄、唐、皇，皆大也。周、浹，皆徧也。荀書「浹」多作「挾」。先謙案：此「浹」字，後人所改也。依荀書皆作「挾」。動無不當也。故君子恭而不難，敬而不鞏，○盧文弨曰：恭而不難，所謂「恭而安」也。説文：「鞏，以韋束也。」此亦謂敬而不過於拘束也。王引之曰：難，讀詩「不戁不竦」之「戁」。鞏，讀方言「蛩烘，戰栗也」之「蛩」。説見經義述聞大戴記曾子立事篇。盧説皆失之。貧窮而不約，富貴而不驕，竝遇變態而不窮，審之禮也。○謝本從盧校「態」作「應」。盧文弨曰：「變應」，宋本作「變態」。郝懿行曰：「變應」，韓詩外傳四作「應變」。王念孫曰：案元刻以下文有「應變故」，故改「變態」爲「變應」，而不知其謬也。竝遇變態而不窮者，竝，猶普也，徧也，（説見周易述聞「竝受其福」下。）言徧遇萬事之變態而應之不窮也。下文云「其應變故也，齊給便捷而不惑」，「變故」，卽此所謂「變態」也。改「變態」爲「變應」，則反與下文不合矣。先謙案：王説是。今依宋本改。**故君子之於禮，敬而安之；其於事也，徑而不失；其於人也，寡怨寬裕而無阿；其所爲身也，謹修飾而不危；**○盧文弨曰：「修飾」，元刻作「修勑」。案飾與飭、勑，古皆通用。勑音賚，然漢已來亦卽作「勑」字用。王念孫曰：案危讀爲詭。言君子修飭其身而不詭於義也。（淮南主術篇注：「詭，違也。」）「詭」「危」古字通，説見經義述聞緇衣。**其應變故也，齊給便捷而不惑；其於天地萬物也，不務説其所以然而致善用其材；其於百官之事、技藝之人也，不與之争能而致善用其功；其待上也，忠順而不懈；**○盧文弨曰：「待」，俗間本作「侍」。先謙案：依上郝説，「待上」亦當爲「事上」。**其使下也，均徧而不偏；其交遊也，緣義而有類；**○盧文弨曰：元刻作「緣類而有義」。郝懿行曰：韓詩外傳四作「緣類而有義」，較長。**其居鄉里也，容而不亂。是故窮則必有名，達則必有功，仁厚兼覆天下而不閔，明達用天地、理萬變而不疑，**○盧文弨曰：元刻作「理萬物變而不凝」。王念孫曰：用天地而不疑，義不可通，「用」當爲「周」，字之誤也。言其智足以周天地、理萬變而不疑。**血氣和平，志意廣**

大，行義塞於天地之間，仁知之極也。夫是之謂聖人。審之禮也。

請問爲國？曰：聞修身，未嘗聞爲國也。君者，儀也，儀正而景正；君者，槃也，槃圓而水圓；君者，盂也，盂方而水方。○盧文弨曰：案帝範注引「君者儀也」下有「民者景也」句，又「君者槃也」下有「民者水也」句，無「君者盂也」二句。王念孫曰：案廣韻「君」字注所引，與帝範注同。既言「儀正而景正」，則當有「民者景也」句；既言「槃圓而水圓」，則當有「民者水也」句；（呂、錢本竝有「民者水也」句。）既以槃喻君，則不必更以盂喻。二書所引有「民者景也」、「民者水也」，而無「君者盂也」二句，於義爲長。（藝文類聚雜器物部、太平御覽器物部二竝引作「君者盤也，民者水也，盤圓則水圓，盤方則水方」。）君射則臣決。楚莊王好細腰，故朝有餓人。故曰：聞修身，未嘗聞爲國也。

君者，民之原也，原清則流清，原濁則流濁。故有社稷者而不能愛民，不能利民，而求民之親愛己，不可得也。民不親不愛，而求其爲己用，爲己死，不可得也。○謝本從盧校「不親不愛」上有「之」字。王念孫曰：元刻無「之」字。案無「之」字者是也。下文「民不爲己用，不爲己死，而求兵之勁，城之固，不可得也」，「民」下無「之」字，是其證。韓詩外傳無「之」字。先謙案：文義不當有「之」字。今依元刻刪。民不爲己用，不爲己死，而求兵之勁，城之固，不可得也。兵不勁，城不固，而求敵之不至，不可得也。敵至而求無危削，不滅亡，不可得也。○王念孫曰：元刻「滅」上無「不」字，是也。宋本有上「不」字者，涉上下諸「不」字而衍。無亦不也。（説見釋詞。）無危削滅亡，卽不危削滅亡也。外傳作「不危削滅亡」是其證。先謙案：羣書治要有「不」字。危削滅亡之情舉積此矣，而求安樂，是狂生者也。○盧文弨曰：元刻作「是聞難狂生者也」。王念孫曰：錢佃校本亦云：「『是狂生者也』，諸本作『是聞難狂生者也』。」案此文本作「危削滅亡之情舉積此矣，而求安樂是聞，不亦難乎，是狂生者也」，今本脱「聞不亦難乎是」六字。（此因兩「是」字相亂而脱去六字。）元刻亦僅存「聞難」二字。外傳作「夫危削滅亡之情皆積於此，而求安樂是聞，不亦難乎，是枉生者也」，「枉」蓋「狂」之誤。（臣道篇亦云「迷亂狂生」。）俞樾曰：「狂」，卽「㞷」之叚字。説文土部：「㞷，草木妄生也。從之在土上，讀若皇。」「狂」，説文作「𤞣」，本從㞷聲，故義得通。狂生，蓋以草木爲比，故下云「不胥時而落」，落，亦以草木言也。臣道篇「迷亂狂生」，義同。楊彼注曰「迷亂其君，使生狂也」，未得其義。韓詩外傳作「枉生」，「枉」亦「㞷」之叚字。狂生者不胥時而落。○盧文弨曰：胥，須也。先謙案：謝本從盧校「樂」作「落」。宋台州本作「樂」，是也。釋詁：「毗、劉，暴，樂也。」大雅桑柔「捋采其劉」，傳：「劉，爆爍而希也。」箋：「及已捋采之時，則葉爆爍而疏。」「樂」「爍」同字。荀書作「樂」，與雅訓合。宋槧呂本影鈔本作「樂」，世德堂本改「落」，由不知古義耳。盧失校，今正。餘詳攷證。故人主欲彊固安樂，則莫若反之民；欲附下一民，則莫若反之政；欲修政美國，則莫若求其人。○王念孫曰：案外傳作「修政美俗」，是也。上文曰「政令不煩而俗美」，儒效篇曰「在本朝則美政，在下位則美俗」，王霸篇曰「政令行，風俗美」，皆以「政」與「俗」竝言之，蓋二者恆相因也。今本「美俗」作「美國」，則泛而不切矣。先謙案：羣書治要作「美國」。彼或蓄積而得之者不世絶，彼其人者，生乎今之世而志乎古之道。以天下之王公莫好之也，然而于是獨好之；以天下之民莫欲之也，然而于是獨爲之；好之者貧，爲之者窮，然而于是獨猶將爲之也，○王念孫曰：案三「于是」，皆義不可通，當依外傳作「是子」。「是子」二字，對上文「王公」與「民」而言。下文曰「非于是子莫足以舉之，故舉是子而用之」，是其證。今本作「于是」者，「是子」譌爲「是于」，後人因改爲「于是」耳。「莫欲之」，亦當依外傳作「莫爲之」。「莫好之」與「獨好之」相應，「莫爲之」亦與「獨爲之」相應。今本作「欲之」，則既與「爲之」不相應，又與「好之」相複矣。「于是獨猶將爲之」，當作「是子猶將爲之」，言雖好之者貧，爲之者窮，而是子猶將爲之也。「猶」上不當有「獨」字，蓋涉上文兩「獨」字而衍，外傳無。不爲少頃輟焉。曉然獨明於先王之所以得之，所以失之，知國之安危臧否若別白黑。是其人者也，○王念孫曰：案衍「者」字。此句或爲結上之詞，或爲起下之詞，皆不當有「者」字。外傳作「則是其人也」，無「者」字。大用之則天下爲一，諸侯爲臣，小用之則威行鄰敵，縱不能用，使無去其疆域，則國終身無故。故君人者愛民而安，好士而榮，兩者無一焉而亡。詩曰：「介人維藩，大師維垣。」此之謂也。○盧文弨曰：「介人」，詩攷與元刻同，宋本作

「价」。

道者何也？曰：君道也。○王念孫曰：案此篇以君道爲題，而又釋之曰「道者何也？曰君道也」，則贅矣。韓詩外傳作「道者何也？曰君之所道也」，於義爲長。君之所道，謂君之所行也。儒效篇曰「道者，人之所道也」，與此文同一例。今本蓋脱「之所」二字。君者何也？曰：能羣也。能羣也者何也？曰：善生養人者也，善班治人者也，○先謙案：班，讀曰辨。儀禮士虞注：「古文班或爲辨。」辨、治同義，説詳不苟篇。善顯設人者也，○俞樾曰：設者，大也。考工記桃氏曰「中其莖，設其後」，鄭注曰：「從中以卻稍大之也。」賈疏曰：「後鄭意訓設爲大。」故易繫辭曰『益長裕而不設』，鄭注曰：『設，大也。』」是設有大誼。顯設，猶云顯大。先謙案：設，用也。顯設人，猶言顯用人。臣道篇云「正義之臣設」，言正義之臣用也。議兵篇云：「請問王者之兵，設何道何行而可？」言用何道何行而可也。説文：「設，施陳也。」廣雅釋詁：「設，施也。」是設與施同義。施訓用，故設亦通訓爲用矣。（施，義詳臣道篇。）善藩飾人者也。善生養人者人親之，善班治人者人安之，善顯設人者人樂之，善藩飾人者人榮之。四統者俱而天下歸之，夫是之謂能羣。不能生養人者人不親也，不能班治人者人不安也，不能顯設人者人不樂也，不能藩飾人者人不榮也。四統者亡而天下去之，○先謙案：統，猶言總要也。夫是之謂匹夫。故曰：道存則國存，道亡則國亡。省工賈，衆農夫，禁盜賊，除姦邪，是所以生養之也。天子三公，諸侯一相，大夫擅官，○先謙案：説文：「擅，專也。」言得專其官事。士保職，莫不法度而公，是所以班治之也。論德而定次，○先謙案：「論」，當爲「譎」，説見儒效篇。量能而授官，皆使其人載其事而各得其所宜。○王念孫曰：人載其事而各得其所宜，謂人人皆載其事而得其宜也。「使」下不當有「其」字，蓋涉下兩「其」字而衍。榮辱篇曰「皆使人載其事而各得其宜」，正論篇曰「皆使民載其事而各得其宜」，「使」下皆無「其」字。上賢使之爲三公，次賢使之爲諸侯，下賢使之爲士大夫，是所以顯設之也。修冠弁、衣裳、黼黻、文章、琱琢、刻鏤皆有等差，是所以藩飾之也。故由天子至於庶人也，莫不騁其能，得其志，安樂其事，是所同也。衣煖而食充，居安而游樂，事時制明而用足，是又所同也。若夫重色而成文章，重味而成珍備，○俞樾曰：「珍備」二字無義。此本作「重味而備珍怪」。正論篇「食飲則重太牢而備珍怪」，是其證也。因涉上句「重色而成文章」誤衍「成」字，遂倒「備珍」爲「珍備」，而臆删「怪」字矣。韓詩外傳作「重色而成文，累味而備珍」，上句無「章」字，下句無「怪」字，然「成文」「備珍」正本荀子，可據以訂正。是所衍也。○盧文弨曰：「衍」，俗閒本作「衎」。先謙案：賦篇「暴人衍矣」，楊注：「衍，饒也。」此言重色重味皆所饒爲之，有餘之意也。故云「財衍以明辨異」。下文「衍及百姓」同。聖王財衍以明辨異，○盧文弨曰：「財衍」，元刻作「則衍」。上以飾賢良而明貴賤，下以飾長幼而明親疏，上在王公之朝，下在百姓之家，天下曉然皆知其非以爲異也，將以明分達治而保萬世也。故天子諸侯無靡費之用，士大夫無流淫之行，百吏官人無怠慢之事，衆庶百姓無姦怪之俗，無盜賊之罪，其能以稱義徧矣。故曰：「治則衍及百姓，亂則不足及王公。」此之謂也。

至道大形，○先謙案：言至道至於大形之時。隆禮至法則國有常，尚賢使能則民知方，○先謙案：知方，皆知所向。纂論公察則民不疑，○先謙案：爾雅釋詁：「纂，繼也。」纂論，謂使人相繼論議之，與「公察」對文，皆所以使民不疑也。成相篇云：「公察善思，論不亂。」賞克罰偷則民不怠，○王念孫曰：「克」，當爲「免」，字之誤也。免與勉同。言勉者賞之，偷者罰之也。王制篇曰「百吏免盡而衆庶不偷」是其證也。又樂論篇「弟子免學」，漢書薛宣傳「宣因移書勞免之」，（今本「免」作「勉」，乃後人所改。宋毛晃增修禮部韻畧引此尚作「免」。）谷永傳「閔免遁樂」，竝以「免」爲「勉」。韓詩外傳正作「賞勉罰偷」。兼聽齊明則天下歸之。然後明分職，序事業，材技官能，○先謙案：材以驗技，官以程能。上文云「量能而授官」，王制篇云「無能不官」，正論篇云「能不稱官」，即官能之義。莫不治理，則公道達而私門塞矣，公義明而私事息矣。如是，則德厚者進而佞説者止，貪利者退而廉節者起。書曰：「先時者殺無赦，不逮時者殺無赦。」人習其事而固，○先謙案：固者，不移易之謂。易繫辭下傳注：「固，不傾移也。」禮論篇云：「禮之中焉，能勿易，謂之能固。」人之百事如耳目鼻口之不可以相借官也，故職分而民不探，次定而序不亂，〇王念孫曰：「不探」二字義不可通。外傳作「不慢」，是也。下文曰「臣下百吏至於庶人，莫不修己而後敢安正，（與政同。）誠能而後敢受職」，正所謂「職分而民不慢」也。隸書「曼」字或作「㬅」，與「罙」字畧相似，故「慢」誤爲「探」。兼聽齊明而百事不留。如是，則臣下百吏至于庶人莫不修己而後敢安正，誠能而後敢受職，百姓易俗，小人變心，姦怪之屬莫不反慤。夫是之謂政教之極。故天子不視而見，不聽而聰，不慮而知，不動而功，塊然獨坐而天下從之如一體，如四胑之從心。〇盧文弨曰：「四胑」，宋本作「四支」。夫是之謂大形。詩曰：「温温恭人，維德之基。」此之謂也。

爲人主者，莫不欲彊而惡弱，欲安而惡危，欲榮而惡辱，是禹、桀之所同也。要此三欲，辟此三惡，果何道而便？曰：在慎取相，道莫徑是矣。〇先謙案：徑猶疾也、便也。修身篇云「莫徑由禮義」，與此同。故知而不仁不可，仁而不知不可，既知且仁，是人主之寶也，而王霸之佐也。不急得，不知；得而不用，不仁。無其人而幸有其功，愚莫大焉。今人主有六患：〇俞樾曰：下文「使賢者爲之，則與不肖者規之；使知者慮之，則與愚者論之；使修士行之，則與汙邪之人疑之」，止可云「三患」，不可云「六患」，「六」疑「大」字之誤。學者誤以下文一句爲一患，故臆改爲「六」，不知合二句方成一患。若止是使賢者爲之，知者慮之，修士行之，非患也。使賢者爲之，則與不肖者規之；使知者慮之，則與愚者論之；使修士行之，則與汙邪之人疑之。○先謙案：羣書治要「汙」作「姧」，下同。雖欲成功，得乎哉！譬之是猶立直木而恐其景之枉也，惑莫大焉。語曰：「好女之色，惡者之孽也。○王念孫曰：孽，猶害也。下文云「衆人之痤」、「汙邪之賊」，義竝與此同。議兵篇曰「百姓莫不敦惡，莫不毒孽」，言莫不毒害也。緇衣引大甲曰「自作孽」，言自作害也。小雅十月篇「下民之孽」，箋曰：「孽，妖孽，謂相爲災害也。」昭十年左傳「蘊利生孽」，杜注曰：「孽，妖害也。」公正之士，衆人之痤也。○先謙案：玉篇：「痤，癤也。」循乎道之人，汙邪之賊也。」○盧文弨曰：元刻「循」作「修」。王念孫曰：「循道之人」，與「好女之色」、「公正之士」對文，則「循」下不當有「乎」字。羣書治要無。俞樾曰：「循」乃「修」字之誤。元刻是也。「懿道」與「汙邪」相反。上文曰「使修士行之，則與汙邪之人疑之」，亦以「修」與「汙邪」對，是其證。今使汙邪之人論其怨賊而求其無偏，得乎哉！譬之是猶立枉木而求其景之直也，亂莫大焉。故古之人爲之不然。其取人有道，其用人有法。取人之道，參之以禮；用人之法，禁之以等。○先謙案：彊國篇云「夫義者，所以限禁人之爲惡與姦者也」，「限禁」連文，是禁與限同義。禁之以等，猶言限之以階級耳。行義動靜，度之以禮；知慮取舍，稽之以成；日月積久，校之以功。故卑不得以臨尊，輕不得以縣重，愚不得以謀知，是以萬舉不過也。故校之以禮，而觀其能安敬也；與之舉錯遷移，而觀其能應變也；與之安燕，而觀其能無流慆也；○盧文弨曰：「流慆」，疑即「流淫」。元刻作「陷」，無「流」字。接之以聲色、權利、忿怒、患險，而觀其能無離守也。彼誠有之者與誠無之者，若白黑然，可詘邪哉！○先謙案：廣雅釋詁：「詘，屈也。」呂覽壅塞篇注：「詘，枉也。」言白黑分明，焉可枉屈乎哉！故伯樂不可欺以馬，而君子不可欺以人，此明王之道也。人主欲得善射，射遠中微者，縣貴爵重賞以招致之，內不可以阿子弟，外不可以隱遠人，能中是者取之，是豈不必得之之道也哉！○王念孫曰：案不猶非也，說見釋詞。雖聖人不能易也。欲得善馭速致遠者，一日而千里，○盧文弨曰：「善馭」下，俗間本有「及」字。王念孫曰：「欲得善馭速致遠者」，（宋呂、錢本竝如是。）元刻、世德堂本「速」上有「及」字。盧從宋本，云「俗閒本有及字」。案有「及」字者是也。「及速」與「致遠」對文。行速則難及，道遠則難致，故唯善馭者乃能及速致遠，非謂其致遠之速也，則不得以「速致遠」連讀。「善馭及速致遠」與「善射射遠中微」對文，若無「及」字，則與上文不對，一證也。王霸篇云「欲得善射，射遠中微則莫若羿、蠭門矣；欲得善馭，及速致遠則莫若王良、造父矣」，與此文同一例，二證也。淮南主術篇云「夫載重而馬羸，雖造父不能以致遠；車輕而馬良，雖中工可使追速」，「追速」「致遠」，即「及速」「致遠」，三證也。羣書治要有「及」字，四證也。俞樾曰：王謂有「及」字者是，不知此與彼文不同。彼無「一日而千里」五字，故有「及速」二字。此云「一日而千里」，則及速不待言矣。荀子原文，不獨無「及」字，並無「速」字。儒效篇曰「輿固馬選矣，而不能以致遠一日而千里，則非造父也」，亦言「一日千里」，而無「及速」之文，可證也。俗本據王霸篇誤加「及速」二字。呂、錢本無「及」字，而有「速」字，則刪之未盡者耳。縣貴爵重賞以招致之，內不可以阿子弟，外不可以隱遠人，能致是者取之，是豈不必得之之道也哉！雖聖人不能易也。欲治國馭民，調壹上下，將內以固城，外以拒難，治則制人，人不能制也，亂則危辱滅亡可立而待也。然而求卿相輔佐，則獨不若是其公也，案唯便嬖親比己者之用也，豈不過甚矣哉！故有社稷者莫不欲彊，俄則弱矣；莫不欲安，俄則危矣；莫不欲存，俄則亡矣。古有萬國，今有數十焉，○王念孫曰：案富國篇「數十」作「十數」，是也。當荀子著書時，國之存者已無數十矣。是無它故，莫不失之是也。○先謙案：是，謂用人不公。故明主有私人以金石珠玉，無私人以官職事業，是何也？曰：本不利於所私也。○先謙案：「本」字無義，「大」之誤也。富國篇云「有分者，天下之本利也」，楊注「本，當爲大」，與此正同。彼不能而主使之，則是主闇也；臣不能而誣能，○先謙案：誣能，自以爲能。大略篇云：「不能而居之，誣也。」則是臣詐也。主闇於上，臣詐於下，滅亡無日，俱害之道也。夫文王非無貴戚也，非無子弟也，非無便嬖也，倜然乃舉太公於州人而用之，○郝懿行曰：按倜，超遠也。韓詩外傳四

「倜」作「超」，「州」作「舟」。此作「州」者，或形譌，或假借字耳。俞樾曰：按「州人」，當從韓詩外傳作「舟人」。太公身爲漁父而釣於渭濱，故言「舟人」也。「舟」「州」古字通。豈私之也哉！以爲親邪？則周姬姓也，而彼姜姓也，以爲故邪？則未嘗相識也。以爲好麗邪？則夫人行年七十有二，齫然而齒墮矣。○盧文弨曰「齫」當作「齫」，與「齳」同。韓詩外傳作「齳」。郝懿行曰：按「齫」，當依韓詩外傳四作「齳」。説文：「齳，無齒也。」蓋篆文「齳」與「齫」形近而譌耳。然而用之者，夫文王欲立貴道，欲白貴名，以惠天下，而不可以獨也，非于是子莫足以舉之，故舉是子而用之。○盧文弨曰：兩「是子」，宋本俱作「子是」。於是乎貴道果立，貴名果明，○顧千里曰：「明」，疑當作「白」。荀子屢言「貴名白」。上文「欲白貴名」，下文亦作「白」，不作「明」，又屢言「白」，皆其證也。（儒效篇「一朝而白」，楊注「白」誤「伯」。）此篇楊注亡。宋本與今本同，蓋皆誤。韓詩外傳四有此句，正作「貴名果白」，亦其一證。兼制天下，立七十一國，姬姓獨居五十三人，周之子孫苟不狂惑者，莫不爲天下之顯諸侯，如是者，能愛人也。故舉天下之大道，立天下之大功，然後隱其所憐所愛，○先謙案：呂覽圜道篇高注：「隱，私也。」其下猶足以爲天下之顯諸侯。故曰：「唯明主爲能愛其所愛，闇主則必危其所愛。」此之謂也。

牆之外，目不見也；里之前，耳不聞也；而人主之守司，遠者天下，近者境内，不可不詧知也。天下之變，境内之事，有弛易齵差者矣，○先謙案：易繫辭「易者使傾」，注：「易，慢易也。」弛易，猶言弛慢。齒不正曰齵。齵差，參差不齊。而人主無由知之，則是拘脅蔽塞之端也。耳目之明，如是其狹也；人主之守司，如是其廣也；其中不可以不知也，如是其危也。○王念孫曰：呂、錢本「其」下有「中」字。案呂、錢本是也。其中，謂廣與狹之中也。耳目之所及甚狹，其所不及者甚廣，其中之事或弛易齵差，而人主不知，則必有拘脅蔽塞之患，故曰「其中不可以不知，若是其危也」，元刻始脫「中」字。先謙案：謝本從盧校脫「中」字，今依王說，從宋本增。然則人主將何以知之？曰：便嬖左右者，人主之所以窺遠收衆之門戶牖嚮也，不可不早具也。○盧文弨曰：嚮與向同。故人主必將有便嬖左右足信者然後可，其知惠足使規物，○盧文弨曰：「惠」，宋本作「慧」，古通用。先謙案：便嬖，猶近習也。荀書用「便嬖」，不作邪佞解。其端誠足使定物然後可，夫是之謂國具。人主不能不有遊觀安燕之時，則不得不有疾病物故之變焉。如是國者，事物之至也如泉原，一物不應，亂之端也。故曰：人主不可以獨也。卿相輔佐，人主之基、杖也，○俞樾曰：「基杖」二字義不可通，「基」當爲「綦」。儀禮士喪禮「組綦繫于踵」，鄭注曰：「綦，屨係也，所以拘止屨也。」漢書揚雄傳：「屨欃槍以爲綦。」外戚傳：「思君兮屨綦。」綦也、杖也，皆人所以行者，故以爲喻。不可不早具也。故人主必將有卿相輔佐足任者然後可，其德音足以填撫百姓，○盧文弨曰：「填」卽「鎮」字。元刻作「鎮」。其知慮足以應待萬變然後可，夫是之謂國具。四鄰諸侯之相與，不可以不相接也，然而不必相親也。○先謙案：不皆和好之國。故人主必將有足使喻志決疑於遠方者然後可。其辯說足以解煩，其知慮足以決疑，其齊斷足以距難，不還秩，不反君，○王念孫曰：「秩」，當爲「私」，字之誤也。還，讀爲營。言不營私，不叛君也。「營」與「還」，古同聲而通用。管子山至數篇曰「大夫自還而不盡忠」，謂自營其私也。秦策曰「公孫鞅盡公不還私」，謂不營私也。（成相篇「比周還主黨與施」，還主，謂營惑其主也。字或作「環」，臣道篇「朋黨比周，以環主圖私爲務」是也。又齊風還篇「子之還兮」，漢書地理志「還」作「營」，亦以聲同而借用。）「還」字或作「環」。韓子五蠹篇曰「古者蒼頡之作書也，自環者謂之私」，（「私」本作「厶」，見下。）說文「厶」字解引作「自營爲厶」。管子君臣篇曰「兼上下以環其私」，韓子人主篇曰「當途之臣，得勢擅事以環其私」，皆謂營其私也。然而應薄扞患足以持社稷，○俞樾曰：薄之言迫也。僖二十三年左傳「薄而觀之」，文十二年傳「薄之河」，杜注竝曰：「薄，迫也。」然則應薄猶應迫也。言有偪迫者，足以應之也。臣道篇曰「應卒遇變」，卒與薄義相近。然後可，夫是之謂國具。故人主無便嬖左右足信者謂之闇，無卿相輔佐足任者謂之獨，所使於四鄰諸侯者非其人謂之孤，孤獨而晻謂之危。國雖若存，古之人曰亡矣。詩曰：「濟濟多士，文王以寧。」此之謂也。

材人：○盧文弨曰：謂王者因人之材而器使之之道也。愿愨拘録，○盧文弨曰：榮辱篇作「軥録」，注謂「軥與拘同」，蓋據此文。然吏材非僅取愿愨檢束而已，必將取其勤勞趨事者，則作「劬録」義長。計數纖嗇而無敢遺喪，是官人使吏之材也。修飭端正，○盧文弨曰：元刻「修飭」作「修飾」。尊法敬分而無傾側之心，守職循業，○盧文弨曰：元刻「循」作「修」。不敢損益，可傳世也，而不可使侵奪，是士大夫官師之材也。知隆禮義之爲尊君也，知好士之爲美名也，知愛民之爲安國也，知有常法之爲一俗也，知尚賢使能之爲長功也，知務本禁末之爲多材也，知無與下爭小利之爲便於事也，知明制度、權物稱用之爲不泥也，○先謙案：不泥者，明制度、權物稱用有似乎拘泥也。是卿相輔佐之材也，未及君道也。能論官此三材者而無失其次，是謂人主之道也。若是，則身佚而國治，功大而名美，上可以王，下可以霸，是人主之要守也。人主不能論此三材者，不知道此道，○先謙案：道此道，由此道也。安值將卑埶出勞，并耳目之樂，○先謙案：值與直同，并與屏同。彊國篇「并己之私欲」，楊注「并，讀曰屏，屏，棄也」，與此同。而親自貫日而治詳，一内而曲辨之，○先謙案：王霸篇作「一日而曲辨之」。「内」蓋「日」之誤。慮與臣下爭小察而綦偏能，自古及今，未有如此而不亂者也。是所謂「視乎不可見，聽乎不可聞，爲乎不可成」，此之謂也。○盧文弨曰：「不知道此」下三十二字，元刻無。

荀子卷第九

臣道篇第十三

人臣之論：論人臣之善惡。○先謙案：「論」者，「倫」之借字，説見儒效篇，下同。有態臣者，有簒臣者，有功臣者，有聖臣者。解竝在下。內不足使一民，外不足使距難，百姓不親，諸侯不信，然而巧敏佞説，音悦，或作「俔」。善取寵乎上，是態臣者也。以佞媚爲容態。上不忠乎君，下善取譽乎民，不卹公道通義，朋黨比周，以環主圖私爲務，是簒臣者也。環主，環繞其主，不使賢臣得用。圖，謀也。簒臣者，簒奪君政也。○王念孫曰：楊説甚迂。環，讀爲營。營，惑也。謂營惑其主也。（呂氏春秋尊師篇注曰：「營，惑也。」大戴禮文王官人篇曰「煩亂以事而志不營」，又曰「臨之以貨色而不可營」，荀子宥坐篇曰「言談足以飾邪營衆」，皆是也。營訓爲惑，故或謂之營惑，漢書淮南王安傳「營惑百姓」是也。）營與環，古同聲而通用。（春秋文十四年「有星孛入于北斗」，穀梁傳曰：「其曰入北斗，斗有環域也。」「環域」即「營域」，猶「營繞」之爲「環繞」，「營衛」之爲「環衛」。餘見前「不還秩」下。）字或作「還」。成相篇云「比周還主黨與施」是也。（楊注「還，繞也」，誤與此注同。還與營，古亦通用，説見前「不還秩」下。）內

足使以一民，外足使以距難，民親之，士信之，上忠乎君，下愛百姓而不倦，是功臣者也。民親士信，然後立功也。○盧文弨曰：兩「以」字，元刻無，宋本有。**上則能尊君，下則能愛民，政令教化，刑下如影，**刑，制也。言施政令教化以制其下，如影之隨形，動而輒隨，不使違越也。○盧文弨曰：「刑」，元刻作「形」，注同。今從宋本。郝懿行曰：刑與型同，模範之屬，作器之法也。此言政令教化爲民所法。刑猶形也，民猶影也，如影隨形，不暫停也。「影」當作「景」，轉寫從俗。王念孫曰：古無訓刑爲制者。刑如「刑于寡妻」之刑。刑，法也。言下之法上，如影之從形。先謙案：宋台州本「影」作「景」。**應卒遇變，齊給如響，**齊，疾也。給，供給也。應事而至，謂之給。夫卒變，人所遲疑，今聖臣應之疾速，如響之應聲。卒，蒼忽反。**推類接譽，以待無方，曲成制象，是聖臣者也。**此明應卒遇變之意。無方，無常也。推其比類，接其聲譽，言見其本而知其末也。待之無常，謂不滯於一隅也。委曲皆成制度法象，言物至而應，無非由法，不苟而行之也。聖者，無所不通之謂也。○俞樾曰：楊注未得接譽之義。接其聲譽，豈遂足應無方乎？譽，當讀爲豫。昭二年左傳「宣子譽之」，孟子梁惠王篇引作「豫」。梁惠王篇「一游一豫」，昭二年注引作「譽」。是古字「譽」與「豫」通也。大略篇曰「先事慮事謂之接，先患慮患謂之豫」，即此文「接譽」之義。先謙案：楊、俞說皆非。「譽」，即「與」字，說見儒效篇。**故用聖臣者王，用功臣者彊，用篡臣者危，用態臣者亡。態臣用則必死，篡臣用則必危，**此言態臣甚於篡臣者，蓋當時多用佞媚變詐之人，深欲戒之，故極言之也。**功臣用則必榮，聖臣用則必尊。故齊之蘇秦，**蘇秦初相趙，後仕燕，終死於齊，故曰「齊之蘇秦」。**楚之州侯，**楚襄王佞臣也。戰國策莊辛諫襄王曰：「君王左州侯，右夏侯，輦從鄢陵君與壽陵君，載方府之金，與之馳騁乎雲夢之中，不知穰侯方受令乎秦王，填黽塞之内而投己乎黽塞之外。」韓子曰：「州侯相荆貴，而荆王疑之，因問左右，對曰『無有』，如出一口也。」**秦之張儀，可謂態臣者也。**皆變態佞媚之臣。「儀」或作「禄」。**韓之張去疾，**蓋張良之祖。漢書：「良，其先韓人。大父開地，相韓昭侯、宣惠王、襄哀王。父平，相釐王、悼惠王。五世事韓。」戰國策韓有張翠納賂於宣太后。○盧文弨曰：「韓昭侯」至「五世事」，俗本皆脱去。宋本、元刻竝有之，唯少「襄哀王」三字。今並攷良傳補正。**趙之奉陽，**後語：「蘇秦説趙肅侯，肅侯之弟奉陽君爲相，不説蘇秦，蘇秦乃去之。」又戰國策蘇秦説趙王曰：「天下之卿相人臣，乃至布衣之士，莫不高大王之行義，皆願奉教陳忠於前之日久矣。雖然，奉陽君妬，大王不得任事，是以外賓客游談之士無敢盡忠於前。」盧藏用云：「奉陽君名成。」又案後語：奉陽君卒，蘇秦乃從燕而來，説肅侯合從之事。而公子成，武靈王時猶不肯胡服。即公子成非奉陽君也。**齊之孟嘗，可謂篡臣也。**史記曰：「齊閔王既滅宋，益驕，欲盡滅孟嘗。孟嘗君恐，乃如魏。魏昭王以爲相，西合於秦、趙，與燕共伐破齊。後齊襄王立，孟嘗中立於〔一〕諸侯，無所屬。襄王新立，畏孟嘗而與連和。」是篡臣也。○盧文弨曰：「欲盡滅孟嘗」，史記作「欲去孟嘗君」。齊之管仲，晉之咎犯，咎與舅同。晉文公之舅狐偃，犯，其字也。楚之孫叔敖，可謂功臣矣。殷之伊尹，周之太公，可謂聖臣矣。是人臣之論也，吉凶賢不肖之極也，國之吉凶，人君賢不肖，極於論臣也。必謹志之而慎自爲擇取焉，足以稽矣。志，記也。言必謹記此四臣之安危而慎自擇取，則足以稽考用臣也。從命而利君謂之順，從命而不利君謂之諂；逆命而利君謂之忠，逆命而不利君謂之篡；不卹君之榮辱，不卹國之臧否，偷合苟容，以持祿養交而已耳，謂之國賊。養交，謂養其與君交接之人，不忤犯使怒也。或曰：養其外交，若蘇秦、張儀、孟嘗君，所至爲相也。○王念孫曰：後説是。持祿養交，見後議兵篇「持養」下。君有過謀過事，將危國家、殞社稷之懼也，大臣父兄有能進言於君，用則可，不用則去，謂之諫；○盧文弨曰：「父兄」，宋本作「父子兄弟」，今從元刻。有能進言於君，用則可，不用則死，謂之争；有能比知同力，比，合也。知，讀爲智。率羣臣百吏而相與彊君撟君，彊，其亮切。撟與矯同，屈也。○盧文弨曰：「撟」，宋本作「橋」，卷内

〔一〕「於」，原本作「爲」，據史記孟嘗君列傳改。

同。先謙案：羣書治要作「矯」。君雖不安，不能不聽，遂以解國之大患，除國之大害，成於尊君安國，謂之輔；事見平原君傳。有能抗君之命，竊君之重，反君之事，以安國之危，除君之辱，功伐足以成國之大利，謂之拂。抗，拒也。戰功曰伐。左傳：「郄至驟稱其伐。」拂，讀爲弼。弼，所以輔正弓弩者也。或讀爲咈，違君之意也。謂若信陵君違魏王之命，竊其兵符，殺晉鄙，反軍不救趙之事，遂破秦而存趙。夫輔車相依，今趙存則魏安，故曰「安國之危，除君之辱」也。○盧文弨曰：注「或讀爲咈」，舊本「咈」作「佛」，訛。案説文：「咈，違也。」今改正。故諫、争、輔、拂之人，社稷之臣也，國君之寶也，明君所尊厚也，○先謙案：羣書治要作「明君之所尊所厚也」。宋台州本同治要。而闇主惑君以爲己賊也。○盧文弨曰：「主惑」二字疑衍。故明君之所賞，闇君之所罰也；闇君之所賞，明君之所殺也。伊尹、箕子，可謂諫矣；伊尹諫太甲，箕子諫紂。比干、子胥，可謂争矣；平原君之於趙，可謂輔矣；信陵君之於魏，可謂拂矣。○盧文弨曰：「於趙」「於魏」下，俗本竝有「也」字，宋本、元刻皆無。傳曰：「從道不從君。」此之謂也。故正義之臣設，則朝廷不頗；設，謂置於列位。頗，邪也。○先謙案：設，猶用也，説見君道篇。諫、争、輔、拂之人信，則君過不遠；信，謂見信於君。或曰：信，讀爲伸，謂道行也。○先謙案：以上下文例之，或説較長。爪牙之士施，則仇讎不作；爪牙之士，勇力之臣也。施，謂展其材也。○俞樾曰：莊子秋水篇「是謂謝施」，釋文引司馬注曰：「施，用也。」淮南子原道篇「施之無窮」，高誘注亦曰：「施，用也。」爪牙之士施，猶曰「爪牙之士用」。楊訓施爲展，而以展其材足成之，迂矣。**邊境之臣處，則疆垂不喪。**垂與陲同。○先謙案：羣書治要作「界垂」。**故明主好同而闇主好獨，**獨，謂自任其智。**明主尚賢使能而饗其盛，**盛謂大業。言饗其臣之功業也。○先謙案：盛，成也，說具榮辱篇。楊注非。**闇主妬賢畏能而滅其功。**滅，掩没也。**罰其忠，賞其賊，夫是之謂至闇，桀、紂所以滅也。**

事聖君者，有聽從，無諫争；聖君無失。**事中君者，有諫争，無諂諛；**中君，可上可下，若齊桓公者也，諂諛則遂成闇君也。**事暴君者，有補削，無撟拂。**補，謂彌縫其闕。削，謂除去其惡。言不敢顯諫，闇匡救之也。撟，謂屈其性也。拂，違也。撟拂則身見害，使君有殺賢之名，故不爲也。拂音佛。○盧文弨曰：拂，讀爲弼，前注是也。此音佛，誤。王引之曰：楊分補與削爲二義，非也。「聽從」「諫争」「諂諛」「補削」「撟拂」，皆兩字同義。補削，謂彌縫其闕也。削者，縫也。韓子難篇曰「管仲善制割，賓胥無善削縫，隰朋善純緣，衣成，君舉而服之」，「制割」「削縫」「純緣」亦兩字同義。（舊注以削爲翦削，誤與楊注同。）呂氏春秋行論篇曰：「莊王方削袂。」燕策曰：「身自削甲札，妻自組甲絣。」蓋古者謂縫爲削，而後世小學書皆無此訓，失其傳久矣。**迫脅於亂時，窮居於暴國，而無所避之，則崇其美，揚其善，違其惡，**○王念孫曰：違，讀爲諱。諱其惡，與隱其敗同意。曲禮注曰：「諱，辟也。」（辟與避同。）緇衣注曰：「違，辟也。」諱、違皆從韋聲，而皆訓爲避，故字亦相通。（墨子非命篇「福不可請而禍不可諱」，諱與違同。）隱其敗，言其所長，不稱其所短，以爲成俗。謂危行言遜以避害也。以爲成俗，言如此而不變，若舊俗然也。詩曰：「國有大命，不可以告人，妨其躬身。」○郝懿行曰：有命不以告人，明哲所以保身。上云「以爲成俗」，言彼習非勝是，不可變移，默足以容，庶不有害於躬也。「躬，身」一耳，爲足句，兼取韻。此之謂也。逸詩。

恭敬而遜，聽從而敏，不敢有以私決擇也，敏，謂承命而速行，不敢更私自決斷選擇也。○盧文弨曰：「不敢有」下，元刻無「以」字，下句同。不敢有以私取與也，以順上爲志，是事聖君之義也。但稟命而已。忠信而不諛，諫爭而不諂，撟然剛折，端志而無傾側之心，撟，彊貌。禮記曰：「和而不流，彊哉撟。」剛折，剛直面折也。端志，不邪曲也。是案曰是，非案曰非，是事中君之義也。調而不流，柔而不屈，寬容而不亂，雖調和而不至流湎，雖柔從而不屈曲，雖寬容而不與爲亂也。曉然以至道而無不調和也，曉然，明喻之貌。至道，無爲不爭之道。以至道則暴君不能加怒，無不調和，言皆不違拂也。○俞樾曰：「然」字衍文，當作「曉以至道而無不調和也」。言事暴君者當以至道曉之也。楊注不詞。而能化易，時關内之，是事暴君之義也。「關」，當爲「開」，傳寫誤耳。内與納同。言既以沖和事之，則能化易其暴戾之性，時以善道開納之也。或曰：以道關通於君之心中也。○郝懿行曰：關，閉也。內，入也。化易者，謂開導其善心。關內者，謂掩閉其邪志。王念孫曰：或說近之。凡通言於上曰關。周官條狼氏「誓大夫曰『敢不關，鞭五百』」，先鄭司農曰：「不關，謂不關於君也。」史記梁孝王世家曰：「大臣及袁盎等有所關說於景帝。」佞幸傳曰「公卿皆因關說」，索隱曰：「關，通也。謂公卿因之而通其詞說。」漢書注曰：「關說者，言由之而納說。」是關與納義近。書大傳「雖禽獸之聲，猶悉關於律」，鄭注曰：「關，猶入也。」入，亦納也。（下文曰：「因其喜也而入其道。」）故曰「時關內之」，不當改「關」爲「開」。**若馭樸馬，**樸馬，未調習之馬，不可遽牽制，必縱緩之。事暴君之難，故重明之也。**若養赤子，**赤子，嬰兒也，未有所知，必在順適其性，不驚懼也。**若食餧人，**使飢渴於至道，如餧人之欲食。或曰：餧人，併與之食則必死。今以善道節量與之，不使狂惑也。莊子曰：「人惑則死。」○郝懿行曰：樸馬，未調也；赤子，難曉也；餧人，毋速飽也：三者正明化易關內之事。蓋必順從其意，與之推移，因而逆遏其邪，施之楗閉，庶令回心易嚮，日遷善而不自知也。下四句，仍申明此指。其妙全在於因憂懼喜怒，其因之之事也；改過、辨故、入道、除怨，其因之之權也。**故因其懼也，而改其過；**懼則思德，故因使其改過。**因其憂也，而辨其故；**辨其致憂之端則遷善也。○王念孫曰：楊說「辨」字「故」字之義皆誤。辨，讀爲變。變其故，謂去故而就新也。憂懼者，改過遷善之機，故曰「因其懼也而改其過，因其憂也而變其故」。變，亦改也。「辨」或作「辯」。廣雅曰：「辯，變也。」坤文言「由辯之不早辯也」，「辯」，荀本作「變」。莊子逍遥遊篇「乘天地之正而御陰陽之辯」，辯與變同。因其喜也，而入其道；欣喜之時，多所聽納，故因以道入之。因其怒也，而除其怨；怨惡之人，因君怒除去之也。曲得所謂焉。雖憂懼喜怒之殊，委曲皆得所謂。所謂，即化易君性也。書曰：「從命而不拂，微諫而不倦，爲上則明，爲下則遜。」此之謂也。書，伊訓也。○盧文弨曰：案此逸書也。郝懿行曰：此逸書，楊以爲伊訓異文，非是。

事人而不順者，不疾者也；不順上意也。疾，速也。不疾，言怠慢也。疾而不順者，不敬者也；敬而不順者，不忠者也；忠而不順者，無功者也；有功而不順者，無德者也。故無德之爲道也，傷疾、墮功、滅苦，故君子不爲也。傷疾、墮功、滅苦，未詳，或恐錯誤耳。「爲」，或爲「違」。○盧文弨曰：「故無德」，元刻作「故德」。郝懿行曰：疾者，速也。苦者，勞也。言事人之道，苟無德以將之，則雖有敏疾之美，自傷敗之；雖有功業，自墮壞之；雖有勤苦，自滅没之。所以然者，才不勝德，功不補過，有而不能自保其有也。古來功勤忠敏之士，或搆凶釁，不能善處功名之際者，無德故耳。傷疾、墮功，義具上文。敬、忠皆得謂之勞苦，故以滅苦包之。楊氏未加省照，疑其錯誤，非也。王念孫曰：「苦」，當爲「善」，字之誤也。（隸書「苦」字作「苦」，與「善」相似。）疾與功，已見上文。善，即上文之忠敬也。傷疾、墮功、滅善，皆承上文言之。先謙案：郝、王二說竝通。

有大忠者，有次忠者，有下忠者，有國賊者：以德復君而化之，大忠也；復，報也。以德行之事報白於君，使自化於善。周禮「宰夫掌諸臣之復、萬民之逆」也。○俞樾曰：韓詩外傳「復」作「覆」，當從之。以德覆君，謂其德甚大，君德在其覆冒之中，故足以化之。下文曰「若周公之於成王也，可謂大忠矣」，是大忠之名非周公不足當也。楊氏不知復與覆通，而訓復爲報，謂「以德行之事報白於君」，然則如次忠之以德調君而補之者，豈不以德行報白乎？且但報白而已，又何足以化之乎？先謙案：羣書治要正作「覆」。以德調君而補之，次忠也；謂匡救其惡也。○郝懿行曰：「補之」，韓詩外傳作「輔之」，亦於義爲長。楊注非。以是諫非而怒之，下忠也；使君有害賢之名，故爲下忠也。不卹君之榮辱，不卹國之臧否，偷合苟容，以之持祿養交而已耳，國賊也。若周公之於成王也，可謂大忠矣；若管仲之於桓公，可謂次忠矣；若子胥之於夫差，可謂下忠矣；若曹觸龍之於紂者，可謂國賊矣。說苑曰：「桀貴爲天子，富有天下，其左師觸龍者，諂諛不正。」此云「紂」，未知孰是。○先謙案：議兵篇「微子開封於宋，曹觸龍斷於軍」，皆殷紂時事，則說苑誤也。

仁者必敬人。凡人非賢則案不肖也。人賢而不敬，則是禽獸也；禽獸不知敬賢。○盧文弨曰：正文「不敬」，舊作「不能」，誤，今改正。或疑是「不能」下脫「敬」字。人不肖而不敬，則是狎虎也。狎，輕侮也。言必見害。禽獸則亂，狎虎則危，災及其身矣。詩曰：

「不敢暴虎，不敢馮河。人知其一，莫知其它。戰戰兢兢，如臨深淵，如履薄冰。」此之謂也。

詩，小雅小旻之篇。暴虎，徒搏。馮河，徒涉。人知其一，莫知其它，言人皆知暴虎馮河立至於害，而不知小人爲害有甚於此也。○王引之曰：荀子引詩，至「莫知其它」而止，「戰戰兢兢」三句，則後人取詩詞增入也。此承上文「人不肖而不敬，則是狎虎」而言，言人但知暴虎馮河之害，而不知不敬小人之害與此同，故曰「『不敢暴虎，不敢馮河，人知其一，莫知其它』，此之謂也」。「此之謂也」四字，正承「人知其一，莫知其它」而言，若加入「戰戰兢兢」三句，則與「此之謂也」義不相屬矣。據楊注但釋「不敢暴虎」四句，而不釋「戰戰兢兢」三句，則所見本無此三句甚明，一證也。又小閔傳曰：「它，不敬小人之危殆也。」箋曰：「人皆知暴虎馮河立至之害，而無知當畏慎小人能危亡也。」傳、箋皆本於荀子，二證也。呂氏春秋安死篇：「詩曰：『不敢暴虎，不敢馮河，人知其一，莫知其它。』此言不知鄰類也。」所引詩詞，至「莫知其它」而止。高注曰：「人皆知小人之爲非，不知不敬小人之危殆，故曰『不知鄰類也』。」淮南本經篇：「詩云：『不敢暴虎，不敢馮河，人知其一，莫知其它。』此之謂也。」文與荀子正同。高注曰：「人皆知暴虎馮河立至害也，故曰『知其一』；而不知當畏慎小人危亡也，故曰『莫知其它』。此不免於惑，故曰『此之謂也』。」呂覽、淮南高注皆本於荀子，三證也。

故仁者必敬人。敬人有道：賢者則貴而敬之，不肖者則畏而敬之；賢者則親而敬之，不肖者則疏而敬之。其敬一也，其情二也。若夫忠信端愨而不害傷，則無接而不然，是仁人之質也。

其敬雖異，至於忠信端愨不傷害，則凡所接物皆然。言嘉善而矜不能，不以人之不肖逆詐待之，而欲傷害之也。質，體也。**忠信以爲質，端愨以爲統，**統，綱紀也。言以端愨自處而待物者也。○先謙案：注「以」，各本作「已」，據宋台州本改正。**禮義以爲文，**用爲文飾。**倫類以爲理，**倫，人倫。類，物之種類。言推近以知遠，以此爲條理也。**喘而言，臑而動，而一可以爲法則。**臑，與勸學篇蝡同。喘，微言也。臑，微動也。一，皆也。言一動一息之閒皆可以爲法則也。臑，人允反。○先謙案：「蝡」，集韻或作「蠕」。史記匈奴傳索隱引三蒼云：「蠕蠕，動貌，音軟。」今正文及注作「臑」，是「蠕」之誤字。説文：「臑，臂羊矢。」據注引勸學篇及音義，知楊所見本尚作「蠕」，不作「臑」也。**詩曰：「不僭不賊，鮮不爲則。」此之謂也。**詩，大雅抑之篇。言不僭差賊害，則少爲人法則矣。

恭敬，禮也；調和，樂也；調和，不争競也。**謹慎，利也；鬬怒，害也。故君子安禮樂利，謹慎而無鬬怒，**○王念孫曰：「樂利」，當爲「樂樂」，「樂樂」與「安禮」對文。「安禮樂樂」，承上「禮」「樂」而言；「謹慎而無鬬怒」，承上「謹慎」「鬬怒」而言。今本作「樂利」者，涉上「利也」而誤。俞樾曰：「樂利」當爲「和樂」，「和樂」與「安禮」相對成文。「安禮和樂」承上「禮」「樂」而言，「謹慎而無鬬怒」承上「謹慎」「鬬怒」而言。因「和」字譌作「利」，又涉上文「謹慎，利也」，疑「利」字屬「謹慎」言，遂移置「樂」字之下，使「安禮樂，利謹慎」兩句相對，而文義俱違矣。先謙案：二説竝通。**是以百舉不過也。小人反是。**

通忠之順，忠有所壅塞，故通之，然而終歸於順也。權險之平，權危險之事，使至於平也。或曰：權，變也。既不可扶持，則變其危險，使治平也。禍亂之從聲，君雖禍亂，應聲而從之也。三者，非明主莫之能知也。闇君不知，所以殺害忠賢而身死國亡也。争然後善，戾然後功，出死無私，致忠而公，夫是之謂通忠之順，信陵君似之矣。諫争君，然後能善，違戾君，然後立功，出身死戰，不爲私事，而歸於至忠至公。信陵君諫魏王，請救趙，不從，遂矯君命破秦，而魏國以安，故似之。奪然後義，殺然後仁，上下易位然後貞，奪者，不義之名。殺者，不仁之稱。上下易位，則非貞也，而湯、武惡桀、紂之亂天下而奪之，是義也；不忍蒼生之涂炭而殺之，是仁也；雖上下易位，而使賢愚當分，歸於正道，是貞也。功參天地，澤被生民，夫是之謂權險之平，湯、武是也。過而通情，○先謙案：君本過也，而曲通其情，以爲順善。和而無經，經，常也。但和順上意而無常守。不卹是非，不論曲直，偷合苟容，迷亂狂生，迷亂其君，使生狂也。○先謙案：「狂」是「㞷」之借字，説見君道篇。夫是之謂禍亂之從聲，飛廉、惡來是也。傳曰：「斬而齊，枉而順，不同而壹。」此言反經合道，如信陵、湯、武者也。所以斬之，取其齊也；所以枉曲之，取其順也；所以不同，取其一也。初雖似乖戾，然終歸於理者也。詩曰：「受小球大球，爲下國綴旒。」此之謂也。詩，商頌長發之篇。球，玉也。鄭玄云：「綴，猶結也。旒，旌旗之垂者。言湯既爲天所命，則受小玉，謂尺二寸圭也；受大玉，謂珽也，長三尺。執圭搢珽，以與諸侯會同，結定其心，如旜旗之旒緣著焉。」引此以明湯、武取天下，權險之平，爲救下國者也。

致士篇第十四 明致賢士之義。

衡聽、顯幽、重明、退姦、進良之術：衡，平也。謂不偏聽也。顯幽，謂使幽人明顯，不雍蔽也。重明，謂既明，又使明也。書曰：「德明惟明。」能顯幽則重明矣，能退姦則良進矣。○俞樾曰：按楊注「衡，平也」，下文「衡至」，注曰「衡讀爲横」，前後兩字異訓，失之。「衡聽」之「衡」，亦當讀爲横，蓋彼以衡至，故亦以衡聽也。古「横」「衡」同字。詩衡門篇釋文曰：「衡，古文横字。」是其證也。漢書王莽傳「昔帝堯横被四表」，魏志文帝紀引獻帝傳曰「廣被四表」。是横、廣音近義通。流言之屬，一時而竝至，故曰「横至」，猶曰「大至」矣。先謙案：重明，猶書堯典之「明明」。此言用人之術。**朋黨比周之譽，君子不聽；殘賊加累之譖，君子不用；**殘賊，謂賊害人。加累，以罪惡加累誣人也。**隱忌雍蔽之人，君子不近；**隱，亦蔽也。忌，謂妬賢。雍，讀曰擁。○王念孫曰：楊誤分隱忌爲二義。且下文言「雍蔽」，則隱忌非雍蔽也。隱忌卽意忌，謂妬賢也。史記平津侯傳云：「弘爲人意忌，外寬内深。」酷吏傳云：「張湯文深意忌。」唯其意忌，是以雍蔽。秦誓曰「人之有技，冒疾以惡之」，所謂意忌也。又曰「人之彦聖而違之，俾不達」，所謂雍蔽也。意、隱聲相近，「意忌」之爲「隱忌」，若左氏春秋經之「季孫意如」，公羊作「隱如」矣。（史記孝文紀

「故楚相蘇意」，漢紀作「蘇隱」。凡之部之字，或與諄部相轉，上、去聲亦然。樂記「天地訢合」，鄭注：「訢，讀爲熹。」射義「耄期稱道不亂者」，大雅行葦傳作「耄勤」。左傳「曹公子欣時」，公羊作「喜時」。荀子性惡篇「驊騮、騹、驥」，卽「騏、驥」，皆其例也。）**貨財禽犢之請，君子不許。**行賂請謁者也。**凡流言、流說、流事、流謀、流譽、流愬，不官而衡至者，君子愼之。**流者，無根源之謂。愬，譖也。不官，謂無主首也。衡，讀爲横。横至，横逆而至也。**聞聽而明譽之，**君子聞聽流言流說，則明白稱譽。謂顯露其事，不爲隱蔽。如此，則姦人不敢獻其謀也。**定其當而當，然後士其刑賞而還與之，**「士」，當爲「事」，行也。言定其當否，既當之後，乃行其刑賞，反與之也。謂其言當於善，則事之以賞；當於惡，則事之以刑。當，丁浪反。○郝懿行曰：士者，事也。古「士」「仕」「事」俱通用。此「士」，謂事其事也。王引之曰：「士」字義不可通，「士」當爲「出」，字之誤也。（隸書「出」字或省作「士」，故諸書中「出」字或誤作「士」，說見大略篇「教出」下。）高注淮南說林篇曰：「當（丁浪反。）猶實也。」言定其善惡之實而當然後出其刑賞而還與之也。楊讀士爲事，又訓事爲行，展轉以求其通，鑿矣。先謙案：王說是。**如是則姦言、姦說、姦事、姦謀、姦譽、姦愬莫之試也，忠言、忠說、忠事、忠謀、忠譽、忠愬莫不明通，方起以尚盡矣。**明通，謂明白通達其意。方起，竝起。尚與上同。上盡，謂盡忠於上也。○俞樾曰：盡忠於上而曰上盡，甚爲不詞。盡，當讀爲進。列子天瑞篇「終進乎不知也」，張湛注曰：「進，當爲盡。」是其證也。漢書高帝紀「主進」，顏師古注曰：「進，字本作賮，又作贐，音皆同耳。古字叚借，故轉而爲進。」然則以「盡」爲「進」，猶以「進」爲「贐」矣。爾雅釋詁：「藎，進也。」藎從盡聲，則盡亦進也。尚盡，猶言上進。忠言、忠説、忠事、忠謀、忠譽、忠愬皆願進於上，故曰「莫不明通方起以上進矣」。楊氏知尚之爲上，而不知盡之爲進，於古人叚借之義未盡得也。夫是之謂衡聽、顯幽、重明、退姦、進良之術。○盧文弨曰：下似當別爲一條。先謙案：盧説是，今從之。

川淵深而魚鼈歸之，山林茂而禽獸歸之，刑政平而百姓歸之，禮義備而君子歸之。故禮及身而行修，義及國而政明，能以禮挾而貴名白，天下願，令行禁止，王者之事畢矣。挾，讀爲浹。能以禮浹洽者，則貴名明白，天下皆願從之也。○盧文弨曰：「貴名白」，王制篇作「名聲日聞」。此恐有訛。王念孫曰：儒效篇曰「貴名白而天下治」，君道篇曰「文王欲立貴道，欲白貴名」，則「貴名白」三字不訛。韓詩外傳作「貴名自揚」，義亦同也。王制篇作「名聲日聞」，乃後人所改，辯見王制。顧千里曰：「禮」下，疑當有「義」字，承上「禮義備而君子歸之，故禮及身而行修，義及國而政明」言之。楊注已無「義」字，非也。韓詩外傳五有此句，作「能以禮扶身」，疑「扶身」二字亦「義挾」二字之誤。詩曰：「惠此中國，以綏四方。」此之謂也。詩，大雅民勞之篇。中國，京師也。四方，諸夏也。引此以明自近及遠也。川淵者，龍魚之居也；山林者，鳥獸之居也；國家者，士民之居也。川淵枯則龍魚去之，山林險則鳥

獸去之，〇郝懿行曰：「險」當爲「儉」，「儉」與「險」古通用。儉，如山之童、林木之濯濯皆是。王念孫曰：「險」乃「儉」借字。（否象傳「君子以儉德辟難」，虞注：「儉，或作險。」大戴記文王官人篇「多稽而儉貌」，逸周書「儉」作「險」。襄二十九年左傳「險而易行」，杜注：「險，當爲儉。」）山林儉則鳥獸無所依而去之，猶川淵枯而龍魚去之也。此與上文「山林茂」正相反。**國家失政則士民去之。無土則人不安居，無人則土不守，無道法則人不至，無君子則道不舉。故土之與人也、道之與法也者，國家之本作也，**本作，猶本務也。〇王念孫曰：楊未解「作」字之義。「國家之本作」，「道法之總要」，相對爲文。作者，始也；始，亦本也；總，亦要也。上文云「無土則人不安居，無人則土不守，無道法則人不至」，故此四者爲國家之本始也。魯頌駉篇傳曰：「作，始也。」（廣雅同。）皋陶謨「烝民乃粒，萬邦作乂」，「作」與「乃」相對爲文，言烝民乃粒，萬邦始乂也。禹貢「萊夷作牧」，言萊夷水退始放牧也。「沱、潛既道，雲夢土作乂」，「作」與「既」相對爲文，言沱、潛之水既道，雲夢之土始乂也。（竝見經義述聞。）**君子也者，道法之摠要也，不可少頃曠也。得之則治，失之則亂；得之則安，失之則危；得之則存，失之則亡。故有良法而亂者有之矣，有君子而亂者，自古及今，未嘗聞也。傳曰：「治生乎君子，亂生乎小人。」此之謂也。**〇盧文弨曰：前王制篇亦有此數語，或是脱簡於彼。

得衆動天。得衆則可以動天。言人之所欲，天必從之。**美意延年。**美意，樂意也。無憂

患則延年也。誠信如神。誠信則如神明，言物不能欺也。**夸誕逐魂。**逐魂，逐去其精魂，猶喪精也。矜夸妄誕，作僞心勞，故喪其精魂。此四者皆言善惡之應也。○郝懿行曰：按四句一韻，文如箴銘，而與上下頗不相蒙，疑或它篇之誤脱。魂者，神也。夸，奢。誕，謾。所謂逐物意移、心動神疲者也。先謙案：郝説是，今别爲一條。

人主之患，不在乎不言用賢，而在乎誠必用賢。○盧文弨曰：此句有誤，當作「而在乎不誠用賢」。王念孫曰：案當作「而在乎不誠必用賢」，言用賢之不誠不必也。管子九守篇曰「用賞者貴誠，用刑者貴必」，吕氏春秋論威篇曰「又況乎萬乘之國而有所誠必乎」，賈子道術篇曰「伏義誠必謂之節」，淮南兵略篇曰「將不誠必則卒不勇敢」，枚乘七發曰「誠必不悔，決絶以諾」，皆以「誠必」連文，則「必」字不可删。先謙案：羣書治要作「不在乎不言，而在乎不誠」。治要引書，多節删而不增字，其引此文，「誠」上有「不」字，此脱「不」字之明證。**夫言用賢者口也，卻賢者行也，**無善行則賢不至也。**口行相反而欲賢者之至、不肖者之退也，不亦難乎！夫耀蟬者務在明其火、振其樹而已，**○郝懿行曰：「耀」，俗「燿」字。燿者，照也。燿蟬者，火必明而後蟬投焉，蟬以陽明爲趨也。照蟹者，火必闇而後蟹赴焉，蟹以陰闇爲居也。二者，君子小人之分途也，故明主求賢如燿蟬，闇主蒐慝如照蟹。**火不明，雖振其樹，無益也。**南方人照蟬，取而食之。禮記有「蜩、范」是也。**今人主有能明其德，則天下歸之，若蟬之歸明火也。**

臨事接民而以義，變應寬裕而多容，恭敬以先之，政之始也；多容，廣納也。**然後中和察斷以輔之，政之隆也；**政之崇高，在輔以中和察斷。斷，丁亂反。○王念孫曰：政之隆，謂政之中也。孝經曰：「夫孝，始於事親，中於事君，終於立身。」彼以「中」對「始」「終」，此以「隆」對「始」「終」，是「隆」即「中」也。楊以隆爲崇高，失之。又正論篇「凡議必將立隆正然後可也，無隆正則是非不分而辯訟不決」，隆正，謂中正也。（王霸篇曰：「君臣上下，貴賤長幼，至于庶人，莫不以是爲隆正。」）下文「天下之大隆」，亦謂大中也。楊以隆爲崇高，亦失之。**然後進退誅賞之，政之終也。故一年與之始，三年與之終。**夫不教而殺謂之虐，故爲政之始，寬裕多容，三年政成，然後進退誅賞也。**用其終爲始，則政令不行而上下怨疾，亂所以自作也。**先賞罰後德化則亂。**書曰：「義刑義殺，勿庸以即，女惟曰『未有順事』。」言先教也。**書，康誥。言雖義刑義殺，亦勿用即行之，當先教後刑也。雖先後不失，尚謙曰「我未有順事」，故使民犯法」、「躬自厚而薄責於人」也。

程者，物之準也；程者，度量之摠名也。**禮者，節之準也。**節，謂君臣之差等也。**程以立數，禮以定倫，**言有程則可以立一二之數，有禮則可以定君臣父子之倫也。**德以敘位，能以授官。**度其德以序上下之位，考其能以授所任之官，若夔典樂、伯夷典禮之比也。**凡節奏欲陵，而生民欲寬，**節奏，謂禮節奏。陵，峻也。侵陵，亦嚴峻之義。生民，謂以德教生養民也。

言人君自守禮之節奏，則欲嚴峻不弛慢；養民則欲寬容，不迫切之也。○王念孫曰：楊說「陵」字之義及下「節奏陵而文」，注皆非是。節奏欲陵而生民欲寬者，陵謂嚴密也，故與寬相反。富國篇曰「其於貨財取與計數也，寬饒簡易；其於禮義節奏也，陵謹盡察」，陵謹與寬饒亦相反。節奏陵謹，卽此所云「節奏欲陵」也。（楊訓陵爲侵陵，誤與此注同。）節奏陵而文，生民寬而安。節奏雖峻，亦有文飾，不至於刻急。○郝懿行曰：陵者，丘陵，喻高峻也。節奏以禮言，欲其高峻，防踰越也。生民以田畜言，欲其寬饒，不陜隘也。節奏陵而文，敦禮讓也。生民寬而安，樂太平也。王念孫曰：而，猶則也。（孟子公孫丑篇「可以仕則仕，可以止則止，可以久則久，可以速則速」，萬章篇作「可以速而速，可以久而久，可以處而處，可以仕而仕」。）言節奏陵則文，生民寬則安也。節奏密則成文章，樂記曰「節奏合以成文」是也。「陵」字或作「淩」，管子中匡篇曰：「有司寬而不淩。」上文下安，功名之極也，不可以加矣。

君者，國之隆也；父者，家之隆也。隆猶尊也。隆一而治，二而亂，自古及今，未有二隆爭重而能長久者。

師術有四，而博習不與焉：術，法也。言有四德則可以爲人師，師法不在博習也。與音豫。尊嚴而憚，可以爲師；耆艾而信，可以爲師；五十曰艾，六十曰耆。誦說而不陵不犯，可以爲師；誦，謂誦經；說，謂解說。謂守其誦說，不自陵突觸犯。言行其所學。○先謙案：不陵不犯，謂謹守師説者。下「知微而論」，如「喪欲速貧，死欲速朽」，有若以爲非夫子之言是也。**知微而論，可以爲師。**知精微之理而能講論。論，盧困反。○郝懿行曰：「論」與「倫」，古字通。言知極精微而皆中倫理也。注非。**故師術有四，而博習不與焉。水深而回，**回，流旋也。水深不湍峻，則多旋流也。**樹落則糞本，**謂木葉落，糞其根也。○謝本從盧校，作「水深則回，樹落糞本」。盧文弨曰：宋本作「水深而回，樹落則糞本」，今從元刻。郝懿行曰：回，旋流也。糞，壅根也。二句喻弟子於師，不忘水源木本之意。俞樾曰：「樹落」下當有「則」字。此以上二句喻下一句，若無「則」字，句法不一律矣。盧從元刻，其實宋本是也。古書每以「而」「則」互用。孟子告子篇「人有雞犬放則知求之，有放心而不知求」，墨子明鬼篇「非父則母，非兄而姒」，史記欒布傳「與楚則漢破，與漢而楚破」，皆其證也。宋本上句用「而」字，下二句用「則」字，必荀子之原文。先謙案：俞説是，今從宋本。**弟子通利則思師。**思其厚於己也。**詩曰：「無言不讎，無德不報。」此之謂也。**此言爲善則物必報之也。

賞不欲僭，刑不欲濫，賞僭則利及小人，刑濫則害及君子。若不幸而過，寧僭無濫；與其害善，不若利淫。○盧文弨曰：此數語全本左傳。考荀卿以左氏春秋授張蒼，蒼授賈誼，荀子固傳左氏者之祖師也。